Die Verbandsklage des Umwelt-
Rechtsbehelfsgesetzes

Europäische Hochschulschriften

European University Studies

Publications Universitaires Européennes

Reihe II **Rechtswissenschaft**

Series II Law

Série II Droit

Band/Volume **5835**

Katharina Sommerfeldt

Die Verbandsklage des Umwelt-Rechtsbehelfsgesetzes

Der Gesetzgeber unter dem Anpassungsdruck des Europarechts

PL ACADEMIC RESEARCH

Bibliografische Information der Deutschen Nationalbibliothek
Die Deutsche Nationalbibliothek verzeichnet diese Publikation in der Deutschen Nationalbibliografie; detaillierte bibliografische Daten sind im Internet über http://dnb.d-nb.de abrufbar.

Zugl.: Bremen, Univ., Diss., 2015

Diese Veröffentlichung lag dem Promotionsausschuss Dr. jur. der Universität Bremen als Dissertation vor.
Gutachter/in: Prof. Dr. Josef Falke
Gutachter/in: Prof. Dr. Gerd Winter
Das Kolloquium fand am 17. Juli 2015 statt.

D 46
ISSN 0531-7312
ISBN 978-3-631-66904-4 (Print)
E-ISBN 978-3-653-06386-8 (E-Book)
DOI 10.3726/978-3-653-06386-8

PL Academic Research ist ein Imprint der Peter Lang GmbH.
Peter Lang – Frankfurt am Main · Bern · Bruxelles · New York · Oxford · Warszawa · Wien

Diese Publikation wurde begutachtet.

www.peterlang.com

Vorwort

Die vorliegende Arbeit wurde im Dezember 2013 von der juristischen Fakultät der Universität Bremen als Dissertation angenommen. Das Manuskript wurde im Dezember 2013 abgeschlossen. Spätere Entwicklungen durch neuere europäische Rechtsprechung wurden punktuell in Fußnoten ergänzt.

Mein ganz besonderer Dank gilt meinem Doktorvater, Herrn Prof. Dr. Josef Falke. Er hat mich und die Arbeit über einen sehr langen Zeitraum begleitet und fortwährend unterstützt. Jederzeit stand er für anregende Diskussionen zur Verfügung und unterstützte mich mit wertvollen Hinweisen und Anregungen.

Prof. Dr. Gerd Winter danke ich herzlich für die Übernahme und Erstellung des Zweitgutachtens. Für die Mitwirkung am Promotionskolloquium danke ich Prof. Dr. Ursula Rust und Dr. Olaf Dilling.

Ebenfalls danken möchte ich der Kanzlei Berghaus & Kollegen in Aurich, die es mir ermöglicht hat, mein Dissertationsvorhaben berufsbegleitend fortzuführen. Mein besonderer Dank gilt Herrn Rechtsanwalt Jann Berghaus und Herrn Rechtsanwalt Christoph Brand für unzählige Diskussionen grundsätzlicher Fragen, in denen ich meine Argumente überprüfen konnte. Danken möchte auch Herrn Rechtsanwalt Dr. Ralf Kiehne für gute Laune und mentale Unterstützung.

Schließlich bedanke ich mich bei meinem Mann, Sven Sommerfeldt, ohne ihn wäre es nicht möglich gewesen.

Bremen, im Januar 2016

Für Sven

Inhaltsverzeichnis

Einleitung

Die Diskussion um die altruistische Verbandsklage im Umweltrecht ist mittlerweile ca. vierzig Jahre alt und hat dennoch nicht an Aktualität oder Brisanz verloren. Dies zeigen vor allem die Entwicklungen im Bereich des Völker- und Europarechts und deren Auswirkungen auf das nationale Recht in den letzten Jahren. Die altruistische Verbandsklage im Umweltrecht verknüpft zentrale Fragen des verwaltungsgerichtlichen Rechtsschutzes miteinander, nämlich die Frage nach dem Zugang zu Gerichten einerseits und die Frage des Umfangs des verwaltungsgerichtlichen Rechtsschutzes andererseits. Der Zugang zu verwaltungsgerichtlichem Rechtsschutz im Umweltrecht war bislang beschränkt auf Individualkläger, die eigene subjektive Rechte geltend machen. Auf das festgefügte System des deutschen Individualrechtsschutzes im Umweltrecht wirken in den letzten Jahren starke völker- und europarechtliche Einflüsse ein, die einen erheblichen Anpassungsdruck auf den nationalen Gesetzgeber ausüben. Maßgeblichen Einfluss hat die 1998 im dänischen Århus beschlossene Århus-Konvention (AK) über den Zugang zu Informationen, die Öffentlichkeitsbeteiligung an Entscheidungsverfahren und den Zugang zu Gerichten. Die Århus-Konvention ist der erste völkerrechtliche Vertrag, der internationale Mindeststandards hinsichtlich des Zugangs zu Informationen („1. Säule") der Öffentlichkeitsbeteiligung („2. Säule") und des Zugangs zu Gerichten („3. Säule") festschreibt und diese einklagbar macht. Die Bundesrepublik Deutschland hat 1998 gemeinsam mit der Europäischen Gemeinschaft die Århus-Konvention unterzeichnet. Ein komplexes Mehrebenensystem mit Verflechtungen des nationalen, europäischen und Völkerrechts ist die Folge. Die Europäische Gemeinschaft hat die Århus-Konvention auf der Ebene des mitgliedstaatlichen Rechts durch die Richtlinie (RL) 2003/35/EG[1] umgesetzt. Diese ist mittlerweile durch die am 17.2.2012 in Kraft getretene RL 2011/92/EU[2] ersetzt worden.[3] Hieraus resultiert ein erheblicher

---

1 Richtlinie 2003/35/EG des Rates über die Beteiligung der Öffentlichkeit bei der Ausarbeitung bestimmter umweltbezogener Pläne und Programme und zur Änderung der Richtlinien 85/337/EWG und 96/61/EG des Rates in Bezug auf die Öffentlichkeitsbeteiligung und den Zugang zu Gerichten vom 26.5.2003, ABl. L 156/17.

2 Richtlinie 2011/92/EU des Europäischen Parlaments und des Rates vom 13. Dezember 2011 über die Umweltverträglichkeitsprüfung bei bestimmten öffentlichen und privaten Projekten, ABl. L 26/1.

3 Im Text wird der Übersichtlichkeit halber weiterhin Bezug auf die RL 2003/35/EG genommen.

Anpassungsbedarf des nationalen Rechts unter Beachtung der völker- und europarechtlichen Vorgaben.

Der Bundesgesetzgeber hat zunächst weder Aktivitäten zur Umsetzung der Århus-Konvention noch zur Umsetzung der RL 2003/35/EG entfaltet. Die Ratifikation der Århus-Konvention durch die Bundesrepublik Deutschland erfolgte erst zum 9.12.2006, mithin 8 Jahre nach ihrer Unterzeichnung. Die erste Maßnahme zur Umsetzung der RL 2003/35/EG erfolgte Ende 2006 durch Erlass des Umwelt-Rechtsbehelfsgesetzes (UmwRG).[4]

Die Umsetzung der Vorgaben der RL 2003/35/EG durch das UmwRG warf erhebliche Fragen hinsichtlich der Beachtung der völker- und europarechtlichen Vorgaben auf. Die Århus-Konvention und die RL 2003/35/EG sehen einen voraussetzungslosen Zugang für Umweltverbände zu umweltrechtlichen Überprüfungsverfahren vor, um die materiell- und verfahrensrechtliche Rechtmäßigkeit von Entscheidungen anzufechten. Im UmwRG hatte der deutsche Gesetzgeber zunächst jedoch den Zugang zu Gerichten für Verbände von der Geltendmachung der Verletzung drittschützender Normen abhängig gemacht und eine Einschränkung dahingehend vorgenommen, dass nur bestimmte Verfahrensfehler zur Aufhebung einer Entscheidung führen können. Die Umsetzung der europäischen Vorgaben durch das UmwRG hat eine breite Diskussion in der Verwaltungsrechtswissenschaft ausgelöst. Kernpunkte dieser Diskussion waren u.a. die Reichweite und der Umfang der Umsetzungsverpflichtung aus der Århus-Konvention und der RL 2003/35/EG, die Europarechtswidrigkeit der Umsetzung hinsichtlich des Zugangs zu Gerichten sowie die grundsätzliche Zulässigkeit einer umweltrechtlichen Verbandsklage.

Die Einschränkung des UmwRG hinsichtlich des Zugangs zu Gerichten für Umweltverbände ist durch das Urteil des Europäischen Gerichtshofs vom 12.5.2011 für europarechtswidrig erklärt worden.[5] Der deutsche Gesetzgeber hat in der Folge unter dem erheblichem Anpassungsdruck eines bereits eingeleiteten Vertragsverletzungsverfahrens[6] das UmwRG im Jahr 2012 überarbeitet und Anfang 2013 das Gesetz zur Änderung des Umweltrechtsbehelfsgesetzes[7] erlassen. Auch diese Umsetzung der europäischen und völkerrechtlichen Vorgaben wirft

4 Gesetz über ergänzende Vorschriften zu Rechtsbehelfen in Umweltangelegenheiten nach der EG-RL 2003/35/EG vom 7.12.2006, BGBl. I, S. 2816.

5 EuGH, Urteil vom 12.5.2011 – C-115/09, Slg. 2011, I-3673. Siehe hierzu 4. Kapitel C. II.

6 VV Nr. 2007/4267.

7 Gesetz über ergänzende Vorschriften zu Rechtsbehelfen in Umweltangelegenheiten nach der EG-RL 2003/35/EG vom 7.12.2006, BGBl. I, S. 2816, zuletzt geändert durch

erhebliche Fragen auf. So hat der Gesetzgeber mittlerweile zwar einen voraussetzungslosen Zugang zu Gerichten für Umweltverbände eingeführt, gleichwohl hat er jedoch weitere einschränkende Regelungen hinsichtlich der prozessualen Ausgestaltung der Verbandsklage erlassen. Nahezu unverändert geblieben sind die Regelungen hinsichtlich der Folgen von Verfahrensfehlern. Der Gesetzgeber wollte hier zunächst die Entscheidung des EuGH auf die Vorlagefrage des BVerwG vom 10.1.2012 hin abwarten.[8] Der EuGH hat am 7.11.2013 in der Sache entschieden und ist dabei zu dem Ergebnis gekommen, dass die Beschränkung der rügbaren Verfahrensfehler auf den „Totalausfall" der Umweltverträglichkeitsprüfung (UVP) oder der allgemeinen Vorprüfung nicht mit dem Art. 10a RL 2003/35/EG vereinbar ist.[9] Parallel zur Änderung des UmwRG hat die Europäische Kommission ein Vertragsverletzungsverfahren gegen Deutschland eingeleitet. In diesem Verfahren rügt die Europäische Kommission die Europarechtswidrigkeit der Präklusionsvorschriften des unverändert gebliebenen § 2 Abs. 3 UmwRG, die Vorschrift des § 4 UmwRG sowie die Überleitungsvorschrift des § 5 UmwRG.[10] Die Bundesregierung hatte noch vor dem Urteil des EuGH vom 7.11.2013 zu erkennen gegeben, dass sie die gerügten Vorschriften für europarechtskonform hält.[11]

Gegenstand der Arbeit ist die Frage: Welche Rechte und Fehler können Umweltverbände als „Anwälte der Umwelt" vor Gericht geltend machen? Ziel der Arbeit ist es, die Entwicklungen der umweltrechtlichen altruistischen Verbandsklage auf der Ebene der Verwaltungsrechtswissenschaft, der Gesetzgebung und der Rechtsprechung ausgehend von den 1970er Jahren bis heute zu untersuchen. Es hat in den vergangenen 40 Jahren vielfach Ansätze in der deutschen Verwaltungsrechtswissenschaft gegeben, die altruistische umweltrechtliche Verbandsklage dogmatisch zu begründen und in das System des individualschützenden

Art. 1 des Gesetzes zur Änderung des Umwelt-Rechtsbehelfsgesetzes und anderer umweltrechtlicher Vorschriften vom 21.1.2013, BGBl. I, S. 95 f.

8 BVerwG, Beschluss vom 10.1.2012 – 7 C 20/11, zitiert nach juris.

9 EuGH, Urteil vom 7.11.2013 – C 72/12, ABl. C 009 vom 11.01.2014, S. 6–7.

10 Vertragsverletzungsnummer 2007/4267. Siehe hierzu auch *Stüer/Garbrock*, Verwaltungsgerichtstag, DVBl. 2013, 1102, 1106; *Kremer*, Unionsrechtswidrigkeit, ZUR 2013, 89, 92. Die vorliegende Arbeit ist auf dem Stand 30.12.2013. Zwischenzeitlich wurde das Vertragsverletzungsverfahren beendet. Der EuGH hat am 15.10.2015 festgestellt, dass § 4 UmwRG gegen Art. 11 der RL 2011/92 verstößt und die deutschen Präklusionsvorschriften für europarechtswidrig erklärt. Für unionsrechtswidrig erklärt der EuGH auch die Übergangsvorschriften in § 5 UmwRG, EuGH, Urteil vom 15.10.2015 – C137/14, zitiert nach juris.

11 BT-Drs. 17/12304 vom 8.2.2013, S. 139.

verwaltungsgerichtlichen Rechtsschutzes zu integrieren. Die Arbeit untersucht diese Ansätze im Hinblick darauf, inwieweit diese tragfähige Konzepte einer altruistischen umweltrechtlichen Verbandsklage enthalten, welche ggfs. den heutigen Anforderungen noch gerecht werden (1. Kapitel). Ebenfalls untersucht werden die bisherigen gesetzgeberischen Bemühungen zur Einführung einer umweltrechtlichen Verbandsklage. Diese waren eng verknüpft mit den Gesetzgebungsinitiativen zur Schaffung eines Umweltgesetzbuches, sie blieben jedoch bis zum Erlass des UmwRG im Jahr 2006 erfolglos (1. Kapitel). Ein weiterer Schwerpunkt der Arbeit liegt auf dem Gesetzgebungsverfahren im Jahr 2006 und den Regelungen des UmwRG hinsichtlich der Klagebefugnis von Verbänden und der Verfahrensfehlerlehre (3. Kapitel). Die Arbeit untersucht die Einhaltung der europäischen und völkerrechtlichen Vorgaben (2. Kapitel) und zeigt den nach wie vor bestehenden Anpassungsbedarf auf. Der Gesetzgebungsprozess des UmwRG wird mit dem Ziel untersucht, die Ursachen für die Umsetzungsschwierigkeiten des nationalen Gesetzgebers herauszuarbeiten (3. Kapitel). Die Rechtsprechung der nationalen Gerichte wird daraufhin untersucht, wie sich die Gerichte in der Vergangenheit zur Frage der Zulässigkeit einer altruistischen umweltrechtlichen Verbandsklage positioniert haben, wie die Gerichte unter der Geltung des UmwRG mit den europarechtswidrigen Regelungen des Gesetzes umgegangen sind und wie einzelne Gerichte sich heute im Hinblick auf die Regelungen des UmwRG und die völker- und europarechtlichen Vorgaben der Århus-Konvention und der RL 2003/35/EG positionieren. Von besonderem Interesse sind dabei die Urteile des EuGH vom 8.11.2011[12], vom 20.5.2011[13] und vom 7.11.2013[14] (4. Kapitel). Schließlich untersucht die Arbeit das geltende Umwelt-Rechtsbehelfsgesetz zum einen im Hinblick auf die Einhaltung der europäischen und völkerrechtlichen Vorgaben, zum anderen im Hinblick auf den Verlauf des Gesetzgebungsverfahrens mit dem Ziel, die Ursachen und Gründe etwaig bestehender Umsetzungsdefizite aufzudecken (5. Kapitel).

12 EuGH, Urteil vom 8.3.2011 – Rs. C-240/09, Slg. 2011 I-1255.

13 EuGH, Urteil vom 12.5.2011 – C-115/09, Slg. 2011, I-3673.

14 EuGH, Urteil vom 7.11.2013 – C-72/12, ABl. C 009 vom 11.01.2014, S. 6–7.

1. Kapitel: Die Konzepte der altruistischen Verbandsklage im Umweltrecht ausgehend von den 1970er Jahren

In diesem Kapitel sollen die bisherigen Konzepte zur Begründung und Implementierung einer umweltrechtlichen Verbandsklage in das System des verwaltungsgerichtlichen Rechtsschutzes ausgehend von den 1970er Jahren untersucht werden. Die Untersuchung trennt dabei zwischen den rein verwaltungsrechtswissenschaftlichen Konzepten und den Konzepten auf Initiative des Gesetzgebers. Anschließend soll die ergangene höchstrichterliche Rechtsprechung zu altruistischen umweltrechtlichen Verbandsklagen bis zur Verabschiedung des Umwelt-Rechtsbehelfsgesetzes am 7.12.2006 näher beleuchtet werden. Ziel der Untersuchung ist, die Einzelregelungen der auf den verschiedenen Ebenen entwickelten Konzepte und Begründungsansätze herauszuarbeiten und festzuhalten – sofern möglich – woran diese letztlich in der Umsetzung scheiterten. Im Hinblick auf die ergangene Rechtsprechung soll untersucht werden, inwieweit sich aus der Rechtsprechung des Bundesverwaltungsgerichtes eine Haltung zu einer umweltrechtlichen altruistischen Verbandsklage ableiten lässt.

A) Die bisherigen Konzeptionen der altruistischen umweltrechtlichen Verbandsklage in der verwaltungsrechtswissenschaftlichen Tradition

Die Diskussion um die Einführung einer altruistischen umweltrechtlichen Verbandsklage in der deutschen Verwaltungsrechtswissenschaft begann Anfang der 1970er Jahre. Die Diskussion war stets verknüpft mit der Diskussion um das Vollzugsdefizit im Umweltrecht. Die wesentlichen Argumente für und gegen die Einführung einer altruistischen Verbandsklage im Umweltrecht sind seit langem ausgetauscht. Als Gründe für die Einführung einer Verbandsklage wurden angeführt: die Lücken im Individualrechtsschutz,[15] die Artikulationsschwäche der Belange des Umweltschutzes gegenüber konkurrierenden öffentlichen

15 *Rehbinder/Burgbacher/Knieper*, Bürgerklage, S. 15; *Bizer/Ormond/Riedel*, Verbandsklage, S. 28.

Interessen,[16] das Vollzugsdefizit im Umweltrecht,[17] die rechtsgesteuerte Implementierung offener Planungsnormen und unbestimmter Rechtsbegriffe,[18] die Verstärkung des Gewichts der Verbandsbeteiligung durch die antizipatorische Wirkung der Verbandsklage auf das Verwaltungsverfahren,[19] die Operationalisierung der Debatte um ein Recht der Natur und das Klagerecht von Pflanzen und Tieren[20]. Die Diskussion wurde von Beginn an emotional geführt. Die Gegnerschaft war prominent.[21]

Weyreuther legte 1975 eine maßgebliche und vielfach zitierte Stellungnahme zur Verbandsklage vor und entwickelte dort vier wesentliche Argumentationslinien gegen die Verbandsklage, auf die sich die Argumente in den sich in den darauffolgenden Jahren anschließenden Diskussionen zurückführen lassen.[22] *Weyreuther* beleuchtete die Verbandsklage im Spannungsfeld von vier Beteiligten: der Verwaltung, der Verbände, der Drittbetroffenen und der Verwaltungsgerichte und kam zu einem in jeder Hinsicht ablehnenden Ergebnis. Seiner Ansicht nach bestand kein Bedürfnis für die Einführung einer Verbandsklage. Ihre Eignung zur Beseitigung des Vollzugsdefizits sei zweifelhaft, Verbände seien hierfür nicht ausreichend legitimiert, die Position von Drittbetroffenen werde durch eine Verbandsklage unangemessen benachteiligt und schließlich bedeute

16 *Rehbinder*, Die Verbandsklage, in: *Kimminich,* Handwörterbuch des Umweltrechts, 2559, 2569.

17 *Bizer/Ormond/Riedel*, Verbandsklage, S. 25; *Lübbe-Wolff*, Vollzugsprobleme, NuR 1993, 217; *Lorenz*, Vollzugsdefizite, UPR 1991, 253.

18 *Rehbinder/Burgbacher/Knieper*, Bürgerklage, S. 15.

19 Ebenda.

20 *Wolf*, Entwicklung, ZUR 1994, 12.

21 Die Diskussionen auf dem Umweltforum 1974 und in der Anhörung des Arbeitskreises für Umweltrecht vom 30.10.1975 zur Verbandsklage zeigten, dass die Gegner der Verbandsklage von den Organisationen der gewerblichen Wirtschaft und der Land- und Forstwirtschaft über die Gewerkschaften bis hin zum Verwaltungsrechtsausschuss des Deutschen Anwaltsvereins und dem Bund deutscher Verwaltungsrichter reichte, *Arbeitskreis*, Contra und Pro, 1 ff. Weitere Gegner der Verbandsklage: *Bettermann*, Verbandsklage, ZZP 1972, 133 ff.; *Schmidt-Aßmann*, Verwaltungsverantwortung, VVDStRL 1976, 221, These 19; *Knöpfle*, Einwirkung, DVBl. 1974, 707 ff.; zurückhaltender: *Bartlsperger*, Einwirkungen, VVDStRL 1975, 221, 259 ff.; *Scholz*, Verwaltungsverantwortung, VVDStRL 1976, 145 ff. Ein Überblick über die verschiedenen Argumente gegen die Verbandsklage findet sich in *Bizer/Ormond/Riedel*, Verbandsklage, S. 55 m.w.N.; *Wolf*, Entwicklung, ZUR 1994, 1 ff. Aus der neueren Literatur: *Danwitz von*, Ausgestaltungsfreiheit, S. 20 ff.; *Danwitz von*, Århus-Konvention, NVwZ 2004, 271 ff.; *Schmidt-Preuß*, Gegenwart, NVwZ 2005, 489 ff.

22 *Weyreuther*, Verwaltungskontrolle, S. 1 ff.

sie einen sachwidrigen und verfassungsrechtlich bedenklichen Bruch mit dem gegenwärtigen am individuellen Rechtsschutz ausgerichteten System der Verwaltungsgerichtsbarkeit.[23] Insgesamt ist seine Studie von einem tiefen Misstrauen gegenüber der Verbandsklage und gegenüber Verbänden geprägt.[24]

Die Diskussion um die Einführung einer altruistischen Verbandsklage im Umweltrecht war darüber hinaus geprägt von den Unsicherheiten um die dogmatische Begründung einer solchen Verbandsklage im Rahmen der bestehenden Verwaltungsgerichtsbarkeit. Die dogmatischen Begründungsansätze waren vielfältig: Sie reichten von der Konzeption als rein objektives Beanstandungsverfahren[25] über eine Klage mit Rechtsschutzfunktion für ein dahinterstehendes subjektives Recht, welches von Verbänden als quasi Treuhänder wahrgenommen wird,[26] zur Konzeption als Interessentenklage, losgelöst von der Geltendmachung eines subjektiven Rechts nach der Schutznormdoktrin.[27]

Im folgenden Abschnitt soll die Genese der altruistischen umweltrechtlichen Verbandsklage in den verschiedenen Entwicklungsetappen des deutschen Umweltrechts nachgezeichnet werden. Insbesondere wird versucht werden, die dogmatischen Begründungen der umweltrechtlichen altruistischen Verbandsklage herauszuarbeiten. Dies erfolgt vor dem Hintergrund, die von Art. 9 Abs. 2 und Abs. 3 AK aufgeworfenen Rechtsprobleme und dogmatischen Grundsatzfragen einzuordnen und die Schwierigkeiten des Gesetzgebers im nationalen Umsetzungsprozess nachzuzeichnen.

I. Die Bürgerklage im Umweltrecht

Eröffnet wurde die Debatte in den 1970er Jahren von einer grundlegenden und wegweisenden Studie zur Klagebefugnis im Umweltrecht von *Rehbinder/Burgbacher/Knieper*.[28] Die Autoren unterzogen in ihrer Studie das damals geltende Verwaltungs- und Umweltrecht einer intensiven Prüfung hinsichtlich der geltenden Klagebefugnisdoktrin. Die Studie untersuchte in rechtspolitischer Absicht die Vollzugssituation im Bereich des Umweltrechts und die Funktionsfähigkeit des geltenden Rechts der Klagebefugnis hinsichtlich einer objektiven

---

23 Dies stellt die wesentlichen Thesen *Weyreuthers* nur stark verkürzt dar. Zu den Argumenten im Detail siehe daher *Weyreuther*, Verwaltungskontrolle, S. 1 ff.

24 Ebenda, S. 8 ff., 17 f., 24 ff., 30.

25 *Rehbinder/Burgbacher/Knieper*, Bürgerklage, S. 1 ff.

26 *Gassner*, Treuhandklage, S. 1 ff.

27 Vgl. hierzu bereits *Skouris*, Verletztenklagen, S. 11; *Calliess*, Kohärenz, NJW 2002, 3577, 3578; *Calliess*, Feinstaub, NVwZ 2006, 1, 2 f.

28 *Rehbinder/Burgbacher/Knieper*, Bürgerklage, S. 1 ff.

Gesetzmäßigkeitskontrolle der Umweltverwaltung. Das Ergebnis war recht eindeutig: Als Schwachstelle des Umweltrechts wurde ein Versagen der Exekutive und ein Vollzugsdefizit diagnostiziert. Insbesondere wurde ein deutlicher Zusammenhang zwischen dem Vollzug von objektiven Normen des Umweltrechts und dem diesbezüglich defizitären Rechtsschutzsystem der VwGO herausgearbeitet. Die Ursachen und Gründe für das sogenannte Vollzugsdefizit waren nach Ansicht der Autoren genauso komplex wie die Umweltschäden selbst. Die Lösung für das Problem der Vollzugs- und Implementierungsschwächen des Umweltrechts sahen die Autoren in einer Rückbesinnung auf die Funktionen des verwaltungsgerichtlichen Rechtsschutzes. Dieser diene zwar in erster Linie dem Schutz des Bürgers gegen staatliche Eingriffe, aber eben auch der Gewährleistung des ordnungsgemäßen Funktionierens der staatlichen Rechtsordnung und der Behörden im Sinne einer objektiven Rechtskontrolle. Die geltenden Rechtsschutzmöglichkeiten wurden seitens der Autoren in ihrer Abhängigkeit von einer subjektiven Rechtsverletzung für zu eng befunden. Nach ihrer Einschätzung ist die Individualklage zur Kontrolle der Umweltbehörden im Interesse aller nicht geeignet.[29] Dieser negative Befund war Anlass für die Autoren, die legislative Einführung einer begrenzten Popularklage im Umweltrecht, die so genannte Bürgerklage, als Mittel der Gesetzmäßigkeitskontrolle der Umweltverwaltung vorzuschlagen. Ihre Bürgerklage ist eine Popularklage ohne jedwedes Betroffenheitskriterium und verzichtet auf die Anwendung der Schutznormtheorie. Hierdurch sollte ein adäquater Vollzug und eine adäquate Implementierung des Umweltrechtes durch die Behörden mittels Einschaltung der Gerichte erzwungen werden. Umweltrelevante Fehlentscheidungen – im Ermessensbereich: grobe Fehlentscheidungen – sollten hierdurch auf Anruf von Bürgern korrigiert werden. Nach Einschätzung der Autoren würde sich die Verwaltung zudem bemühen, den Auftrag des Gesetzes intensiver zu erfüllen und quasi prophylaktisch die Weite des Interessenspektrums einzubeziehen, sobald die gerichtliche Überprüfung umweltrelevanter Entscheidungen drohe und der beinahe vollständige Freiraum der Verwaltung im Umweltschutz eingeschränkt werde.[30]

Die Autoren schlugen mit ihrer Bürgerklage nicht nur die Einführung einer umweltrechtlichen Verbandsklage, sondern die Erweiterung individueller Klagerechte in Form einer Popularklage vor. Die Erweiterung der Klagebefugnis unter Einbeziehung individueller Klagerechte sollte nach Auffassung der

29 Ebenda, S. 39.
30 Ebenda, S. 46.

Autoren ein notwendiges Gegengewicht gegen mögliche Oligarchisierungstendenzen fest gefügter, bestehender Verbände sein.[31] Die Erweiterung individueller Klagerechte sollte zudem auch die Enge des Interessenspektrums eines Verbandes (nur Naturschutz, nicht auch Stadt- und Verkehrsplanung, sonstige ökologische Interessen), der im Rahmen einer Verbandsklage allein für die Klageerhebung in Betracht käme, ausgleichen. Umweltschutz sollte nach Ansicht der Autoren die Verbindung zum betroffenen Individuum halten.[32]

Das rechtspolitische Bedürfnis für eine solche Bürgerklage sahen die Autoren in der mangelhaften Durchsetzung und Implementierung des Umweltrechts durch die Behörden sowie in unzureichenden privaten Klagerechten nach dem geltenden Recht der VwGO.[33] Diese Vollzugs- und Implementierungsschwächen des Umweltrechts würden sich, so die Autoren, kurzfristig durch eine Rückbesinnung auf die Funktionen des verwaltungsgerichtlichen Rechtsschutzes lösen lassen. Nach ihrer Ansicht war es notwendig, sich die Kontrollfunktion der Verwaltungsgerichtsbarkeit zu Nutze zu machen und die klagenden Bürger als „Funktionäre der Allgemeinheit" zur Gewährleistung des in den Gesetzen niedergelegten Umweltschutzprogrammes der politischen Instanzen einzusetzen. Der gedankliche Ansatz der VwGO, dass das vitale Interesse des verletzten Bürgers ihn auch dazu führen werde, sein Recht zu suchen bzw. gerichtlich durchzusetzen, ist nach Auffassung von *Rehbinder/Burgbacher/Knieper* unzutreffend; mit dem Fortfall dieser Prämisse verliere der Verwaltungsprozess zugleich seine Funktionsfähigkeit zu objektiver Rechtskontrolle.[34] Die Gründe hierfür sahen die Autoren in der Komplexität der dem Gericht darzulegenden Probleme, in der fehlenden technischen und naturwissenschaftlichen Sachkunde des Bürgers, im wirtschaftlichen Gewicht des Vorhabenträgers und nicht zuletzt im Kostenrisiko. Zudem sei die Anknüpfung einer objektiven Rechtskontrolle an private Betroffenheit und privaten Egoismus eines Einzelnen mit dem besonderen Risiko des „Abkaufs" der Klagerechte durch von einer Aufhebung der behördlichen Entscheidung negativ betroffenen Unternehmen verbunden.[35]

---

31 Ebenda, S. 157.

32 Ebenda, S. 157.

33 Ebenda, S. 19 ff.

34 *Rehbinder/Burgbacher/Knieper*, Bürgerklage, S. 46.

35 Die Autoren benennen als Beispiel hierfür den so genannten Gelsenkirchener „Floatglas-Fall", VG Gelsenkirchen DVBl. 1971, S. 832. Die Grundeigentümer, die in erster Instanz erfolgreich gegen die Errichtung eines Flachglasbetriebes in unmittelbarer Nähe ihrer Häuser geklagt hatten, begannen nach Erlass des erstinstanzlichen Urteils, Vergleichsverhandlungen mit der beklagten Firma zum Zwecke der Abfindung zu

Zur Lösung der genannten Probleme schlugen *Rehbinder/Burgbacher/Knieper* die Loslösung von der Schutznormtheorie vor, mit dem Ziel, die Rechtskontrolle in den Vordergrund zu stellen. Konzeptionell war mit der vorgeschlagenen Bürgerklage nicht die Stärkung von Verbandsklagerechten gemeint, sondern vielmehr eine umfassende Popularklage im gesamten Umweltrecht. Ziel der vorgeschlagenen Bürgerklage sollte die Aktivierung einer objektiven Kontrolle des Vollzugs und der Implementierung umweltrechtlicher Normen durch die Gerichte sein.

Die Legitimationsgrundlage einer solchen Bürgerklage ist nach Auffassung der Autoren das Demokratieprinzip und zwar in Form der Rechtskontrolle der Verwaltung. Nach ihrer Ansicht kommt der Verwaltungsgerichtsbarkeit traditionell eine Doppelfunktion zu: Sie diene sowohl dem subjektiven Rechtsschutz eines individuell Betroffenen als auch der objektiven Rechtskontrolle behördlichen Handelns.[36] Die einseitige Betonung des subjektiven Rechtsschutzes entspreche nicht dem geltenden Recht. Ein Großteil der Verfahrensgrundsätze des Verwaltungsprozesses lasse sich nur aus der objektiv-rechtlichen Rechtskontrollfunktion erklären.[37] Durch die Anerkennung einer Doppelfunktion des Verwaltungsprozesses würde nach Ansicht der Autoren keine Verkürzung des vom Grundgesetz gewährleisteten objektiven Rechtsschutzes eintreten. Subjektivem Rechtsschutz sei objektive Rechtskontrolle bruchlos zuzuordnen, ohne dass aus dieser Erweiterung Belastungen für den subjektiven Rechtsschutz erwüchsen.[38]

---

führen. Dies zeigt nach Auffassung von *Rehbinder/Burgbacher/Knieper*, dass die individuelle Bürgerklage eine Kontrolle adäquaten Vollzugs und adäquater Implementierung des Umweltrechtes zwar ermöglichen, aber nicht gewährleisten kann. Dem könne jedoch durch Einführung einer umfassenden Bürgerklage begegnet werden. Vgl. *Rehbinder/Burgbacher/Knieper*, Bürgerklage, S. 12.

36 Ebenda, S. 130.

37 Das gelte für den Untersuchungsgrundsatz ebenso wie für das korrespondierende Fehlen der subjektiven Beweisführungslast, für die Beiladung ohne die der zivilprozessualen Intervention anhaftenden Wirkungen, für die in § 42 Abs. 2 VwGO angebotene Möglichkeit zur Ausdehnung der Klagebefugnis und für den – bis auf die Verpflichtungsklage und (freilich unzutreffend) die Anfechtungsklage des so genannten Dritten – unverändert bestehenden materiellen Prüfungsanspruch. Die Gerichte nähmen – und das gelte entsprechend für andere öffentliche Verfahren – eine Klage zum Anlass, materiell umfassend die Rechtmäßigkeit des Verwaltungshandelns oder der erlassenen Normen zu kontrollieren, ohne sich durch die (vorgebrachte) subjektive Beschwerde des Klägers einschränken zu lassen. Vgl. *Rehbinder/Burgbacher/Knieper*, Bürgerklage, S. 130.

38 Ebenda, S. 131.

Die Bürgerklage sollte deshalb als Popularklage ausgestaltet werden, der Bürger solle nicht subjektive Rechte, sondern als „Funktionär der Allgemeinheit" das öffentliche Interesse an der Gesetzmäßigkeit der Umweltverwaltung geltend machen. Damit entfielen auch Unterscheidungen zwischen Individualschutznormen und Gesetzen „öffentlichen Interesses". Die Popularklage solle nicht nur – gleichsam den Betroffenen unterstützend – dort die Gesetzmäßigkeit der Umweltverwaltung gewährleisten, wo sich trotz individueller Betroffenheit kein Kläger findet, der das gerichtliche Kontrollverfahren in Gang setzt, sondern vor allem auch dort, wo es schon an einem potenziellen Kläger fehlt.[39]

Als systematischen Standort der Regelung einer umweltrechtlichen Bürgerklage schlugen die Autoren die Regelung in einem gesonderten Gesetz vor. Die Regelung in einem besonderen Gesetz hätte nach Ansicht der Autoren den Vorzug, dass so eine inhaltliche Regelung und einheitliche Auslegung für das gesamte Umweltrecht am ehesten gewährleistet sei. Die Autoren sahen die Gefahr einer Regelung in Spezialgesetzen vor allem darin, dass Nebengesetze schwer erfassbar seien. Dem müsse durch eine weite Formulierung über den jeweiligen Anwendungsbereich der Popularklage hinaus abgeholfen werden.[40]

1. Zulässigkeit der Bürgerklage

Wegen der Ausgestaltung der Bürgerklage als Popularklage hielten die Autoren eine richterliche Vorprüfung zur Absicherung gegen „wenig fundierte" Klagen für notwendig.[41] Maßstab für eine solche Vorprüfung sollten dabei ausschließlich der sachliche Prozesserfolg und die zu erwartenden Konsequenzen für den Umweltschutz sein. *Rehbinder/Burgbacher/Knieper* schlugen hierfür eine Analogie zum Armenrechtsverfahren, dem heutigen Prozesskostenhilfeverfahren gemäß § 114 ZPO, und zur verfassungsgerichtlichen Vorprüfung nach § 93 a BVerfGG vor. Danach wären zunächst summarisch die Erfolgsaussichten der Bürgerklage zu prüfen, anschließend könne die Zulassung der Bürgerklage von der faktischen Bedeutung der Sache, das heißt dem Maß ökologischer Auswirkungen, abhängig

39 Ebenda, S. 133. Die Autoren setzten sich auch mit Bedenken gegen die Bürgerklage auseinander, insbesondere mit den Argumenten der Verzögerung, einer bloßen Verhinderungstaktik und einer möglicherweise zu befürchtenden Prozessflut. Dies sind nach Auffassung der Autoren jedoch Argumente, die gegenüber der verwaltungsgerichtlichen Kontrolle behördlicher Entscheidungen überhaupt erhoben werden können.

40 Ebenda, S. 160.

41 Ebenda, S. 153.

gemacht werden.[42] Klagen professioneller Umweltverbände sollten einer solchen Vorprüfung nicht unterworfen werden, da die Autoren davon ausgingen, dass auf Grund der Anforderungen an die Qualität der klageberechtigten Verbände eine derartige Vorprüfung in einem solchen Fall nicht notwendig sei, da man von Umweltverbänden hinreichend fundierte Klagen erwarten könne.

a. Klageberechtigte

Rehbinder/Burgbacher/Knieper unterschieden für die Klageberechtigung zwischen Individualklägern, der Klageberechtigung von Ad-hoc-Gruppen (Bürgerinitiativen) sowie von Verbänden. Die Zulassung von Individualklageberechtigten sollte nach ihrer Ansicht nur kumulativ zur Klageberechtigung von Gruppen erfolgen, damit die Wahrung von allgemeinen Belangen, die über die individuelle Betroffenheit hinausgehen, nicht allein dem Belieben individueller Personen überlassen bleibe. Klageberechtigt sollten auch Ad-hoc-Zusammenschlüsse[43] sein. Für die Klagen von Bürgerinitiativen vermuteten die Autoren eine größere Effizienz im Vergleich zu Individualklagen und im Vergleich zu Klagen professioneller Verbände eine größere Sachnähe. Die Verbände sahen sie als die primären Träger des Popularklagerechts, sie seien jedoch verschiedenen Restriktionen zu unterwerfen, insbesondere hinsichtlich ihrer Legitimation zur Klage.[44]

b. Klagebefugnis

Die Bürgerklage sollte als Popularklage ausgestaltet werden, das heißt, eine Klage losgelöst von einer Klagebefugnis. Der Bürger sollte nicht subjektive Rechte verfolgen. Vielmehr sollten Bürger als „Funktionäre der Allgemeinheit“ das öffentliche Interesse an der Gesetzmäßigkeit der Umweltverwaltung geltend

---

42 Um Doppelklagen zu vermeiden, sollte sich die Vorprüfung unter dem Gesichtspunkt des Rechtsschutzbedürfnisses auch darauf erstrecken, ob in derselben Sache nicht bereits ein Urteil ergangen ist und zwar gleich, ob ablehnend oder stattgebend, um die Möglichkeit mehrfacher Klageversuche durch verschiedene Kläger zu verhindern. Dies solle allerdings keine absolute Sperre gegenüber individuell betroffenen Klägern darstellen, die keine Kenntnisse von etwaigen Vorprozessen hätten und denen im Hinblick auf ihre persönliche Betroffenheit eine Bindung durch ein bereits ergangenes Urteil nicht zuzumuten sei. Vgl. *Rehbinder/Burgbacher/Knieper*, Bürgerklage, S. 154.

43 Hiermit gemeint waren Gruppen von Bürgern, die im Streubereich von Umweltschäden leben müssen, also trotz faktischer Betroffenheit an der Anrufung der Gerichte gehindert sind. Ebenda, S. 151.

44 Ebenda, S. 152.

machen. Damit würden auch Unterscheidungen zwischen Individualschutznormen und Gesetzen öffentlichen Interesses entfallen. Die Klagebefugnis im Rahmen der Bürgerklage sollte komplett unabhängig von der Verletzung subjektiver Rechte und unabhängig von jedweder Betroffenheit ausgestaltet werden.

c. *Klagegegenstand*

Klagegegenstand der Bürgerklage sollte das gesamte Umweltrecht sein. Die Bürgerklage sollte ein politisches Instrument sein, das in Kooperation mit dem Behördenapparat die Erhaltung und Entwicklung der natürlichen Ressourcen, das heißt der natürlichen Lebensgrundlagen des Menschen und – im „Vorfeld" – von Pflanzen und Tieren, in allen ihren Aspekten sichern sollte.[45] Deshalb sollten nicht nur die existenzielle (biologische-physiologische), sondern auch die soziale und ästhetische Funktion des Umweltschutzes (insbesondere Erholung), nicht nur die traditionellen Mittel des Eingriffs- (Überwachungs-) Rechts, sondern auch das Leistungs- und Planungsrecht, nicht nur Luft- und Wasserreinhaltung, Lärmschutz, Abfallbeseitigung, Schutz vor Radioaktivität, vor schädlichen Umweltchemikalien (insbesondere Bioziden), Naturschutz und Landschaftspflege, Grünordnung, pflegliche Behandlung der natürlichen Landschaftsfaktoren (einschließlich Klima), sondern auch der Schutz gegen gesundheitsschädliche Zusatzstoffe in Lebensmitteln und gegen gesundheitsschädliche Arzneimittel in die Klage einzubeziehen sein. Nur eine solche Gesamtregelung könne – so die Autoren – der Einheitlichkeit der Probleme und den systemaren Zusammenhängen von Umweltbelastungen gerecht werden.[46]

d. *Statthafte Verfahrensarten*

Rehbinder/Burgbacher/Knieper sahen den Hauptanwendungsfall der Bürgerklage in der Anfechtungs- und Verpflichtungsklage, daneben aber auch in der Normenkontrollklage und Verfassungsbeschwerde im Bereich des gesamten Umweltrechtes.[47]

---

45 Ebenda, S. 150.

46 Ebenda, S. 150.

47 Der Popularkläger müsse im Falle der Verfassungsbeschwerde anders als bei der Verpflichtungsklage, wo er die objektive Gesetzesmäßigkeit der Verwaltung zu erzwingen versucht, Individualgrundrechte Dritter geltend machen; es würde sich hierbei also um eine „abgeleitete" Klage handeln. Es sei jedoch zu bedenken, dass die Freiheitsgrundrechte, mithin auch das Grundrecht, nicht mit einem gesetzeswidrigen ökologischen Nachteil belastet zu werden, Bestandteile rechtsstaatlicher Ordnung sind. Ebenso seien die sozialen Grundrechte, mithin auch das Grundrecht auf ökologisches

e. Legitimation

Voraussetzung für die Verbandsklage im Rahmen der Bürgerklage sollte eine Legitimation des Verbandes sein, für die von ihm gerichtlich geltend gemachten Interessen sprechen zu dürfen. Nach dem Vorschlag von *Rehbinder/Burgbacher/Knieper* müsse deshalb die Satzung des klagenden Vereins eine auf Erhaltung und Verbesserung der Umwelt gerichtete Tätigkeit zum Gegenstand haben. Fragwürdig sei eine Legitimation des Verbandes zur gerichtlichen Geltendmachung von Umweltinteressen, wenn dieser sich im Übrigen institutionell jeglicher Umweltaktivität enthalten würde. Nicht ausreichend sein sollte daher die Beschränkung auf die gerichtliche Geltendmachung von Umweltinteressen; vielmehr sollte der betreffende Verband auch Umweltaktivitäten entfalten, zumindest durch eine aktive Teilnahme an umweltrelevanten Verwaltungsverfahren. Aus Legitimationsgründen sollte der Verband ferner auf seinen „satzungsmäßigen Umweltbereich" beschränkt werden und nur in diesen Bereichen klagebefugt sein.[48] Konkrete Vorschläge für die Ausgestaltung eines solchen Legitimationsverfahrens unterbreiteten die Autoren jedoch nicht.

f. Verwirkung/Präklusion

In Anlehnung an das amerikanische Recht schlugen die Autoren vor, die Klageberechtigung von der vorangegangenen Beteiligung am Verwaltungsverfahren abhängig zu machen.[49] Damit dieses Erfordernis mangels ausreichender Publizität anhängiger Verwaltungsverfahren keine zu große Hürde darstellt, schlugen die Autoren vor, diese Voraussetzung unter den Vorbehalt des Zumutbaren zu stellen. Nur wenn dem Kläger die Beteiligung am Verwaltungsverfahren zumutbar gewesen sei, sollte diese Zulässigkeitsvoraussetzung einer Klage sein. Anderenfalls sollte der Umstand, dass der Kläger sich am vorausgegangenen Verwaltungsverfahren nicht beteiligt hat, der Zulassung der Klage nicht entgegenstehen. Ein Ersuchen des späteren Klägers an die Behörde, ihn zum Gegenstand der Entscheidung anzuhören, sollte ausreichen, um das Klagerecht zu

---

Existenzminimum, Grundelemente sozialstaatlicher Ordnung. Der Popularkläger, der ihre Verletzung im Wege der Verfassungsbeschwerde angreift, würde damit auch die objektive Rechtsordnung verteidigen. Ebenda, S. 158 f.

48 Ebenda, S. 153 f.

49 Im amerikanischen Umweltschutzrecht haben Gerichte teilweise die Bejahung der Klagebefugnis von der Beteiligung am vorhergehenden Verwaltungsverfahren abhängig gemacht: Voraussetzung sei eine Dokumentierung realer „konstruktiver" Umweltinteressiertheit; das Klagerecht müsse durch konkrete Aktivität „verdient" werden. Vgl. *Rehbinder/Burgbacher/Knieper*, Bürgerklage, S. 154.

erhalten.[50] Das Gericht sollte nach seinem Ermessen entscheiden, ob dem Kläger die fristgerechte Teilnahme am Verwaltungsverfahren und die Geltendmachung der Einwendung zumutbar waren.[51]

g. *Anerkennungsverfahren*

Die Autoren diskutierten die Einführung eines besonderen Anerkennungsverfahrens für Umweltverbände. Sie standen einem solchen Verfahren jedoch kritisch gegenüber. Nach Ansicht der Autoren liefe es praktisch auf eine Selbstkontrolle der Verwaltung hinaus, wenn sie die Kompetenz dafür besäße, zu entscheiden, wem die Klagerechte zur Kontrolle ihrer Entscheidungen zuzugestehen seien. Gegen ein solches Anerkennungsverfahren spräche auch, dass kaum operationable oder explizit begründbare Kriterien für ein solches Anerkennungsverfahren zu finden seien. Ein Anerkennungsverfahren sei zudem keine Garantie für sachlich fundierte Klagen. Die vorgeschlagene richterliche Vorprüfung erfülle zudem die Zwecke eines Anerkennungsverfahrens auf wesentlich kürzerem Wege und innerhalb ihres sachlichen Zusammenhangs, nämlich innerhalb der

---

50 Ebenda, S. 155.

51 Gegen diese Vorprüfungsentscheidung des Gerichtes sollte eine Beschwerde möglich sein, die von einer Ermessensentscheidung des erstinstanzlichen Gerichtes abhängig sein sollte (ähnlich der Revisions- und Berufungszulassung der VwGO). Dabei sollte es bei der Vorprüfung der „grundsätzlichen Bedeutung" der Rechtssache auch auf die faktische Bedeutung des Rechtsstreits insgesamt und nicht lediglich auf die Bedeutung der Vorprüfungsentscheidung ankommen. Die Autoren hielten es in diesem Zusammenhang für problematisch, dass die Behörde sich im Rahmen der Beteiligung am Verwaltungsverfahren möglicherweise mit einer großen Zahl von Personen auseinandersetzen muss. Die Einräumung formaler Beteiligungsrechte hielten die Autoren gleichwohl für entbehrlich. Dies komme nur dann in Betracht, wenn wiederum der klageberechtigte Personenkreis auf einige wenige „anerkannte" Organisationen beschränkt würde. Es sollte nach Vorstellung von *Rehbinder/Burgbacher/Knieper* genügen, dass die Behörde all diejenigen anhört, die an einer solchen Anhörung interessiert sind, ggfs. könne sie die Anhörung von einer „Bündelung" der Interessierten in einer Adhoc-Gruppe abhängig machen. Die Folge einer solchen Regelung sei, dass der Bürger oder die Organisation, die keine Anhörung verlangen, Gefahr liefen, ihr Klagerecht zu verlieren. Die Behörde aber, die den Bürger oder die Organisation, die aktuelles Interesse bekundet haben oder deren potenzielles Interesse ihr bekannt sei, nicht anhören würde, müsste mit einer Klage rechnen. Solche mittelbaren Beteiligungspflichten seien gegenüber einer formalen Berechtigung flexibler und würden Verwaltungsaufwand und Entscheidungsverzögerungen ersparen, da die Behörde praktisch nur auf konkret interessierte Bürger oder Verbände Rücksicht zu nehmen habe. Ebenda, S. 155 ff.

verwaltungsgerichtlichen Klage.[52] Aus diesem Grund lehnten die Autoren die Einführung eines Anerkennungsverfahrens für Verbände ab.[53]

2. *Begründetheit der Bürgerklage*

Zur Begründetheitsprüfung bzw. deren Umfang, insbesondere hinsichtlich der gerichtlichen Kontrolldichte der vorgeschlagenen Bürgerklage, machten *Rehbinder/Burgbacher/Knieper* keine Aussagen. Dem Gesamtkonzept lässt sich jedoch entnehmen, dass eine Beschränkung hinsichtlich des Prüfungsumfanges in der Begründetheitsprüfung mit dem Grundkonzept der Bürgerklage nicht zusammenpasst. Das durch *Rehbinder/Burgbacher/Knieper* angestrebte Ziel war die objektive (Voll-) Kontrolle des Vollzugs des geltenden Umweltrechtes und dadurch ebenso die Gewährung eines erweiterten Rechtsschutzes zu Gunsten allgemeiner Interessen. Einschränkungen auf der Ebene der Begründetheitsprüfung waren nicht vorgesehen.

3. *Tabellarische Übersicht zur Bürgerklage*

Kriterien	**Regelungsgehalt**
Klageberechtigte	Individualkläger, Verbände und Ad-hoc-Gruppen
Klagebefugnis	Popularklage, unabhängig von der Verletzung subjektiver Rechte und jedweder Betroffenheit
Klagegegenstand	das gesamte Umweltrecht
Statthafte Verfahrensarten	Anfechtungsklage, Verpflichtungsklage, Normenkontrolle, Verfassungsbeschwerde
Legitimation der Verbände	durch die verbandliche Satzung, die eine auf Erhaltung und Verbesserung der Umwelt gerichtete Tätigkeit zum Gegenstand haben soll; Beschränkung des Verbandes auf seinen satzungsmäßigen Aufgabenbereich
Verwirkung/Präklusion	Klageberechtigung soll von der (zumutbaren) Beteiligung im Verwaltungsverfahren abhängen; Prüfung durch das Gericht, ob die fristgerechte Beteiligung zumutbar war
Anerkennungsverfahren	nicht vorgesehen
Prüfungsmaßstab	keine Beschränkungen; Prüfungsmaßstab soll das gesamte Umweltrecht sein
Kontrolldichte	keine Aussage

52 Siehe hierzu unter A. I. 1. Wie bereits ausgeführt, schlagen die Autoren ein Verfahren ähnlich dem heutigen Prozesskostenhilfeverfahren zur Vorprüfung vor.

53 *Rehbinder/Burgbacher/Knieper*, Bürgerklage, S. 157.

4. *Würdigung*

Nach *Rehbinder/Burgbacher/Knieper* ist der Zweck der Schutznormtheorie die Verhinderung von Klagerechten. Sie schlugen zur Lösung des Vollzugsproblems vor, die objektive Rechtskontrolle in den Vordergrund zu stellen und sich über eine Betroffenheit hinausgehende Interessen nutzbar zu machen. Nach Auffassung der Autoren muss zur Lösung des Vollzugsproblems im Umweltrecht eine Rückbesinnung auf die Kontrollfunktion des verwaltungsgerichtlichen Rechtsschutzes in Form einer objektiven Rechtskontrolle losgelöst von jedweder Betroffenheit erfolgen. Angesichts der konkreten Vollzugsproblematik im Umweltrecht erschien es den Autoren unabweisbar, ein Mischsystem der Rechtsverwirklichung zu konzipieren, das sich der Behörden- und Bürgeraktivität gleichermaßen bedient und flexibel genug ist, um sich bei Versagen eines Funktionsträgers auf die Aktivität eines anderen verlassen zu können.[54]

Der Vorschlag der Autoren konnte sich in der rechtswissenschaftlichen Diskussion nicht durchsetzen. Die Skepsis gegenüber der vorgeschlagenen Bürgerklage war hoch. Es wurde insbesondere die Notwendigkeit der Einführung mit dem Argument bestritten, das geltende Rechtsschutzsystem stehe dem behaupteten Vollzugsdefizit gegenüber, ein solches Vollzugsdefizit bestehe weder allgemein noch im Natur- und Landschaftsschutz.[55] In der Folge veröffentlichte *Weyreuther* seine Argumente gegen die Verbandsklage, in der er die seiner Ansicht nach wesentlichen Argumente gegen die Verbandsklage zusammenführte, insbesondere bestritt er ihre Eignung zur Lösung des Vollzugsproblems im Umweltrecht.[56]

Insgesamt betrachtet stellte der Vorschlag von *Rehbinder/Burgbacher/Knieper* eine radikale Erweiterung des verwaltungsgerichtlichen Rechtsschutzes über das individualschützende System des deutschen Verwaltungsrechts hinaus dar. Die Autoren identifizierten zutreffend die dem Vollzugsdefizit zugrundeliegende Problematik. Die von ihnen vorgeschlagene Lösung der Stärkung der objektiven Kontrollfunktion des verwaltungsgerichtlichen Rechtsschutzes durch die Einführung eines objektiven Beanstandungsverfahrens, losgelöst von einer subjektiven Betroffenheit, wird durch die aktuellen europa- und völkerrechtlichen Entwicklungen letztlich bestätigt. Ihr Vorschlag der Einführung einer Popularklage, ließ jedoch die individualschützende Systementscheidung des deutschen Verwaltungsrechtsschutzes außer Betracht.

54 Ebenda, S. 131.

55 Vgl. hierzu: *Redeker* in *Arbeitskreis*, Contra und Pro, S. 30.

56 *Weyreuther*, Verwaltungskontrolle, S. 1 ff.

II. Die Treuhandklage zugunsten von Natur und Landschaft

Nach der gesetzlichen Verankerung der Verbandsklage im Naturschutzrecht von vier Bundesländern versuchte *Erich Gassner* 1984 erstmalig, das Institut der Verbandsklage im Naturschutzrecht rechtsdogmatisch zu fundieren. Ausgangspunkt seiner Untersuchung waren die Regelungen der Verbandsklage im Naturschutzrecht in Bremen[57], Hessen[58], Hamburg[59] und Berlin[60]. Bremen, Hessen und Berlin ließen zum damaligen Zeitpunkt sowohl die Anfechtungs- als auch die Verpflichtungsklage für Verbände im Rahmen des Naturschutzrechtes zu.[61] Im Übrigen waren die Klagerechte unterschiedlich ausgestaltet. Bremen und Hessen gewährten den Verbänden umfassenden Rechtsschutz. Hamburg beschränkte die Klagerechte auf Befreiungen von Vorschriften zum Schutz von Naturschutzgebieten. In Berlin wurde die Verbandsklage subsidiär ausgestaltet, die Klagebefugnis wurde vom Fehlen eines individuellen Klägers abhängig gemacht.[62]

Grundlage der Arbeit *Gassners* war die Frage nach den so genannten Eigenrechten der Natur.[63] Dies löste eine breite Debatte in der deutschen

---

57 § 44 BremNatSchG, Gesetzesblatt der Freien Hansestadt Bremen v. 3.10.1979, 345, 357.

58 § 36 HeNatSchG, Gesetz- und Verordnungsblatt für das Land Hessen, Teil I v. 24.9.1980, 309, 320.

59 § 41 HmbNatSchG, Hamburgisches Gesetz- und Verordnungsblatt, Teil I v. 8.7.1981, 167 ff., 178.

60 Art. I Nr. 10 des ersten Gesetzes zur Änderung des Berliner Naturschutzgesetzes v. 3.10.1983, Gesetz und Verordnungsblatt für Berlin vom 7.10.1983, 1290 (§ 39a BlnNatSchG).

61 Alle vier Länder gewährten das Klagerecht nur, soweit der Verband nach § 29 BNatSchG anerkannt war und von seinem Mitwirkungsrecht Gebrauch gemacht hatte. Rügefähig war allein die Verletzung von Naturschutzrecht, vgl. *Gassner*, Treuhandklage, S. 12.

62 Dies hat das Bundesverwaltungsgericht als zulässig angesehen; vgl. BVerwG, Urteil vom 18.12.1987 – 4 C 9/86, zitiert nach juris.

63 Ausgangspunkt der Eigenrechtsdebatte war das 1972 erstmals veröffentlichte Buch von *Christopher D. Stone* „Should trees have standing?" In diesem Werk erörterte der Autor ein Treuhandmodell zugunsten der Natur. *Stone* erdachte die Rechtssubjektivität der Natur, um im sogenannten „Mineral King Valley-Fall" dem Problem der Klagebefugnis bei materiellen Rechtsverletzungen im Umweltrecht durch treuhänderische Klagevertretung zu begegnen. In diesem Rechtsstreit wandte sich der Sierra Club, ein traditionsreicher großer Naturschutzverband, gegen die Entwicklung des „Mineral-King-Tals" in ein Skigebiet. Der Supreme Court lehnte die Klagebefugnis des Sierra Clubs ab, weil dieser keinen eigenen Schaden geltend gemacht habe. *Stone* wies in seiner Lehre nach, dass in der gesamten Rechtsgeschichte die Zuerkennung von Rechten an weitere Entitäten quasi undenkbar war. Bis eine Entität Rechte erhält, wird sie als nichts anderes betrachtet als eine Sache, die dem Menschen zu dienen hat. Er stellte schließlich

Verwaltungsrechtswissenschaft aus, die wegen des beabsichtigten Schutzes der Natur um ihrer selbst willen in den philosophisch-ethischen Bereich hineinreichte. Auf Kritik stieß bei diesem Ansatz vor allem die anthropozentrische Orientierung des Rechts.[64] *Gassner* stellte auf Grundlage der landesrechtlichen Verbandsklageregelungen in Berlin, Bremen, Hessen und Hamburg die Frage, wessen Angelegenheiten mit der Verbandsklage geltend gemacht werden. Nach *Gassner* wird dem Verband das Klagerecht um objektiver Zwecke willen verliehen.[65] Gleichwohl soll es sich bei der naturschutzrechtlichen Verbandsklage nicht um eine objektive Beanstandungsklage handeln, da mit ihr lediglich Verletzungen des Naturschutzrechtes geltend gemacht werden können. Diese Einschränkung sei nicht einsichtig, wenn es sich bei der naturschutzrechtlichen Verbandsklage um eine objektive Beanstandungsklage handeln soll.[66] Es handelt sich nach seiner Auffassung bei der untersuchten naturschutzrechtlichen Verbandsklage auch nicht um eine Gemeinwohlklage, denn dann wäre eine Eingrenzung auf ein bestimmtes Rechtsgebiet, wie in der gewählten Konstruktion, ebenfalls nicht zweckdienlich. Gerade die Eingrenzung mache deutlich,

---

einen Wirkungszusammenhang zwischen der Verleihung von Rechten an Sachen und der Würdigung der Sache um ihrer selbst willen her. Seiner Ansicht nach wird die Zuerkennung von Rechten für Sachen solang abgelehnt werden, wie diese nicht um ihrer selbst willen gesehen und gewürdigt werden. *Stone* plädierte für die Verleihung subjektiver Rechte an Wälder, Ozeane, Flüsse und andere „natürliche Objekte“, sogar der natürlichen Umwelt als Ganzes. Rechtstechnisch schlug er die Bestellung eines Pflegers für ein gefährdetes natürliches Objekt vor, der dieses rechtlich zu vertreten und zu betreuen hätte. Die natürlichen Objekte sollten auch das Recht haben, den Ersatz erlittenen Schadens zu verlangen, der in einen Treuhandfond fließen könnte. Substanz erhielten diese Rechte nur durch verfahrensmäßige Vorkehrungen, ehe etwaige Eingriffe in die Natur erfolgen dürften. Die Anforderungen des Verfahrens würden Aufschluss über die Wertschätzung der natürlichen „Objekte“ durch die Gesellschaft geben. Vgl. zum vorgenannten: *Gassner*, Treuhandklage, S. 44 f. mit Nachweisen.

64 Vgl. statt vieler *Stutzin*, Natur, Rechtstheorie 1980, 344; *Lersner*, Eigenrechte, NVwZ 1988, 988 ff.; *Kuhlmann*, Mitgeschöpflichkeit, JZ 1990, 162 f.; *Leimbacher*, Rechte, 1 ff.; *Heinz*, Eigenrechte, Der Staat 1990, 415 ff.

65 Nach Ansicht von *Gassner* kann dem Verband das Klagerecht um seiner selbst willen oder um anderer, objektiver Zwecke willen verliehen sein. Ersteres schloss er aufgrund der Zweckrichtung des Naturschutzrechtes aus, die Verbandsklage soll dem Schutz von Natur und Landschaft dienen. Dies ergebe sich bereits aus der Entstehungsgeschichte der landesrechtlichen Verbandsklageregelungen und aus der allgemeinen Zielsetzung der Naturschutzgesetze, die die Verbandsklage als ein Instrument zur Verwirklichung ihrer Ziele einführen. *Gassner*, Treuhandklage, S. 15 und 18.

66 Ebenda, S. 20 f.

dass es sich um ein „bestimmtes Interesse“ handelt, welches klagbar gemacht werden soll. Er kam bei seiner Analyse zu dem Ergebnis, dass es gerade Sinn und Zweck der Verbandsklage sei, Partei zu ergreifen, und zwar zugunsten eines eher benachteiligten Interessenbereiches.[67] Er folgerte daraus, dass deswegen die naturschutzrechtliche Verbandsklage nicht als ein Instrument der objektiven Rechtskontrolle anzusehen sei, sie diene nicht dem öffentlichen Interesse, sondern dem Naturschutz und dieser sei ein Aspekt des Gemeinwohls.[68]

Für entscheidend hielt *Gassner* die Funktion der Verbände im gesellschaftlichen und rechtlichen Bereich, die sie nach ihrem Eigenverständnis erfüllen wollen und sollen. Ihrem Selbstverständnis nach verstünden sich Naturschutzverbände als Anwälte von Natur und Landschaft und würden auch von staatlicher Seite so betrachtet.[69] Sie seien sachlich und fachlich durch ihren Sachverstand und ihr Engagement legitimiert. Rechtlich seien sie durch die Anerkennung des § 29 BNatSchG legitimiert. Eine wesentliche Voraussetzung dieses Anerkennungsverfahrens sei, dass der Verband überwiegend die Ziele des Natur- und Landschaftsschutzes fördere. *Gassner* zog daraus den Schluss, dass die Verbände damit eben auch nur für diese Belange legitimiert seien und nicht auch für das öffentliche Interesse, wie es sich nach Abwägung aller Belange darstellen würde.[70] Er kam damit zu dem Ergebnis, dass die naturschutzrechtliche Verbandsklage, ausgehend von den Regelungen in Hessen, Bremen, Hamburg und Berlin, eine Klage darstellt, die nicht um des Gemeinwohls willen erhoben wird, sondern zugunsten von Natur und Landschaft. Hierin liegt nach seiner Ansicht ein subjektiver Bezug, der es ermöglicht, die Verbandsklage in Einklang mit der Struktur des verwaltungsgerichtlichen Rechtsschutzes als Individualrechtsschutz zu bringen.[71]

Nach *Gassner* lassen sich Zweck, Struktur und praktische Handhabung der Verbandsklage am treffendsten durch die Rechtsfigur der Treuhand erklären, Verbände sollen als Treuhänder die objektiv-rechtliche Begünstigung von Natur und Landschaft wahrnehmen.[72] Er prüfte dabei intensiv die Frage, ob Natur und Landschaft nur objektivrechtlich geschützt sind oder ob ihnen eine eigene

67 Ebenda, S. 23.
68 Ebenda, S. 23.
69 Ebenda, S. 29.
70 Ebenda, S. 29.
71 Ebenda, S. 34.
72 Ebenda, S. 40 unter Berufung auf *Coing*, Treuhand, S. 26 ff.

Rechtssubjektivität[73] zukommt, d. h., ob sie Rechtsfähigkeit besitzen, also die Fähigkeit, Träger von Rechten und Pflichten zu sein. Er kam dabei zu dem Ergebnis, dass zwar ein weit verbreitetes Bedürfnis besteht, Natur und Landschaft in materiell- und verfahrensrechtlicher Hinsicht eine verbesserte Rechtsposition einzuräumen. Ob dies jedoch auch die Anerkennung von Rechtsubjektivität bzw. die Rechtsfähigkeit einschließen solle, sei eine Frage, die die Grundlagen unserer Rechtsordnung berühre. Ehe die Frage der Rechtsfähigkeit nicht ausdiskutiert sei, sei weiterhin vom Dogma der Nichtrechtsfähigkeit von Natur und Landschaft auszugehen. Natur und Landschaft könnten daher nur Destinatär objektivrechtlicher Begünstigungen und nicht Subjekt oder Träger eigener Rechte sein.[74] Gleichwohl bestünde ein umfassendes und fundamentales öffentliches Interesse an Natur und Landschaft. Die objektiv-rechtliche Begünstigung von Natur und Landschaft durch § 1 Abs. 1 Nr. 1–4 BNatSchG a.F. schaffe eine Rechtsposition, die durch einen Dritten, den Verband, im Wege der Treuhand geltend gemacht werden könne, wenngleich Natur und Landschaft selbst kein subjektives Recht auf Erfüllung hätten, ja nicht einmal Rechtsfähigkeit besäßen. Dies schade nicht, da für die Rechtsposition die materielle Zuweisung im Sinne einer rechtlich bloß geschuldeten Pflicht ausreichend sei. Gesichert und realisiert werde diese Rechtsposition durch die Rechtsbehelfe des Schutz- und Klaganspruches. Diese Ansprüche entstünden durch die Subjektivierung der objektivrechtlichen Begünstigung von Natur und Landschaft, eine Subjektivierung, die durch die Einräumung des Rechts zur Klage, zum Widerspruch und – als Vorwirkung davon – zur Geltendmachung im Verwaltungsverfahren ermöglicht werde und die der objektivrechtlichen Zuteilung erst die „Schutzmechanik" verschaffe.[75] Verbände nehmen in seiner Konzeption dogmatisch die Rolle von Treuhändern der Natur und Landschaft zugewiesenen objektiv-rechtlichen Begünstigung war. Dies hat nach seiner Ansicht eine Subjektivierung dieser Rechte zur Folge. die auf diesem Wege durch Verbände auch im drittschützend ausgerichteten System des deutschen Verwaltungsrechtschutzes geltend gemacht werden könnten.

73 Rechtssubjektivität wird als Eigenschaft des Menschen verstanden, Zuordnungssubjekt mindestens eines Rechtssatzes zu sein. Vgl. *Gassner*, Treuhandklage, S. 41 in Fn. 7 m.w.N.

74 *Gassner*, Treuhandklage, S. 48 f.

75 Ebenda, S. 61 ff.

1. *Zulässigkeit der Treuhandklage*

Gassner versuchte mit seiner Arbeit nachzuweisen, dass die naturschutzrechtliche Verbandsklage dem System des verwaltungsgerichtlichen Rechtsschutzes nicht fremd ist, wie zuvor vielfach angenommen und behauptet, sondern dass sie sich in das bestehende individualschützende System des deutschen Verwaltungsrechtsschutzes einpasst, da sie individualisierbare objektive Interessen sichern und verwirklichen will. Sie unterliegt damit denselben Zulässigkeitsvoraussetzungen wie Individualklagen.

a. *Klageberechtigte*

Klageberechtigte der untersuchten Verbandsklageregelungen in Bremen, Hessen, Hamburg und Berlin waren nach § 29 BNatSchG anerkannte und in ihrem satzungsmäßigen Wirkungsbereich berührte Verbände.

b. *Klagebefugnis*

Gassners Modell einer Treuhandklage eröffnete eine Klagebefugnis für Verbände als Treuhänder eines (fremden) subjektiven Rechts, nämlich als Treuhänder der Natur und Landschaft objektiv zugewiesenen Rechtsposition, die durch die Klagebefugnis gesichert werden soll. Die Reichweite der den Verbänden einzuräumenden Klagebefugnis ergibt sich nach *Gassner* aus der gesetzlichen Ermächtigung und reicht nur soweit wie diese. Zweck der Ermächtigung sei allein die Geltendmachung bestimmter objektivrechtlicher Begünstigungen von Natur und Landschaft, also eine Geltendmachung, die den Verbänden in der Form des Schutz- und Klaganspruches treuhänderisch anvertraut sei. Daraus ergäben sich Konsequenzen für die prozessuale Handhabung der Verbandsklage.[76] So seien alle Klagen unzulässig, die nicht zum Schutz, zur Pflege und zur Entwicklung von Natur und Landschaft erhoben würden. Dies ergebe sich aus der subjektiven Zweckbezogenheit der Verbandsklage. Würde diese lediglich der objektiven Rechtskontrolle dienen, so wären die Ziele der Kläger belanglos, da es allein auf die Geltendmachung der Rechtsverstöße als solcher ankäme.[77]

c. *Klagegegenstand*

Gassners Konzept beinhaltete eine strikte Begrenzung des Klagegegenstandes auf die durch die einzelnen landesrechtlichen Naturschutzgesetze zugewiesenen

76 Ebenda, S. 82.
77 Ebenda, S. 82.

Rechtspositionen. Diese gesetzlich zugewiesenen Belange von Natur und Landschaft sollten durch Schutz- und Klagansprüche, welche durch Verbände wahrgenommen werden, gesichert werden. Inhaltlich richteten sich diese Schutz- und Klagansprüche nach dem Zuweisungsgehalt der Rechtsposition. Diese können in der Abwehr von Beeinträchtigungen (negatorische Ansprüche) als auch in der Sicherung von Rechtspositionen (petitorische Ansprüche) bestehen.[78] Die von *Gassner* untersuchten Landesgesetze ließen die Geltendmachung der Verletzung von Naturschutzrecht zu, und zwar von Normen des Bundesnaturschutzgesetzes, des jeweiligen Landesnaturschutzgesetzes sowie der aufgrund dieser Gesetze erlassenen oder fortgeltenden Rechtsverordnungen. Da diese Vorschriften auch Bestimmungen enthielten, die zugunsten anderer als Naturschutzbelange erlassen sind, war nach *Gassner* hier eine einschränkende Auslegung im Sinne des Ermächtigungszweckes geboten.[79]

78 *Gassner* behauptete einen allgemeinen Abwehranspruch des Verwaltungsrechts zur Gewährleistung der Störungsfreiheit und das Recht, diesen Anspruch geltend zu machen. Als problematisch warf er die Frage auf, wie aus der Verletzung des status activus der Anspruch auf Beseitigung dieser Verletzung entsteht. Eine Norm, die den status activus gewährleiste, sei nicht zwingend identisch mit der Norm, die bei Verletzung dieses status activus das subjektive Abwehrrecht enthalte. Für die dargestellten landesrechtlichen Verbandsklageregelungen ergebe sich dieses Recht aus der Bezugnahme auf § 29 Abs. 1 Nr. 3 BNatSchG a.F. Als Beispiel eines petitorischen Anspruches erörterte er den Anspruch auf sachgerechte Abwägung. Dieser sei nicht nur bei „Nichterfüllung“, sondern auch bei „Schlechterfüllung“ verletzt. Das Abwägungsgebot solle sicherstellen, dass das, was einem Belang an materiell-rechtlicher Begünstigung gebührt, im Verwaltungsverfahren verwirklicht wird. Klage nun der Verband diese Verwirklichung zugunsten von Natur und Landschaft ein, so mache er an sich nur das objektiv-rechtliche Abwägungsgebot geltend. Da dies aber zugunsten eines bestimmten konkreten Substrats durch einen von der Verwaltung unabhängigen eingetragenen Verein geschehe, vollziehe sich automatisch ein Subjektivierungsprozess, so dass dem von einer Planung Betroffenen mit dem objektiven Recht auf eine gerechte Abwägung ein subjektives öffentliches Recht eingeräumt werde. Die Verletzung des Abwägungsgebotes sei mit den landesrechtlichen Verbandsklageregelungen rügefähig. Dies ergebe sich aus der Positivierung dieses Gebotes im Naturschutzrecht, und zwar an zentralen Stellen, wie in den §§ 1 Abs. 2; 2 Abs. 1 S. 1 und 8 Abs. 3 BNatSchG a.F. Damit habe der Gesetzgeber das verfassungsrechtlich verankerte Abwägungsgebot dem formalen Normbestand des Naturschutzrechtes einverleibt. Ebenda, S. 75.

79 Ebenda, S. 84.

d. *Statthafte Verfahrensarten*

In den landesgesetzlichen Regelungen in Bremen, Hessen und Berlin waren sowohl die Anfechtungs- als auch die Verpflichtungsklage zugelassen. Darin eingeschlossen waren der vorläufige Rechtsschutz nach § 80 VwGO, der Fortsetzungsfeststellungsantrag nach § 113 Abs. 1 Satz 4 VwGO sowie der Folgenbeseitigungsanspruch nach § 113 Abs. 1 Satz 2 VwGO. Die Klagen bezogen sich auf Verwaltungsakte, die in Verfahren nach § 29 Abs. 1 Satz 1 Nr. 3 und 4 BNatSchG ergangen sind oder ergehen sollten. Feststellungsklagen oder Leistungsklagen waren nicht vorgesehen. Die Normenkontrolle nach § 47 VwGO war ebenfalls nicht statthaft. Die hamburgische Regelung ließ nur die Anfechtungsklage zu, und zwar beschränkt gegenüber Befreiungen von Verboten und Geboten des Hamburgischen Naturschutzgesetzes und der auf Grund dieses Gesetzes erlassenen Rechtsverordnungen.[80]

e. *Betroffenheit im satzungsgemäßen Aufgabenbereich*

Sämtliche untersuchten landesrechtlichen Vorschriften sahen als einschränkende Zulässigkeitsvoraussetzung die Betroffenheit im satzungsgemäßen Aufgabenbereich vor. Diese Vor-aussetzung ist nach Ansicht von *Gassner* restriktiv anzuwenden. Die untersuchten Landesgesetze ließen es allesamt als ausreichend erscheinen, wenn der Verband in seinem satzungsgemäßen Aufgabenbereich berührt werde. Dies lässt nach Ansicht von *Gassner* die Interpretation zu, dass ein Mitwirkungsrecht der Verbände – und darauf aufbauend ein Klagerecht – auch dann bestünde, wenn – ausnahmsweise – nicht die in der Verbandssatzung vorwiegenden Ziele des Naturschutzes und der Landschaftspflege, sondern andere satzungsgemäße Aufgaben des Verbandes durch den anzufechtenden oder zu erstreitenden Verwaltungsakt berührt würden. Seiner Ansicht nach widerspricht diese Lesart jedoch dem Ermächtigungszweck. „Satzungsgemäße Aufgaben“ seien danach nur solche, die ursächlich für die Anerkennung des Verbandes gewesen seien, also nur solche, die die Ziele des Naturschutzes und der Landschaftspflege fördern.[81]

f. *Legitimation der Verbände*

Die Legitimation der Verbände sah *Gassner* in ihrer Rolle begründet. Sachlich seien sie durch ihren Fachverstand und ihr Engagement legitimiert. Rechtlich seien sie durch die Anerkennung nach § 29 BNatSchG legitimiert. Wesentliche

---

80 Ebenda, S. 13.
81 Ebenda, S. 83.

Voraussetzung der Anerkennung sei, dass der Verband vorwiegend die Ziele des Naturschutzes und der Landschaftspflege fördert. Legitimiert seien die Verbände daher nur für diese Belange und nicht für das öffentliche Interesse, wie es sich nach Abwägung aller Belange darstellt. Den Verbänden sei nicht die Wahrung des Allgemeininteresses übertragen, ihre Aufgabe sei vielmehr die Wahrung der gemeinschaftlichen Interessen der Mitglieder, Interessen, die nicht mit dem Allgemeinwohl identisch seien. Verbänden komme auch nicht die Rolle eines privaten Staatsanwaltes zu, da sich die Verbandsklage in den meisten Fällen gegen den Staat richte.[82]

g. *Verwirkung/Präklusion*

Die von *Gassner* untersuchten landesgesetzlichen Regelungen gewährten ein Verbandsklagerecht nur, sofern die Verbände von ihrem Recht auf Mitwirkung im vorangegangenen Verwaltungsverfahren nach § 29 BNatSchG Gebrauch gemacht hatten. Diese Zulässigkeitsvoraussetzung thematisierte *Gassner* nicht. Er forderte eine Art „Motivforschung", um missbräuchliche Klagen abzuwehren. Dies seien solche, die mit den soeben präzisierten satzungsgemäßen Aufgaben des Verbandes nichts gemein haben. Ein solcher Missbrauchstatbestand sei zwar schwer nachweisbar; unmöglich sei dies jedoch nicht, wenn man die sachbezogenen Argumente im Verwaltungs-, Widerspruchs- und Rechtsstreitverfahren sorgsam würdige und etwaigen sachfremden Zielsetzungen und Aktionen des betreffenden Verbandes gegenüberstelle. Insbesondere müsse sich ein Verband widersprüchliches Verhalten vor Gericht einerseits und in der Öffentlichkeit andererseits entgegenhalten lassen. Die Rechtfertigung hierfür sah *Gassner* darin, dass anderenfalls die Gefahr bestünde, dass ein sachbezogenes Instrument wie die Verbandsklage rechtspolitisch in Misskredit gebracht würde.[83]

2. *Begründetheit der Treuhandklage*

Zur Begründetheitsprüfung, insbesondere zum Prüfungsmaßstab und zur Kontrolldichte der Treuhandklage, äußerte sich *Gassner* nicht. Da sich die naturschutzrechtliche Verbandsklage seiner Ansicht nach in das geltende Rechtsschutzsystem einfügt, richtet sich die Prüfung der Begründetheit nach den für die Individualklage geltenden Maßstäben.

82 *Gassner*, Treuhandklage, S. 29 unter Bezugnahme auf *Wolf*, Klagebefugnis, S. 13 ff.
83 Ebenda, S. 83.

3. *Tabellarische Übersicht zur Treuhandklage*

Kriterien	**Regelungsgehalt**
Klageberechtigte	nach § 29 BNatSchG a.F. anerkannte Verbände
Klagebefugnis	Verbände als Treuhänder eines fremden subjektiven Rechts, nämlich der der Natur und Landschaft objektiv durch Gesetz zugewiesenen Rechtsposition
Klageziel	Klagen müssen zum Schutz, zur Pflege und zur Entwicklung von Natur und Landschaft erhoben werden
Klagegegenstand	die Belange von Natur und Landschaft
Statthafte Verfahrensarten	Anfechtungsklage, Verpflichtungsklage, vorläufiger Rechtsschutz, Fortsetzungsfeststellungsklage, Folgenbeseitigungsanspruch
Betroffenheit im satzungsgemäßen Aufgabenbereich	restriktive Auslegung erforderlich; satzungsgemäße Aufgaben sind nur diejenigen, die ursächlich für die Anerkennung des Verbandes gewesen sind, also nur solche, die die Ziele des Naturschutzes und der Landschaftspflege fördern
Legitimation der Verbände	sachlich durch Sachverstand und Engagement, rechtlich durch die Anerkennung nach § 29 BNatSchG a.F.
Verwirkung/Präklusion	Mitwirkung im Verwaltungsverfahren nach § 29 BNatSchG a.F. erforderlich; zudem „Motivforschung", um missbräuchliche Klagen abzuwehren
Anerkennungsverfahren	§ 29 BNatSchG a.F.
Prüfungsmaßstab	keine Beschränkungen; Prüfungsmaßstab ist das Naturschutzrecht
Kontrolldichte	keine Aussage

4. *Fazit*

Gassner versuchte mit seiner Arbeit nachzuweisen, dass die Verbandsklage dem System des verwaltungsgerichtlichen Rechtsschutzes nicht fremd ist, wie zuvor vielfach angenommen. Seiner Ansicht nach fügt sie sich in das bestehende individualschützende System des deutschen Verwaltungsrechtsschutzes ein, da sie individualisierbare objektive Interessen sichern und verwirklichen will. Sein Modell eröffnet eine Klagebefugnis für Verbände als Treuhänder eines (fremden) subjektiven Rechts, nämlich einer aus der Natur und Landschaft objektiv durch § 1 Abs. 1 Nr. 1–4 BNatSchG a.F. zugewiesenen Rechtsposition, die durch die Klagebefugnis gesichert werden soll. Diese objektiv zugewiesene Rechtsposition enthalte eine subjektiv-rechtliche Begünstigung von Natur und

Landschaft, die treuhänderisch durch Verbände wahrgenommen werden soll. Diese subjektiv-rechtliche Begünstigung wiederum ermögliche es, die Verbandsklage im Einklang mit der Struktur des verwaltungsgerichtlichen Rechtsschutzes als Individualrechtsschutzsystem zu bringen. Seiner Auffassung nach handelt es sich bei der naturschutzrechtlichen Verbandsklage nicht um eine objektive Beanstandungsklage, da ihr Anwendungsbereich auf den Schutz von Natur und Landschaft begrenzt sei. Voraussetzung für eine Einordnung als objektive Beanstandungsklage sei die Ermöglichung einer umfassenden Rechtskontrolle. Auch das Modell der treuhänderischen Verbandsklage konnte sich in der rechtswissenschaftlichen Diskussion nicht durchsetzen.[84]

III. Würdigung

Auf der Ebene der Verwaltungsrechtswissenschaft ist die altruistische umweltrechtliche Verbandsklage in den 1970er und 1980er Jahren vielfach kontrovers diskutiert worden. *Rehbinder/Burgbacher/Knieper* versuchten, einen dogmatischen Begründungsansatz für eine umweltrechtliche Verbandsklage im Wege einer Popularklagebefugnis zu entwickeln. Sie verfolgten damit einen radikalen rechtspolitischen Begründungsansatz und schlugen die gänzliche Loslösung von der Schutznormtheorie vor, mit dem Ziel, die objektive Rechtskontrolle in den Vordergrund zu stellen. In ihrer Studie beschäftigten sie sich intensiv mit der konkreten Ausgestaltung einer solchen Klage und den erforderlichen Zulässigkeitsvoraussetzungen. Sie hielten einschränkende Zulässigkeitsvoraussetzungen, wie die Einführung eines Anerkennungsverfahrens, nicht für erforderlich. Regelungen zur Präklusion stellten sie unter den Vorbehalt der Zumutbarkeit. Rügegegenstand sollte das gesamte Umweltrecht sein. Damit vertraten sie ein weites, nahezu unbegrenztes Konzept einer objektiven verwaltungsgerichtlichen Rechtskontrolle, nicht nur in Bezug auf die Einführung einer umweltrechtlichen altruistischen Verbandsklage.

Gassner hingegen versuchte, einen Begründungsansatz für eine naturschutzrechtliche Verbandsklage zu entwickeln, der sich in das subjektiv-rechtliche System des Verwaltungsrechtschutzes einpasst. Nach seiner Auffassung handelt es sich bei den untersuchten landesrechtlichen naturschutzrechtlichen

84 Vgl. *Balleis*, Klagerechte, S. 72. Ihrer Ansicht nach vermengt *Gassner* Begriffe des subjektiven Rechts. Seine Treuhandkonstruktion sei inkonsequent, da sie die Natur als Rechtsträger einstufte, ohne dass sie Rechtsubjekt sein könne. Erst bei angenommener Rechtssubjektivität der Natur wäre eine echte Treuhandklage gegeben, die sich in das Individualrechtsschutzsystem eingliedert. *Bosselmann*, Ansätze, KJ 1986, 1, 5.

Verbandsklagen weder um objektive Beanstandungsklagen – dies bereits wegen der Begrenzung auf das Naturschutzrecht nicht – noch um Gemeinwohlklagen, sondern um eine Klage, die mit einem subjektiven Bezug zugunsten einer objektiv-rechtlichen (gesetzlichen) Begünstigung von Natur und Landschaft erhoben wird. Dieser Bezug ermöglicht es nach seiner Auffassung, die Verbandsklage in Einklang mit der Struktur des verwaltungsgerichtlichen Rechtsschutzes zu bringen. Auch er beschäftigte sich mit den Zulässigkeitsvoraussetzungen einer solchen (naturschutzrechtlichen) Verbandsklage und orientierte sich insoweit auch an den bereits bestehenden Regelungen des Bundesnaturschutzgesetzes hinsichtlich eines Anerkennungsverfahrens und des Erfordernisses einer vorangegangenen Mitwirkung im Verwaltungsverfahren. Sein Begründungsansatz führt zu einer objektiven Rechtskontrolle des gesamten Naturschutzrechts im System des Individualrechtsschutzes.

Weder die Konzeption von *Rehbinder/Burgbacher/Knieper* noch die von *Gassner* konnten sich in der verwaltungsrechtswissenschaftlichen Diskussion durchsetzen. Dies verwundert nicht, da es sich bei beiden Ansätzen um radikale Konzepte handelte, die eine Aufgabe bzw. zumindest eine Aufweichung des individualschützend ausgelegten Verwaltungsrechtsschutzsystems zur Folge gehabt hätten. *Rehbinder/Burgbacher/Knieper* verfolgten mit ihrer Bürgerklage einen Ansatz, der eine Lösung vom System des Individualrechtsschutzes hin zu einer umfänglichen objektiven Rechtskontrolle in Form einer Popularklage bedeutet hätte. *Gassner* hingegen versuchte mit hohem Begründungsaufwand, Elemente der objektiven Rechtskontrolle in das individualschützend ausgelegte Verwaltungsrechtsschutzsystem zu implementieren. Basis beider Konzepte ist die Erkenntnis, dass im Umweltrecht das System des Individualrechtsschutzes nicht genügt und eine objektive Rechtskontrolle zum besseren Vollzug des Umweltrechts erforderlich ist.

B) Die bisherigen Konzeptionen der altruistischen umweltrechtlichen Verbandsklage auf legislativer Ebene

Auf legislativer Ebene fand die Verbandsklage erstmals im Umweltbericht der Bundesregierung von 1971 Erwähnung. Darin erklärte die damalige sozialliberale Bundesregierung die Umweltpolitik zur eigenständigen öffentlichen Aufgabe und verlieh damit dem Schutz der Naturgrundlagen den gleichen Rang wie anderen großen öffentlichen Aufgaben (wie beispielsweise der sozialen Sicherheit, der Bildungspolitik oder der inneren und äußeren Sicherheit).[85] Der Umweltbericht

85 BT-Drs. 6/2710.

der Bundesregierung wurde 1976 fortgeführt.[86] Dort hieß es einerseits, dass die Bundesregierung in den Umweltvereinigungen und in den Bürgerinitiativen grundsätzlich Partner in dem gemeinsamen Bemühen um die Erhaltung gesunder Umweltbedingungen sieht und die Aktivität dieser Gruppen unterstützt. Andererseits hat der Bundesgesetzgeber mit Erlass des Verwaltungsverfahrensgesetzes 1977 ausdrücklich davon Abstand genommen, allgemeine Bestimmungen über eine sogenannte altruistische Verbandsbeteiligung einschließlich einer Verbandsklage einzuführen, und die Prüfung dieser Frage späteren Einzelregelungen vorbehalten.[87] Im Hinblick auf das rechtspolitische Programm der Bundesregierung wurde ausgeführt, die Bundesregierung wolle – im Rahmen der damals anstehenden Formulierung des Entwurfs einer 5. Novelle zum Atomgesetz – prüfen, ob und inwieweit gesetzliche Regelungen getroffen werden können, um Verbände, die bestimmte Voraussetzungen erfüllen, durch Einräumung einer eigenständigen Rechtsposition in die Lage zu versetzen, Belange der Allgemeinheit, deren Pflege sie sich widmen, losgelöst von Einzelinteressen zu verfolgen.[88]

Ungefähr im selben Zeitraum begannen die ersten Vorarbeiten zur Harmonisierung und Vereinheitlichung des Umweltrechts durch Kodifikation in einem Umweltgesetzbuch. Ziel war die Systematisierung und Harmonisierung des Umweltrechts, die eine bessere Handhabung der Vorschriften ermöglichen und innere Widersprüche beseitigen sollten.[89] Durch ein Umweltgesetzbuch sollte die stetig wachsende Vorschriftenzahl, die ihren Ursprung vielfach im europäischen Recht hatte, gebündelt und in bestehendes nationales Recht integriert werden.[90] Wichtige konzeptionelle Vorarbeiten leisteten die von der Bundesregierung in Auftrag gegebenen als „Professoren-Entwurf“ und als „Sachverständigengutachten“ vorgelegten Entwürfe aus Wissenschaft und Praxis. Beide Entwürfe enthalten Regelungen einer umweltrechtlichen Verbandsklage, jedoch in unterschiedlicher Ausgestaltung. Auf der Grundlage dieser Vorarbeiten wurde im Bundesumweltministerium mit der Erarbeitung des sogenannten „Referenten-Entwurfs“ begonnen, der 1999 vorlag.

Trotz mehrfacher Anläufe in den vergangenen 40 Jahren ist das Projekt Umweltgesetzbuch immer wieder gescheitert.[91] Zuletzt wurde das Projekt

---

86 BT-Drs. 7/5684.

87 BT-Drs. 7/5684, S. 13 und S. 20.

88 BT-Drs. 7/5684, S. 23.

89 Siehe hierzu *Knopp*, Umweltgesetzbuch, UPR 2009, 121, 122 ff.

90 Vgl. hierzu *Kloepfer*, Herausforderungen, NVwZ 2002, 645 ff.; *Breuer*, Vielgestaltigkeit, NVwZ 1997, 883 ff.; *Calliess*, Umweltgesetzbuch, NuR 2006, 601 ff.

91 Zu den Gründen vgl. *Knopp*, Umweltgesetzbuch, UPR 2009, 121, 122 ff.

Umweltgesetzbuch nach der Föderalismusreform 2006[92] in der 16. Legislaturperiode des Deutschen Bundestages wieder aufgegriffen. Die Föderalismusreform überführte die umweltbezogenen Materien „Wasserhaushalt" sowie „Naturschutz und Landschaftspflege" von der Rahmengesetzgebung in die konkurrierende Gesetzgebung des Bundes und schaffte die Erforderlichkeitsklausel für diese Materien ab. Der Bundesgesetzgeber wurde damit ermächtigt, nun abschließende Regelungen in diesen Bereichen zu treffen, ohne darlegen zu müssen, warum eine bundeseinheitliche Regelung erforderlich ist. Ferner wurden dem Bund eigene Kompetenzen für die Bereiche Abfall, Luftreinhaltung und Lärmbekämpfung zugewiesen.[93] Anfang 2006 nahm eine Projektgruppe im Bundesministerium für Umwelt, Naturschutz und Reaktorsicherheit (BMU) die Arbeit auf. Im November 2007 präsentierte das BMU dann den ersten Entwurf eines UGB und legte im Mai 2008 eine überarbeitete Fassung dieses Entwurfs vor.[94] Auch diese Entwürfe zur Schaffung eines bundeseinheitlichen Umweltgesetzbuches konnten sich nicht durchsetzen.

Im Folgenden sollen die drei maßgeblichen Entwürfe, die Regelungen für eine umweltrechtliche Verbandsklage enthielten, untersucht werden. Insbesondere wird versucht werden, die dort vertretenen dogmatischen Begründungen zur Implementierung einer umweltrechtlichen altruistischen Verbandsklage herauszuarbeiten.

I. Die altruistische Verbandsklage im Professoren-Entwurf zum Umweltgesetzbuch

Nach der grundlegenden Arbeit von *Gassner* fand die Verbandsklage Eingang in den Professoren-Entwurf zum Umweltgesetzbuch, dort im Allgemeinen Teil.[95] Dieser wurde in den Jahren 1988 bis 1990 von einer wissenschaftlichen Arbeitsgruppe, bestehend aus den Professoren *Michael Kloepfer*, *Eckard Rehbinder*, *Eberhard Schmidt-Aßmann* und *Philip Kunig*, eingesetzt durch das Bundesministerium für Umwelt-, Naturschutz- und Reaktorsicherheit erarbeitet. 1990 legte die Arbeitsgruppe den so genannten UGB-ProfE Allgemeiner Teil vor.[96] Dieser

92 Gesetz zur Änderung des Grundgesetzes vom 28.8.2006, am 1.9.2006 in Kraft getreten, BGBl. I, S. 2034. Vgl. auch *Kotulla*, Umweltschutzgesetzgebungskompetenzen, NVwZ 2007, 489 ff.

93 Vgl. Art. 74 Abs. 1 Nr. 24 GG.

94 Einen Überblick über den Entwurf gibt *Scheidler*, Reform, VR 2009, 81 ff.

95 *Kloepfer/Rehbinder/Schmidt-Aßmann/Kunig*, UGB AT, mit Erläuterungen.

96 Ebenda, S. 1 ff.; kritisch kommentiert von *Koch*, Umweltgesetzbuch, NVwZ 1991, 953 ff.

regelte übergreifend für die unterschiedlichen Umweltrechtsbereiche die allgemeinen Grundsätze, Institute und Verfahren, beispielsweise Fragen der Anlagenzulassung, Umweltinformation, Umwelthaftung, Öffentlichkeitsbeteiligung und Standardsetzung. Der Besondere Teil des Entwurfes für ein Umweltgesetzbuch wurde schließlich 1994 vorgelegt.[97] Dieser regelte das bereichsspezifische Umweltrecht mit den Kapiteln Naturschutz und Landschaftspflege, Gewässerschutz und Wasserwirtschaft, Bodenschutz, Immissionsschutz, Kernenergie und Strahlenschutz, gefährliche Stoffe sowie Abfallwirtschaft und Abfallentsorgung. Beide Teile umfassten ca. 600 Paragraphen und sollten viele bestehende Bundesumweltvorschriften ersetzen. Im Wesentlichen handelte es sich bei diesen Entwürfen um eine konsolidierte Fassung des bestehenden Umweltrechts mit wenigen Modernisierungsansätzen. Dies wird darauf zurückgeführt, dass die Ergebnisse der Professoren-Kommissionen ganz überwiegend einvernehmlich erzielt worden waren.[98]

Das Neunte Kapitel des Entwurfes des Allgemeinen Teils (§§ 131–144 UGB-ProfE) befasste sich mit der Beteiligung von Verbänden sowie der Öffentlichkeit von Verfahren. In den §§ 131 ff. UGB-ProfE wurden Vorschriften über die Mitwirkung anerkannter Umweltschutzverbände an Verwaltungs-, Rechtsetzungs- und Planungsverfahren und eine Ermächtigung an die Länder zur Einführung der Verbandsklage im Verwaltungsprozesses vorgeschlagen. § 133 UGB-ProfE enthält anstelle einer eigenen Regelung einer umweltrechtlichen altruistischen Verbandsklage eine Ermächtigung an die Länder, eine Verbandsklagebefugnis für anerkannte Verbände einzuführen.[99] Die Ermächtigung der Länder zur Einführung einer Verbandsklagebefugnis beschränkte sich dabei nicht auf den Naturschutz, sondern sollte den Gesamtbereich der Verbandsbeteiligung, wie sie in § 132 Abs. 1 Nr. 1, 2, 4, 6 und 7 UGB-ProfE vorgeschlagen

---

97 *Jarass/Kloepfer/Kunig/Papier/Peine/Rehbinder/Salzwedel/Schmidt-Aßmann*, UGB BT, 1 ff. Der Besondere Teil des Entwurfes für ein Umweltgesetzbuch wurde von 1991 bis 1993 erarbeitet. Mitarbeiter dieser Arbeitsgruppe waren *Michael Kloepfer, Hans D. Jarass, Philip Kunig, Hans Jürgen Papier, Franz Josef Peine, Eckard Rehbinder, Jürgen Salzwedel, Eberhard Schmidt-Aßmann.*

98 *Knopp*, Umweltgesetzbuch, UPR 2009, 121, 123.

99 **§ 133 Klagebefugnis der Verbände und besonderer Stellen**
(1) Die Länder können bestimmen, dass bei Maßnahmen nach § 132 Absatz 1 Nrn. 1, 2, 4, 6 und 7 ein anerkannter Verband nach § 131 Absatz 1 oder eine besondere Stelle Rechtsschutz nach Maßgabe der Verwaltungsgerichtsordnung in Anspruch nehmen kann.
(2) Weitergehende Vorschriften dieses Gesetzes und des Naturschutzrechts der Länder bleiben unberührt.

war, abdecken.[100] Darüber hinaus wurde zusätzlich eine Regelung der naturschutzrechtlichen Verbandsklage in den Besonderen Teil des UGB-ProfE aufgenommen. Der dortige § 217 UGB-ProfE knüpft regelungssystematisch an § 133 UGB-ProfE an; es wurde kein eigenständiges Verbandsklagemodell vorgeschlagen, sondern lediglich ein Gesetzgebungsauftrag an die Bundesländer

---

100 **§ 132 Mitwirkung von Verbänden in Verwaltungs-, Rechtsetzungs- und Planungsverfahren**

(1) Einem anerkannten Verband nach § 131 Absatz 1 ist Gelegenheit zur Äußerung, insbesondere zur Teilnahme an einem gesetzlich vorgeschriebenen Erörterungstermin zu geben

1. in Zulassungsverfahren über Vorhaben, in denen nach § 34 eine Umweltfolgenprüfung durchzuführen ist,
2. in Planfeststellungsverfahren über Vorhaben, die mit erheblichen oder nachhaltigen Veränderungen der Gestalt oder Nutzungen von Grundflächen verbunden sind,
3. in vorgelagerten Verfahren und in Raumordnungsverfahren über Vorhaben, in denen nach § 46 oder § 47 eine Umweltfolgenprüfung durchzuführen ist,
4. bei der Vorbereitung der Aufstellung, der Ergänzung oder Änderung von Bauleitplänen, die nach § 48 der Verpflichtung zur Durchführung einer Umweltfolgenprüfung unterliegen,
5. bei der Vorbereitung von Plänen zur Feststellung und Sicherung von Standorten für Vorhaben, die nach § 49 der Verpflichtung zur Durchführung einer Umweltfolgenprüfung unterliegen,
6. bei der Durchführung von bundesrechtlich vorgesehenen Plänen und Programmen zum Schutz der Umwelt, soweit sie dem Einzelnen gegenüber verbindlich sind,
7. bei der Vorbereitung von bundesrechtlich vorgesehenen Verordnungen und bei anderen im Range unter dem Gesetz stehenden Rechtsvorschriften zum Schutz der Umwelt in bestimmten Gebieten,

soweit der Verband in seinem für die Anerkennung maßgeblichen satzungsgemäßen Aufgabengebiet berührt ist.

(2) Die zuständige Behörde hat den beteiligungsberechtigten Verband über die Maßnahmen nach Absatz 1 rechtzeitig zu benachrichtigen und ihm eine angemessene Frist für seine Information und Äußerung einzuräumen. Die Entscheidung und ihre wesentlichen Gründe sind dem Verband, der nach Absatz 1 beteiligt war, bekannt zu geben. § 28 Absatz 2 Nr. 1 und 2 und § 29 Absatz 2 und 3 des Verwaltungsverfahrensgesetzes gelten sinngemäß.

(3) Weitergehende Vorschriften dieses Gesetzes und der Landesgesetze bleiben unberührt.

formuliert, eine solche Klage in dem von § 133 Abs. 1 UGB-ProfE umrissenen Umfang einzuführen.[101]

Die Verfasser verzichteten darauf, eine bundesrechtliche altruistische Verbandsklage im Umweltrecht vorzuschlagen. Sie schlugen lediglich die Ermächtigung der Bundesländer zur Einführung einer mit der Verbandsbeteiligung verknüpften Verbandsklage vor. Das einzuführende Verbandsklagerecht sollte sich dabei jedoch nicht auf die Gebiete beschränken, für die damalige einzelne Landesregelungen bereits Verbandsklagen vorsahen, sondern den Gesamtbereich der Verbandsbeteiligung abdecken, soweit die betreffenden Entscheidungen ihrer Natur nach verwaltungsgerichtlich überprüfbar sind.[102] Durch diese besondere Ermächtigung sollte deutlich gemacht werden, dass die Länder nicht an der Einführung umweltrechtlicher Beanstandungsklagen gehindert werden sollten. Zudem wurde den Ländern freigestellt, anstelle der Verbandsklage eine besondere Stelle (Umweltbeauftragter, Umweltombudsmann oder Vertreter des öffentlichen Interesses) mit Klagebefugnissen zum Schutz des öffentlichen Interesses an der Rechtmäßigkeit der Verwaltung im Bereich des Umweltschutzes auszustatten.[103]

Die Verfasser ließen sich bei dem Vorschlag der Ermächtigung der Länder zur Einführung einer umweltrechtlichen Verbandsklage von dem Gedanken leiten, dass die Verbandsklage ein wichtiges Mittel sei, um die Wirksamkeit der Verbandsbeteiligung zur Informationsgewinnung und Interessenpräsentation sicherzustellen. Zudem sollte die Verbandsklage einen Beitrag zum Abbau des

---

101 **§ 217 Klagebefugnis von Verbänden**
(1) Die Länder sehen vor, dass ein nach § 131 anerkannter Verband bei Maßnahmen nach § 132 Abs. 1,2,4,6 und 7 sowie im Falle des § 216 Satz 2 (Verbandsmitwirkung – Anm. d. Verf.) Rechtsschutz nach Maßgabe der Verwaltungsgerichtsordnung in Anspruch nehmen kann, wenn er geltend macht, Vorschriften dieses Kapitels oder in Ausführung oder aufgrund dieses Kapitels ergangene Vorschriften des Naturschutzes und der Landschaftspflege seien verletzt worden.
(2) Das Verfahren nach Absatz 1 setzt voraus, dass der Verband durch die Maßnahme in seinem für die Anerkennung maßgeblichen satzungsgemäßen Aufgabengebiet berührt ist und sein Recht zur Mitwirkung nach § 216 wahrgenommen hat.
(3) Widerspruch und Anfechtungsklage nach Absatz 1 haben nicht die aufschiebende Wirkung gemäß § 80 Abs. 1 der Verwaltungsgerichtsordnung.

102 *Kloepfer/Rehbinder/Schmidt-Aßmann/Kunig*, UGB AT, S. 444.

103 Ebenda, S. 444. Dieser Vorschlag geht auf die Erfahrung in Österreich mit dem Modell des öffentlich-rechtlichen Umweltanwalts mit Klagebefugnis zurück. Siehe hierzu *Kloepfer/Rehbinder/Schmidt-Aßmann/Kunig*, UGB AT, S. 449 unter Bezugnahme auf *Bauer*, Klagerecht, NuR 1987, 255; *Schomerus*, Ombudsmann, NuR 1989, 171.

Implementations- und Vollzugsdefizites im Umweltrecht leisten. Nach Auffassung der Verfasser wird dem Umweltschutz und insbesondere der Umweltvorsorge in behördlichen Entscheidungen nicht immer ausreichendes Gewicht eingeräumt. Dem müsse auch durch die Erhöhung des materiellen Gewichts von Umweltbelangen entgegengewirkt werden. Dies erübrige jedoch nicht den Einsatz der Verwaltungsgerichtsbarkeit zur Kontrolle der Rechtmäßigkeit der Verwaltung bei Entscheidungen, die für den Umweltschutz von erheblicher Bedeutung sind. Die Verbandsklage als Beanstandungsklage sollte nach dem Wunsch der Verfasser ein derartiges Kontrollverfahren in Gang setzen.[104]

Trotz dieser positiven Einschätzung der Wirkungen und Möglichkeiten einer solchen Verbandsklage beschränkte sich der Entwurf auf die Ermächtigung der Länder. Dies lässt die Ambivalenz der Verfasser gegenüber der Verbandsklage als solche deutlich erkennen. Einerseits wurde die Verbandsklage als rechtspolitisch wünschenswert erachtet, anderseits gingen die Verfasser aufgrund der vielfältigen verfassungs- und rechtspolitischen Einwände gegen die Verbandsklage davon aus, dass zum damaligen Zeitpunkt noch keine bundesrechtliche „Kodifikationsreife" für die Einführung einer Verbandsklage gegeben war.[105]

Im Besonderen Teil des Professoren-Entwurfs wurde die Einführung einer Verbandsklage im Naturschutzrecht vorgeschlagen, mit der Begründung, dass öffentliche Interessen in diesem Bereich eines stärkeren Rechtsschutzes bedürften, weil das subjektive Rechtsschutzsystem hier nicht ausreichend wirke. Dabei wurde jedoch auch kein bundesgesetzlich eigenständiges Verbandsklagemodell vorgeschlagen, vielmehr sollte ein verbindlicher Gesetzgebungsauftrag an die Länder ergehen, eine naturschutzrechtliche Verbandsklage in dem von § 133 UGB-ProfE umrissenen Umfang zu schaffen. Zur Dogmatik dieser naturschutzrechtlichen Verbandsklage führt die Begründung aus, dass diese nicht als Fortsetzung des in Art. 19 Abs. 4 GG verankerten Individualrechtsschutzes zu verstehen sei, sondern einer selbständigen dogmatischen Begründung bedürfe. Es gehe darum, mit ihr zusätzliche, neben den Individualrechtsschutz tretende Systemfunktionen der Gerichtsbarkeit zu erschließen.[106]

---

104 *Kloepfer/Rehbinder/Schmidt-Aßmann/Kunig*, UGB AT, S. 444.

105 Ebenda, S. 448.

106 *Jarass/Kloepfer/Kunig/Papier/Peine/Rehbinder/Salzwedel/Schmidt-Aßmann*, UGB BT, S. 457.

1. *Zulässigkeit der Verbandsklage im Professoren-Entwurf*

Wie bereits ausgeführt, verzichtete der Professoren-Entwurf auf den Vorschlag einer bundeseinheitlichen Verbandsklage. Vielmehr sollte den Ländern nach § 133 UGB-ProfE die Ermächtigung erteilt werden, in Bezug auf bestimmte Entscheidungen, die der Verbandsbeteiligung unterliegen,[107] Klagerechte der anerkannten Verbände oder besonderer Stellen nach Maßgabe der Verwaltungsgerichtsordnung einzuführen. Weitere Zulässigkeitsvoraussetzungen enthielt der Entwurf nicht.

a. Klageberechtigte

Klageberechtigte sollten gemäß § 133 UGB-ProfE die nach § 131 UGB-ProfE anerkannten Verbände sein. Es sollte sich dabei um rechtsfähige Vereine handeln, die die Ziele des Umweltschutzes fördern und auf Antrag von der zuständigen Behörde anerkannt sind.[108]

b. Klagebefugnis

Über die Ermächtigung der Bundesländer hinaus enthielt der Professoren-Entwurf keine Regelungen hinsichtlich der Ausgestaltung der Klagebefugnis. Die Ermächtigung enthielt lediglich den Zusatz, dass Rechtsschutz nach Maßgabe der VwGO zu gewähren sei. Nach § 133 Abs. 2 sollten weitergehende landesrechtliche Regelungen ohne weiteres möglich bleiben. Aus der Begründung lässt sich entnehmen, dass die Verfasser die Verbandsklage als ein objektives Beanstandungsverfahren einordnen, welches ein Verfahren objektiver Rechtskontrolle durch die Verwaltungsgerichte in Gang setzten soll, ohne den Umfang der Nachprüfbarkeit im Vergleich zu individuellen Rechtsschutzklagen auszudehnen.[109]

---

107 Hierbei handelte es sich um Verfahren, in denen eine Umweltfolgenprüfung durchzuführen ist (§ 133 Abs. 1 Nr. 1); dies schließt die meisten Planfeststellungsverfahren ein, die mit Eingriffen in Natur und Landschaft im Sinne von § 29 Abs. 1 Nr. 4 BNatSchG a. F. verbunden sind. § 133 Abs. 1 Nr. 2 erfasst zusätzlich Planfeststellungsverfahren, die mit Eingriffen in Natur und Landschaft verbunden sind, aber nicht der Durchführung einer Umweltfolgenprüfung unterliegen. § 133 Abs. 4 erfasst die Aufstellung, Änderung oder Ergänzung UVP-pflichtiger Bebauungspläne. § 133 Abs. 1 Nr. 6 erfasst raumbezogene Umweltschutzpläne, die für den Einzelnen unmittelbar verbindlich sind, Nr. 7 erfasst den Gesamtbereich rechtsverbindlicher Schutzanordnungen für bestimmte Gebiete, wie Naturschutz- oder Wasserschutzgebiete.

108 Zum Anerkennungsverfahren siehe unter B I. 1. d.

109 *Kloepfer/Rehbinder/Schmidt-Aßmann/Kunig*, UGB AT, S. 449.

c. Klagegegenstand

Klagegegenstand der vorgeschlagenen landesrechtlich einzuführenden Verbandsklage sollten gemäß § 133 Abs. 1 UGB-ProfE lediglich die Fälle des § 132 Abs. 1 Nr. 1, 2, 4, 6 und 7 UGB-ProfE sein.[110] Das sind die Verfahren, in denen eine so genannte Umweltfolgenprüfung (Umweltverträglichkeitsprüfung) vorzunehmen ist (Nr. 1); Planfeststellungsverfahren, die mit Eingriffen in Natur und Landschaft verbunden sind und nicht der Pflicht zur Durchführung einer Umweltfolgenprüfung (UFP) unterliegen (Nr. 2); die Aufstellung, Änderung oder Ergänzung UFP-pflichtiger Bebauungspläne (Nr. 4); die Verfahren zur Vorbereitung von bundesrechtlichen Plänen und Programmen (Nr. 6) sowie die Vorbereitung bundesrechtlicher Verordnungen und anderer untergesetzlicher Rechtsvorschriften (Nr. 7).

d. Legitimation/Anerkennung der Verbände

Die Legitimation der Verbände sollte sich aus der Anerkennung nach § 131 UGB-ProfE ergeben.[111] Die Anerkennungsvoraussetzungen des § 131 UGB-ProfE

---

110 Siehe Fn. 100.

111 **§ 131 Anerkennung von Verbänden**

(2) Anerkannte Verbände sind rechtsfähige Vereine, welche die Ziele des Umweltschutzes fördern und auf Antrag von der zuständigen Behörde anerkannt worden sind.

(3) Die Anerkennung ist zu erteilen, wenn der Verein

1. nach seiner Satzung und seiner bisherigen Tätigkeit als Hauptzweck dauernd ideell und unmittelbar die Ziele des Umweltschutzes fördert,
2. nach seiner Satzung einen Tätigkeitsbereich hat, der mindestens das Gebiet eines Landes umfasst,
3. die Gewähr für eine sachgerechte Aufgabenerfüllung bietet, dabei sind Art und Umfang seiner bisherigen Tätigkeit, der Mitgliederkreis sowie die Leistungsfähigkeit des Vereins zu berücksichtigen,
4. wegen Verfolgung gemeinnütziger Zwecke nach § 3 Absatz 1 Nr. 9 des Körperschaftssteuergesetzes von der Körperschaftssteuer befreit ist,
5. den Eintritt als Vollberechtigter jedermann ermöglicht, der die Ziele des Vereins unterstützt.

Bei Vereinen, deren Mitglieder ausschließlich juristische Personen sind, kann von der in Satz 1 Nr. 5 genannten Voraussetzung abgesehen werden, sofern die Mehrzahl dieser juristischen Personen diese Voraussetzungen erfüllt. In der Anerkennung ist der satzungsmäßige Aufgabenbereich im Sinne des Satzes 1 Nr. 1, für den die Anerkennung gilt, zu bezeichnen.

(4) Die Anerkennung wird von der nach Landesrecht zuständigen Behörde für den satzungsmäßigen Aufgabenbereich ausgesprochen; sie gilt für das Gebiet des

wichen dabei nur leicht von denen des § 29 BNatSchG a. F. ab, es wurde lediglich der mögliche Tätigkeitsbereich der Verbände auf den gesamten Umweltschutz erstreckt.

Die Anerkennung sollte zu erteilen sein, wenn der Verein nach seiner Satzung und seiner bisherigen Tätigkeit als Hauptzweck dauernd und ideell und unmittelbar die Ziele des Umweltschutzes fördert, nach seiner Satzung einen Tätigkeitsbereich hat, der mindestens das Gebiet eines Landes umfasst, die Gewähr für eine sachgerechte Aufgabenerfüllung bietet, wegen Verfolgung gemeinnütziger Zwecke nach § 3 Absatz 1 Nr. 9 des Körperschaftssteuergesetzes von der Körperschaftsteuer befreit ist und jedermann, der die Ziele des Vereins unterstützt, den Eintritt als Vollmitglied ermöglicht. In der Anerkennung sollte der satzungsgemäße Aufgabenbereich, für den die Anerkennung gelten sollte, bezeichnet werden. Die Anerkennung sollte von der nach Landesrecht zuständigen Behörde ausgesprochen werden und für das Gebiet des Landes gelten, in dem die zuständige Behörde ihren Sitz hat. Vereine deren Tätigkeitsbereich den gesamten Geltungsbereich des Gesetzes umfasst, sollten von dem für Umweltschutz zuständigen Ministerium erfasst werden. Die Zeitdauer der Anerkennung sollte auf acht Jahre begrenzt sein.

Der Begründung lässt sich entnehmen, dass sich nach Auffassung der Verfasser das Anerkennungsverfahren als „Seriositätsgewähr" für die Einräumung besonderer Verbandsrechte bewährt hat. Eine übergroße Kanalisierung der Verbandsrechte sowie eine Gängelung der Verbände seien nach den damaligen Erfahrungen damit nicht verbunden. Es sei zudem geeignet, den Zugang unseriöser, instabiler oder wenig leistungsfähiger Vereinigungen zu den Verwaltungsverfahren und den Verwaltungsgerichten zu verhindern.[112] Gleichwohl konstatieren die Verfasser auch, dass die Bedenken hinsichtlich der personellen und sachlichen Legitimation der Verbände nur zum Teil durch das vorgesehene Anerkennungsverfahren ausgeräumt werden könne, da dieses nur zu einer gewissen Legitimationskontrolle führen würde. Da die Organisation eines Umweltschutzverbandes auf freier

---

Landes, in dem die zuständige Behörde ihren Sitz hat. Vereine, deren Tätigkeitsbereich den gesamten Geltungsbereich dieses Gesetzes umfasst, werden auch von dem für Umweltschutz zuständigen Umweltminister anerkannt. Die Anerkennung durch den Bundesminister gilt nur für die Mitwirkung bei Vorhaben, Planungen und Verwaltungsverfahren des Bundes, die über das Gebiet eines Landes hinausgehen.

(5) Die Anerkennung gilt für einen Zeitraum von acht Jahren. Sie kann wiederholt ausgesprochen werden.

112 *Kloepfer/Rehbinder/Schmidt-Aßmann/Kunig*, UGB AT, S. 445.

Körperschaftsbildung beruhe und der Verband nicht repräsentativ für die Gesamtbevölkerung sei, sei nicht zu bestreiten, dass es sich bei den Verbänden letztlich um „selbsternannte Hüter“ des Gemeinwohls handele.[113]

2. *Begründetheit der Verbandsklage*

Die Vorschläge des Professoren-Entwurfes enthalten keine expliziten Regelungen zum Prüfungsmaßstab und zur Kontrolldichte einer solchen Verbandsklage. Der Entwurf sieht grundsätzlich davon ab, verwaltungsprozessuale Folgefragen zu entscheiden oder Änderungen in der Verwaltungsgerichtsordnung vorzuschlagen. Diese Fragenkreise sind nach Überzeugung der Verfasser am besten richterrechtlich zu klären.[114] § 133 UGB-ProfE enthält jedoch die Regelung, dass Rechtsschutz nach Maßgabe der Verwaltungsgerichtsordnung zu gewähren ist.

3. *Tabellarische Übersicht zur Verbandsklage im Professoren-Entwurf*

Kriterien	**Regelungsgehalt**
Klageberechtigte	nach § 131 UGB-ProfE anerkannte Verbände
Klagebefugnis	keine Regelung; lediglich Ermächtigung an die Länder zur Einführung einer Verbandsklage nach Maßgabe der VwGO
Klagegegenstand	Fälle des § 132 Abs. 1: Nr. 1: Verfahren, in denen eine Umweltfolgenprüfung (UFP) vorzunehmen ist, Nr. 2: Planfeststellungsverfahren, die mit Eingriffen in Natur und Landschaft verbunden sind, Nr. 4: die Aufstellung, Änderung oder Ergänzung UFP-pflichtiger Bebauungspläne, Nr. 6: Verfahren zur Vorbereitung von bundesrechtlichen Plänen und Programmen, Nr. 7: Vorbereitung bundesrechtlicher Verordnungen und anderer untergesetzlicher Rechtsvorschriften
Legitimation der Verbände	soll sich aus der Anerkennung nach § 131 UGB-ProfE ergeben
Verwirkung/Präklusion	keine Regelung
Anerkennungsverfahren	§ 131 UGB-ProfE – ähnlich § 29 BNatSchG a.F.
Prüfungsmaßstab und Kontrolldichte	keine Regelung; Rechtsschutz nach Maßgabe der VwGO

113 Ebenda, S. 449.

114 *Jarass/Kloepfer/Kunig/Papier/Peine/Rehbinder/Salzwedel/Schmidt-Aßmann*, UGB BT, S. 458.

4. *Würdigung*

Zusammenfassend lässt sich festhalten, dass die Verfasser des Professoren-Entwurfes zum Umweltgesetzbuch dem Institut einer altruistischen umweltrechtlichen Verbandsklage ambivalent gegenüber standen. Einen eindeutigen dogmatischen Begründungsansatz, insbesondere im Hinblick auf verwaltungsprozessuale Folgefragen, enthält der Kodifikationsentwurf nicht. Aus der Begründung wird zwar offensichtlich, dass die altruistische umweltrechtliche Verbandsklage als ein Instrument der objektiven Rechtskontrolle, also als objektives Beanstandungsverfahren eingeordnet wird. Andererseits werden Verbände als „(selbsternannte) Hüter des Gemeinwohls" bezeichnet.[115] Die Ambivalenz der Verfasser zeigt sich weiter darin, dass die vorhandenen Rechtsschutzlücken im Umweltrecht, respektive im Naturschutzrecht gesehen werden und die Einführung einer Verbandsklage als wünschenswert erachtet wird, die Verfasser sich jedoch letztlich scheuen, einerseits eine umfassende bundesrechtliche Regelung vorzuschlagen, aber andererseits gleichwohl die Einführung einer umfassenden naturschutzrechtlichen Verbandsklage empfehlen.

Die Verfasser gehen zwar von der Eignung der Verbandsklage zum Abbau des Implementations- und Vollzugsdefizits im Umweltrecht aus; die Verbandsklage wird als rechtspolitisch sinnvoll betrachtet, um auf Ebene der Behördenaktivität einen Beitrag zum Abbau des Implementations- und Vollzugsdefizits zu leisten. Alternativen wie die Verstärkung interner Verwaltungskontrollen, stärkere parlamentarische Verantwortlichkeit der Verwaltung, Öffentlichkeit der Verwaltung und Verbandsbeteiligung erscheinen den Verfassern nicht ohne weiteres gleichwertig. Allerdings stellt nach Auffassung der Verfasser die umweltrechtliche Verbandsklage einen „Bruch" und nicht nur eine punktuelle objektivrechtliche Ergänzung des subjektiven Rechtsschutzes dar, wie dieser in § 42 Abs. 2 VwGO angelegt ist. Es würde durch Einführung einer Verbandsklage im gesamten Umweltrecht neben dem subjektiven Rechtsschutz für alle wichtigen Entscheidungen ein System des objektiven Rechtsschutzes etabliert. Dies habe eine quantitative Ausdehnung des Rechtsschutzes zur Folge. Damit würden der Verwaltungsgerichtsbarkeit zusätzliche und grundsätzlich neuartige Aufgaben zugewiesen, die notwendigerweise zu einer Verschiebung der Machtbalance von der Verwaltung hin zur Verwaltungsgerichtsbarkeit führen würde.[116] Aus diesen Erwägungen heraus verzichteten die Verfasser auf die bundesrechtliche

115 *Kloepfer/Rehbinder/Schmidt-Aßmann/Kunig*, UGB AT, S. 449.
116 Ebenda, S. 450.

Einführung der Verbandsklage oder sonstiger Beanstandungsklagen. Durch die Ermächtigung der Länder sollte jedoch deutlich gemacht werden, dass dieser Verzicht keine Sperrwirkung haben sollte und die Länder befugt seien, eine Verbandsklage einzuführen.[117]

Mit dem Verzicht auf die Einführung einer bundesrechtlichen Verbandsklage umgingen die Verfasser die Notwendigkeit einer dogmatischen Begründung und prozessualen Einordnung der Verbandsklage. Aus der Begründung geht zwar hervor, dass es sich bei der Verbandsklage nach Auffassung der Verfasser um ein Instrument der objektiven Rechtskontrolle, mithin um eine Beanstandungsklage handelt, andererseits enthält die Ermächtigung den Zusatz, dass Rechtsschutz nach Maßgabe der VwGO zu gewähren sei. Wie dieser im Einzelnen jedoch ausgestaltet werden soll, ließen die Verfasser offen und delegierten die Klärung der damit verbundenen prozessualen Folgefragen an die Bundesländer.[118] Damit verlagerten die Verfasser den gesetzgeberischen Regelungsauftrag sowohl auf die Länder als auch auf die Verwaltungsgerichtsbarkeit. Letztlich erscheint der Verzicht auf die Einführung einer bundesrechtlichen Verbandsklage „ängstlich“[119] und bedeutete einen Verzicht auf die vertiefte Auseinandersetzung mit diesem Rechtsinstitut und seiner Ausgestaltung im System des verwaltungsgerichtlichen Rechtsschutzes.

II. Die umweltrechtliche Verbandsklage im Sachverständigen-Entwurf zum Umweltgesetzbuch

Nach dem vorgelegten Professoren-Entwurf eines Umweltgesetzbuchs gingen die Kodifikationsbemühungen im Umweltrecht weiter voran. Schon vor Beginn der ersten Arbeiten am Entwurf eines UGB war vorgeschlagen worden, nach der Erarbeitung des wissenschaftlichen Entwurfs eine Sachverständigenkommission für die Kodifikation des Umweltrechts einzuberufen. Nachdem der Deutsche Juristentag 1992 mit großer Mehrheit zugunsten eines Umweltgesetzbuches

117 Ebenda.

118 Die damit verbundenen Schwierigkeiten waren den Verfassern jedoch bewusst. Ihrer Ansicht nach sind die prozessualen Schwierigkeiten, die mit dem Vorschlag verbunden sind, hinzunehmen. Die Rechtsprechung zu den naturschutzrechtlichen Verbandsklagen habe gezeigt, dass sich diese im allgemeinen durch eine landesrechtliche Ausgestaltung oder sinngemäße Auslegung lösen ließen, die die Beanstandungsklage in das System des subjektiven Rechtsschutzes, das der Verwaltungsgerichtsbarkeit zugrunde liegt, einpassen würde. Ebenda, S. 451.

119 So auch *Koch*, Umweltgesetzbuch, NVwZ 1991, 953, 955.

votiert hatte,[120] beauftragte der damalige Bundesumweltminister *Klaus Töpfer* eine Sachverständigenkommission. In sie wurden Praktiker aus verschiedenen Lebensbereichen und Wissenschaftler berufen. Diese sollten, aufbauend auf dem Professoren-Entwurf zum Umweltgesetzbuch, den Entwurf eines einheitlichen Umweltgesetzbuches vorlegen.[121] Der Vorschlag der Sachverständigenkommission für ein Umweltgesetzbuch (UGB-KomE) wurde im September 1997 vorgelegt.[122] Der erarbeitete Entwurf umfasste 775 Paragraphen und wurde 1998 der damaligen Umweltministerin *Angela Merkel* übergeben. Inhaltlich ging er deutlich über die Regelungen des Professoren-Entwurfes hinaus und entwickelte neue Lösungen im Vergleich zum geltenden Recht. Der Vorschlag sah eine stärkere Verzahnung von Allgemeinem und Besonderem Teil des Umweltrechts vor und stellte verallgemeinernde Prinzipien und Regelungen noch klarer als der Professoren-Entwurf heraus.[123]

Der Entwurf gliederte sich wie der Professoren-Entwurf in einen Allgemeinen und einen Besonderen Teil. Im Allgemeinen Teil wurden die übergreifenden und allgemeinen Rechtsgrundsätze des Umweltrechts zusammengefasst und sozusagen vor die Klammer gezogen. Der Besondere Teil gliederte sich in neun Kapitel, die spezielle Regelungen zu einzelnen Umweltmedien und Umwelteinwirkungen enthielten. Im Ersten Kapitel: Allgemeine Vorschriften, darin im 5. Abschnitt: Rechtsschutz enthält der Entwurf in § 45 UGB-KomE einen detaillierten Vorschlag für eine umweltrechtliche altruistische Verbandsklage.[124]

---

120 Verhandlungen des 59. DJT, 1992, Bd. II, Sitzungsberichte, Teil N.

121 Der Kommission gehörten an: Rechtsanwalt Prof. Dr. Manfred *Bulling*, Regierungspräsident a.D.; Dr. Günter *Gaentzsch*, VorsRiBVerwG Berlin; Direktor Prof. Dr. Hubert Peter *Jordan*, Immissionsschutzbeauftragter des Mannesmann Konzerns; Prof. Dr. Michael *Kloepfer*, HU Berlin; Rechtsanwalt Dr. Rüdiger *Schweikl*, Umweltschutzreferent der Stadt München a. D.; Rechtsanwalt Dr. Dieter *Sellner*, Bonn; Prof. Dr. Horst *Sendler*, Präsident des BVerwG a. D.; Prof. Dr. Gerd *Winter*, Universität Bremen.

122 *Unabhängige Sachverständigenkommission zum Umweltgesetzbuch beim Bundesministerium für Umwelt*, UGB-KomE, S. 520.

123 *Knopp*, Umweltgesetzbuch, UPR 2009, 121, 123.

124 **§ 45 Verbandsklage**

(1) [1]Ein nach § 41 anerkannter Verband kann, ohne eine Verletzung in eigenem Namen geltend machen zu müssen, nach Maßgabe der Verwaltungsgerichtsordnung die verwaltungsgerichtliche Überprüfung der Rechtmäßigkeit von behördlichen Maßnahmen oder Unterlassungen oder die Verpflichtung zu einem bestimmten Tun beantragen. [2]Die Klage ist nur zulässig, soweit über die behördliche Maßnahme, Unterlassung oder Verpflichtung in einem Verfahren zu entscheiden

Der Sachverständigen-Entwurf sah die Einführung einer Verbandsklage auf Bundesebene für wesentliche Bereiche des Umweltrechts vor. Bei der vorgeschlagenen Regelung handelte es sich um eine Klage mit objektiv-rechtlicher Beanstandungsfunktion. Die von *Gassner* aufgeworfenen Frage,[125] ob Umweltverbände als Treuhänder von subjektiven Rechten der Natur angesehen werden können, bedurfte nach Ansicht der Verfasser für die vorgeschlagene Regelung keiner Beantwortung.[126] Vielmehr stellten sie auf die Funktion der Verbände an sich im verwaltungsbehördlichen Verfahren ab. Das Ziel der vorgeschlagenen Regelungen war, die Informations- und Entscheidungsbasis der Verwaltung durch den Sachverstand der Verbände zu erweitern. Der Verbandsklage wurde ausdrücklich aufgrund der landesrechtlichen Erfahrungen die Eignung zugesprochen, Vollzugsdefizite im Umweltrecht abzubauen, insbesondere in den Bereichen, in denen entweder keine subjektiven Rechte bestehen oder eine

---

ist, an dem der Verband nach § 42 zu beteiligen ist. [3]Mit der Klage kann nur eine Verletzung von Vorschriften geltend gemacht werden, die

1. auch den Belangen des Naturschutzes und der Landschaftspflege zu dienen bestimmt sind,
2. bei der Genehmigung nach § 570 zu beachten sind oder
3. dem Schutz der Umwelt dienen und bei einer Vorhabengenehmigung nach § 81 Abs. 3 oder bei der Aufstellung raumbedeutsamer öffentlicher Pläne zu beachten sind.

(2) [1]Die Klage ist nur zulässig, soweit der Verband

1. in seinem für die Anerkennung maßgebenden satzungsgemäßen Aufgabenbereich berührt wird und
2. die ihm gesetzlich zustehenden Beteiligungsrechte wahrgenommen hat oder ihm keine Gelegenheit zur Äußerung gegeben worden ist.

[2]Hat der Verband im Verwaltungsverfahren Gelegenheit zur Stellungnahme gehabt, so ist er im Verfahren über den Rechtsbehelf mit allen erstmalig vorgebrachten Einwendungen ausgeschlossen, die er auf Grund der ihm überlassenen oder von ihm eingesehenen Unterlagen zum Gegenstand seiner Stellungnahme hätte machen können.

(3) [1]Die Befugnis eines Verbandes, wegen einer Verletzung seines Beteiligungsrechtes zu klagen, bleibt unberührt. [2]Die Verletzung eines Beteiligungsrechts führt dann nicht zur Aufhebung der behördlichen Entscheidung, wenn offensichtlich ist, dass sie die Entscheidung in der Sache nicht beeinflusst hat oder wenn der Fehler durch ein ergänzendes Verfahren behoben werden kann.

(4) Der Streitwert bei einer Verbandsklage beträgt höchstens 20.000 Deutsche Mark.

125 Siehe dazu unter A. I.

126 *Unabhängige Sachverständigenkommission zum Umweltgesetzbuch beim Bundesministerium für Umwelt*, UGB-KomE, S. 521.

individuelle Rechtsverletzung schwer zu substantiieren ist.[127] Insbesondere gingen die Verfasser davon aus, dass die Verbandsklage einen wirksameren Vollzug des Umweltrechts mit der von ihr ausgehenden Präventivwirkung fördern würde, da aufgrund möglicherweise drohender Klagen Behördenentscheidungen wahrscheinlich sorgfältiger vorbereitet und begründet würden.[128]

Der Vorschlag der Sachverständigenkommission eröffnete eine Verbandsklagemöglichkeit für verschiedene Fallgruppen aus unterschiedlichen Gründen. Die Begründung für eine Verbandsklagemöglichkeit zur Geltendmachung von Belangen des Naturschutzes und der Landschaftspflege stellte darauf ab, dass es im Naturschutzrecht oft an subjektiven Rechten fehlt. Im Gentechnikrecht seien die Rechtsgüter zwar grundsätzlich individuell zuordenbar; Rechtsschutzdefizite könnten sich aber daraus ergeben, dass ein qualifiziertes Betroffensein im Sinne einer Verletzung subjektiver Rechte schwer zu substantiieren sei, weil die Kausalketten in diesem Bereich oft sehr komplex seien. Bei der dritten Kategorie, der Verbandsklage gegen die planerische Vorhabengenehmigung und gegen raumbedeutsame öffentliche Pläne, die häufig großflächige Auswirkungen auf die Umwelt haben, stand die Überlegung im Vordergrund, dass, wenn Private überhaupt in Rechten verletzt seien und Klage erheben würden, sich deren Interessen häufig nicht mit den nachteilig betroffenen Umweltinteressen decken würden.[129]

Hinsichtlich der verfassungsrechtlichen Zulässigkeit der Verbandsklage hegte die Sachverständigenkommission keine Bedenken. Art. 19 Abs. 4 GG stünde der Verbandsklage nicht entgegen; er verlange zwar als Mindestgarantie, dass die individualrechtsschützende Grundordnung erhalten bleibe, schließe jedoch andere Formen der richterlichen Kontrolle nicht aus. Die Verbandsklage erweitere das System des Verwaltungsprozessrechts nicht in Richtung einer Popularklage, sondern verstärke die Möglichkeiten objektiv-rechtlicher Kontrollen.[130] Der Sachverständigen-Entwurf hielt auch die aufschiebende Wirkung von Widerspruch und Anfechtungsklage für nötig und zulässig, ohne darin eine Gefährdung des Individualrechtsschutzes zu sehen. Es drohe bei der Verbandsklage zwar keine Verletzung subjektiver Rechte des Klägers, da es sich um ein objektiv-rechtliches Beanstandungsverfahren handele. Gerade im Bereich des

---

127 Ebenda, S. 529 u. 533 unter Bezugnahme auf *Bizer/Ormond/Riedel*, Verbandsklage, 1 ff. und *Wolf*, Entwicklung, ZUR 1994, 1 ff.

128 *Unabhängige Sachverständigenkommission zum Umweltgesetzbuch beim Bundesministerium für Umwelt*, UGB-KomE, S. 533.

129 Ebenda, S. 533.

130 Ebenda, S. 531 f.

Umweltschutzes drohten aber häufig nicht wieder gutzumachende Schäden, die durch die Verbandsklage im Einzelfall verhindert werden könnten.[131]

1. Zulässigkeit der Verbandsklage im Sachverständigengutachten

Dic vorgcschlagene Regelung der Verbandsklage in § 45 UGB-KomE stellt als Zulässigkeitsvoraussetzungen zu den üblichen Zulässigkeitsvoraussetzungen verwaltungsrechtlicher Klagen, die vorangegangene Mitwirkung im Verwaltungsverfahren auf sowie die Berührung in dem für die Anerkennung maßgebenden satzungsgemäßen Aufgabenbereich. Das Verfahren sollte sich im Übrigen nach den Vorschriften der Verwaltungsgerichtsordnung richten, sofern sich aus § 45 Abs. 2 bis 4 UGB-KomE nichts anderes ergibt.

a. Klageberechtigte

Klageberechtigte sollten gemäß § 45 UGB-KomE die nach § 41 UGB-KomE anerkannten Verbände sein. Es sollte sich hierbei um rechtsfähige Vereine handeln, die auf Antrag von der zuständigen Behörde anerkannt worden sind und deren Hauptzweck der Schutz der Umwelt und nicht die Nutzung der Naturgüter ist.[132]

b. Klagebefugnis

Die Verbandsklage des Sachverständigengutachtens sollte nicht an eine subjektive Rechtsverletzung seitens des klagenden Verbandes geknüpft sein. Es handelte sich insofern um ein rein objektiv-rechtliches Beanstandungsverfahren.

c. Klagegegenstand

Gemäß § 45 Abs. 1 S. 2 UGB-KomE sollte die Klage nur zulässig sein, wenn der Verband in dem die Klage betreffenden Verfahren nach § 42 UGB-KomE zu beteiligen war. Die Verbandsklage sollte dadurch auf bestimmte Vorhaben und Bereiche des Umweltrechts begrenzt werden.[133] Die Verknüpfung der Verbandsklage mit dem Mitwirkungsrecht im Sinne einer Zulässigkeitsvoraussetzung (Präklusion) wurde

---

131 Ebenda, S. 536.

132 Zum Anerkennungsverfahren siehe unter: B. II.1 lit. g.

133 **§ 42 Mitwirkung von Verbänden**
(1) Ein anerkannter Verband ist
1. in Verfahren im Sinne des § 111 Abs. 1 Satz 1 Nr. 5 und in Verfahren der Aufstellung und wesentlichen Änderung von Plänen im Sinne des § 111 Abs. 1 Satz 1 Nr. 1 bis 4, Umweltgrundlagenplänen nach § 70 Abs. 2, Plänen und Programmen, die nach § 75 einer Umweltverträglichkeitsprüfung unterliegen,

seitens der Verfasser nicht für zwingend erforderlich erachtet. Das Recht zur Klage sollte sich auch gerade nicht aus der Verletzung von Mitwirkungsrechten ergeben; dennoch erachteten es die Verfasser für sinnvoll, die Verbandsklage nur in den Fällen zuzulassen, in denen auch ein Beteiligungsrecht besteht.[134] Der Katalog der Mitwirkungsrechte in umweltrechtlichen Verfahren wurde gegenüber § 29 Abs. 1 BNatSchG a. F. erheblich erweitert und geht in einzelnen Aspekten auch über den Professoren-Entwurf hinaus. Damit sollte der allgemeinen Tendenz Rechnung getragen werden, den Umweltschutz angesichts der Schwierigkeit, eindeutige materielle Maßstäbe zu finden, zu „prozeduralisieren". Zugleich wurde damit auch die Erwartung verbunden, dass die frühzeitige Einbringung von gebündelten Umweltschutzinteressen spätere Rechtsstreitigkeiten zu vermeiden hilft.[135]

Nach dem Vorschlag der Sachverständigenkommission sollten folgende Verfahren einer Verbandsbeteiligung unterliegen: Absatz 1 Nr. 1 bestimmte

---

sowie von Naturpflegeplänen nach § 253 und forstlichen Rahmenplänen nach § 309,

2. bei der Aufstellung, Änderung, Ergänzung oder Aufhebung von Bauleitplänen sowie Satzungen nach § 4 Abs. 2 a und § 7 des Maßnahmegesetzes zum Baugesetzbuch, auf Grund derer Eingriffe in Natur und Landschaft, Maßnahmen im Sinne des § 269 Abs. 1 oder schutzgebietsbedeutsame Vorhaben zu erwarten sind,
3. bei der Vorbereitung von Bodenschutzplänen nach § 346, Luftreinhalteplänen nach § 444, Bewirtschaftungsplänen nach § 359 Abs. 2 sowie der Festsetzung von Wasserschutzgebieten nach § 394 und Erklärungen nach § 271 Abs. 1,
4. in Genehmigungsverfahren mit Öffentlichkeitsbeteiligung für Vorhaben im Sinne des § 81 Abs. 2 und 3 und deren wesentliche Änderung und
5. bei Befreiungen oder Ausnahmen
   a) von der Pflicht zur Beachtung von Naturpflegeplänen,
   b) von Verboten zum Schutz von Biotopen nach § 269 Abs. 1 sowie
   c) von Verboten und Geboten, die zum Schutz von Naturschutzgebieten, Nationalparks und Biosphärenparks erlassen sind, zu beteiligen, soweit der Verband in seinem in der Anerkennung bezeichneten Aufgabenbereich berührt ist.

(2) Ein anerkannter Verband kann im Falle des § 85 beteiligt werden.

(3) [1]Der Verband ist rechtzeitig und umfassend zu informieren; ihm ist Gelegenheit zur Einsicht in die einschlägigen Unterlagen und zur Äußerung zu gewähren. [2]Weitergehende Vorschriften bleiben unberührt.

134 *Unabhängige Sachverständigenkommission zum Umweltgesetzbuch beim Bundesministerium für Umwelt*, UGB-KomE, S. 536.

135 Ebenda, S. 523.

in inhaltlicher Übereinstimmung mit § 132 UGB-ProfE die Beteiligung der Verbände in Raumordnungsverfahren über Vorhaben nach § 81 Abs. 2 und 3 UGB-KomE oder über Vorhaben, die nach sonstigen Vorschriften einer Umweltverträglichkeitsprüfung unterliegen. Ferner sollten Verbände mitwirken können in Verfahren der Aufstellung und wesentlichen Änderung von Wege- und Gewässerplänen, Bebauungsplänen, die die Zulässigkeit von Vorhaben nach § 81 Abs. 2 und 3 UGB-KomE begründen sollen, bei bestimmten Vorhaben- und Erschließungsplänen sowie bergbaulichen Bedarfs- und Standortplänen, für die nach § 111 Abs. 1 Nr. 1 bis 4 UGB-KomE eine Umweltverträglichkeitsprüfung durchgeführt wird. Das sollte auch für Umweltgrundlagenpläne nach § 70 Abs. 2 UGB-ProfE sowie für Pläne und Programme, die nach § 75 UGB-KomE einer Umweltverträglichkeitsprüfung bedürfen, gelten. Nummer 1 erfasste weiter die Mitwirkung bei der Vorbereitung von Naturpflegeplänen und forstlichen Rahmenplänen.[136]

Nummer 2 erfasste die Mitwirkung bei der Vorbereitung von Bauleitplänen und bestimmten Satzungen nach dem Maßnahmegesetz zum Baugesetzbuch, bei denen es typischerweise um eine massive Inanspruchnahme von Natur und Landschaft geht. Da Nummer 1 bereits die Bebauungspläne für bestimmte Vorhaben erfasste, handelte es sich bei Nummer 2 nur um Bauleitpläne, aufgrund derer Eingriffe in Natur und Landschaft und andere Maßnahmen zu erwarten sind, die keine Vorhaben nach § 81 Abs. 2 und 3 UGB-KomE darstellen.[137]

Nummer 3 sah die Verbandsmitwirkung bei der Vorbereitung von Plänen zum Schutz der Umwelt in bestimmten Gebieten vor und stimmt insoweit mit § 132 Abs. 1 Nr. 7 UGB-ProfE überein, der sich aber auf Rechtsvorschriften des Bundes beschränkt. Der dem § 29 Abs. 1 Nr. 1 und 2 BNatSchG a. F. zugrunde liegende Gedanke wurde auf weitere Pläne ausgedehnt, so erfasste Nummer 3 auch wasserrechtliche Bewirtschaftungspläne.[138] Nach Nummer 4 sollten die Verbände im Genehmigungsverfahren über Vorhaben nach § 81 Abs. 2 und 3 zu beteiligen sein, für die regelmäßig eine Umweltverträglichkeitsprüfung gemäß § 80 Abs. 3 durchzuführen ist. Hierbei handelt es sich um Vorhaben, von denen im besonderen Maße nachteilige Auswirkungen auf die Umwelt ausgehen; zudem sind diese Vorhaben mit großflächigen Eingriffen in Natur und Landschaft verbunden. Nummer 5 sah eine Verbandsbeteiligung bei den wichtigsten Ausnahmen und Befreiungstatbeständen im Naturschutzrecht vor.

136 Ebenda.
137 Ebenda.
138 Ebenda.

d. Statthafte Klagearten

Ein nach § 41 UGB-KomE[139] anerkannter Verband sollte die Verletzung von Rechtsvorschriften im Wege der Anfechtungs- oder Verpflichtungsklage, der allgemeinen Leistungsklage, der Feststellungsklage oder der Normenkontrollklage geltend machen können. Einstweiliger Rechtsschutz sollte ebenfalls möglich sein. Anders als in § 217 UGB-ProfE[140] vorgeschlagen, sollten Widerspruch und

---

139 **§ 41 Anerkennung von Verbänden**

(1) Anerkannte Verbände sind rechtsfähige Vereine, die nach Maßgabe des Absatzes 2 von der zuständigen Behörde anerkannt worden sind.

(2) [1]Die Anerkennung wird auf Antrag erteilt. [2]Sie ist zu erteilen, wenn der Verein

1. nach seiner Satzung und seiner bisherigen Tätigkeit ideell und nicht nur vorübergehend als Hauptzweck den Schutz der Umwelt und nicht die Nutzung von Naturgütern verfolgt,
2. nach seiner Satzung einen Tätigkeitsbereich hat, der mindestens das Gebiet eines Landes umfasst,
3. die Gewähr für eine sachgerechte Aufgabenerfüllung bietet, dabei sind Art und Umfang seiner bisherigen Tätigkeit, der Mitgliederkreis sowie die Leistungsfähigkeit des Vereins zu berücksichtigen,
4. wegen Verfolgung gemeinnütziger Zwecke nach § 5 Absatz 1 Nr. 9 des Körperschaftssteuergesetzes von der Körperschaftssteuer befreit ist und
5. den Eintritt jedem ermöglicht, der die Ziele des Vereins unterstützt.

[3]Bei Vereinen, insbesondere Dachverbänden, deren Mitglieder aufgrund ihrer Satzung ausschließlich juristische Personen sind, ist die in Satz 2 Nr. 5 genannte Voraussetzung als gegeben anzusehen, wenn sie von der Mehrheit der Mitglieder erfüllt wird. [4]In der Anerkennung ist der satzungsmäßige Aufgabenbereich, für den die Anerkennung gilt, zu bezeichnen.

(3) [1]Für die Anerkennung zur Mitwirkung bei Planungen und Maßnahmen des Bundes, die über das Gebiet eines Landes hinausgehen, gilt Absatz 2 mit der Maßgabe, dass der Verein einen Tätigkeitsbereich hat, der das Gebiet der Länder umfasst, auf die sich die Planungen und Maßnahmen des Bundes beziehen.

(4) [1]Die Anerkennung wird von der nach Landesrecht zuständigen Behörde für den satzungsmäßigen Aufgabenbereich ausgesprochen; sie gilt für das Gebiet des Landes, in dem die zuständige Behörde ihren Sitz hat. [2]In den Fällen des Absatzes 3 wird die Anerkennung von dem für den Umweltschutz zuständigen Umweltministerium ausgesprochen.

(5) [1]Die Anerkennung ist zurückzunehmen, wenn die Voraussetzungen für ihre Erteilung nicht vorgelegen haben und dieser Mangel nicht beseitigt ist. [2]Die Anerkennung ist zu widerrufen, wenn eine der Voraussetzungen für ihre Erteilung nachträglich weggefallen ist. [3]Das Mitwirkungsrecht endet, sobald die Aufhebung der Anerkennung unanfechtbar geworden ist.

140 *Kloepfer/Rehbinder/Schmidt-Aßmann/Kunig*, UGB AT, S. 458 ff.

Anfechtungsklage mangels anderslautender Regelung aufschiebende Wirkung haben. Argument hierfür war, dass zwar keine Verletzung subjektiver Rechte des Klägers droht, im Bereich des Umweltrechts jedoch häufig nicht wieder gutzumachende Schäden drohen, die durch die Verbandsklage im Einzelfall verhindert werden können.[141]

e. Die Betroffenheit im satzungsgemäßen Aufgabenbereich

Die Klage gemäß § 45 Abs. 2 Nr. 1 UGB-KomE sollte nur zulässig sein, wenn der klagende Verband in seinem für die Anerkennung maßgebenden satzungsgemäßen Aufgabenbereich berührt wird. Diese Voraussetzung sollte den Zusammenhang zur Anerkennung herstellen.

f. Verwirkung/Präklusion

Gemäß § 45 Abs. 2 S. 1 Nr. 2 UGB-KomE sollte die Klage nur zulässig sein, wenn der Verband die ihm gesetzlich zustehenden Beteiligungsrechte im Verwaltungsverfahren wahrgenommen hat. Zweck der Akzessorietät sollte sein, überraschende Klagen zu vermeiden. Verbände sollten zudem auf diese Weise gezwungen werden, bereits im Verwaltungsverfahren ihren Sachverstand einzubringen, um damit die Behörde in die Lage zu versetzen, bereits in diesem frühen Stadium allen etwaigen Bedenken nachzugehen. Die Verfasser gingen davon aus, auf diesem Wege könne die von manchen befürchtete Prozessflut und Überlastung der Gerichte vermieden werden. Zudem sollten von der Verwaltungsentscheidung Begünstigte vor einem überraschenden Prozessvortrag geschützt werden. Der Verband sollte allerdings dann nicht präkludiert sein, wenn ihm im Verwaltungsverfahren keine Gelegenheit zur Stellungnahme gegeben wurde.[142]

§ 45 Abs. 2 Satz 2 enthielt eine Regelung zur materiellen Präklusion. Der klagende Verband musste bereits im Verwaltungsverfahren Stellung genommen haben, zudem sollte er im Rahmen des Klageverfahrens auf all jene Argumente beschränkt sein, die er bereits im Verwaltungsverfahren vorgebracht hatte. Der Verband sollte zudem den Verstoß gegen umweltrechtliche Vorschriften im Verwaltungsverfahren so konkret benennen, dass Behörde und Vorhabenträger der Rüge hätten nachgehen können. Im Einzelnen sollte das Maß der erforderlichen Konkretisierung von der Art der jeweiligen umweltrechtlichen Anforderungen abhängen, deren Einhaltung der Verband forderte. Sind die Einwendungen im

141 *Unabhängige Sachverständigenkommission zum Umweltgesetzbuch beim Bundesministerium für Umwelt*, UGB-KomE, S. 536.

142 Ebenda, S. 538.

Verwaltungsverfahren hinreichend konkret erhoben worden, sollten sie im Gerichtsverfahren weiter erläutert, vertieft und zusätzlich belegt werden können. Die Verbände sollten jedoch nicht mit Einwendungen ausgeschlossen sein, die während der Einwendungsfrist nicht vorgebracht werden konnten.

g. Anerkennungsverfahren

§ 41 UGB-KomE regelte die Anerkennung von Verbänden und lehnte sich dabei eng an die Kriterien des § 29 Abs. 2 bis 5 BNatSchG a.F. an. Der satzungsgemäße Aufgabenbereich wurde wie im Professoren-Entwurf nicht auf die Belange des Naturschutzes und der Landschaftspflege beschränkt, sondern allgemein auf die Ziele des Umweltschutzes erweitert.[143] § 41 Abs. 1 Nr. 1 bis 5 UGB-KomE regelte die Voraussetzungen der Anerkennung: Danach sollte der Verein nach seiner Satzung und bisherigen Tätigkeit ideell und nicht nur vorübergehend als Hauptzweck den Schutz der Umwelt und nicht die Nutzung der Naturgüter verfolgen (Nr. 1), nach seiner Satzung einen Tätigkeitsbereich haben, der mindestens das Gebiet eines Landes umfasst (Nr. 2), die Gewähr für eine sachgerechte Aufgabenerfüllung bieten (Nr. 3), wegen der Verfolgung gemeinnütziger Zwecke von der Körperschaftssteuer befreit sein (Nr. 4) und den Eintritt jedem ermöglichen, der die Ziele des Vereins unterstützt. Die Anerkennung sollte nach § 41 Abs. 4 UGB-KomE von der nach Landesrecht zuständigen Behörde für den satzungsgemäßen Aufgabenbereich ausgesprochen werden. Dieser sollte im Anerkennungsbescheid bezeichnet werden. Mit § 41 Abs. 5 wurde die Regelung über die Rücknahme oder den Widerruf der Anerkennung in § 29 Abs. 5 BNatSchG übernommen.

h. Streitwert

Der Sachverständigen-Entwurf enthielt eine Streitwertbegrenzung für die umweltrechtliche Verbandsklage. Nach § 45 Abs. 4 UGB-KomE sollte der Höchststreitwert 20.000 DM betragen. Diese Begrenzung sollte für alle Fälle gelten, also sowohl für die Rüge der Verletzung materiellen Umweltrechts als auch für die Rüge der Verletzung von Beteiligungsrechten. Nach Auffassung der Verfasser würde die Beteiligung an den Prozesskosten dazu beitragen, dass die Verbände von ihrem Klagerecht wohlüberlegt Gebrauch machen würden. Zudem verschaffe die Streitwertbegrenzung den Verbänden eine angemessene finanzielle Erleichterung. Sie rechtfertige sich auch aus der Überlegung, dass die Verbände

---

143 Ebenda, S. 522.

mit ihren Klagen aus altruistischen Gründen die rechtliche Durchsetzung umweltrechtlicher Normen förderten.[144]

2. *Begründetheit der Verbandsklage*

Der Vorschlag für eine Verbandsklage im Sachverständigengutachten sah eine Beschränkung der gerichtlichen Kontrolle hinsichtlich des Prüfungsgegenstandes und des Prüfungsumfangs vor. Nach Ansicht der Verfasser widerspricht es nicht der Systematik des Prozessrechts, die möglichen Gründe, mit denen ein Verband die Rechtswidrigkeit einer Maßnahme oder Unterlassung in einem Verwaltungsstreitverfahren geltend machen kann, von vornherein auf bestimmte Schutzgüter zu beschränken. Folgerichtig könne auch der Erfolg einer solchen – gegenständlich begrenzten – Klage davon abhängig gemacht werden, dass die Maßnahme oder Unterlassung gerade aus den mit der Verbandsklage geltend zu machenden speziellen Gründen fehlerhaft ist. Die vorgeschlagene Verbandsklage eröffnete demnach nicht den Einstieg in eine umfassende Rechtmäßigkeitsprüfung. Diese beschränkte sich vielmehr auf die Verletzung der in § 45 Abs. 1 Nr. 1 bis 3 UGB-KomE genannten Vorschriften, zu denen auch das entsprechende Verwaltungsverfahrensrecht gehört, soweit die konkrete Möglichkeit besteht, dass sich Verfahrensfehler auf die Sachentscheidung – die besagten Schutzgüter betreffend – ausgewirkt haben.[145]

Der Sachverständigen-Entwurf griff in § 45 Abs. 3 Satz 2 UGB-KomE das Fehlerfolgenregime des § 46 VwVfG auf. Danach sollte eine Verletzung des Beteiligungsrechts nur dann zur Aufhebung der Entscheidung führen, wenn sie auf das Ergebnis von Einfluss gewesen ist und der Fehler nicht durch ein ergänzendes Verfahren behoben werden kann. § 43 UGB-KomE beschränkt die Überprüfung von Prognose- und Bewertungsentscheidungen auf die Frage, ob das für die Prognose und die Bewertung vorgeschriebene Verfahren eingehalten wurde und die behördliche Prognose oder Bewertung nachvollziehbar ist. Damit sollte dem Umstand Rechnung getragen werden, dass solche Bewertungen die Gerichte üblicherweise überfordern, wohingegen sich die Verwaltung der technischen und wissenschaftlichen Entwicklung anpassen kann.[146]

---

144 Ebenda, S. 539.

145 Ebenda, S. 537.

146 Ebenda, S. 534 f.

3. *Tabellarische Übersicht zum Sachverständigen-Entwurf zum Umweltgesetzbuch*

Kriterien	**Regelungsgehalt**
Klageberechtigte	nach § 41 UGB-KomE anerkannte Verbände
Klagebefugnis	keine subjektive Rechtsverletzung oder Betroffenheit erforderlich
Klagegegenstand	Maßnahmen und Unterlassungen in Verfahren, in denen anerkannte Verbände zur Mitwirkung gemäß § 42 UGB-KomE berechtigt waren
Statthafte Verfahrensarten	Anfechtungsklage, Verpflichtungsklage, allgemeine Leistungsklage, Feststellungsklage und Normenkontrolle; Einstweilige Rechtsschutzverfahren; Widerspruch und Anfechtungsklage sollten aufschiebende Wirkung haben
Verwirkung/Präklusion	formelle und materielle Präklusion vorgesehen; Zulässigkeit der Klage soll von der Beteiligung im Verwaltungsverfahren abhängen; der Verband soll im Klageverfahren auf die bereits im Verwaltungsverfahren vorgebrachten Einwendungen beschränkt sein
Anerkennungsverfahren	§ 41 UGB-KomE, ähnlich § 29 BNatSchG a.F.
Streitwert	Regelung zum Streitwert (20.000 DM für alle Klagen)
Prüfungsmaßstab	Beschränkung des Prüfungsgegenstandes und des Prüfungsumfanges auf die in § 45 Abs. 1 Nr. 1 bis 3 UGB-KomE genannten Vorschriften
Kontrolldichte	Fehlerfolgenregime des § 46 VwVfG wird für Klagen wegen der Verletzung von Beteiligungsrechten aufgegriffen

4. *Fazit*

Mit der im Sachverständigen-Entwurf vorgeschlagenen Regelung sollte eine altruistische umweltrechtliche Verbandsklage für einige Bereiche des Umweltrechts auf Bundesebene eingeführt werden. Damit ging diese Regelung deutlich über den Professoren-Entwurf hinaus, der lediglich eine Ermächtigung zur Einführung umweltrechtlicher Beanstandungsverfahren zugunsten der Länder vorsah. Im Übrigen wurden die Regelungsvorschläge des Professoren-Entwurfes aufgegriffen und weiterentwickelt. Bei der im Sachverständigen-Entwurf vorgeschlagenen Verbandsklage handelt es sich um eine objektive Beanstandungsklage, die ein Verfahren objektiver Rechtskontrolle in Gang setzen sollte. Die Verfasser setzten sich mit der Zulässigkeit eines solchen objektiven Beanstandungsverfahrens im System des individualschützenden verwaltungsgerichtlichen Rechtsschutzes auseinander und kamen zu dem Ergebnis, dass Art. 19 Abs. 4 GG der Einführung einer

Verbandsklage nicht entgegensteht. Dieser verlangt zwar als Mindestgarantie, dass die Grundordnung des gerichtlichen Individualrechtsschutzes erhalten bleibt, schließt jedoch andere Formen der richterlichen Kontrolle nicht aus. Auffällig ist, dass in der Begründung des Sachverständigen-Entwurfes die objektiv-rechtliche Beanstandungsfunktion der Verbandsklage betont wird, andererseits jedoch der Grund für die gewählten Fallgruppen der Umweltschutz in rechtsschutzarmen Bereichen ist.

Der Sachverständigen-Entwurf enthält umfassende Regelungen zur Einführung einer hinsichtlich des Prüfungsgegenstandes und Prüfungsumfanges begrenzten umweltrechtlichen altruistischen Verbandsklage. Er setzt sich im Gegensatz zum Professoren-Entwurf umfänglich mit prozessualen Fragen und die Eingliederung der vorgeschlagenen Verbandsklage in das System des verwaltungsgerichtlichen Rechtsschutzes auseinander. So ist für die Zulässigkeit der Klage zwar nicht die Verletzung in eigenen Rechten erforderlich, gleichwohl folgt hieraus keine unbegrenzte Rechtskontrolle, vielmehr ist der Prüfungsmaßstab auf die Verletzung bestimmter eingegrenzter Vorschriften beschränkt. Der Sachverständigen-Entwurf entwickelt eine eigenständige Verfahrensfehlerlehre, die an das Fehlerfolgenregime des § 46 VwVfG anknüpft. Darüber hinausgehende Regelungen zur Verfahrensfehlerlehre enthält der Entwurf nicht. Insgesamt betrachtet handelt es sich bei der Konzeption einer altruistischen umweltrechtlichen Verbandsklage im Sachverständigenentwurf um einen komplexen und gut begründeten Entwurf, der sich trotz seines Charakters als objektive Beanstandungsklage in das System des verwaltungsgerichtlichen Rechtsschutzes einfügt. Das Klagerecht wird mit einer „Beteiligungspflicht" im vorangegangenen Verwaltungsverfahren verknüpft. Dies bedeutet eine Stärkung des Verwaltungsverfahrens bereits auf der Ebene der Öffentlichkeitsbeteiligung und verknüpft dies mit einer objektiven Rechtskontrolle.

III. Der Referenten-Entwurf 1999

Der Sachverständigen-Entwurf wurde 1998 der damaligen Umweltministerin *Angela Merkel* übergeben.[147] Auf der Grundlage dieses Kommissions-Entwurfes erarbeitete das Bundesumweltministerium 1999 einen sogenannten „Referenten-Entwurf" für ein „Erstes Buch zum UGB". Dieser Entwurf wurde nicht

147 Vgl. Pressemitteilung des Pressedienstes, BMU 047/97 vom 9.9.1997, abrufbar unter http://www.bmu.de/bmu/presse-reden/pressemitteilungen/pm/artikel/unabhaengige-sachverstaendigenkommission-uebergibt-entwurf-eines-einheitlichen-umweltgesetzbuches/, zuletzt aufgerufen am 3.1.2016.

veröffentlicht.[148] Er konzentrierte sich darauf, Bereiche des Allgemeinen Teils und weitere Einzelbereiche wie das Immissionsschutzrecht, das Wasserrecht und Abfallrecht zu regeln. Der Referenten-Entwurf scheiterte in der Abstimmung zwischen den verschiedenen Bundesministerien; zur Begründung zog man die angeblich fehlende Gesetzgebungskompetenz des Bundes für die Bereiche Wasser- und Naturschutzrecht heran, obwohl nach verbreiteter Meinung bereits die seinerzeitigen Kompetenzgrundlagen für den Bund die Schaffung eines UGB gesetzlich ermöglicht hätten.[149]

IV. Die umweltrechtliche Verbandsklage im Entwurf zum Umweltgesetzbuch 2008

Mit der Föderalismusreform 2006 wurden die Gesetzgebungskompetenzen für Bund und Länder neu geordnet: Am 30.6.2006 beschloss der Bundestag nach langen Verhandlungen das Gesetz zur Änderung des Grundgesetzes.[150] Anfang 2006 nahm eine Projektgruppe im Bundesministerium für Umwelt, Naturschutz und Reaktorsicherheit (BMU) erneut die Arbeit zur Kodifizierung eines Umweltgesetzbuches mit dem Ziel der Vereinfachung des Umweltrechts und Schaffung eines einheitlichen Genehmigungsverfahrens, die sogenannte integrierte Vorhabengenehmigung, auf. Im Mai 2008 wurde ein Entwurf vorgestellt. Die vorgelegten fünf Bücher des UGB sollten, da es in der 16. Legislaturperiode nicht möglich sein würde, ein umfassendes UGB zu schaffen, zunächst vorrangige, zentrale Bereiche des Umweltrechts regeln.[151]

Der Entwurf eines Umweltgesetzbuches aus dem Jahr 2008 enthielt ein UGB I mit den allgemeinen Zielen und Grundsätzen des Umweltrechts, den sonstigen fachübergreifenden Umweltmaterien, wie der strategische Umweltverträglichkeitsprüfung (SUP), der öffentlich-rechtlichen Umwelthaftung, dem Zugang zu Gerichten in Umweltangelegenheiten und dem vorhabenbezogenen Umweltrecht. Hauptziele des Entwurfes waren die Stärkung des integrativen Umweltschutzes, die strukturelle Modernisierung des Umweltrechts durch Beseitigung von Doppelregelungen sowie die Vereinfachung des Genehmigungsverfahrens.

---

148 Der Arbeitsentwurf ist abgedruckt in *Rengeling*, Umweltgesetzbuch, S. 273 ff. Einen Überblick gibt *Schmidt-Preuß*, Veränderungen, DVBl. 1998, 857 ff.

149 *Knopp*, Umweltgesetzbuch, UPR 2009, 121, 123 f. in Fn. 36 m.w.N.; zur Kompetenzfrage; *Kloepfer*, Umweltrecht, § 1 Rn. 59 ff.; *Rehbinder/Wahl*, Kompetenzprobleme, NVwZ 2002, 21, 23.

150 Gesetz zur Änderung des Grundgesetzes vom 28.8.2006, BGBl. I, S. 2034.

151 Siehe hierzu unter http://www.bmu.de/service/publikationen/downloads/details/artikel/ugb-referentenentwurf/, letzter Aufruf am 3.1.2016.

Im Zentrum des Entwurfes stand daher die Neuregelung der sogenannten integrierten Vorhabengenehmigung, die auch die wasserrechtliche Bewilligung ersetzen sollte.[152]

Der Allgemeine Teil des Entwurfes für ein Umweltgesetzbuch enthielt im Abschnitt 5 Regelungen für Rechtsbehelfe in Umweltangelegenheiten. Auf eine Darstellung der Regelungen im Einzelnen wird an dieser Stelle verzichtet, da der Entwurf die Regelungen des Umwelt-Rechtsbehelfsgesetzes vom 7.12.2006 weitgehend unverändert übernahm.[153] Als einzige von den Vorschriften des Umwelt-Rechtsbehelfsgesetzes abweichende Vorschrift war ein § 45 (Untätigkeitsklage) vorgesehen, der die Vorschrift des § 14a BImSchG in das Umweltgesetzbuch überführen sollte. Zudem wurde das Anerkennungsverfahren zur Einlegung von Rechtsbehelfen in Umweltangelegenheiten mit der Anerkennung von Vereinen für die Mitwirkung in Naturschutzangelegenheiten harmonisiert, um damit ein einheitliches bundesgesetzlich geregeltes Anerkennungsverfahren für Umweltvereinigungen zu schaffen. Durch die vorgeschlagenen Regelungen sollten die bis dato neben dem UmwRG bestehenden Bestimmungen der §§ 58, 60 Abs. 1 und 3 des BNatSchG sowie die entsprechenden Regelungen der Bundesländer entfallen.

Trotz intensiver Abstimmung des Entwurfes mit allen maßgeblichen Akteuren konnte sich die Bundesregierung letztlich nicht auf einen gemeinsamen Entwurf einigen. Das Vorhaben scheiterte vor allem an der fehlenden Zustimmung Bayerns.[154] Der damalige Bundesumweltminister *Sigmar Gabriel* erklärte weitere Bemühungen für eine Kompromisssuche am 2.2.2009 für sinnlos und zog den Entwurf letztlich zurück. Damit wurde auch in der 16. Legislaturperiode kein UGB in das Gesetzgebungsverfahren eingebracht.[155]

V. Würdigung

Rückblickend betrachtet haben sich sowohl die Verwaltungsrechtswissenschaft als auch der Gesetzgeber in den vergangenen vierzig Jahren vielfach mit der Frage der Einführung einer umweltrechtlichen altruistischen Verbandsklage befasst. Über die rein wissenschaftlichen Ansätze hinaus waren die Bemühungen zur Einführung einer umweltrechtlichen altruistischen Verbandsklage

152 *Knopp*, Umweltgesetzbuch, UPR 2009, 121, 124 m.w.N. in Fn. 59.

153 Siehe hierzu das 3. Kapitel.

154 Vgl. Pressemitteilung des BMU Nr. 33/09 vom 1.2.2009.

155 Siehe hierzu auch: http://www.umweltbundesamt.de/umweltrecht/umweltgesetzbuch.htm, letzter Aufruf am 3.1.2016.

immer mit den Bemühungen zur Schaffung eines Umweltgesetzbuches verbunden. Eine tabellarische Gesamtübersicht der in diesem Kapitel betrachteten Entwürfe findet sich in der Anlage 1. Die betrachteten Entwürfe weichen sowohl in der Ausgestaltung als auch im Hinblick auf die Begründungstiefe stark voneinander ab. Als wegweisend kann insoweit der Sachverständigen-Entwurf zur Schaffung eines Umweltgesetzbuches bezeichnet werden. Im Gegensatz zu dem vorangegangenen Professoren-Entwurf enthält dieser ein eigenständiges Konzept einer umweltrechtlichen altruistischen Verbandsklage. Diese ist als objektives Beanstandungsverfahren losgelöst von der Geltendmachung einer subjektiven Rechtsverletzung ausgestaltet und fügt sich ergänzend in das System des verwaltungsgerichtlichen Rechtsschutzes ein. Bemerkenswert sind die detaillierte prozessuale Ausgestaltung der vorgeschlagenen Verbandsklage und die Eingliederung in das geltende Verwaltungsrechtsschutzsystem. Zwar kann die Verbandsklage des Sachverständigen-Entwurfes ohne die Verletzung eigener Rechte erhoben werden, eine Begrenzung erfährt sie gleichwohl im Hinblick auf den anzuwendenden Prüfungsmaßstab und die Kontrolldichte.

Der vorangegangene Professoren-Entwurf hatte aus Gründen der Durchsetzbarkeit auf den Vorschlag einer bundesrechtlichen umweltrechtlichen Verbandsklage verzichtet und vielmehr eine Ermächtigung der Länder zur Einführung einer solchen Verbandsklage vorgeschlagen. Ebenso verzichtet hatte der Entwurf auf die Ausgestaltung prozessualer Folgefragen und wollte diese dem Gestaltungsspielraum der Bundesländer und der richterlichen Rechtsfortbildung überlassen.

Weder der Professoren-Entwurf zum Umweltgesetzbuch noch der Sachverständigen-Entwurf noch der auf ihrer Basis entwickelte Referenten-Entwurf wurden als Gesetzgebungsvorlage in das Gesetzgebungsverfahren eingebracht. Der im Jahr 2008 vorgelegte Entwurf zum Umweltgesetzbuch verzichtete auf den Vorschlag einer eigenständigen Verbandsklagekonzeption, sondern überführte lediglich Regelungen des Umwelt-Rechtsbehelfsgesetzes trotz der auch zum damaligen Zeitpunkt bereits bekannten Mängel in den Entwurf, obgleich mit den Vorarbeiten zum Umweltgesetzbuch, insbesondere im Sachverständigen-Entwurf, bereits Regelungsvorschläge vorlagen, die bei entsprechender Weiterentwicklung eine europarechtskonforme Umsetzung der Vorgaben der Århus-Konvention und der Richtlinie 2003/35/EG ermöglicht hätten.

Damit scheiterten bis 2006 sämtliche rein nationalen Bemühungen zur Einführung einer altruistischen umweltrechtlichen Verbandsklage; weder konnten sich die rein wissenschaftlichen Ansätze in der juristischen Diskussion durchsetzen, noch wurden die Entwürfe zur Schaffung eines Umweltgesetzbuches überhaupt im Bundestag in ein Gesetzgebungsverfahren eingebracht.

C) Die umweltrechtliche Verbandsklage in der verwaltungsgerichtlichen Rechtsprechung bis zum Erlass des Umwelt-Rechtsbehelfsgesetzes 2006

Die Rechtsprechung zur umweltrechtlichen Verbandsklage bis zum Erlass des Umwelt-Rechtsbehelfsgesetzes am 7.12.2006[156] war eng verknüpft mit der Diskussion um die Beteiligungsrechte von Naturschutzverbänden und deren Reichweite in naturschutzrechtlichen Genehmigungsverfahren. Grund hierfür war die Verankerung der naturschutzrechtlichen Verbandsklage in den Landesnaturschutzgesetzen[157] und später im Bundesnaturschutzgesetz.[158] Zur altruistischen Verbandsklage im Umweltrecht selbst existiert nur wenig Rechtsprechung. Hervorzuheben sind hier Urteile des VG Hamburg[159] und des Bundesverwaltungsgerichts im Bereich

156 Gesetz über ergänzende Vorschriften zu Rechtsbehelfen in Umweltangelegenheiten nach der EG-RL 2003/35/EG vom 7.12.2006, BGBl. I, S. 2816.

157 Sie wurde zunächst im bremischen Landesnaturschutzgesetz (1979) in § 44 BremNatSchG, später auch in Hessen (1980) in § 36 HENatSchG, in Hamburg (1981) in § 41 HmbNatSchG, Berlin (1983) in § 39a Abs. 2 Satz 1 BerlNatSchG, Saarland (1987) in § 33 SNG, Sachsen-Anhalt (1992) in § 52 NatSchG LSA, Brandenburg (1992) in Art. 39 Abs. 8 BbgVerf; Sachsen (1992) in § 58 SächsNatSchG, Thüringen (1993) in § 46 VorlThürNatG, Schleswig-Holstein (1993) in § 51 c LNatSchG SH, Niedersachsen (1993) in § 60 c NdsNatSchG, Rheinland-Pfalz (1994) in § 37 b LpflG Rh-Pf, Nordrhein Westfalen (2000) in § 12 b LG NRW und Mecklenburg Vorpommern (2002) in § 65 a LNatG M-V eingeführt. Vgl. hierzu *Radespiel*, Verbandsklage, S. 113 f.

158 Im Bundesnaturschutzgesetz wurde die Verbandsklage erst 2002 eingeführt, Gesetz zur Neuregelung des Rechts des Naturschutzes und der Landschaftspflege und zur Anpassung anderer Rechtsvorschriften (BNatSchNeuregG) vom 25.3.2002, BGBl. I, S. 1193.

159 Das VG Hamburg hatte in diesem Verfahren über die sogenannte Robbenklage zu entscheiden. Natur- und Umweltschutzverbände hatten – als Geschäftsführer ohne Auftrag der „Seehunde in der Nordsee" – einen Antrag auf Wiederherstellung der aufschiebenden Wirkung ihres Widerspruches gegen mehrere Genehmigungen zur Verbringung von Abfällen in die deutsche Nordsee eingereicht. Das VG Hamburg entschied, dass die Anträge offensichtlich unzulässig seien und verneinte sowohl eine Antragsbefugnis der Seehunde in der Nordsee als auch eine Antragsbefugnis der klagenden Verbände unter jedem Gesichtspunkt. Sie schlossen sowohl für eine Antragsbefugnis der „Seehunde" als auch für die Antragsbefugnis der klagenden

des Atomrechts[160], die sich grundsätzlich verneinend zur Klagebefugnis von Umweltverbänden außerhalb des Naturschutzrechtes äußerten. Das Bundesverwaltungsgericht setzte sich 1980 intensiv mit der Frage der Zulässigkeit der altruistischen Verbandsklage in einem Verfahren zur Aufhebung eines atomrechtlichen Vorbescheides auseinander.[161] Es stellte fest, der Verband könne eine Klagebefugnis nur nach Maßgabe des § 42 Abs. 2 VwGO geltend machen, die geltende Rechtsordnung setze der richterlichen Rechtsfortbildung insofern Grenzen.[162] Die anerkannten Verbände versuchten gleichwohl trotz der eingeschränkten gesetzlich normierten Klagemöglichkeiten, Naturschutzinteressen und die ihnen zuerkannten Beteiligungsrechte gerichtlich geltend zu machen. In der Folge entwickelten sich Unterarten der Verbandsklage, die sogenannte partizipatorische Verbandsklage, mit der Verbände Verletzungen ihrer Beteiligungsrechte geltend machten, und die sogenannten Sperrgrundstücksklagen, bei denen Verbände sich durch den Erwerb von „Sperrgrundstücken" eine aus Art. 14 Abs. 1 GG resultierende Klagebefugnis erkauften.[163]

Im Folgenden soll kurz die Rechtsprechung des Bundesverwaltungsgerichtes hinsichtlich der dogmatischen Einordnung der naturschutzrechtlichen Verbandsklage untersucht werden. Die Entwicklung der Rechtsprechung im Hinblick auf den Umfang und die Reichweite der naturschutzrechtlichen Beteiligungsrechte ist hierfür nur bedingt von Relevanz.[164]

I. Die Charakterisierung von Umweltverbänden in der Rechtsprechung des BVerwG

Bei Betrachtung der Rechtsprechung des BVerwG zur naturschutzrechtlichen Verbandsklage fällt die unterschiedliche Charakterisierung von Umweltverbänden durch das Bundesverwaltungsgericht auf. Umweltverbände werden als

Naturschutzverbände eine Ergänzung der geltenden Regelungen zur Beteiligungsfähigkeit und zur Klagebefugnis des § 42 Abs. 2 VwGO im Wege der richterlichen Rechtsfortbildung aus, da es in beiden Fällen an einer gesetzlichen Regelungslücke fehle. VG Hamburg, Beschluss vom 22.9.1988, – 7 VG 2499/88, NVwZ 1988, S. 1058 f.

160 BVerwG, Urteil vom 16.7.1980 – 7 C 23/78, zitiert nach juris.

161 Ebenda.

162 Ebenda.

163 Einen Überblick über die Entwicklung der Rechtsprechung hierzu gibt *Schlacke*, Rechtsschutz, S. 166 f.; statt vieler BVerwG, Urteil vom 27.10.2000 – 4 A 10/99, zitiert nach juris, Rn. 19 m.w.N.

164 Vgl. auch zu den Friktionen und Widersprüchen der hierzu ergangenen Rechtsprechung: *Schlacke*, Rechtsschutz, S. 166 f.

„Verwaltungshelfer“[165], als „staatsfreie Bürgerbeteiligung“ und „Außenstehende Anwälte der Natur“ [166] bezeichnet. Eine dritte Verortung erfolgt durch das Schlagwort der „Sachverstandspartizipation“.[167] Gemeinsam ist diesen Charakterisierungen, dass sie die Umweltverbände der Sphäre des Öffentlichen zuordnen. Hieraus wird deutlich, dass auch im Rahmen der höchstrichterlichen Verwaltungsgerichtsbarkeit Unsicherheiten im Hinblick auf die dogmatische Verortung der naturschutzrechtlichen Verbandsklage bestanden. Gleichzeitig spiegeln diese Charakterisierungen die rechtswissenschaftliche Diskussion um die dogmatische Begründung der altruistischen Verbandsklage wider.

Maßgeblich für die Entwicklung der Beteiligungsrechte war insbesondere ein Urteil des 4. Senats des Bundesverwaltungsgerichts, in welchem die Frage der Klagebefugnis eines Verbandes gegen einen Planfeststellungsbeschluss wegen Verletzung seiner Beteiligungsrechte aus § 29 BNatSchG a.F. behandelt wurde. Der 4. Senat führte hierzu aus, dass das Recht auf Beteiligung aus § 29 Abs. 1 Nr. 4 BNatSchG a. F. ein subjektives öffentliches Recht und kraft des Anerkennungsverfahrens des BNatSchG ein eigenes Recht der Verbände sei, welches nicht lediglich eine formale, sondern auch eine materielle Schutzposition beinhalte. Hinter dem bloßen Beteiligungsrecht stehe eine voll ausgebildete materielle Position, deren Schutz und Durchsetzung das Beteiligungsrecht diene und die in ihm ihren normativen Ausdruck finde. Der Gesetzgeber habe mit der Regelung über die Beteiligung anerkannter Verbände an naturschutzrechtlichen Verwaltungsverfahren das öffentliche Interesse an Naturschutz und Landschaftspflege in begrenztem Umfang „subjektiviert“, damit es verstärkt in die in § 29 Abs. 1 Nr. 1 BNatSchG a.F. genannten Verfahren eingebracht werden könne. Das vor einer Beteiligung zu durchlaufende Anerkennungsverfahren diene dazu, das Rechtssubjekt, welches die Beteiligungsrechte wahrnehmen soll, überhaupt erst zu schaffen. Den Vereinen sei aufgrund des Anerkennungsverfahrens und der verliehenen Beteiligungsbefugnis die Vertretung der Ziele des Naturschutzes und der Landschaftspflege als besondere Aufgabe und materielle Rechtsposition anvertraut worden, weil diese Ziele sonst nicht hinreichend geltend gemacht werden könnten. Der 4. Senat sprach weiter davon, dass dem Verein, der die Voraussetzungen des § 29 Abs. 2 BNatSchG a.F. erfüllt, die Vertretung der Ziele des Naturschutzes und der Landschaftspflege vom Gesetz in besonderer Weise anvertraut worden sei, da diese sonst bei größeren Vorhaben oft nicht hinreichend

165 BVerwG, Urteil vom 12.12.1996 – 4 C 19/95, zitiert nach juris.

166 BVerwG, Urteil vom 4.5.1997 – 11 A 43/96, zitiert nach juris.

167 BVerwG, Urteil vom 12.11.1997 – 11 A 49/96, zitiert nach juris.

geltend gemacht werden könnten.[168] In einem weiteren Urteil charakterisierte der 4. Senat Naturschutzverbände gleichsam als „Verwaltungshelfer", die mit ihrem Sachverstand ähnlich wie Naturschutzbehörden die Belange des Naturschutzes und der Landschaftspflege in das Verfahren einbringen sollen, um dafür zu sorgen, dass diese Belange über die gesetzlich vorgeschriebene Berücksichtigung hinaus durch die jeweils zuständige Behörde zur Geltung gebracht werden.[169]

Dem stehen Urteile des 7. und 11. Senats in den Folgejahren gegenüber, die die Verbandsklage dem Bereich der objektiven Rechtskontrolle zuordneten und diese außerhalb des Art. 19 Abs. 4 GG angesiedelt sahen.[170] Nach Auffassung des damaligen 11. Senats erweitert die Verbandsklage die verwaltungsgerichtliche Klagebefugnis, sie sei eine Ausnahme von dem für das deutsche Verwaltungsstreitverfahren tragenden Prinzip des Schutzes subjektiver Rechte und damit außerhalb des Regelungsbereichs des Art. 19 Abs. 4 GG anzusiedeln und setze daher eine besondere gesetzliche Zulassung voraus.[171] In einem weiteren Urteil im selben Jahr zur (naturschutzrechtlichen) Verbandsklage gegen einen Planfeststellungsbeschluss wegen nicht ordnungsgemäßer Beteiligung gemäß § 29 BNatSchG a.F. führte der 11. Senat aus, dass Naturschutzverbände gleichsam als „Verwaltungshelfer" mit ihrem Sachverstand in ähnlicher Weise wie die Naturschutzbehörden die Belange des Naturschutzes und der Landschaftspflege in das Verfahren einbringen. Sie seien jedoch keine „Träger öffentlicher Belange". Die Beteiligung von Naturschutzverbänden in Genehmigungsverfahren sei eine spezifisch naturschutzrechtliche Form der Öffentlichkeitsbeteiligung.[172] Naturschutzverbände widmeten sich im Rahmen ihrer satzungsmäßigen und damit ausschließlich privaten Zwecke einer öffentlichen Aufgabe. Durch eine erweiterte „staatsfreie Bürgerbeteiligung" sollen Vollzugsdefizite der öffentlichen Verwaltung im Bereich des Naturschutzes und der Landschaftspflege ausgeglichen werden. Anders als die Naturschutzbehörden seien die Verbände aber „außenstehende Anwälte der Natur" und damit nicht Träger öffentlicher Belange.[173] Zum Inhalt des Beteiligungsrechts führte der 11. Senat später aus, die Funktion des Beteiligungsrechtes liege in einer „Sachverstandspartizipation" und habe behördenunterstützende Wirkung, daher sei eine Bezeichnung der Verbände als

168 BVerwG, Urteil vom 31.10.1990 – 4 C 7/88, zitiert nach juris, Rn. 32 f.
169 BVerwG, Urteil vom 12.12.1996 – 4 C 19/95, zitiert nach juris, Rn. 17.
170 BVerwG, Urteil vom 29.4.1993 – 7 A 3/92, zitiert nach juris, Rn. 16; BVerwG Urteil vom 18.4.1996 – 11 A 86/95, zitiert nach juris, Rn. 35.
171 Ebenda.
172 BVerwG, Urteil vom 14.5.1997 – 11 A 43/96, zitiert nach juris, Rn. 23.
173 Ebenda.

„Verwaltungshelfer" gerechtfertigt. Damit sei jedoch keine Übertragung von öffentlichen Verwaltungsaufgaben, Entscheidungsbefugnissen oder Kontrollrechten verbunden.[174]

Im Jahr 2004 erließ der 9. Senat des BVerwG ein Urteil, in welchem er die naturschutzrechtliche Verbandsklage als objektiv-rechtliches Beanstandungsverfahren einordnete. Der 9. Senat führte aus, die wesentliche Funktion der Vereinsklage, mögliche Vollzugsdefizite im Naturschutzrecht zu vermeiden oder auszugleichen, rühre daher, dass der gesetzlich gebotenen Berücksichtigung der Belange von Natur und Landschaft keine subjektiven Durchsetzungsansprüche Einzelner entsprächen. Die altruistische Verbandsklage eines anerkannten Naturschutzvereines sei in den Grenzen des § 61 Abs. 2 BNatSchG ein objektives Beanstandungsverfahren, § 61 Abs. 1 BNatSchG dispensiere explizit von der ansonsten im deutschen Verwaltungsprozess geltenden Beschränkung auf den subjektiven Rechtsschutz.[175] Im Urteil des BVerwG im Jahre 2006 zur Behindertenverbandsklage gemäß § 13 BBG zog der erkennende 9. Senat weit reichende Parallelen zur naturschutzrechtlichen Vereinsklage. Er führte insbesondere aus, dass diese ein objektives Beanstandungsverfahren sei, das dazu diene, den mit dem Gesetz verfolgten Zielen in der Rechtswirklichkeit zur Durchsetzung zu verhelfen.[176]

II. Würdigung

Zusammenfassend lässt sich festhalten, dass die Charakterisierung der Umweltverbände durch das Bundesverwaltungsgericht seit Ende der 1980er Jahre die rechtswissenschaftliche Diskussion um die dogmatische Begründung einer umweltrechtlichen altruistischen Verbandsklage widerspiegelt. Zeitlich betrachtet zeichnet sich in der Rechtsprechung des BVerwG eine parallele Entwicklungslinie zur rechtswissenschaftlichen Diskussion in der Literatur ab. Diese verläuft von einer grundsätzlichen Ablehnung der Verbandsklage über die Anerkennung des subjektiven Charakters von Beteiligungsrechten hin zu einer Subjektivierung der Belange von Natur und Landschaft schließlich zu einer Einordnung der Verbandsklage als objektiv-rechtliches Beanstandungsverfahren. Die Begründung des 4. Senats in seinem Urteil zur Subjektivierung der Beteiligungsrechte[177] bringt deutlich den Rechtsgedanken *Gassners* zum Ausdruck, wonach

---

174 BVerwG, Urteil vom 12.11.1997 – 11 A 49/96, zitiert nach juris, Rn. 29.

175 BVerwG, Urteil vom 9.6.2004 – 9 A 11/03, zitiert nach juris, Rn. 113.

176 BVerwG, Urteil vom 5.4.2006 – 9 C 1/05, zitiert nach juris, Rn. 22.

177 BVerwG, Urteil vom 31.10.1990 – 4 C 7/88, zitiert nach juris, Rn. 32.

Verbände subjektiv eine objektive Rechtsposition von Natur und Landschaft geltend machen, die ihnen durch den Gesetzgeber zugewiesen sei.[178] Dies zeigt sich auch in der Einordnung der Verbände als „außenstehende Anwälte der Natur". *Gassner* ordnete die Naturschutzverbände als Treuhänder der objektiven Belange von Natur und Landschaft ein. Im Sachverständigen-Entwurf zum Umweltgesetzbuch, der im September 1997 vorgelegt wurde, setzten sich die Autoren intensiv mit der verfassungsrechtlichen Zulässigkeit der Verbandsklage und ihrer Einordnung als objektiv-rechtliches Beanstandungsverfahren in das System des verwaltungsgerichtlichen Rechtsschutzes auseinander. 1996 urteilte der 11. Senat des BVerwG noch, dass die Verbandsklage außerhalb des Rechtschutzsystems des Art. 19 Abs. 4 GG anzusiedeln sei.[179] In den Folgejahren verfestigte sich immer weiter in der bundesverwaltungsgerichtlichen Rechtsprechung die Einordnung der Verbandsklage als objektiv-rechtliches Beanstandungsverfahren, welches jedoch einer besonderen gesetzlichen Zuweisung bedürfe und welches seitens des Gesetzgebers auf der Grundlage des § 42 Abs. 2 VwGO eingeführt werden könne.

178 Vgl. hierzu 1. Kapitel A. II.
179 BVerwG, Urteil vom 18.4.1996 – 11 A 86/95, zitiert nach juris, Rn. 35 ff.

2. Kapitel: Die völker- und europarechtlichen Grundlagen

Modernes Umweltrecht ist Mehrebenenrecht. Maßgebliche Einflüsse auf die Fortentwicklung des deutschen Umweltrechts stammen aus dem Völker- und Europarecht.[180] Herausragende Bedeutung kommt hierbei der 1998 im dänischen Århus beschlossenen Århus-Konvention zu. Sie und die auf ihrer Grundlage ergangene Richtlinie 2003/35/EG des Europäischen Parlaments und des Rates vom 26.5.2003 über die Beteiligung der Öffentlichkeit bei der Ausarbeitung bestimmter umweltbezogener Pläne und Programme und zur Änderung der Richtlinien 85/337/EWG und 96/61/EG des Rates in Bezug auf die Öffentlichkeitsbeteiligung und den Zugang zu Gerichten haben maßgeblichen Einfluss auf die Fortentwicklung des nationalen Umweltrechts, insbesondere im Hinblick auf die Einführung einer altruistischen umweltrechtlichen Verbandsklage im nationalen Recht. Die Århus-Konvention enthält die erste völkerrechtliche Vereinbarung internationaler Mindeststandards hinsichtlich des Zugangs zu Informationen („erste Säule"), der Öffentlichkeitsbeteiligung („zweite Säule") und des Zugangs zu Gerichtsverfahren („dritte Säule") im Bereich des allgemeinen Umweltrechts.[181] Sie begründet damit sowohl auf der Ebene des Unionsrechts

---

180 *Walter*, Internationalisierung, EuR 2005, 302 ff. unter Bezugnahme auf das Umweltinformationsgesetz (Gesetz zur Umsetzung der Richtlinie 90/313/EWG vom 7.6.1990) BGBl. I 1994, S. 1490. Die Richtlinie 90/313/EWG wurde aufgehoben und ersetzt durch die Richtlinie 2003/4/EG des Europäischen Parlaments und des Rates vom 28.1.2003 über den Zugang der Öffentlichkeit zu Umweltinformationen und zur Aufhebung der Richtlinie 90/313/EWG des Rates, ABl. L 41/26. Inzwischen ist das Umweltinformationsgesetz in der Fassung vom 22.12.2004 in Kraft. *Walter* bezieht sich weiter auf die Umweltverträglichkeitsprüfung; Richtlinie 85/337/EWG vom 27.6.1985 über die Umweltverträglichkeitsprüfung bei bestimmten öffentlichen und privaten Projekten (UVP-Richtlinie) ABl. 1985 L 175/40, geändert durch die Richtlinie 97/11/EG des Rates vom 3.3.1997 und nun die Richtlinie 2003/35/EG des Europäischen Parlaments und des Rates vom 26.5.2003 über die Beteiligung der Öffentlichkeit bei der Ausarbeitung bestimmter umweltbezogener Pläne und Programme und zur Änderung der Richtlinien 85/337/EWG und 96/61/EG des Rates in Bezug auf die Öffentlichkeitsbeteiligung und den Zugang zu Gerichten, ABl. 2003 L 156/17. *Walter* nennt in diesem Zusammenhang noch die Richtlinie 96/61/EG über die integrierte Vermeidung und Verminderung der Umweltverschmutzung (IVU-Richtlinie), ABl. 1996 L 257/26.

181 *Ekardt/Pöhlmann*, Kompetenz, EurUP 2004, 128.

als auch auf der Ebene des nationalen Rechts Individualrechte und macht diese einklagbar. Das hat ein komplexes Mehrebenengebilde zur Folge, welches verschiedene Fragen- und Problemkreise aufwirft, wie die nach der Kompetenzverteilung zwischen der Europäischen Union und den Mitgliedstaaten, nach der Überformung des nationalen Rechts durch das Völkerrecht und das Unionsrecht sowie nach einer modernen Gestaltung des deutschen Verwaltungsverfahrens unter völker- und europarechtlichen Einflüssen. Die Umsetzung der Århus-Konvention im Einzelnen durch die Europäische Union und schließlich durch den nationalen Gesetzgeber wirft weitere Fragen auf.

Der deutsche Gesetzgeber hat mit dem Umwelt-Rechtsbehelfsgesetz vom 7.12.2006 (UmwRG 2006) den ersten Versuch einer Umsetzung der Århus-Konvention unternommen.[182] Dieser Versuch ist durch das Urteil des EuGH vom 12.5.2011 in der Rs. C-115/09[183] (sogenannte „Trianel-Entscheidung") in Teilen für europarechtswidrig erklärt worden. Der deutsche Gesetzgeber hat nachgebessert und am 21.1.2013 das Gesetz zur Änderung des Umwelt-Rechtsbehelfsgesetzes und anderer umweltrechtlicher Vorschriften veröffentlicht, mit dem die Mängel des UmwRG 2006 ausgemerzt werden sollten.[184] Mittlerweile ist ein weiteres Urteil des EuGH zum deutschen Umwelt-Rechtsbehelfsgesetz am 7.11.2013 – Rs. C-72/12 – ergangen, in dem der EuGH festgestellt hat, dass auch die §§ 4 und 5 UmwRG nicht den europäischen Vorgaben entsprechen. Zudem hat die Europäische Kommission ein Vertragsverletzungsverfahren gegen die Bundesrepublik Deutschland eingeleitet. In diesem Verfahren rügt die Europäische Kommission die Europarechtswidrigkeit der Präklusionsvorschriften des unverändert gebliebenen § 2 Abs. 3 UmwRG, die Vorschrift des § 4 UmwRG sowie die Überleitungsvorschrift des § 5 UmwRG.[185] Der Gesetzgeber ist erneut gehalten, weitere Nachbesserungen vorzunehmen. In der Folge sollen daher die völker- und europarechtlichen Vorgaben kurz dargestellt werden, um einen etwaig bestehenden innerstaatlichen Regelungs- und Gestaltungsspielraum zu

---

182 Gesetz über ergänzende Vorschriften zu Rechtsbehelfen in Umweltangelegenheiten nach der Richtlinie 2003/35/EG (Umwelt-Rechtsbehelfsgesetz) vom 7.12.2006, BGBl. I S. 2816.

183 EuGH, Urteil vom 12.5.2011, Rs. C-115/09, Slg. 2011, I-3673.

184 Gesetz zur Änderung des Umwelt-Rechtsbehelfsgesetzes und anderer umweltrechtlicher Vorschriften vom 21.1.2013, BGBl. I, S. 95.

185 Vertragsverletzungsnummer 2007/4267. Siehe hierzu auch *Stüer/Garbrock*, Verwaltungsgerichtstag, DVBl. 2013, 1102, 1106; *Kremer*, Unionsrechtswidrigkeit, ZUR 2013, 89, 92.

bestimmen und die erneute Umsetzung durch den Bundesgesetzgeber durch das UmwRG 2013 einer rechtlichen Überprüfung zu unterziehen.

A) Die Århus-Konvention

Am 25. Juni 1998 wurde das UN/ECE-Übereinkommen über den Zugang zu Informationen, die Öffentlichkeitsbeteiligung an Entscheidungsverfahren und den Zugang zu Gerichten in Umweltangelegenheiten im dänischen Århus unterzeichnet. Die Kernbestandteile der Konvention, die bindende Anerkennung von Informations- und Beteiligungsrechten sowie die Schaffung von Klagemöglichkeiten als Rechte einer jeden Person und bestimmter Verbände zum Schutz der Umwelt im Völkerrecht lassen sich auf eine unverbindliche Forderung nach Information, Partizipation und Rechtsschutz im Grundsatz 10 der Rio-Deklaration zur nachhaltigen Entwicklung von 1992 zurückführen.[186] Ausgearbeitet wurde die Konvention im Rahmen der Paneuropäischen Ministerkonferenzen der UNECE.[187] 1996 begann ein Verhandlungsprozess von insgesamt 10

186 Zur Entstehungsgeschichte *Schwerdtfeger*, Verwaltungsrechtsschutz, S. 5 ff. Zur völkerrechtlichen Einbettung *Scheyli*, Århus-Konvention, AVR (38) 2000, 217 ff.; *Müller-Terpitz*, Handlungsmöglichkeiten, AVR 2005, 466, 472 ff.

187 Bei der UNECE handelt es sich um die Wirtschaftskommission der Vereinten Nationen für Europa (englisch: United Nations Economic Commission for Europe, UN/ECE). Sie ist eine der fünf regionalen Kommissionen der Vereinten Nationen und wurde 1947 durch den UN-Wirtschafts- und Sozialrat (ECOSOC) mit dem Ziel gegründet, die wirtschaftliche Zusammenarbeit zwischen den Mitgliedstaaten (derzeit 55) zu fördern. Die Aktivitäten der UNECE gliedern sich in die Bereiche Wirtschaftsanalyse (economic analysis), Umwelt und Besiedlung (environment and human settlements), Statistik (statistics), nachhaltige Energien (sustainable energy), Handel (trade), Industrie und Unternehmensentwicklung (industry and enterprise development), Holzwirtschaft (timber) und Transportwesen (transport). Siehe auch http://www.unece.org, letzter Aufruf am 3.1.2016. Auf der 3. Paneuropäischen Ministerkonferenz „Umwelt für Europa“ am 25.10.1995 standen unter anderem Diskussionen zur Stärkung der Beteiligungsrechte im Umweltschutz auf der Tagesordnung. Im Rahmen dieser Konferenz billigten die europäischen Umweltminister ein Rahmenpapier über den Zugang zu Informationen über die Umwelt und die Öffentlichkeitsbeteiligung an Entscheidungsverfahren im Umweltbereich. Diesem Rahmenpapier gingen jahrelange Verhandlungsprozesse vor allem von Seiten der europäischen Nichtregierungsorganisationen, der zuständigen Generaldirektion der Europäischen Kommission sowie des Regional Environmental Center (REC) in Budapest voran. Mit Billigung des Rahmenpapiers wurde der Weg für einen völkerrechtlichen Vertrag frei.

Sitzungen unter aktiver Beteiligung von Nichtregierungsorganisationen. Dieser Verhandlungsprozess verlief insgesamt so konstruktiv, dass zwei Jahre später der ausgehandelte Text zur Unterschrift vorlag. Die feierliche Unterzeichnung der Konvention fand schließlich in Århus in Dänemark statt. Grund hierfür war unter anderem die überaus positive Rolle Dänemarks, aber auch der Niederlande, Norwegens, Belgiens und Polens im gesamten Verhandlungsprozess.[188] Neben der konservativen Haltung der Europäischen Kommission wurde außer der türkischen und russischen vor allem die Rolle der deutschen Verhandlungsdelegation als negativ gewertet.[189] Nachdem man in den letzten Verhandlungsrunden insbesondere der deutschen Seite in vielen Fragen und vor allem in dem zentralen Punkt „Zugang zu Gerichten" entgegengekommen war und weit reichende Ausstiegsklauseln paraphiert wurden, weigerte sich die deutsche Seite dennoch, in Århus anlässlich der 4. Paneuropäischen Ministerkonferenz die Konvention zu unterzeichnen.[190] Dies wurde kurz nach dem Regierungswechsel zu einer rotgrünen Bundesregierung am 1. Dezember 1998 am Sitz der UNO in New York nachgeholt. Die Konvention selbst trat am 30. Oktober 2001 in Kraft.[191] Mittlerweile ist die Århus-Konvention von mehr als 40 Staaten unterzeichnet worden, die Europäische Gemeinschaft[192] und die Bundesrepublik Deutschland sind Vertragsparteien der Konvention. Die Bundesrepublik stimmte erst am 9.12.2006

188 Vor allem Dänemark hatte durch eine großzügige finanzielle Unterstützung der osteuropäischen NGOs häufig die Teilnahme an vorbereitenden Sitzungen und Konferenzen und damit einen gesamteuropäischen Partizipationsprozess innerhalb der Verhandlungsphase erst ermöglicht. Die Niederlande, Norwegen, Belgien und Polen hatten großen Anteil daran, dass die Verhandlungsergebnisse bestimmte Standards beinhalteten. Vgl. *Zschiesche*, Århus-Konvention, ZUR 2001, 177, 178.

189 Zur deutschen Rolle im Verhandlungsprozess *Albin/Müller-Kraenner*, Deutsche Umweltpolitik, ZUR 1998, 73, 74 f., *Berkemann*, Umweltverbandsklage, DVBl. 2011, 1253. Siehe hierzu auch *Schwerdtfeger*, Verwaltungsrechtsschutz, S. 34.

190 Vgl. *Zschiesche*, Århus-Konvention, ZUR 2001, 177 ff.

191 Den Stand der Ratifikation kann man unter: https://treaties.un.org/Pages/ViewDetails.aspx?src=TREATY&mtdsg_no=XXVII-13&chapter=27&lang=en abrufen. Letzter Aufruf am 3.1.2016.

192 Die Europäische Gemeinschaft hat die Genehmigungsurkunde am 17. Februar 2005 hinterlegt. Nach Art. 20 Abs. 1 AK tritt das Übereinkommen 90 Tage nach Hinterlegung der 16. Urkunde in Kraft. Für alle Staaten, die nach Hinterlegung der 16. Urkunde das Übereinkommen ratifizieren, annehmen, genehmigen oder beitreten, tritt das Abkommen 90 Tage nach Hinterlegung der Urkunde durch den Staat in Kraft.

und damit wiederum erst nach einem weiteren Regierungswechsel der Århus-Konvention zu.[193] Die Ratifikation erfolgte am 15.1.2007.[194]

Mit Inkrafttreten der Konvention endeten die internationalen Treffen nicht. Im Abstand von 3 Jahren finden sogenannte Vertragsstaatenkonferenzen (meetings of parties) statt, an denen die Signatarstaaten teilnehmen.[195] Auf diesen Konferenzen werden der Stand der Umsetzung in den einzelnen Staaten und auftretende Probleme diskutiert. Die letzte Vertragsstaatenkonferenz fand vom 29. Juni bis 1. Juli 2011 in Chisinau statt und endete mit der sogenannten Chisinau-Erklärung, die Bezug auf das 10. Prinzip der Rio-Deklaration 1992[196] nimmt und die Bedeutung der Einbindung der Öffentlichkeit in den Rio + 20-Prozess unterstreicht, der durch die Prinzipien der Århus-Konvention bereichert werden könnte.[197] Die nächste Vertragsstaatenkonferenz wird 2014 stattfinden. Das Bundesministerium für Umwelt, Naturschutz und Reaktorsicherheit hat bereits den nationalen Umsetzungsbericht zur Vorbereitung der nächsten Vertragsstaatenkonferenz vorgelegt.[198]

---

193 Die Ratifikation durch die Bundesrepublik Deutschland erfolgte mit dem Gesetz zu dem Übereinkommen vom 25.6.1998 über den Zugang zu Informationen, die Öffentlichkeitsbeteiligung an Entscheidungsverfahren und den Zugang zu Gerichten in Umweltangelegenheiten vom 9.12.2006, BGBl. II, S. 1251.

194 Bekanntmachung über das Inkrafttreten des Übereinkommens über den Zugang zu Informationen, die Öffentlichkeitsbeteiligung an Entscheidungsverfahren und den Zugang zu Gerichten in Umweltangelegenheiten, BGBl. II, S. 1392.

195 Die 1. Vertragsstaatenkonferenz fand im Oktober 2002 in Lucca/ Italien statt. Die 2. Vertragsstaatenkonferenz fand im Mai 2005 in Almaty/ Kasachstan, die 3. Vertragsstaatenkonferenz fand im Juni 2008 in Riga und die 4. Konferenz vom 29.6. bis 1.7.2011 in Chisinau statt. Vgl. hierzu und zur Arbeit rund um die Århus-Konvention und die Konvention selbst: http://www.unece.org/fileadmin/DAM//env/pp/tfwg.htm, letzter Aufruf am 3.1.2016.

196 Bei der Rio-Deklaration handelt es sich um das Ergebnis der Konferenz der Vereinten Nationen über Umwelt und Entwicklung (UNCED), die 1992 in Rio de Janeiro stattfand. Inhalt der Deklaration sind 27 Grundsätze, die die Staaten beachten sollen, um den Schutz der Umwelt und eine nachhaltige Entwicklung zu gewährleisten. Grundsatz 10 enthält eine (unverbindliche) Forderung nach Information, Partizipation und Rechtsschutz. Die Rio-Deklaration ist abrufbar unter: http://www.un.org/Depts/german/conf/agenda21/rio.pdf, letzter Aufruf: 3.1.2016.

197 Die Chisinau-Erklärung ist abrufbar unter: http://www.partizipation.at/aarhus-konferenz_chisinau.html, letzter Aufruf: 7.12.2013.

198 Der Bericht ist abrufbar unter: http://www.bmub.bund.de/themen/umweltinformation-bildung/umweltinformation/umweltinformation-download/artikel/nationale-umsetzungsberichte-der-aarhus-konvention-fuer-deutschland/, letzter Aufruf am 3.1.2016.

Wie bereits ausgeführt, sind die Bundesrepublik Deutschland und die Europäische Gemeinschaft jeweils Vertragspartner der Århus-Konvention geworden. Hieraus resultieren Umsetzungsverpflichtungen auf völker- und europarechtlicher Grundlage. Um den Umfang der völkerrechtlichen Umsetzungsverpflichtung und deren Reichweite herauszuarbeiten und in einem zweiten Schritt die Umsetzung durch den nationalen Gesetzgeber bewerten zu können, müssen zunächst die Regelungen der Århus-Konvention betrachtet werden. Im Folgenden soll daher zunächst kurz der Regelungsgehalt der Art. 9 Abs. 2 und Abs. 3 AK dargestellt werden.

I. Der Inhalt und der Aufbau der Århus-Konvention

Die Århus-Konvention enthält erstmalig im Völkerrecht eine verbindliche Regelung von Mindeststandards hinsichtlich des Zugangs zu Informationen, der Öffentlichkeitsbeteiligung und des Zugangs zu Gerichten.[199] Sie betritt damit im Verhältnis zum bereits bestehenden vertraglichen und gewohnheitsrechtlichen Umweltvölkerrecht weitestgehend Neuland.[200] Die Besonderheit der Århus-Konvention liegt darin, dass sie einklagbare Rechte für Bürger und Verbände und nicht nur Rechte und Pflichten zwischen Staaten begründet.[201]

Die Konvention ist in drei Bereiche (sogenannte Säulen) gegliedert. Wie sich bereits dem Titel der Konvention „*Übereinkommen über den Zugang zu Informationen, die Öffentlichkeitsbeteiligung an Entscheidungsverfahren und den Zugang zu Gerichten in Umweltangelegenheiten*" entnehmen lässt, regelt die Konvention damit drei wesentliche Bereiche im Umweltrecht. Dies spiegelt sich auch im Aufbau der Århus-Konvention, einem Drei-Säulen-Modell, wider. In der ersten Säule werden durch Art. 4 und 5 AK Verpflichtungen der Vertragsparteien hinsichtlich des Zugangs zu Umweltinformationen statuiert, die zweite Säule regelt in Art. 6 bis 8 AK Verpflichtungen hinsichtlich einer Beteiligung der Öffentlichkeit an umweltrechtlichen Genehmigungsverfahren und die dritte Säule, Art. 9 AK, regelt den Zugang der Öffentlichkeit zu gerichtlichen oder anderen Überprüfungsverfahren. Den eigentlichen Regelungen vorangestellt finden sich, wie

---

199 *Zschiesche*, Århus-Konvention, ZUR 2001, 177; *Ekardt/Pöhlmann*, Kompetenz, EurUP 2004, 128; *Ekardt/Pöhlmann*, Öffentlichkeitsrichtlinie, ThürVBl. 2005, 252 ff.; *Müller-Terpitz*, Handlungsmöglichkeiten, AVR 2005, 466, 472.

200 *Walter*, Internationalisierung, EuR 2005, 302, 306; *Scheyli*, Århus-Konvention, AVR (38) 2000, 217, 222 ff.

201 *Epiney*, Anforderungen, ZUR 2003, 176, 180; *Scheyli*, Århus-Konvention, AVR (38) 2000, 217, 227 ff.; *Walter*, Internationalisierung, EuR 2005, 302, 306.

in völkerrechtlichen Verträgen üblich, Erklärungen und Verpflichtungen, die die Ziele und vor allem den Geist des Vertrages verdeutlichen. Art. 2 AK enthält die Definitionen der wesentlichen Begrifflichkeiten. Die Allgemeinen Bestimmungen des Art. 3 AK beziehen sich auf die Gesamtheit der sich aus der Konvention ergebenden Pflichten, so dass sie einen Allgemeinen Teil darstellen.[202] In den Art. 10 ff. AK finden sich schließlich Regelungen über die Tagungen der Vertragsparteien (meeting of parties), Regelungen zur Änderung der Konvention, zur Streitbeilegung und zur Verwahrung der Konvention (Art. 18 AK).

Maßgeblich für die vorliegende Untersuchung ist die dritte Säule der Århus-Konvention. Diese regelt den Zugang zu Gerichten oder einer anderen auf gesetzlicher Grundlage geschaffenen unabhängigen und unparteilichen Stelle in Umweltangelegenheiten. Art. 9 AK differenziert dabei zwischen dem Zugang zu Überprüfungsverfahren zur Durchsetzung des Anspruchs auf Zugang zu Umweltinformationen nach Art. 4 AK und dem Zugang zu Überprüfungsverfahren bei Verletzung von Beteiligungsrechten bei in den Anwendungsbereich des Art. 6 AK fallenden Entscheidungen und in Bezug auf Verletzungen des innerstaatlichen Umweltrechts, begangen durch Behörden oder Privatpersonen. Die Århus-Konvention statuiert damit verbindliche und einklagbare Rechte zugunsten der Öffentlichkeit bzw. der betroffenen Öffentlichkeit. Diese Rechtsschutzkonzeption macht die Århus-Konvention völkerrechtlich einzigartig. Art. 9 AK war in den Verhandlungen zum Abschluss der Konvention einer der meist diskutierten Artikel.[203] Dies trug dazu bei, dass die ursprünglichen Ansätze durch unbestimmte und teilweise auch unklare Formulierungen aufgeweicht wurden, was die Übertragung in innerstaatliches Recht deutlich verkompliziert und die Schwierigkeiten im Adaptionsprozess vergrößert.[204] Dies zeigt sich bereits in der fünfjährigen Dauer des europäischen Rechtsetzungsverfahrens zur Umsetzung

202 Diese allgemeinen Verpflichtungen lassen sich in zwei Kategorien einteilen. Sie betreffen einerseits normative und auf den Vollzug gerichtete Maßnahmen; anderseits enthält Art. 3 AK Garantien zugunsten von Personen, die die Rechte aus der Konvention geltend machen. Von besonderer Bedeutung ist dabei Art. 3 Abs. 9 AK, der ein Diskriminierungsverbot sowie ein Benachteiligungsverbot zugunsten von Personen, die ihre Rechte geltend machen, enthält. Danach sind Benachteiligungen der Öffentlichkeit aufgrund der Staatsangehörigkeit, der Nationalität oder des Wohnortes nicht zulässig.

203 *Zschiesche*, Århus-Konvention, ZUR 2001, 177, 181.

204 Ebenda. So auch *Schwerdtfeger*, Verwaltungsrechtsschutz, S. 34 m.w.N.

des Art. 9 Abs. 2 AK.[205] Ähnlich kompliziert und langwierig gestaltete sich der nationale Umsetzungsprozess.[206]

1. *Überprüfungsverfahren in Bezug auf unter Art. 6 AK fallende Entscheidungen nach Art. 9 Abs. 2 AK*

Art. 9 Abs. 2 AK statuiert unter bestimmten Voraussetzungen einen Zugang zu ordentlicher, gerichtlicher oder anderweitiger unabhängiger Überprüfung in Umweltsachen für beteiligungspflichtige Entscheidungen, die unter Art. 6 AK fallen. Hierbei handelt es sich um UVP-pflichtige umweltrelevante Großverfahren, in denen eine umfangreiche Öffentlichkeitsbeteiligung vorgesehen ist,[207]

---

205 Für die Europäische Gemeinschaft wurde die Århus-Konvention durch die Verordnung (EG) Nr. 1367/2006 über die Anwendung der Bestimmungen des Übereinkommens von Århus über den Zugang zu Informationen, die Öffentlichkeitsbeteiligung an Entscheidungsverfahren und den Zugang zu Gerichten in Umweltangelegenheiten auf Organe und Einrichtungen der Gemeinschaft vom 6.9.2006, ABl. L 264/ umgesetzt. Mit Geltung für die Mitgliedstaaten erfolgte die Umsetzung des Art. 9 Abs. 2 AK durch die RL 2003/35/EG, ABl. L 156/17. Siehe hierzu 2. Kapitel B II.

206 Auf der Ebene des nationalen Rechts erfolgte die Umsetzung des Art. 9 Abs. 2 AK zunächst durch das Gesetz über ergänzende Vorschriften zu Rechtsbehelfen in Umweltangelegenheiten nach der EG-Richtlinie 2003/35/EG (Umwelt-Rechtsbehelfsgesetz) vom 7.12.2006, BGBl. I, S. 2816. Siehe hierzu das 3. Kapitel.

207 Die Tätigkeiten, bei denen zwingend eine Beteiligung zu erfolgen hat, sind in Anhang I zu Art. 6 Abs. 1 lit. a. AK aufgelistet. Anhang I umfasst 22 Absätze. Neben den 19 Absätzen, die die Tätigkeiten beschreiben, normiert Abs. 20 die Möglichkeit, die Öffentlichkeitsbeteiligung darüber hinaus auch dann vorzusehen, wenn innerstaatlich eine Umweltverträglichkeitsprüfung (UVP) für die Tätigkeit vorgesehen ist. Abs. 21 enthält die Nichtanwendbarkeit des Übereinkommens auf Forschungsanlagen und Abs. 22 normiert Verfahrensfragen zur Änderung des Kataloges. Bei den einzelnen Tätigkeiten, die nach dem Anhang I öffentlich zugelassen werden müssen, handelt es sich um folgende: (1) Energiebereich u.a.: Mineralöl- und Gasraffinerien; Wärmekraftwerke; Vergasungs- und Verflüssigungsanlagen; Kokereien; Kernkraftwerke einschließlich der Demontage oder Stilllegung solcher Kraftwerke; Anlagen zur Wiederaufarbeitung bestrahlter Kernbrennstoffe; (2) Herstellung und Verarbeitung von Metallen u.a.: Röst- oder Sinteranlagen für Metallerze einschließlich sulfidischer Erze; Anlagen für die Herstellung von Roheisen oder Stahl; Anlagen zur Verarbeitung von Eisenmetallen; Eisenmetallgießereien; Anlagen zur Gewinnung von Nichteisenrohmetallen aus Erzen, Konzentraten oder sekundären Rohstoffen durch metallurgische, chemische oder elektrolytische Verfahren; Anlagen zum Schmelzen, einschließlich Legieren, von Nichteisenmetallen; Anlagen zur Oberflächenbehandlung von Metallen und Kunststoffen; (3) Mineralverarbeitende Industrie u.a.: Anlagen

und um Tätigkeiten, bei denen in Übereinstimmung mit dem innerstaatlichen Recht eine Beteiligung erfolgen muss, wenn sie erhebliche Auswirkungen auf die Umwelt haben können. Voraussetzung für den Zugang zu Gericht ist nach Art. 9 Abs. 2 AK das Vorliegen eines ausreichenden Interesses (lit. a)) oder alternativ einer Rechtsverletzung (lit. b)), sofern dies eine Voraussetzung des innerstaatlichen Verwaltungsprozessrechts ist. Art. 9 Abs. 2 AK unterscheidet damit zunächst zwischen zwei verschiedenen Rechtsschutzzugangsmodellen: dem Modell der Interessentenklage und dem Modell der subjektiven Rechtsverletzung, wie es in Deutschland gilt. Diese Regelung der Konvention ermöglicht es den Vertragsstaaten, den zu regelnden Zugang zu Gerichten in das jeweilige innerstaatlich

---

zur Herstellung von Zementklinkern in Drehrohröfen oder von Kalk; Anlagen zur Gewinnung von Asbest; Anlagen zur Herstellung von Glas; Anlagen zum Schmelzen mineralischer Stoffe; Anlagen zur Herstellung keramischer Erzeugnisse durch Brennen (Dachziegel, Ziegelsteine u.a.); (4) Chemische Industrie u.a.: Chemieanlagen zur Herstellung von organischen Grundchemikalien; Chemieanlagen zur Herstellung von anorganischen Grundchemikalien; (5) Abfallbehandlung u.a.: Anlagen zur Verbrennung, Verwertung, chemischen Behandlung oder Deponierung gefährlicher Abfälle; Müllverbrennungsanlagen für Siedlungsmüll; Anlagen zur Beseitigung ungefährlicher Abfälle; Deponien; (6) Abwasserbehandlungsanlagen mit einer Leistung von mehr als 150 000 Einwohnerwerten; (7) Industrieanlagen zur Herstellung von Zellstoff aus Holz oder anderen Faserstoffen sowie Papier und Pappe; (8) Bau von Eisenbahn-Fernverkehrsstrecken und Flughäfen mit einer Start- und Landebahngrundlänge von 2100 Meter und mehr; Bau von Autobahnen und Schnellstraßen; Bau von neuen vier- oder mehrspurigen Straßen oder Verlegung und/oder Ausbau von bestehenden ein- oder zweispurigen Straßen zu vier- oder mehrspurigen Straßen; (9) Wasserstraßen und Häfen für die Binnenschifffahrt; Seehandelshäfen; (10) Grundwasserentnahme- oder künstliche Grundwasserauffüllungssysteme; (11) a) und b) Bauvorhaben zur Umleitung von Wasserressourcen von einem Flusseinzugsgebiet in ein anderes; (12) Gewinnung von Erdöl und Erdgas; (13) Stauwerke und sonstige Anlagen zur Zurückhaltung oder dauerhaften Speicherung von Wasser; (14) Öl-, Gas- und Chemikalienpipelines mit einem Durchmesser von 800 mm und einer Länge von mehr als 40 km; (15) Anlagen zur Intensivhaltung von Geflügel und Schweinen; (16) Steinbrüche und Tagebaue; (17) Bau von Hochspannungsleitungen; (18) Anlagen zur Lagerung von Erdöl petrochemischen oder chemischen Erzeugnissen; (19) sonstige Tätigkeiten: Anlagen zur Vorbehandlung oder zum Färben von Fasern oder Textilien; Anlagen zum Gerben von Häuten oder Fellen; Anlagen zum Schlachten; Behandlungs- und Verarbeitungsanlagen zur Herstellung von Nahrungsmittelerzeugnissen sowie Anlagen zur Behandlung und Verarbeitung von Milch; Anlagen zur Beseitigung oder Verwertung von Tierkörpern und tierischen Abfällen; Anlagen zur Oberflächenbehandlung von Stoffen, Gegenständen oder Erzeugnissen unter Verwendung organischer Lösungsmittel; Anlagen zur Herstellung von Kohlenstoff.

geltende Rechtsschutzmodell einzufügen. Die Vertragsstaaten können damit im Rahmen der Umsetzung der Vorgaben der Konvention an ihren jeweiligen Rechtsschutzmodellen festhalten. Durch völkerrechtliche Verträge sollen nicht die Rechtsschutzsysteme der jeweiligen Vertragsstaaten überformt oder gar verdrängt werden. Vielmehr soll mit der Formulierung von Zielen und Vorgaben auf der Ebene des Völkerrechts eine Fortentwicklung des Rechts auch auf vertragsstaatlicher Ebene innerhalb der vertragsstaatlichen Rechtssysteme bewirkt werden.[208]

a. Rügeberechtigte

Nach Art. 9 Abs. 2 AK ist die betroffene Öffentlichkeit rügeberechtigt. Hierbei handelt es sich nach der Legaldefinition in Art. 2 Abs. 5 AK um die von umweltbezogenen Entscheidungsverfahren betroffene oder wahrscheinlich betroffene Öffentlichkeit oder die Öffentlichkeit mit einem Interesse daran. Die betroffene Öffentlichkeit ist ein Teil der Gesamt-Öffentlichkeit nach Art. 2 Abs. 4 AK, die sich durch eine spezifische Betroffenheit auszeichnet. Für Verbände („Nichtregierungsorganisationen"), die sich für Umweltschutzbelange einsetzen und die nach innerstaatlichem Recht geltenden Voraussetzungen erfüllen, wird von vornherein ein solches Interesse angenommen, also fingiert. Diese fallen also per definitionem unter den Begriff der betroffenen Öffentlichkeit, ohne eine individuelle Betroffenheit im Einzelfall nachweisen zu müssen.[209] Ein Gestaltungspielraum der Vertragsstaaten hinsichtlich der Rügeberechtigung von Umweltschutzverbänden verbleibt daher nur im Hinblick auf die nach innerstaatlichem Recht geltenden Voraussetzungen, also hinsichtlich der Einführung und Ausgestaltung eines Anerkennungsverfahrens.

b. Rügebefugnis

Art. 9 Abs. 2 AK regelt die Rügebefugnis der „betroffenen Öffentlichkeit". Der Zugang zu den zu schaffenden Überprüfungsverfahren soll grundsätzlich den Mitgliedern der Öffentlichkeit eröffnet werden, die entweder betroffen oder wahrscheinlich betroffen sind oder ein irgendwie geartetes Interesse daran haben. Hierzu zählen auch Nichtregierungsorganisationen. Art. 9 Abs. 2 AK überlässt es den Erfordernissen des innerstaatlichen Rechtsschutzsystems und damit dem Gestaltungsspielraum der Vertragsstaaten, ob sie die Zugangsberechtigung zu dem einzuführenden Überprüfungsverfahren von einem ausreichenden Interesse

208 Insoweit zutreffend: *Danwitz von*, Ausgestaltungsfreiheit, S. 48.

209 *Scheyli*, Århus-Konvention, AVR (38) 2000, 217, 230; *Schlacke*, Rechtsschutz, S. 237.

(Art. 9 Abs. 2 lit a)) oder einer Rechtsverletzung (Art. 9 Abs. 2 lit b)) abhängig machen. Nach Art. 9 Abs. 2 Unterabs. 3 AK bestimmt sich nach den Erfordernissen des innerstaatlichen Rechts, was als ausreichendes Interesse und als Rechtsverletzung gilt. Dies ist mit dem Ziel der Århus-Konvention, der betroffenen Öffentlichkeit einen weiten Zugang zu Gerichten zu gewähren, in Einklang zu bringen.[210] Begrenzt wird dieser Gestaltungsspielraum der Vertragsstaaten jedoch hinsichtlich der Zugangsberechtigung von Nichtregierungsorganisationen. Nach Art. 9 Abs. 2 Unterabs. 3 Satz 2 und 3 AK gilt das Interesse jeder nichtstaatlichen Organisation, welche die in Art. 2 Nr. 5 AK genannten Voraussetzungen erfüllt, also sich für Umweltbelange einsetzt, als ausreichend im Sinne des Buchstabens a); derartige Organisationen gelten auch als Träger von Rechten, die im Sinne des Buchstabens b) verletzt werden können.

Höchst umstritten in der deutschen Literatur war aufgrund der Formulierung des Art. 9 Abs. 2 Unterabs. 3 AK die Reichweite der Umsetzungsverpflichtung und des von Art. 9 Abs. 2 AK ausgehenden Anpassungsbedarfs für das deutsche Recht vor allem in Hinblick auf die Einführung einer Verbandsklage. Nach einer vielfach vertretenen Auffassung verpflichtet Art. 9 Abs. 2 AK zur Einführung einer allgemeinen umweltrechtlichen Verbandsklage, mit der auch die Verletzung objektiven Umweltrechts, welches keine Rechte Einzelner begründet, einklagbar gemacht werden kann.[211] Nach anderer Auffassung räumt Art. 9 Abs. 2 AK den Vertragsparteien einen Gestaltungsspielraum insoweit ein, dass diese selbst festlegen können, von welchen Voraussetzungen der Zugang zu Gerichten abhängig gemacht werden kann. Deshalb sei es zulässig, die Zugangsberechtigung von Nichtregierungsorganisationen auf die Geltendmachung individueller

---

210 Siehe hierzu auch *Karge*, Umwelt-Rechtsbehelfsgesetz, S. 37.

211 *Koch*, Verbandsklage, NVwZ 2007, 369, 376; *Alleweldt*, Verbandsklage, DÖV 2006, 621, 626; *Schmidt/Kremer*, Umwelt-Rechtsbehelfsgesetz, ZUR 2007, 57 ff.; *Epiney/Sollberger*, Zugang, S. 214; *Epiney*, Anforderungen, ZUR 2003, 176, 179; *Sparwasser*, Gerichtlicher Rechtsschutz im Umweltrecht, in: *Dolde*, Umweltrecht im Wandel. Bilanz und Perspektiven aus Anlass des 25-jährigen Bestehens der Gesellschaft für Umweltrecht, 1048; *Schlacke*, Rechtsschutz, NuR 2004, 629, 632; *Scheyli*, Århus-Konvention, AVR (38) 2000, 217, 245; *Zschiesche*, Århus-Konvention, ZUR 2001, 177, 181: *Bunge*, Rechtsschutz, ZUR 2004, 141, 143; *Ekardt/Pöhlmann*, Klagebefugnis, NVwZ 2005, 532, 532; nicht eindeutig *Walter*, Beteiligungsrechte im Verwaltungsverfahren und Zugang zu Gerichten, in: *Durner/Walter*, Rechtspolitische Spielräume bei der Umsetzung der Århus-Konvention, 7, 31; *Walter*, Internationalisierung, EuR 2005, 302, 332; *Durner*, Rechtspolitische Spielräume im Bereich der dritten Säule: Prüfungsumfang, Kontrolldichte, prozessuale Ausgestaltung und Fehlerfolgen, in: *Durner/Walter*, Rechtspolitische Spielräume bei der Umsetzung der Århus-Konvention, 64, 71.

Rechte, wie sie Individuen zustehen, zu beschränken.[212] Die Vertreter dieser Ansicht berufen sich häufig auf die Entstehungsgeschichte der Konvention sowie den Implementation Guide zur Einführung der Århus-Konvention.[213] Gerade die Frage der Rügebefugnis war einer der am heftigsten und besonders kontrovers diskutierten Punkte im Rahmen der Vertragsverhandlungen.[214] Nicht zuletzt aufgrund deutscher Initiative wurde die Formulierung „*...oder alternativ eine Rechtsverletzung geltend machen, sofern das Verwaltungsprozessrecht einer Vertragspartei dies als Voraussetzung fordert*“ eingefügt.[215] Hierdurch sollte nach dieser Ansicht sichergestellt werden, dass sich an der deutschen Schutznorm-Doktrin nichts ändert.[216]

Die Diskussionen resultieren aus der Formulierung des Art. 9 Abs. 2 Unterabs. 3 AK; dort heißt es: „*Derartige Organisationen gelten als Träger von Rechten,*

---

212 *Danwitz von*, Ausgestaltungsfreiheit, S. 57; *Schmidt-Preuß*, Gegenwart, NVwZ 2005, 489, 495; *Seelig/Gündling*, Verbandsklage, NVwZ 2002, 1033, 1040. Letztere kommen zu dem Ergebnis, dass keine vertragsstaatliche Verpflichtung zur Einführung einer altruistischen Verbandsklage aufgrund der Vorgaben der Århus-Konvention bestünde. Dies lässt sich bereits nach dem Wortlaut des Art. 9 Abs. 2 AK nicht vertreten. Insoweit unklar *Durner*, Spielräume, in: *Durner/Walter*, Rechtspolitische Spielräume bei der Umsetzung der Århus-Konvention, 64, 74; *Beyerlin*, Schutzpflicht, NJW 1987, 2713 f.; Nicht eindeutig *Almeling*, Århus-Konvention, S. 221.

213 *Seelig/Gündling*, Verbandsklage, NVwZ 2002, 1033, 1039 verweisen auf die deutsche Initiative im Verhandlungsprozess; *Danwitz von*, Århus-Konvention, NVwZ 2004, 271 bezieht sich auf *Stec/Casey-Lefkowitz*, Implementation Guide, pp. 126 ff.; so ebenfalls *Almeling*, Århus-Konvention, S. 221. Kritisch hiergegen *Ekardt/Pöhlmann*, Klagebefugnis, NVwZ 2005, 532, 533: Der Implementation Guide zur Århus-Konvention kann nicht zur verbindlichen Auslegung des Vertragstextes herangezogen werden. Es handelt sich hierbei um ein nichtamtliches Dokument, erarbeitet in einem internationalen Projekt zwischen der UN/ECE, dem Regional Environmental Center for Central and Eastern Europe (REC) und der dänischen Umweltschutzagentur. Ziel des Implementation Guide ist es, vor allem den osteuropäischen Vertragsstaaten Hilfe zur Umsetzung und Anwendung der Århus-Konvention zu geben. Der Implementation Guide ist kein Bestandteil des Vertrages und nicht durch die Vertragsparteien autorisiert.

214 *Zschiesche*, Århus-Konvention, ZUR 2001, 177, 181 f.

215 Ebenda, S. 182.

216 *Seelig/Gündling*, Verbandsklage, NVwZ 2002, 1033, 1039 f. Im Ergebnis so auch *Ziekow*, Verfahrensrecht, NVwZ 2005, 263, 265, der keinen Änderungsbedarf für das deutsche Verwaltungsprozessrecht in Hinblick auf die Klagebefugnis sieht, da die Konvention die Bestimmung, was eine Rechtsverletzung ist, den Vertragsstaaten überlässt, und Art. 42 Abs. 2 VwGO diesen Vorgaben entspricht.

die im Sinne des Buchstabens b verletzt sein können". Diese Formulierung wird von den Vertretern der einzelnen Ansichten höchst unterschiedlich ausgelegt. Es kann sich dabei um einen bloßen Hinweis darauf handeln, dass auch nichtstaatliche Organisationen eigene Rechte vor Gerichten geltend machen können, oder aber dass nichtstaatliche Organisationen als Träger aller denkbaren subjektiven Rechte gelten, die zur Klage legitimieren können. Die Formulierung kann jedoch auch so verstanden werden, dass nichtstaatliche Organisationen generell als Träger von Rechten fingiert werden, um damit auch die Verletzung objektiven Rechts rügen zu können.[217]

Die erste Auslegungsvariante, die den letzten Satz des Art. 9 Abs. 2 Unterabs. 3 AK als bloßen Hinweis darauf versteht, dass nichtstaatliche Organisationen Träger eigener Rechte sind und diese auch gerichtlich geltend machen können sollen, greift zu kurz.[218] Diese Möglichkeit ist nichtstaatlichen Organisationen bereits nach Art. 9 Abs. 2 lit. b) AK eröffnet, die Fiktion des Unterabs. 3 bräuchte es bei dieser Auslegung nicht. Bei Geltendmachung „eigener" Rechte gehören nichtstaatliche Umweltschutzorganisationen zur betroffenen Öffentlichkeit. Art. 9 Abs. 2 Unterabs. 3 AK nimmt dem Wortlaut nach nicht Bezug auf Rechte, die eine nichtstaatliche Organisation bereits hat, sondern fingiert gerade eine Rechtsträgerschaft für Rechte, die der Organisation nicht originär zustehen.[219]

Die zweite Auslegungsvariante legt den Schluss nahe, dass nichtstaatliche Organisationen als Träger jener Rechte gelten sollen, die nach dem innerstaatlichen Recht zur Klage legitimieren. Argument hierfür ist der Wortlaut des Art. 9 Abs. 2 Satz 1 AK, der es den Vertragsstaaten ermöglicht, den Zugang zu Gerichten von einer Rechtsverletzung abhängig zu machen; aus Art. 9 Abs. 2 Unterabs. 3 AK ergäbe sich lediglich die Fiktion solcher Rechte. Wenn die Geltendmachung subjektiver öffentlicher Rechte Voraussetzung für eine Klageerhebung sei, würden auch nur solche für nichtstaatliche Organisationen fingiert. Damit wären nichtstaatliche Organisationen legitimiert, die Verletzung drittschützender Normen geltend zu machen. Insbesondere *von Danwitz* hat hierfür in einem für den Verband der Deutschen Elektrizitätswirtschaft erstatteten Gutachten einen

217 Vgl. insgesamt zu den Auslegungsmöglichkeiten im Einzelnen *Alleweldt*, Verbandsklage, DÖV 2006, 621, 625.

218 So *Stec/Casey-Lefkowitz*, Implementation Guide, pp. 129; *Seelig/Gündling*, Verbandsklage, NVwZ 2002, 1033, 1040; *Danwitz von*, Århus-Konvention, NVwZ 2004, 271, der hier lediglich den Bedarf für die Einführung einer Verbandsklage hinsichtlich der Verletzung von Beteiligungsrechten sieht.

219 *Alleweldt*, Verbandsklage, DÖV 2006, 621, 625.

detaillierten Begründungsansatz entwickelt.[220] Er interpretiert die Fiktion des Art. 9 Abs. 2 Unterabs. 3 AK dahingehend, dass im Rahmen der Århus-Konvention keine Privilegierung von nichtstaatlichen Organisationen im Vergleich zu natürlichen und juristischen Personen vorgesehen sei; daher seien Verbänden die gleichen Rechte einzuräumen wie Privaten. Nach seiner Ansicht besteht ein kompetenzrechtlicher Ausgestaltungsvorbehalt zugunsten der Vertragsstaaten, der es ihnen ermöglichen soll, festzulegen, welche Rechte klagweise durch nichtstaatliche Organisationen geltend gemacht werden können. Dieser sei jedoch an dem Ziel der Århus-Konvention, einen weiten Zugang zu Gerichten zu gewährleisten, auszurichten.[221] Die Frage, als Träger welcher Rechte Nichtregierungsorganisationen betrachtet werden sollen, könne nur unter Rückgriff auf das nationale Recht beantwortet werden. Bei der Regelung des Art. 9 Abs. 2 Unterabs. 3 AK handele es sich nicht um eine inhaltliche Vollregelung, die den Vertragsstaaten keinen Ausgestaltungsspielraum mehr lasse. Unter Berücksichtigung des Regelungsumfeldes und der Regelungssystematik müsse man zu dem Ergebnis kommen, dass es sich hier lediglich um Rahmenvorgaben für das innerstaatliche Recht handele.[222] *Von Danwitz* stützt seine Argumentation auf die Auslegung des Wortsinnes und der Regelungssystematik unter Berücksichtigung der Ziele der Konvention. Seiner Ansicht nach enthält die Konvention keine Privilegierungsverpflichtung zugunsten nichtstaatlicher Organisationen. Verbände müssten nicht besser gestellt werden als natürliche oder juristische Personen; sie dürften daher auf eine Geltendmachung solcher Normen beschränkt werden, die Rechte Einzelner begründen.[223]

Dieser Argumentation lassen sich gewichtige Einwände entgegenhalten. Weder das Wortlaut- noch das Systematik- noch das Zielargument vermögen zu überzeugen. Die Schlussfolgerung von *von Danwitz*, den Verbänden seien nur diejenigen Rechte einzuräumen, die auch Einzelnen einzuräumen sind, steht im deutlichen Widerspruch zum Wortlaut der Konvention. Art. 9 Abs. 2 Unterabs. 3 AK ist offen formuliert, eine nähere Bezugnahme bzw. Eingrenzung der zu rügenden Rechte erfolgt nicht. Wäre eine solche Eingrenzung, wie sie *von Danwitz* vorschlägt, gewünscht gewesen, wäre es einfach gewesen eine entsprechende Formulierung zum Vertragsinhalt zu machen.[224] *Koch* verweist in seiner Argumentation darauf, dass der Wortlaut der Konvention weder lautet:

---

220 *Danwitz von*, Ausgestaltungsfreiheit, S. 45 ff.

221 Ebenda, S. 45 ff.

222 Ebenda, S. 49 ff.

223 Ebenda, S. 51 ff.

224 *Koch*, Verbandsklage, NVwZ 2007, 369, 377.

„*... derartige Organisationen auch als Träger derjenigen Rechte gelten, die den Einzelnen durch das innerstaatliche Recht zuerkannt werden*“ noch „*... gelten auch als Träger von Rechten, die i. S. des lit. b verletzt sein können*“.[225] Durch die offene Formulierung des Art. 9 Abs. 2 Unterabs. 3 AK wird gerade nicht auf solche Rechte verwiesen, die gemäß lit. b) im jeweiligen nationalen Recht Einzelnen zugestanden werden.

Die offene Formulierung des Art. 9 Abs. 2 Unterabs. 3 AK kann nicht als Argument für eine Beschränkung auf die Geltendmachung drittschützender Normen auf der Ebene des nationalen Rechts herangezogen werden. Dies widerspräche im Übrigen auch der inneren Systematik des Art. 9 Abs. 2 AK. Dieser unterscheidet in der Frage des Rechtsschutzzuganges, wie bereits ausgeführt, zwischen dem Modell der Interessentenklage und dem Modell der subjektiven Rechtsverletzung. Für ersteres wird fingiert, dass das Interesse jeder nichtstaatlichen Organisation, welche die Vorgaben der Konvention erfüllt, als ausreichend im Sinne des lit. a) gilt. Hier verbleibt kein Gestaltungsspielraum auf Ebene der Vertragsstaaten. Hierüber geht jedoch *von Danwitz* mit dem Hinweis hinweg, dass der Gestaltungsspielraum „*namentlich für die zweite Fiktionsregelung für die Trägerschaft von Rechten durch Nichtregierungsorganisationen*“ gelte.[226]

Ein Blick auf die innere Systematik des Art. 9 Abs. 2 AK lässt den Schluss zu, dass unter Berücksichtigung der verschiedenen Rechtsschutzzugangsmodelle in den Vertragsstaaten einheitliche und vergleichbare Voraussetzungen für den Zugang zu Gerichten für nichtstaatliche Organisationen geschaffen werden sollten. Letztlich bedeutet der eben referierte Ansatz der Beschränkung der Klagebefugnis nichtstaatlicher Organisationen auf die Geltendmachung drittschützender Normen eine unnatürliche Trennung innerhalb der verschiedenen Rechtsschutzsysteme der Vertragsstaaten. Danach wäre in Vertragsstaaten mit dem Modell einer Interessentenklage ein weiter Zugang zu Gerichten für nichtstaatliche Organisationen qua der unterschiedlichen Auslegungen nicht zugänglichen Fiktion in Art. 9 Abs. 2 Unterabs. 3 AK eröffnet. In Vertragsstaaten, in denen das System der subjektiven Rechtsverletzung gilt, wäre der Zugang zu Gerichten aufgrund der Annahme eines Gestaltungsspielraumes auf die Geltendmachung eben solcher Rechte beschränkt und damit ein engerer Zugang zu Gerichten verbunden.[227]

---

225 Ebenda, S. 377.

226 *Danwitz von*, Ausgestaltungsfreiheit, S. 46.

227 *Koch*, Verbandsklage, NVwZ 2007, 369, 377.

Es spricht daher vieles für die dritte Interpretationsmöglichkeit, die Art. 9 Abs. 2 Unterabs. 3 AK so versteht, dass nichtstaatliche Organisationen als Träger von Rechten fingiert werden, mit der Folge, dass sie eben nicht nur die Verletzung eigener subjektiver Rechte geltend machen können, sondern ihnen auch die Befugnis zukommt, die Verletzung objektiven Rechts zu rügen.[228] Auch diese Auslegung stellt nicht allein auf den Wortlaut des Konventionstextes ab; Art. 9 Abs. 2 Unterabs. 3 AK spricht weder von subjektiven Rechten noch von objektiver Rechtskontrolle. Ein ausdrücklich in der Präambel aufgeführtes Anliegen der Konvention ist jedoch die Bereitstellung und Gewährung wirkungsvoller gerichtlicher Mechanismen für die Öffentlichkeit, einschließlich ihrer Organisationen zum Schutz ihrer berechtigten Interessen und zur Durchsetzung des Rechts. Um dies zu gewährleisten, wird ein weiter Zugang zu Gerichten in Umweltangelegenheiten, explizit für nichtstaatliche Organisationen statuiert. Hieraus wird deutlich, dass nichtstaatliche Organisationen bei der Durchsetzung des Umweltrechtes auf dem Klagewege ebenso wie Einzelne einbezogen werden sollen. Einige Autoren sprechen daher von einer Privilegierung nichtstaatlicher Organisationen.[229]

Dies wird jedoch dem Regelungsgehalt und dem Ziel der Konvention nicht gerecht. Anliegen der Konvention ist nicht die (rechtfertigungsbedürftige) Besserstellung von nichtstaatlichen Organisationen gegenüber Individualklägern, vielmehr sollen Verbände aufgrund ihrer Sachkompetenz aktiv zur Durchsetzung des Umweltrechts und damit zur Sicherung eines hohen Umweltschutzniveaus herangezogen werden. Ziel der Konvention ist der Schutz der Umwelt durch einen besseren Vollzug des Umweltrechts und nicht lediglich der Schutz von Individualrechten. Dies bezieht die Überprüfbarkeit objektiven Umweltrechts mit

228 *Koch*, Verbandsklage, NVwZ 2007, 369; *SRU*, Verbandsklage, 7 ff.; *Alleweldt*, Verbandsklage, DÖV 2006, 621, 625; *Müller-Terpitz*, Handlungsmöglichkeiten, AVR 2005, 466, 473; *Ewer*, Rechtsanwendungsfragen, NVwZ 2007, 267 f.

229 So *Danwitz von*, Ausgestaltungsfreiheit, S. 45 ff. *Koch* wendet sich gegen das von *von Danwitz* aufgebrachte Privilegierungs-Argument. Es gehe nicht um eine Privilegierung, sondern allein darum, dass den Verbänden eine spezifische Sachaufgabe zur Erfüllung angeboten werde, nämlich Rechtschutz zu Gunsten des Allgemeinwohls im Umweltrecht in Anspruch zu nehmen, *Koch*, Verbandsklage, NVwZ 2007, 369, 377. Das Privilegierungs-Argument greift auch *Alleweldt*, Verbandsklage, DÖV 2006, 621 ff. auf, jedoch unter einem anderen Blickwinkel. Nach seiner Lesart sollen nichtstaatliche Organisationen nach dem Konzept der Konvention offenkundig gegenüber Einzelklägern privilegiert werden. Diese Privilegierung würde jedoch, folgte man der zweiten Auslegungsvariante für die in Art. 9 Abs. 2 lit. a) und lit. b) genannten Fälle gravierend auseinandergehen. So auch *Breuer*, Klagebefugnis, DV 2012, 170, 178.

ein. Eine Beschränkung der Klagebefugnis auf die Geltendmachung subjektiver Rechte würde diesem Anliegen der Konvention nicht gerecht werden.[230] Zum einen wäre auf diesem Wege nichts für den Schutz der Umwelt und den Vollzug des Umweltrechts gewonnen, zum anderen wäre im Hinblick auf die bereits bestehenden nationalen Regelungen eine völkerrechtliche Regelung unnötig, zudem würde es zu erheblichen unterschiedlichen Standards in den einzelnen Vertragsstaaten führen. Dies liegt nicht im Interesse der Konvention, die zum Schutz der Umwelt Mindeststandards in Bezug auf Information, Beteiligung und Rechtsschutz in den Vertragsstaaten implementieren will. Eine Beschränkung auf die Geltendmachung subjektiver Rechte kann daher nicht gewollt sein. Art. 9 Abs. 2 Unterabs. 3 AK ist daher so zu verstehen, dass den Verbänden qua Fiktion verletzungsfähige Rechte verbindlich zugewiesen werden, wie es zur Wahrnehmung ihrer satzungsmäßigen Aufgaben im Rahmen der Konvention erforderlich ist. Dies umfasst auch Normen des objektiven Umweltrechts.[231]

Mit einer Klage auf der Grundlage des Art. 9 Abs. 2 AK können daher nicht nur (verweigerte) Beteiligungsrechte geltend gemacht werden.[232] Vielmehr kann die materielle und sonstige verfahrensrechtliche Rechtmäßigkeit von unter Art. 6 AK fallenden Entscheidungen zur Überprüfung gestellt werden.[233]

c. *Rügegegenstand*

Rügegegenstand des Art. 9 Abs. 2 AK sind behördliche Entscheidungen, Handlungen und Unterlassungen, für die Art. 6 AK gilt. Wie bereits ausgeführt, handelt

230 *Koch*, Verbandsklage, NVwZ 2007, 369, 376; so auch *Müller-Terpitz*, Handlungsmöglichkeiten, AVR 2005, 466, 487.

231 So auch die h. M., siehe Fn. 211.

232 So aber *Danwitz von*, Århus-Konvention, NVwZ 2004, 271, 276; *Jeder*, Entwicklungen, UPR 2002, 145, 166, 168.; *Ekardt/Pöhlmann*, Klagebefugnis, NVwZ 2005, 532; *Butt*, Informationen, NVwZ 2003, 1071. Undeutlich *Zschiesche*, Århus-Konvention, ZUR 2001, 177, 181; *Stec/Casey-Lefkowitz*, Implementation Guide, S. 125.

233 *Gellermann*, Klagerechte, NVwZ 2006, 7, 8 f.; *SRU*, Verbandsklage, 7 f.; *Bunge*, Rechtsschutz, ZUR 2004, 141, 143 f.; *Louis*, Übergangsregelungen, NuR 2004, 287, 290; *Schlacke*, Rechtsschutz, NuR 2004, 629, 631 f.: *Epiney/Scheyli*, Århus-Konvention, S. 46; *Epiney*, Anforderungen, ZUR 2003, 176, 179; *Scheyli*, Århus-Konvention, AVR (38) 2000, 217, 244; *Durner*, Direktwirkung, ZUR 2005, 285, 286; *Schink*, Umweltrecht, EurUP 2003, 27, 35.

es sich hierbei sowohl um nach der IVU-Richtlinie[234] und der UVP-Richtlinie[235] zu genehmigende Industrieanlagen und Infrastrukturprojekte. Konkret zählen hierzu vor allem Anlagenzulassungen nach dem BImSchG oder Entscheidungen über Straßen-, Schienen- und Wasserverkehrswege nach den jeweiligen Fachplanungsgesetzen sowie um alle sonstigen Vorhaben in Übereinstimmung mit dem innerstaatlichen Recht, die nicht in Anhang I aufgelistet sind, wenn sie erhebliche Auswirkungen auf die Umwelt entfalten können.[236] Hierbei handelt es sich um einen Rechtsfolgenverweis, d.h., die Vertragsstaaten müssen zunächst Art. 6 Abs. 1 AK für bestimmte umweltrelevante Tätigkeiten für anwendbar erklärt haben. Die Frage, wann bei nicht in Anhang I aufgelisteten Projekten die Erheblichkeitsschwelle der zu erwartenden Umweltbeeinträchtigungen erreicht wird, ist von den Vertragsparteien selbst zu entscheiden. Hier besteht ein erheblicher Umsetzungsspielraum der Vertragsparteien, der jedoch wiederum in Einklang mit dem im modernen Umweltvölkerrecht geltenden Vorsorgeprinzip sowie Nachhaltigkeitsprinzip zu bringen ist.[237] Ein genereller Ausschluss aller Tätigkeiten mit erheblichen Auswirkungen auf die Umwelt ist unzulässig.[238] Der Gemeinschaftsgesetzgeber hat die hier gewährten Spielräume im Rahmen der Umsetzung des Art. 9 Abs. 2 AK durch die RL 2003/35/EG bereits in Anspruch genommen, indem er sich an den Anwendungsbereichen der UVP- und IVU-Richtlinie orientiert hat.[239] Eine Ausweitung des Anwendungsbereiches darüber hinaus durch den nationalen Gesetzgeber wäre völker- und gemeinschaftsrechtlich zulässig.

234 Richtlinie 2008/1/EG des Europäischen Parlaments und des Rates vom 15. Januar 2008 über die integrierte Vermeidung und Verminderung der Umweltverschmutzung, ABl. L 24/8.

235 Richtlinie 85/337/EWG des Rates vom 27.6.1985 über die Umweltverträglichkeitsprüfung bei bestimmten öffentlichen und privaten Projekten vom 27. Juni 1985, ABl. L 175/40.

236 *SRU*, Verbandsklage, 7 f.; siehe auch Fn. 202.

237 Vgl. zur Eingrenzung dieses Ermessensspielraumes *Scheyli*, Århus-Konvention, AVR (38) 2000, 217, 235 ff. Fn. 71 m.w.N.

238 *Scheyli*, Århus-Konvention, AVR (38) 2000, 217; *Scheyli*, Århus-Konvention, AVR (38) 2000, 217, 236 f.

239 *Durner*, Spielräume, in: *Durner/Walter*, Rechtspolitische Spielräume bei der Umsetzung der Århus-Konvention, 64, 77.

d. Ausgestaltung des Überprüfungsverfahrens

Die Ausgestaltung des Überprüfungsverfahrens obliegt den Vertragsparteien. Es kann sich hierbei um ein gerichtliches Verfahren oder ein anderweitiges Überprüfungsverfahren handeln, sofern dieses vor einer unabhängigen und unparteilichen Stelle stattfindet, welche auf einer innerstaatlichen Rechtsgrundlage beruht.[240] Sieht das innerstaatliche Recht eine Überprüfung durch ein Gericht vor, so sind die Vertragsparteien verpflichtet, die Durchführung eines Vorverfahrens vorzusehen und einen entsprechenden Rechtsbehelf zuzulassen. Das Verfahren muss nach Art. 9 Abs. 4 AK fair, zügig und nicht übermäßig teuer ausgestaltet sein und effektiven und angemessenen Rechtsschutz gewährleisten. Soweit es angemessen erscheint, sind nach Art. 9 Abs. 4 AK auch vorläufiger Rechtsschutz und nach Art. 9 Abs. 5 AK auch Unterstützungsmechanismen vorzusehen, die finanzielle oder andere Hindernisse verringern oder beseitigen.

e. Prüfungsmaßstab

Nach Art. 9 Abs. 2 AK erfolgt eine Überprüfung der *materiell-rechtlichen* und *verfahrensrechtlichen* Rechtmäßigkeit der Entscheidung, sobald die Hürde der Zulässigkeit überwunden ist. In der Literatur ähnlich umstritten wie die Frage der Rügeberechtigung sind der anzuwendende Prüfungsmaßstab und die gerichtliche Kontrolldichte. Diskutiert wird auch die Frage, ob Verbände in diesen Überprüfungsverfahren jegliche Rechtsverletzungen rügen können oder nur die Verletzung von Rechtsnormen, die sich auf die Umwelt beziehen. Eine diesbezügliche Einschränkung ergibt sich zwar nicht aus dem Wortlaut des Art. 9 Abs. 2 AK. Unter Berücksichtigung des Regelungszwecks und der Systematik der Konvention ergibt sich jedoch eine Einschränkung auf die Rüge der Verletzung umweltbezogener Rechtsvorschriften.[241] Die Århus-Konvention regelt den Zugang zu Gerichten in Umweltangelegenheiten und enthält in Art. 2 Abs. 3 AK eine sehr ausführliche und extensive Definition dessen, was als Umwelt zu verstehen ist. Art. 9 Abs. 2 i.V.m. Art. 2 Nr. 5 AK regelt die Klagebefugnis der Öffentlichkeit, der wahrscheinlich betroffenen Öffentlichkeit oder der Öffentlichkeit

240 Das Überprüfungsverfahren muss nicht zwingend vor einem Gericht durchgeführt werden. Es liegt im Gestaltungsspielraum der Vertragsstaaten, ob sie dafür ein anderes Organ vorsehen. Eingegrenzt wird dieser Gestaltungsspielraum allein durch die Kriterien der Unabhängigkeit, Unparteilichkeit und der innerstaatlichen Rechtsgrundlage. Zudem muss das gewählte Verfahren effektiven und angemessenen Rechtsschutz gewährleisten.

241 So auch *Karge*, Umwelt-Rechtsbehelfsgesetz, S. 27.

mit einem Interesse, die von umweltbezogenen Entscheidungsverfahren betroffen ist. Dieses Interesse wird für nichtstaatliche Organisationen, die sich für den Umweltschutz einsetzen, fingiert. Da Art. 9 Abs. 2 AK keine konkreten Aussagen hinsichtlich des Prüfungsmaßstabes trifft, verbleibt ein Gestaltungsspielraum der Vertragsstaaten dahingehend, zu entscheiden, was als Rechtsverletzung gilt und somit die Rügebefugnis auf die Rüge der Verletzung umweltrechtlicher Vorschriften zu beschränken.[242]

f. Kontrolldichte

Eine wesentliche Aussage des Art. 9 Abs. 2 AK ist, dass Zugang zu Gerichten eröffnet sein muss, um die *materiellrechtliche* und *verfahrensrechtliche* Rechtmäßigkeit von Entscheidungen, Handlungen und Unterlassungen anzufechten. Welche konkreten Folgerungen sich hieraus für das deutsche Recht ergeben werden, ist bislang weitgehend ungeklärt. Ein Teil der Literatur leitet hieraus ab, dass grundsätzlich auch Verfahrensfehler geeignet sein müssen, zur Aufhebung einer Entscheidung zu führen.[243] Prüfungsmaßstab des Gerichts sei das gesamte materielle und formelle Recht, welches die Behörde bei der Zulassungsentscheidung anzuwenden hatte.[244] Dabei seien auch Verfahrensfehler unabhängig von einer eigenen Rechtsposition zu überprüfen.[245] Fraglich ist, ob Art. 9 Abs. 2 AK eine zwingende Verpflichtung der Vertragsparteien dahingehend enthält, dass auch Verfahrensfehler zur Aufhebung einer Entscheidung führen müssen.

Dem Wortlaut nach müssen Vertragsparteien nach Art. 9 Abs. 2 AK sicherstellen, dass Mitglieder der betroffenen Öffentlichkeit Zugang zu Gerichten oder anderen unparteiischen Stellen haben, um die materiell-rechtliche und verfahrensrechtliche Rechtmäßigkeit bestimmter Entscheidungen anzufechten. Damit sieht die Århus-Konvention grundsätzlich die Überprüfung der Einhaltung des Verfahrensrechts vor. Explizite Regelungen zu den Rechtsfolgen eines solchen

---

242 *Alleweldt*, Verbandsklage, DÖV 2006, 621, 626; *Epiney*, Anforderungen, ZUR 2003, 176, 179. Anders *Schlacke*, Rechtsschutz, NuR 2004, 629, 632.

243 Vgl. *Louis*, Übergangsregelungen, NuR 2004, 287, 290; *Schlacke*, Rechtsschutz, NuR 2004, 629, 632; *Ekardt/Pöhlmann*, Klagebefugnis, NVwZ 2005, 532, 534; *Ziekow*, Verfahrensrecht, NVwZ 2005, 263, 265.

244 *Bunge*, Rechtsschutz, ZUR 2004, 141, 144; *Louis*, Übergangsregelungen, NuR 2004, 287, 290; *Schlacke*, Rechtsschutz, NuR 2004, 629, 632.

245 *Durner*, Spielräume, in: *Durner/Walter*, Rechtspolitische Spielräume bei der Umsetzung der Århus-Konvention, 64; *Fisahn*, Beteiligung, ZUR 2004, 136, 140; *Louis*, Übergangsregelungen, NuR 2004, 287, 290; *Schink*, Umweltrecht, EurUP 2003, 27, 36; *Ziekow*, Verfahrensrecht, NVwZ 2005, 263, 265.

Überprüfungsverfahrens und damit zur Frage, inwieweit Verfahrensfehler zu sanktionieren sind, enthält die Århus-Konvention jedoch nicht.[246] Dies kann Art. 9 Abs. 2 AK daher nur durch Auslegung entnommen werden.[247] Dem Wortlaut nach sind die Vertragsstaaten zunächst lediglich verpflichtet, grundsätzlich Rechtsschutz bei Verfahrensfehlern zu gewähren. Zu den Folgen eines solchen Überprüfungsverfahrens verhält sich die Konvention nicht. Nach Art. 9 Abs. 2 AK muss eine Entscheidung angefochten werden können. *Karge* und *Schlecht* weisen beide richtigerweise darauf hin, dass die Verwendung des Wortes „anfechten" darauf hindeutet, dass die getroffene Entscheidung aufzuheben oder zu korrigieren ist. Die bloße Feststellung der Rechtswidrigkeit einer Entscheidung ist hiernach nicht ausreichend.[248] Die grundsätzliche Anfechtbarkeit einer Entscheidung muss nicht zwingend zu ihrer Aufhebung führen, die Anfechtungsmöglichkeit muss jedoch überhaupt eine Folge haben können, denn falls die Anwendung von Unbeachtlichkeits- und Heilungsvorschriften zum Ergebnis hat, dass kein Fehler zur Aufhebung einer angegriffenen Entscheidung führen kann, wird der Zweck des Überprüfungsverfahrens ad absurdum geführt.[249] Dies wird dadurch unterstrichen, dass Art. 9 Abs. 2 gleichrangig die Überprüfung der materiell-rechtlichen und verfahrensrechtlichen Rechtmäßigkeit fordert.[250] Das weist daraufhin, dass die Überprüfung der verfahrensrechtlichen Rechtmäßigkeit auch zur Aufhebung einer Entscheidung führen können muss.[251] Gestützt wird diese durch systematische Erwägungen. Im Gegensatz zu Art. 9 Abs. 1 AK, der eine Begrenzung des Prüfungsgegenstandes und des Prüfungsumfanges enthält, und Art. 9 Abs. 3 AK, der noch weniger Vorgaben hinsichtlich des

---

246 *Fisahn*, Beteiligung, ZUR 2004, 136, 140; *Schlecht*, Unbeachtlichkeit, S. 146; *Karge*, Umwelt-Rechtsbehelfsgesetz, S. 46; *Schlacke*, Rechtsbehelfe im Umweltrecht, in: *Schlacke/Schrader/Bunge*, Informationsrechte, Öffentlichkeitsbeteiligung und Rechtsschutz im Umweltrecht, 377, 428.

247 Vgl. hierzu ausführlich *Schlecht*, Unbeachtlichkeit, S. 146.

248 *Karge*, Umwelt-Rechtsbehelfsgesetz, 41; *Schlecht*, Unbeachtlichkeit, S. 147 f., unter Verweis darauf, dass ein weniger deutlich auf Beseitigung gerichteter Rechtsbegriff auch hinter dem englischen Originalwortlaut zurückbliebe, der in Art. 9 Abs. 2 AK den Begriff „to challenge" – anfechten verwendet.

249 *Schlacke*, Rechtsbehelfe, in: *Schlacke/Schrader/Bunge*, Informationsrechte, Öffentlichkeitsbeteiligung und Rechtsschutz im Umweltrecht, 377, 428; *Fisahn*, Beteiligung, ZUR 2004, 136, 140.

250 *Schlecht*, Unbeachtlichkeit, S. 149; *Ziekow*, Verfahrensrecht, NVwZ 2005, 263, 266.

251 *Schlecht*, Unbeachtlichkeit, S. 149; *Ziekow*, Verfahrensrecht, NVwZ 2005, 263, 266; *Louis*, Übergangsregelungen, NuR 2004, 287, 290.

Prüfungsmaßstabes enthält als Abs. 2, verlangt Art. 9 Abs. 2 AK eine umfassende, nicht auf bestimmte Rechte beschränkte gerichtliche Überprüfung.[252]

Den Verfahrensrechten kommt im Rahmen der Århus-Konvention eine hohe Bedeutung zu. Die Konvention enthält in ihrer zweiten Säule einige für wesentlich erachtete Verfahrensvorschriften für umweltbezogene Entscheidungsverfahren. Art. 6 Abs. 4 AK verpflichtet jede Vertragspartei, für eine frühzeitige Öffentlichkeitsbeteiligung zu sorgen, und zwar zu einem Zeitpunkt, zu dem noch alle Optionen offen sind.[253] Nach Art. 6 Abs. 8 AK stellt jede Vertragspartei sicher, dass das Ergebnis der Öffentlichkeitsbeteiligung bei der Entscheidung angemessen berücksichtigt werden muss. Die Funktion und die Ziele solcher Beteiligungsrechte würden unterlaufen, wenn die Überprüfung ihrer Einhaltung sanktionslos bliebe.[254] Nach *Schlecht* spricht die verfahrensrechtliche Ausgestaltung der Århus-Konvention dafür, dass Verstöße gegen Verfahrensvorschriften nicht weniger streng kontrolliert und sanktioniert werden dürfen als materiellrechtliche Verstöße. Vielmehr fordere die Bedeutung der Verfahrensrechte für die Richtigkeit umweltrechtlicher Entscheidungen nach der Systematik der Århus-Konvention eine verstärkte Ausrichtung der gerichtlichen Kontrolle auf das Verfahrensrecht und eine eher zurückhaltende Kontrolle der materiellen Entscheidung, denn eine regelmäßige Unbeachtlichkeit von Verfahrensfehlern würde die von der Århus-Konvention geschaffenen Verfahrensgarantien weitestgehend entwerten.[255] Dem ist insoweit zuzustimmen, dass die durch die Århus-Konvention geschaffenen Beteiligungs- und Verfahrensrechte ohne eine Sanktionierung in den zu schaffenden Überprüfungsverfahren ins Leere liefen und damit der im Umweltrecht ohnehin bestehende Problematik des Vollzugsdefizites nicht entgegengewirkt werden könnte. Es ist damit zumindest von einer Gleichrangigkeit der gerichtlichen Kontrolle im Hinblick auf die Überprüfung der verfahrensrechtlichen und materiell-rechtlichen Rechtmäßigkeit der Entscheidung auszugehen.

Fraglich ist jedoch, inwieweit hieraus eine Verpflichtung der Mitgliedstaaten zur zwingenden Einführung solcher Sanktionen bei Verstößen gegen innerstaatliches Recht resultiert, da Art. 9 Abs. 2 AK den Vorbehalt *im Rahmen ihrer innerstaatlichen Rechtsvorschriften* enthält. Diese Vorbehaltsklausel kann jedoch nicht bedeuten, dass das Ziel der Århus-Konvention, einen weiten Zugang zu Gericht zu gewähren, durch innerstaatliche Rechtsvorschriften

252 *Schlecht*, Unbeachtlichkeit, S. 150.

253 *Fisahn*, Beteiligung, ZUR 2004, 136 ff.

254 *Alleweldt*, Verbandsklage, DÖV 2006, 621, 628.

255 *Schlecht*, Unbeachtlichkeit, S. 156.

unterlaufen werden darf.[256] Das sogenannte „Prinzip des weiten Zugangs“ überlagert nach Auffassung von *Niesler* die Vorbehaltsklausel.[257] Der Vorbehalt zugunsten des nationalen Rechts dient dazu, den Vertragsstaaten mit unterschiedlichen Rechtssystemen die notwendige Flexibilität hinsichtlich der Umsetzung zu ermöglichen. Der Vorbehalt erstreckt sich auf die Wahl des Rechtsaktes, die systematische Stellung der Umsetzungsnorm, die Ausfüllung unbestimmter Rechtsbegriffe.[258] Die Vorbehaltsklausel kann jedoch nicht so verstanden werden, dass der Inhalt der Verpflichtungen vollständig dem innerstaatlichen Recht überlassen bleibt, dies würde dem Ziel der Konvention widersprechen, verfahrensrechtliche Mindeststandards zu etablieren und diese effektiv durchzusetzen.[259] Nach Art. 9 Abs. 2 AK müssen auch Verfahrensfehler im Umweltrecht ebenso wie materielle Fehler zur Aufhebung der verfahrensfehlerhaften Entscheidung führen können.

g. Tabellarische Übersicht zu der Regelung des Art. 9 Abs. 2 AK

Kriterien	**Regelungsgehalt**
Überprüfungsverfahren	vor einem Gericht und/oder einer anderen auf gesetzlicher Grundlage geschaffenen unabhängigen und unparteiischen Stelle; die Ausgestaltung obliegt den Vertragsparteien: das Verfahren muss fair, zügig und nicht übermäßig teuer sein und effektiven und angemessenen Rechtsschutz gewährleisten (Art. 9 Abs. 4 und 5 AK)
Rügeberechtigte	die betroffene Öffentlichkeit gemäß Art. 2 Abs. 5 AK: die von umweltbezogenen Entscheidungsverfahren betroffene oder wahrscheinlich betroffene Öffentlichkeit oder die Öffentlichkeit mit einem Interesse daran; nichtstaatliche Organisationen, die sich für den Umweltschutz einsetzen und alle nach innerstaatlichem Recht geltenden Voraussetzungen erfüllen, haben ein Interesse

256 *Schlecht*, Unbeachtlichkeit, S. 159; *Schmidt/Kremer*, Umwelt-Rechtsbehelfsgesetz, ZUR 2007, 57, 61.

257 *Niesler*, Individualrechtsschutz, S. 226.

258 *Schlecht*, Unbeachtlichkeit, S. 162; *Butt*, Umweltinformation, S. 68 ff. Anders *Durner*, Direktwirkung, ZUR 2005, 285, 290.

259 *Schlecht*, Unbeachtlichkeit, S. 162.

Kriterien	Regelungsgehalt
Rügebefugnis	Mitglieder der betroffenen Öffentlichkeit (Art. 2 Abs. 5 AK), die ein ausreichendes Interesse haben (Art. 9 Abs. 2 lit. a) AK) oder alternativ eine Rechtsverletzung geltend machen, sofern das Verwaltungsprozessrecht einer Vertragspartei dies als Voraussetzung fordert (Art. 9 Abs. 2 lit. b) AK) Art. 9 Abs. 2 Unterabs. 3 AK: was als ausreichendes Interesse und als Rechtsverletzung gilt, bestimmt sich nach den Erfordernissen innerstaatlichen Rechts und im Einklang mit dem Ziel, der betroffenen Öffentlichkeit im Rahmen dieses Übereinkommens einen weiten Zugang zu Gerichten zu gewähren; zu diesem Zweck gilt das Interesse jeder nichtstaatlichen Organisation, welche die in Art. 2 Nr. 5 AK genannten Voraussetzungen erfüllt, als ausreichend im Sinne des Buchstabens a); derartige Organisationen gelten auch als Träger von Rechten, die im Sinne des Buchstabens b) verletzt werden können
Rügegegenstand	behördliche Entscheidungen, Handlungen, Unterlassungen, für die Art. 6 AK gilt; nach der IVU-Richtlinie und der UVP-Richtlinie zu genehmigende Industrieanlagen und Infrastrukturprojekte
Prüfungsmaßstab	das gesamte objektive Umweltrecht
Kontrolldichte	Überprüfung der materiell-rechtlichen und verfahrensrechtlichen Rechtsmäßigkeit der Entscheidung. Auch Verfahrensfehler müssen zur Aufhebung der Entscheidung führen können.

h. Fazit

Art. 9 Abs. 2 AK ist in der Literatur vielfach kontrovers diskutiert worden. Insbesondere die Frage, ob eine Beschränkung der durch Verbände rügefähigen Vorschriften auf die Geltendmachung subjektiver Rechte durch Art. 9 Abs. 2 AK ermöglicht wird, war lange Zeit Gegenstand der juristischen Diskussion. Dem ist nicht so. Der Gestaltungsspielraum der Vertragsparteien wird durch die Fiktion des Art. 9 Abs. 2 Unterabs. 3 AK begrenzt. Hiernach müssen die Vertragsparteien, unabhängig von ihren Rechtsschutzsystemen, Zugang zu Gerichten für die nach innerstaatlichem Recht anerkannten Umweltvereinigungen, wiederum unabhängig von einer Rechtsverletzung oder der Berührung in eigenen Interessen, ermöglichen. Rügegegenstand sind Entscheidungen, Handlungen oder Unterlassungen, für die eine Beteiligung nach Art. 6 AK vorgesehen ist. Prüfungsmaßstab ist das gesamte objektive Umweltrecht. Art. 9 Abs. 2 AK enthält zwar keine Beschränkung auf umweltrechtliche Normen. Eine solche ergibt sich jedoch aus dem Zweck und dem Regelungszusammenhang der Århus-Konvention. Ebenso umstritten wie die Frage der Rügebefugnis von Verbänden war die Frage der Rechtsfolgen von Verfahrensfehlern. Nach Art. 9 Abs. 2 AK müssen auch Verfahrensfehler zur Aufhebung einer Entscheidung führen können.

2. *Überprüfungsverfahren bei Verletzungen innerstaatlichen Umweltrechts nach Art. 9 Abs. 3 AK*

Nach Art. 9 Abs. 3 AK haben die Vertragsstaaten sicherzustellen, dass Mitglieder der Öffentlichkeit Zugang zu gerichtlichen oder verwaltungsinternen Überprüfungsverfahren haben, um die von Privatpersonen und Behörden vorgenommenen Handlungen und begangenen Unterlassungen anzufechten, die gegen umweltbezogene Bestimmungen ihres innerstaatlichen Rechts verstoßen. Diese Überprüfungsmöglichkeit muss zusätzlich zu den Verfahren nach Art. 9 Abs. 1 und 2 AK vorhanden sein und darf den Anfechtenden nicht zum Nachteil gereichen. Die Klagemöglichkeit des Art. 9 Abs. 3 AK zielt auf eine allgemeine behördliche oder gerichtliche Kontrolle von Entscheidungen auf ihre Vereinbarkeit mit dem innerstaatlichen Umweltrecht ab und knüpft nicht an die Gewährung von Öffentlichkeitsbeteiligung an.[260] Aus dem Wortlaut des Art. 9 Abs. 3 AK ergibt sich die grundsätzliche Verpflichtung der Vertragsstaaten, Verfahrensarten zu schaffen, die es ermöglichen, gegen Verstöße Privater und Behörden gegen nationales Umweltrecht vorzugehen. Weitere Vorgaben hinsichtlich der Ausgestaltung dieses Verfahrens enthält Art. 9 Abs. 3 AK im Gegensatz zu Art. 9 Abs. 2 AK nicht. Die konkrete prozedurale Ausgestaltung, insbesondere die Frage der Verfahrenslegitimation, bleibt den Vertragsstaaten überlassen.[261]

In der verwaltungsrechtswissenschaftlichen Literatur ist Art. 9 Abs. 3 AK zunächst wenig beachtet worden, die Einschätzung des Bedeutungsgehaltes des Art. 9 Abs. 3 AK fällt höchst unterschiedlich aus. Die einen sehen hierin eine umfassende Verpflichtung zur Einführung einer allgemeinen umweltrechtlichen Verbandsklage,[262] andere schätzen den Regelungsgehalt und die sich aus Art. 9 Abs. 3 AK ergebende Umsetzungsverpflichtung der Vertragsstaaten als nahezu

260 *Calliess*, Umweltgesetzbuch, NuR 2006, 601, 614; *Seibert*, Verbandsklagen, NVwZ 2013, 1040, 1041.

261 *Scheyli*, Århus-Konvention, AVR (38) 2000, 217, 246, *Danwitz von*, Århus-Konvention, NVwZ 2004, 271, 276, *Seelig/Gündling*, Verbandsklage, NVwZ 2002, 1033, 1040; *Epiney*, Anforderungen, ZUR 2003, 176, 179.

262 So *SRU*, Verbandsklage, S. 9 ff., so auch *Berkemann*, Umweltverbandsklage, DVBl. 2011, 1253, 1255.

bedeutungslos ein.[263] Die sich aus Art. 9 Abs. 3 AK ergebende Umsetzungsverpflichtung der Vertragsstaaten ist maßgeblich davon abhängig, wie der den Vertragsstaaten zuerkannte Gestaltungsspielraum ausgelegt wird.[264] Ob den Vertragsstaaten ein umfassender Gestaltungsspielraum verbleibt oder ob sich aus Art. 9 Abs. 3 AK eine Pflicht zur Einführung einer allgemeinen umweltrechtlichen Verbandsklage ergibt, wird unterschiedlich beurteilt.[265]

Systematisch betrachtet, besteht ein qualitativer Unterschied zwischen den Regelungen des Art. 9 Abs. 2 und 3 AK. Art. 9 Abs. 2 AK differenziert zwischen verschiedenen Rechtsschutzzugangsmodellen, statuiert jedoch im Wege der Fiktion für beide Modelle eine Rügebefugnis für nichtstaatliche Organisationen, die unabhängig von einem tatsächlichen Interesse oder einer subjektiven Rechtsverletzung ist. In der Literatur wird hieraus einerseits gefolgert, dass Art. 9 Abs. 2 und 3 AK Bestandteile eines einheitlichen Rechtsschutzkonzeptes seien, dem der Gedanke der Gleichwertigkeit aller in Art. 9 AK statuierten Überprüfungsverfahren zugrunde liege. Art. 9 Abs. 3 AK sei dabei als Auffangtatbestand für nicht von Art. 9 Abs. 2 AK erfasste Fallgestaltungen ausgestaltet und setze den Regelungsgedanken des Art. 9 Abs. 2 AK für die dort nicht erfassten Fälle fort.[266]

Nach anderer Ansicht ist Art. 9 Abs. 3 AK weder ein Auffangtatbestand im Verhältnis zu Art. 9 Abs. 2 AK noch enthält er unausgesprochen die in Art. 9

---

263 So *Epiney*, Anforderungen, ZUR 2003, 176, 179; *Danwitz von*, Århus-Konvention, NVwZ 2004, 271, 276; *Seelig/Gündling*, Verbandsklage, NVwZ 2002, 1033, 1040; *Müller-Terpitz*, Handlungsmöglichkeiten, AVR 2005, 466, 489; *Jeder*, Entwicklungen, UPR 2002, 145 169; *Schlacke*, Rechtsbehelfe, in: *Schlacke/Schrader/Bunge*, Informationsrechte, Öffentlichkeitsbeteiligung und Rechtsschutz im Umweltrecht, 377, 422. Im Ergebnis so auch *Walter*, Internationalisierung, EuR 2005, 302, 332; *Karge*, Umwelt-Rechtsbehelfsgesetz, S. 42.

264 So auch *Durner*, Spielräume, in: *Durner/Walter*, Rechtspolitische Spielräume bei der Umsetzung der Århus-Konvention, 64, 75; *Walter*, Beteiligungsrechte, in: *Durner/Walter*, Rechtspolitische Spielräume bei der Umsetzung der Århus-Konvention, 7, 29.

265 Ein unbegrenzter Gestaltungsspielraum der Vertragsstaaten besteht nach Auffassung von: *Danwitz von*, Århus-Konvention, NVwZ 2004, 271, 276; *Scheyli*, Århus-Konvention, AVR (38) 2000, 217, 246; *Epiney*, Anforderungen, ZUR 2003, 176, 179; *Seelig/Gündling*, Verbandsklage, NVwZ 2002, 1033, 1040; *Schwerdtfeger*, Verwaltungsrechtsschutz, S. 30; *Karge*, Umwelt-Rechtsbehelfsgesetz, S. 42. Für einen begrenzten Gestaltungsspielraum: *SRU*, Verbandsklage, S. 9; *Calliess*, Umweltgesetzbuch, NuR 2006, 601, 614.

266 *SRU*, Verbandsklage, S. 10. Nicht eindeutig: *Breuer*, Klagebefugnis, DV 2012, 170, 189.

Abs. 2 AK enthaltenen Vorgaben.[267] Dies folge bereits aus dem Wortlaut des Art. 9 Abs. 3 AK, in dem es heißt: *„Zusätzlich und unbeschadet der in den Absätzen 1 und 2 genannten Überprüfungsverfahren ...“*.[268] Letztere Ansicht ist vorzugswürdig. Art. 9 AK enthält differenzierte Rechtsschutzgewährleistungen hinsichtlich der Verletzung des Informationsanspruches nach Art. 4 AK, hinsichtlich des Rechtsschutzes bei umweltrechtlichen Verfahren mit Öffentlichkeitsbeteiligung und hinsichtlich des Rechtsschutzes bei Verstößen gegen sonstiges innerstaatliches Umweltrecht. Diese verschiedenen Rechtsschutzgewährungen bilden ein komplexes Rechtsschutzkonzept und bauen nicht aufeinander auf. Sie bestehen auch dem Wortlaut nach unabhängig voneinander (*„Zusätzlich und unbeschadet“*). Art. 9 Abs. 3 AK stellt insofern eine eigenständige und von Art. 9 Abs. 2 AK unabhängige Regelung dar. Aufgrund des Art. 9 Abs. 3 AK ist grundsätzlich eine Möglichkeit zur Anfechtung von Entscheidungen, die gegen innerstaatliches Umweltrecht verstoßen, zu schaffen. Der innerstaatliche Gestaltungsspielraum bezieht sich dem Wortlaut des Art. 9 Abs. 3 AK nach allein auf die Ausgestaltung des Zugangs zu Gerichten – und damit auf das „Wie“ – und nicht auf das „Ob“ eines solchen Überprüfungsverfahrens. Ein solches ist grundsätzlich einzuführen. Die Ausgestaltung und der Umfang der Rechtsschutzgewährung bleiben den Vertragsparteien überlassen. Begrenzt wird der Gestaltungsspielraum der Vertragsparteien jedoch vom Ziel der Århus-Konvention, einen weiten Zugang zu Gerichten zu schaffen, der nach Art. 9 Abs. 4 AK angemessen und effektiv sein muss.[269]

a. Rügeberechtigte

Rügeberechtigt ist nach Art. 9 Abs. 3 AK die Öffentlichkeit – ohne jede weitere Einschränkung. Nach Art. 2 Abs. 4 AK handelt es sich bei der „Öffentlichkeit“ um eine oder mehrere natürliche oder juristische Personen und, in Übereinstimmung mit den innerstaatlichen Rechtsvorschriften oder der innerstaatlichen Praxis, deren Vereinigungen, Organisationen oder Gruppen. Die Zugehörigkeit zu dieser Kategorie ist von keinem besonderen qualitativen Kriterium (wie etwa einer Betroffenheit oder einem individuellen Interesse) abhängig. Von Art. 9 Abs. 3 AK werden also Verbände und Individualkläger erfasst. Rügeberechtigt ist mithin grundsätzlich zunächst jedermann.

267 *Schlacke*, Rechtsschutz, S. 245.

268 Ebenda, S. 245.

269 *Schwerdtfeger*, Verwaltungsrechtsschutz, S. 287.

b. Rügebefugnis

Gemäß dem Wortlaut des Art. 9 Abs. 3 AK sollen Mitglieder der Öffentlichkeit, sofern sie etwaige nach dem innerstaatlichen Recht festgelegte Kriterien erfüllen, Zugang zu einem behördlichen oder gerichtlichen Überprüfungsverfahren bei Verstößen gegen innerstaatliches Umweltrecht durch Behörden oder Private haben. Die Ausgestaltung der Rügebefugnis wird damit unter den Gestaltungsspielraum der Vertragsstaaten gestellt. In der Literatur wird sowohl die Auffassung vertreten, dass ein weiter Gestaltungsspielraum der Vertragsstaaten bestehe, der es ermögliche, den Zugang zu Gerichten von einer subjektiven Rechtsverletzung abhängig zu machen,[270] als auch die Auffassung, dass dem Spielraum der Vertragsstaaten, einschränkende Zugangskriterien zu formulieren, Grenzen gesetzt sind.[271] Nach Auffassung des *SRU* bildet Art. 9 Abs. 3 AK einen Auffangtatbestand zu Art. 9 Abs. 2 AK und setzt dessen Gedanken fort.[272] Deshalb sei es nur konsequent, für das von Art. 9 Abs. 2 AK nicht erfasste Umweltrecht auch eine Verbandsklagemöglichkeit vorzusehen. Dieses Argument vermag nicht zu überzeugen. Dem steht der insofern eindeutige Wortlaut des Art. 9 Abs. 3 AK entgegen, der den Zugang zu den Überprüfungsverfahren unter den Vorbehalt des innerstaatlichen Rechts stellt. Es bleibt damit zunächst grundsätzlich den Vertragsstaaten überlassen, Zulassungskriterien aufzustellen.[273] Zulassungskriterien, wie etwa das Erfordernis einer subjektiven Rechtsverletzung, die weite Teile des nationalen Umweltrechts einer gerichtlichen Kontrolle entziehen würden, werden den Vorgaben des Art. 9 Abs. 3 AK nicht gerecht.[274] Die Rügebefugnis Einzelner, aber auch von Verbänden, kann zwar grundsätzlich durch das nationale Recht beschränkt werden. Eine solche Beschränkung darf jedoch nicht dazu führen, dass ein solches zwingend einzurichtendes Überprüfungsverfahren ins Leere liefe.

c. Rügegegenstand

Der Rügegegenstand nach Art. 9 Abs. 3 AK ist sehr weit gefasst. Anfechtbar sollen Handlungen und Unterlassungen sein, die gegen umweltbezogene

---

270 *Durner*, Spielräume, in: *Durner/Walter*, Rechtspolitische Spielräume bei der Umsetzung der Århus-Konvention, 64, 75; *Schlacke*, Stärkung, ZUR 2011, 312, 315; *Breuer*, Klagebefugnis, DV 2012, 170, 188; *Seibert*, Verbandsklagen, NVwZ 2013, 1040, 1042.

271 *SRU*, Verbandsklage, S. 9.

272 Ebenda, unter Bezugnahme auf *Stec/Casey-Lefkowitz*, Implementation Guide, S. 131.

273 *Breuer*, Klagebefugnis, DV 2012, 170, 188; *Seibert*, Verbandsklagen, NVwZ 2013, 1040, 1042.

274 *Seibert*, Verbandsklagen, NVwZ 2013, 1040, 1043.

Bestimmungen des jeweiligen innerstaatlichen Rechts verstoßen. Ein Spielraum zugunsten der Vertragsparteien besteht hiernach nicht. Erfasst werden Entscheidungen, die gegen innerstaatliches Umweltrecht verstoßen (können), mithin alle Entscheidungen mit umweltrechtlichem Bezug. Verbliebe hier ein (einschränkender) Gestaltungsspielraum zugunsten der Vertragsstaaten festzulegen, welche umweltbezogenen Entscheidungen angefochten werden dürfen, liefe die Regelung faktisch ins Leere.[275]

d. Ausgestaltung des Überprüfungsverfahrens

Die Ausgestaltung des Überprüfungsverfahrens obliegt auch im Rahmen des Art. 9 Abs. 3 AK den Vertragsparteien. Es kann sich auch hierbei um ein gerichtliches Verfahren oder ein anderweitiges Überprüfungsverfahren handeln, sofern dieses vor einer unabhängigen und unparteilichen Stelle stattfindet, welche auf einer innerstaatlichen Rechtsgrundlage beruht.[276] Auch für das Überprüfungsverfahren des Art. 9 Abs. 3 AK gilt Art. 9 Abs. 4 AK. Das Verfahren muss fair, zügig und nicht übermäßig teuer ausgestaltet sein und effektiven und angemessenen Rechtsschutz gewährleisten.

e. Prüfungsmaßstab

Prüfungsmaßstab eines Überprüfungsverfahrens nach Art. 9 Abs. 3 AK ist dem Wortlaut nach das gesamte innerstaatliche Umweltrecht.

f. Kontrolldichte

Aussagen zur Kontrolldichte enthält Art. 9 Abs. 3 im Gegensatz zu Art. 9 Abs. 2 AK nicht. Dem Wortlaut nach müssen Entscheidungen angefochten werden können. Insoweit gilt hier das bereits zu Art. 9 Abs. 2 AK Festgestellte: Die Verwendung des Wortes „*anfechten*" deutet darauf hin, dass die getroffene Entscheidung aufzuheben oder zu korrigieren ist. Die bloße Feststellung der Rechtswidrigkeit einer Entscheidung ist nicht ausreichend.[277] Wie bereits festgestellt, muss die Anfechtungsmöglichkeit überhaupt eine Folge haben können, denn falls die

---

275 Ebenda, S. 1042.

276 Das Überprüfungsverfahren muss nicht zwingend vor einem Gericht durchgeführt werden. Es liegt im Gestaltungsspielraum der Vertragsstaaten, ob sie dafür ein anderes Organ vorsehen. Eingegrenzt wird dieser Gestaltungsspielraum allein durch die Kriterien der Unabhängigkeit, Unparteilichkeit und der innerstaatlichen Rechtsgrundlage.

277 *Karge*, Umwelt-Rechtsbehelfsgesetz, S. 41; *Schlecht*, Unbeachtlichkeit, S. 147.

Anwendung von Unbeachtlichkeits- und Heilungsvorschriften zum Ergebnis hat, dass kein Fehler zur Aufhebung einer angegriffenen Entscheidung führen kann, wird der Zweck des Überprüfungsverfahrens ad absurdum geführt.[278]

g. Tabellarische Übersicht zur Regelung des Art. 9 Abs. 3 AK

Kriterien	**Regelungsgehalt**
Überprüfungsverfahren	vor einem Gericht und/oder einer anderen auf gesetzlicher Grundlage geschaffenen unabhängigen und unparteiischen Stelle; die Ausgestaltung obliegt den Vertragsparteien: das Verfahren muss fair, zügig und nicht übermäßig teuer sein und effektiven und angemessenen Rechtsschutz gewährleisten (Art. 9 Abs. 4 und 5 AK)
Rügeberechtigte	die Öffentlichkeit gemäß Art. 2 Abs. 4 AK
Rügebefugnis	Vorbehalt des innerstaatlichen Rechts
Rügegegenstand	Verstöße gegen innerstaatliches Umweltrecht
Prüfungsmaßstab	das gesamte innerstaatliche Umweltrecht
Kontrolldichte	keine Aussage, Entscheidung muss anfechtbar sein

h. Fazit

Art. 9 Abs. 3 AK ist bislang – auch aufgrund der fehlenden Umsetzung durch die Europäische Gemeinschaft – in der verwaltungsgerichtlichen Literatur relativ unbeachtet geblieben. Dies wird seinem Bedeutungsgehalt nicht gerecht. Art. 9 Abs. 3 AK ist Bestandteil einer komplexen Rechtsschutzkonzeption und enthält eine eigene von Art. 9 Abs. 2 AK unabhängige Rechtsschutzgewährleistung. Dem Wortlaut des Art. 9 Abs. 3 AK lässt sich eine grundsätzliche Verpflichtung der Vertragsstaaten zur Einführung von Überprüfungsverfahren gegen Entscheidungen, die gegen nationales Umweltrecht verstoßen, entnehmen. Rügeberechtigte eines solchen Überprüfungsverfahrens sind sowohl Individualkläger als auch Verbände. Art. 9 Abs. 3 AK stellt jedoch die Rügebefugnis unter den Vorbehalt des nationalen Rechts. Die Vertragsstaaten können den Zugang zu Gerichten von der Erfüllung innerstaatlicher Kriterien abhängig machen. Dies darf jedoch nicht dazu führen, dass aufgrund von Einschränkungen hinsichtlich des Zugangs zu Gerichten weite Teile des nationalen Umweltrechts einer gerichtlichen Kontrolle entzogen werden.

---

278 *Schlacke*, Rechtsbehelfe, in: *Schlacke/Schrader/Bunge*, Informationsrechte, Öffentlichkeitsbeteiligung und Rechtsschutz im Umweltrecht, 377, 428; *Fisahn*, Beteiligung, ZUR 2004, 136, 140.

II. Die Bindungswirkung der Århus-Konvention

Die Århus-Konvention wurde als gemischtes Abkommen von der Europäischen Gemeinschaft am 17. Februar 2005 und von der Bundesrepublik Deutschland am 1. Dezember 1998 unterzeichnet und am 15. Januar 2007 ratifiziert.[279] Die Unterzeichnung als gemischtes Abkommen erfolgte aufgrund der fehlenden ausschließlichen Außenkompetenz der Gemeinschaft im Umweltrecht.[280] Die Århus-Konvention wurde daher von der Europäischen Gemeinschaft und den Mitgliedstaaten in paralleler konkurrierender Zuständigkeit abgeschlossen.[281] Sie wurde von der Gemeinschaft und der Bundesrepublik Deutschland unterzeichnet, zur völkerrechtlichen Bindung war noch der Akt der Ratifikation, Annahme oder Genehmigung nötig. Die Europäische Gemeinschaft hat ihre Genehmigungsurkunde am 17. Februar 2005 hinterlegt. Die Ratifikation durch die Bundesrepublik erfolgte durch das Århus-Vertragsgesetz am 9.12.2006.[282] Die Århus-Konvention begründet sowohl im Bereich des Gemeinschaftsrechts als auch im nationalen Recht der Vertragsstaaten Individualrechte. Daraus entsteht ein rechtliches Mehrebenensystem mit mindestens 3 verschiedenen Ebenen: innerstaatliches Recht im Anwendungsbereich der Århus-Konvention, Gemeinschaftsrecht im Anwendungsbereich der Århus-Konvention und innerstaatliches Recht im Anwendungsbereich von Gemeinschaftsrecht und Århus-Konvention.[283]

279 Die Bundesrepublik Deutschland konnte ihre Ratifikationsurkunde am 15.7.2007 bei den Vereinten Nationen hinterlegen und wurde damit offizielles Mitglied der Århus-Konvention, nach dem zuvor die drei Säulen der Århus-Konvention durch eigenständige Gesetze umgesetzt wurden. So trat am 14.2.2005 das Umweltinformationsgesetz des Bundes (BGBl. I, S. 3704) in Kraft. Am 9. 12. 2006 wurden das Öffentlichkeitsbeteiligungsgesetz (BGBl. I, S. 2189) und das Umwelt-Rechtsbehelfsgesetz (BGBl. I, S. 2816) beschlossen.

280 Zur Frage der Kompetenzverteilung instruktiv *Walter*, Internationalisierung, EuR 2005, 302, 307 ff.; *Epiney*, Umweltrecht, S. 83 m.w.N. So auch *Gilsdorf*, Außenkompetenzen, EuR 1996, 145, 156 f.; *Breier*, Vertragschlußkompetenz, EuR 1993, 340, 344.

281 Vgl. zum Gesamtkomplex auch *Walter*, Internationalisierung, EuR 2005, 302, 307 ff.

282 Gesetz zu dem Übereinkommen vom 25. Juni 1998 über den Zugang zu Informationen, die Öffentlichkeitsbeteiligung an Entscheidungsverfahren und den Zugang zu Gerichten in Umweltangelegenheiten (Århus-Übereinkommen) vom 9. 12. 2006, BGBl. II, S. 1251.

283 *Walter*, Internationalisierung, EuR 2005, 302 ff.

1. *Die völkerrechtliche Bindungswirkung der Århus-Konvention*

Völkerrechtlich stellt sich beim Abschluss gemischter Abkommen die Frage, wer die Erfüllung des Vertragsinhaltes schuldet – die Mitgliedstaaten oder die Europäische Gemeinschaft – oder ob die innergemeinschaftliche Kompetenzverteilung auf die völkerrechtliche Ebene durchschlägt, mit der Folge, dass die einzelnen Vertragsparteien nur die teilweise Umsetzung des Vertrages im Rahmen der jeweiligen Kompetenzverteilung schulden. Ein Durchschlagen der internen Kompetenzverteilung auf der Ebene des Völkerrechts würde zum einen die detaillierte Offenlegung der jeweiligen Kompetenzen durch die Vertragsparteien und zum anderen die mögliche Aufspaltung der Kompetenzen in einen gemeinschaftlichen und in einen innerstaatlichen Teil voraussetzen.[284] Nach allgemeiner Ansicht sind sowohl die Gemeinschaft als auch die Mitgliedstaaten völkerrechtlich an das gesamte Abkommen gebunden, wenn sich die Bereiche der gemeinschaftlichen Zuständigkeit in Abgrenzung zu den Zuständigkeiten der Mitgliedstaaten nicht aus dem Abkommen selbst ergeben oder keine späteren Vereinbarungen oder förmlichen Erklärungen die Zuständigkeitsverteilung gegenüber den Vertragspartnern offenlegen. Dann stehen Gemeinschaft und Mitgliedstaaten quasi als Gesamtschuldner für die Umsetzung des gesamten völkerrechtlichen Vertrages ein.[285]

Im Falle der Århus-Konvention wollten die Vertragsparteien die im Innenverhältnis bestehende Kompetenzverteilung zwischen der Europäischen Gemeinschaft und den Mitgliedstaaten auch im Außenverhältnis offenlegen. Art. 19 Abs. 4 S. 1 AK bestimmt für den Fall, dass eine internationale Organisation isoliert, d.h. ohne ihre Mitgliedstaaten, Vertragspartner der Århus-Konvention wird, deren Verpflichtung aus allen Bestimmungen der Århus-Konvention. Für den Fall, dass neben der Organisation auch ihre Mitgliedstaaten Vertragsparteien sind, heißt es in Art. 19 Abs. 4 S. 2 AK weiter, dass „die Organisation und ihre Mitgliedstaaten über ihre jeweiligen Verantwortlichkeiten hinsichtlich der

---

284 *Schmalenbach*, in: *Calliess/Ruffert*, EUV/EGV, Art. 300; § 10 Rn. 26 mit Nachweisen vor allem aus der älteren Literatur. Nach Ansicht von *Bleckmann*, Europarecht, Rn. 1402 dürfen gemischte Verträge aufgrund ihrer Struktur nicht in die jeweiligen Zuständigkeitsbereiche aufgespalten werden. Dies erscheint nicht einleuchtend, da es Konstellationen des gemischten Vertrages gibt, in denen dies ohne Probleme möglich ist.

285 *Heintschel von Heinegg*, EG im Verhältnis zu internationalen Organisationen und Einrichtungen, in: *Rengeling*, Handbuch zum europäischen und deutschen Umweltrecht I, 648, 671; *Walter*, Internationalisierung, EuR 2005, 302, 309; *Streinz*, Europarecht, Rn. 429; Rn. 26; Rn. 64.

Erfüllung ihrer Verpflichtung aus dem Übereinkommen (entscheiden)". Hieraus lässt sich entnehmen, dass die Europäische Gemeinschaft und ihre Mitgliedstaaten im Außenverhältnis gegenüber den anderen Vertragsparteien nur das schulden, wofür sie nach der jeweiligen internen Kompetenzverteilung zuständig sind.[286] Gemäß Art. 19 Abs. 5 AK erklären die genannten Organisationen in ihren Ratifikations-, Annahme-, Genehmigungs- und Beitrittsurkunden den Umfang ihrer Zuständigkeiten. Der Rat der Europäischen Gemeinschaft hat in einem Anhang zum Beschluss über den Abschluss der Århus-Konvention[287] die parallele Zuständigkeit von Mitgliedstaaten und Gemeinschaft bestätigt.[288] Dem kann man entnehmen, dass die EG und ihre Mitgliedstaaten im Außenverhältnis gegenüber den anderen Vertragsparteien nur schulden, wofür sie nach der Kompetenzverteilung im Innenverhältnis zuständig sind. Völkerrechtlich schulden damit die Gemeinschaft und die Mitgliedstaaten gemeinsam die Erfüllung des gesamten Abkommens.[289]

2. *Die unmittelbare Anwendbarkeit der Århus-Konvention*

Nach der Umsetzung der Århus-Konvention durch die Europäische Gemeinschaft und den Bundesgesetzgeber ist insbesondere darüber, ob das Umwelt-Rechtsbehelfsgesetz 2006 die Vorgaben der Århus-Konvention und die RL 2003/35/EG ausreichend umsetzt, in der juristischen Fachwelt ein erheblicher Streit entstanden.[290] Dies wiederum warf vielfach, vor allem in der Rechtsanwendung, die Frage auf, ob die Regelungen der Århus-Konvention unmittelbar anwendbar sind, mithin direkt vor nationalen Gerichten geltend gemacht werden können. Grundsätzlich werden völkerrechtliche Verträge, die durch Zustimmungsgesetze innerstaatlich anwendbar sind, gemäß Art. 59 Abs. 2 GG Bestandteil des Bundesrechts. Sind die Vorschriften auf innerstaatlichen Vollzug angelegt und aus sich heraus vollziehbar, haben also einen sogenannten Self-executing-Charakter, müssen sie von allen Behörden und Gerichten beachtet

---

286 *Walter*, Internationalisierung, EuR 2005, 302, 309 f.

287 Beschluss 2005/370/EG des Rates vom 17.2.2005 über den Abschluss des Übereinkommens über den Zugang zu Informationen, die Öffentlichkeitsbeteiligung an Entscheidungsverfahren und den Zugang zu Gerichten in Umweltangelegenheiten im Namen der Europäischen Gemeinschaft, ABl. L 124/1.

288 *Walter*, Internationalisierung, EuR 2005, 302, 307; *Steyrer*, Verträge, ZUR 2005, 343, 344; *Epiney/Gross*, Implikationen, NuR 2005, 353, 356; aus der älteren Literatur: *Stein*, Vertrag, S. 60.

289 *Walter*, Internationalisierung, EuR 2005, 302, 310.

290 Siehe hierzu das 3. Kapitel.

werden.[291] Nach allgemeiner Ansicht kommt den Regelungen der Århus-Konvention keine unmittelbare Wirkung zu.[292] Begründet wird dies damit, dass die Århus-Konvention ausdrücklich lediglich Mindeststandards festschreibt (Art. 3 Abs. 5 AK), die die nationale Rechtssituation verbessern und nicht verdrängen sollen (Art. 3 Abs. 6 AK). Art. 3 Abs. 1 AK regele zudem die Verpflichtung der Vertragsparteien, die erforderlichen gesetzgeberischen und weiteren Maßnahmen zu ergreifen, die einen einheitlichen Rahmen zur Umsetzung der Bestimmungen der Konvention gewährleisten. Dies belegt den grundsätzlichen *„Non Self-executing-Charakter"* der Bestimmungen der Århus-Konvention. Eine Ausnahme hiervon stellt der Umweltinformationsanspruch nach Art. 4 AK und seine gerichtliche Durchsetzbarkeit in Art. 9 Abs. 1 AK dar.[293]

Hinsichtlich der unmittelbaren Anwendbarkeit des Art. 9 Abs. 2 und Abs. 3 AK ist in der Literatur vertreten worden, dass eine unmittelbare Anwendbarkeit nicht in Betracht komme, da die Vorschriften inhaltlich zu unbestimmt seien, als dass ihnen ein Self-executing-Charakter zukommen könne. Dies wurde daraus abgeleitet, dass die Vorschriften selbst einen Verweis auf die innerstaatlichen Rechtsvorschriften enthalten und die Ausgestaltung des Überprüfungsverfahrens selbst und des Zuganges zu diesen den Vertragsparteien überlassen würde.[294] In der Rechtsprechung der nationalen Gerichte ist eine unmittelbare Anwendbarkeit der Art. 9 Abs. 2 und 3 AK ebenfalls abgelehnt worden. Dies wurde damit begründet, dass eine Verpflichtung zur richtlinienkonformen Auslegung des nationalen Rechts vor Ablauf der Umsetzungsfrist der RL 2003/35/EG nicht bestehe.[295] Für eine unmittelbare Anwendbarkeit der Vorschriften der Århus-Konvention fehle es an der Transformation des völkerrechtlichen

291 *Durner*, Direktwirkung, ZUR 2005, 285, 288.

292 *Scheyli*, Århus-Konvention, AVR (38) 2000, 217, 249 f.; *Durner*, Direktwirkung, ZUR 2005, 285, 288; *Schlacke*, Rechtsschutz, S. 246 ff. Offen gelassen durch *Walter*, Internationalisierung, EuR 2005, 302, 306; vgl. hierzu auch VG Berlin, Urteil vom 6.5.2004 – 14 A 17.04, zitiert nach juris, Rn. 40 f.

293 So *Scheyli*, Århus-Konvention, AVR (38) 2000, 217, 250. Zustimmend *Schlacke*, Rechtsschutz, S. 246 f., die darauf hinweist, dass dies jedoch weder für das Gemeinschaftsrecht noch für das nationale Recht eine Neuerung darstellt, da die RL 2003/4/EG und das Umweltinformationsgesetz des Bundes bereits einen individuellen und voraussetzungslosen und einklagbaren Informationsanspruch gewähren.

294 *Schlacke*, Rechtsschutz, S. 247.

295 VG Hamburg, Urteil vom 1.12.2003 – 19 K 2474/2003, zitiert nach juris, Rn. 35; VG Berlin, Urteil vom 6.5.2004 – 14 A 17.04, zitiert nach juris, Rn. 46; BayVGH, Beschluss vom 20.5.2005 – 22 CS 05.602, zitiert nach juris, Rn. 9; OVG Lüneburg, Urteil vom 1.12.2004 – 7 LB 44/02, zitiert nach juris, Rn. 119.

Vertrages in das deutsche Recht.[296] Zudem sei zweifelhaft, ob Art. 9 Abs. 2 AK überhaupt eine Verpflichtung zur Einführung einer altruistischen Verbandsklage enthalte und nicht dem nationalen Gesetzgeber Spielraum bei der Umsetzung verbleibe.[297] Diese Fragen sind mittlerweile aufgrund der Rechtsprechung des EuGH geklärt.[298]

III. Würdigung

Die Århus-Konvention stellt aufgrund der verbindlichen Festschreibung von Individualrechten zugunsten von Verbänden und Bürgern einen Meilenstein in der Entwicklung des Völkerrechts im Bereich des Umweltrechts dar. Die Einbindung der Öffentlichkeit in Entscheidungsprozesse und die Stärkung der Rechte der Öffentlichkeit in allen Phasen von umweltrechtlichen Entscheidungsverfahren sollen vor allem den Vollzug und die Durchsetzung des Umweltrechts fördern. Gleichzeitig sollen durch die Festschreibung von Mindeststandards in den Bereichen Information, Beteiligung und Rechtsschutz Demokratisierungsprozesse unterstützt und ein in allen Vertragsstaaten gleich hohes Niveau des Umweltschutzes geschaffen werden. Das Drei-Säulen-Modell der Århus-Konvention erfasst das gesamte Umweltrecht in allen Phasen umweltrechtlicher Entscheidungsverfahren, es ist nicht auf einzelne Bereiche des Umweltrechts, wie etwa das Naturschutzrecht, begrenzt. Der Umweltinformationsanspruch, der voraussetzungslos und umfassend ausgestaltet ist, gewährleistet eine umfassende Information der Öffentlichkeit über alle relevanten Daten. Das Recht auf Beteiligung gewährleistet die Einbindung der Öffentlichkeit in umweltrelevante Entscheidungsverfahren. Die hier interessierende dritte Säule gewährleistet die Einhaltung der Informations- und Beteiligungsrechte und führt umweltrechtliche Entscheidungen einer verfahrens- und materiell-rechtlichen Überprüfung zu. Die Gewährung von Klagerechten bei der Verletzung von Umweltinformationsansprüchen stellt weder für das gemeinschaftsrechtliche noch für das deutsche Rechtschutzsystem eine Neuerung dar. Der Umweltinformationsanspruch

296 VG Berlin, Urteil vom 6.5.2004 – 14 A 17.04, zitiert nach juris, Rn. 38; BayVGH, a.a.O., zitiert nach juris, Rn. 9. Dies war zum Zeitpunkt der zitierten Entscheidungen auch korrekt, da die Bundesrepublik die Århus-Konvention erst zum 9.12.2006 ratifiziert hat. Siehe Fn. 193.

297 VG Berlin, a.a.O., zitiert nach juris, Rn. 40.; BayVGH, a.a.O., zitiert nach juris, Rn. 9, OVG Münster, Urteil vom 2.3.2006 – 11 A 1752/04 – zitiert nach juris, Rn. 119.

298 Der Übersichtlichkeit halber erfolgte eine Darstellung im Rahmen des 4. Kapitels, in welchem die Rechtsprechung des EuGH betrachtet wird.

wird in beiden Rechtsschutzsystemen bereits als individueller Popularanspruch – mithin als subjektives einklagbares Recht – anerkannt.[299]

Anderes gilt für die Umsetzung der dritten Säule der Århus-Konvention im deutschen Verwaltungsrechtssystem. Art. 9 AK enthält ein differenziertes Rechtsschutzkonzept. Hinsichtlich des Zugangs der betroffenen Öffentlichkeit zu Überprüfungsverfahren nach Art. 9 Abs. 2 AK steht es den Vertragsparteien frei, die Zugangsberechtigung von einem ausreichenden Interesse oder einer Rechtsverletzung abhängig zu machen. Für Individualkläger kann es aufgrund dieses Spielraumes bei der deutschen Regelung der Klagebefugnis in § 42 Abs. 2 VwGO verbleiben.[300] Dies gilt jedoch nicht für die Zugangsberechtigung von Nichtregierungsorganisationen. Diesen werden unabhängig von einer etwaigen Rechtsverletzung oder einem ausreichenden Interesse eine Rügebefugnis und damit der Zugang zu einem Überprüfungsverfahren – unabhängig von den nationalen Voraussetzungen der Klagebefugnis – zuerkannt.[301] Der Spielraum der Vertragsparteien besteht lediglich hinsichtlich der ggf. noch zu schaffenden Anerkennungsvoraussetzungen und der Ausgestaltung des Überprüfungsverfahrens – jedoch begrenzt von dem Ziel der Århus-Konvention – einen weiten Zugang zu Überprüfungsverfahren zu schaffen, die eine umfassende materielle und verfahrensrechtliche Rechtsmäßigkeitskontrolle umweltbezogener Entscheidungen ermöglichen.

Aus Art. 9 Abs. 3 AK ergibt sich die Verpflichtung der Vertragsstaaten, ein behördliches oder gerichtliches Überprüfungsverfahren einzuführen, welches die Anfechtung von Handlungen oder Unterlassungen ermöglicht, die gegen innerstaatliches Umweltrecht verstoßen. Hinsichtlich der Ausgestaltung der Rügebefugnis besteht dabei ein Gestaltungsspielraum der Vertragsstaaten. Dieser wird durch das Ziel des Art. 9 Abs. 3 AK begrenzt, Verstöße gegen das innerstaatliche Umweltrecht klagbar zu machen, und darf nicht dazu führen, dass aufgrund von Einschränkungen im Rahmen der Rügebefugnis der Anwendungsbereich des

299 *Schlacke*, Rechtsschutz, S. 248.

300 *Schlacke*, Rechtsschutz, Ebenda, S. 249.

301 Vielfach wird hier sowohl von Gegnern als auch Befürwortern der Verbandsklage von einer Privilegierung von Verbänden gesprochen. Bspw. *Danwitz von*, Ausgestaltungsfreiheit, S. 45; *Schlacke*, Rechtsschutz, S. 249. Der Begriff greift jedoch nur dann, wenn man ihn als gerechtfertigte Ausnahme von der Regel versteht. Seitens der Gegner der Verbandsklage wird er jedoch oftmals in einem anderen Kontext verwandt, der den Schluss nahelegt, dass hier gerade keine gerechtfertigte Ausnahme von der Regel vorliegt, sondern Nichtregierungsorgansiationen ein „Mehr“ zugestanden wird, für das es keinen Rechtfertigungsbedarf gibt.

Art. 9 Abs. 3 AK verkürzt wird und Verstöße gegen nationales Umweltrecht der Kontrolle entzogen werden.

B) Die Umsetzung der Århus-Konvention auf der Ebene des Gemeinschaftsrechts

Wie bereits ausgeführt, hat der Rat der Europäischen Gemeinschaft den Beschluss über den Abschluss des Übereinkommens über den Zugang zu Umweltinformationen, die Öffentlichkeitsbeteiligung an Entscheidungsverfahren und den Zugang zu Gerichten in Umweltangelegenheiten im Namen der Europäischen Gemeinschaft am 17. Februar 2005 gefasst.[302] Damit hat die Europäische Gemeinschaft die Århus-Konvention genehmigt und ist mithin im Verbund mit den Mitgliedstaaten, welche die Århus-Konvention ebenfalls ratifiziert haben, zu ihrer Umsetzung verpflichtet. Sie hat die Århus-Konvention für ihre Institutionen bislang durch eine Verordnung[303] und für die Mitgliedstaaten durch die Richtlinie 2003/4/EG[304] und die Richtlinie 2003/35/EG[305] umgesetzt. Hinsichtlich der harmonisierten Umsetzung des Art. 9 Abs. 3 AK auf der Ebene des mitgliedstaatlichen Rechts liegt bislang lediglich ein Richtlinienvorschlag der Europäischen Kommission vom 24.10.2003 vor, der bereits seit Jahren im gemeinschaftlichen Gesetzgebungsverfahren feststeckt und (derzeit) nicht weiter verfolgt wird.[306]

Da im Rahmen dieser Arbeit allein die Verpflichtung zur Umsetzung des Art. 9 Abs. 2 und 3 AK im Hinblick auf eine Einführung von Verbandsklagerechten durch die Mitgliedstaaten interessiert, werden im Folgenden lediglich die Inhalte der RL 2003/35/EG und der Richtlinienvorschlag zur Einführung einer Verbandsklage erörtert. Ein wesentlicher Streitpunkt in der Debatte um die Verpflichtung der Mitgliedstaaten zur Einführung einer umweltrechtlichen Verbandsklage war die Frage, ob seitens der Europäischen Gemeinschaft überhaupt eine Kompetenz zur Umsetzung des Art. 9 Abs. 2 AK und damit für eine Regelung des Zugangs zu umweltrechtlichen Überprüfungsverfahren besteht.[307] Daher wird vorab kurz die Kompetenzverteilung zwischen der Europäischen

302 Beschluss 2005/370/EG, ABl. L 124/1.

303 Verordnung (EG) 1367/2006, ABl. L 264/1.

304 Richtlinie 2003/4/EG des Rates über den Zugang der Öffentlichkeit zu Umweltinformationen und zur Aufhebung der Richtlinie 90/313/EWG, ABl. L 41/26.

305 RL 2003/35/EG, ABl. L 156/17.

306 KOM 2003/ 624 endg. vom 24.10.2003. Zum Stand des Verfahrens siehe B) III.

307 Vgl. auch *Ekardt/Pöhlmann*, Kompetenz, EurUP 2004, 128 f.

Gemeinschaft und den Mitgliedstaaten im Bereich des Umweltrechts und des Verfahrensrechts erläutert.

I. Die Kompetenz der Gemeinschaft zur Koordinierung der Umsetzung des Art. 9 Abs. 2 und 3 AK auf mitgliedstaatlicher Ebene

Mit dem Abschluss der Århus-Konvention als gemischter Vertrag durch die Europäische Gemeinschaft und die Mitgliedstaaten stellt sich die Frage, wer innergemeinschaftlich zur Umsetzung der Konvention in welchem Umfang verpflichtet ist. Mit Abschluss der Århus-Konvention hat sich die Europäische Gemeinschaft zur Umsetzung auf der Ebene des Gemeinschaftsrechts verpflichtet; gleichzeitig haben die Mitgliedstaaten eine Verpflichtung zur Umsetzung und Durchsetzung in ihren jeweiligen nationalen Rechtssystemen übernommen. Der Abschluss als gemischtes Abkommen durch die Europäische Gemeinschaft und die Mitgliedstaaten in paralleler Zuständigkeit wirft Fragen nach der Kompetenzverteilung und den daraus resultierenden vertraglichen Verpflichtungen auf.

Die Europäische Gemeinschaft hat die Richtlinie 2003/35/EG[308] sowie den Richtlinienvorschlag zur Umsetzung des Art. 9 Abs. 3 AK[309] auf den zum damaligen Zeitpunkt maßgeblichen Art. 175 EG in Verbindung mit Art. 174 EG (heute Art. 191 und 192 AEUV) gestützt. In der Begründung des Vorschlages für eine Richtlinie über den Zugang zu Gerichten in Umweltangelegenheiten führte die Europäische Kommission aus:

> *„Allein schon die Verpflichtungen, die für die Europäische Gemeinschaft mit der Unterzeichnung des Übereinkommens von Århus verbunden sind, rechtfertigen eine rechtsverbindliche Regelung des Zugangs zu Gerichten in Umweltangelegenheiten. Die Gemeinschaft kann diese Verpflichtungen nur erfüllen, wenn sie sicherstellen kann, dass Bürger und nichtstaatliche Organisationen vorschriftsgemäß Zugang zu Gerichten erhalten, soweit es das Gemeinschaftsrecht betrifft. Um diese Rechte in der ganzen Europäischen Union einheitlich zu gewährleisten, muss die Gemeinschaft einen gemeinsamen Rahmen von Mindestanforderungen schaffen, der für alle Mitgliedstaaten gilt. Zudem gehört es laut Art. 2 EGV zu den Aufgaben der Gemeinschaft, sich für einen hohen Umweltschutz und die Verbesserung der Umweltqualität einzusetzen. Nach Art. 175 Abs. 1 EGV ist es Sache der EG, die notwendigen Maßnahmen zu ergreifen, damit die in Art. 174 EGV genannten Ziele verwirklicht werden.“*[310]

308 RL 2003/35/EG, ABl. L 156/17.

309 KOM (2003) 624 endg.

310 KOM (2003) 624 endg., S. 4.

Allein aus dem Hinweis auf die völkerrechtliche Verpflichtung der Gemeinschaft zur Umsetzung der Århus-Konvention ergibt sich zunächst noch keine innergemeinschaftliche Kompetenz zur Umsetzung der Århus-Konvention. Diese richtet sich vielmehr nach der zwischen den Mitgliedstaaten und der Europäischen Gemeinschaft geltenden Kompetenzverteilung.[311] Die RL 2003/35/EG und der Vorschlag für eine Richtlinie zur Einführung einer umweltrechtlichen Verbandsklage enthalten Regelungen, die in das Verwaltungsverfahrens- und das Verwaltungsprozessrecht der Mitgliedstaaten eingreifen. Damit stellt sich die Frage nach der Reichweite der umweltrechtlichen Zuständigkeit der Gemeinschaft. Maßstäbe für die geteilte Zuständigkeit zwischen Mitgliedstaaten und der Gemeinschaft sind der Grundsatz der mitgliedstaatlichen Verfahrensautonomie, das Prinzip der begrenzten Einzelermächtigung, das Subsidiaritätsprinzip, das Verhältnismäßigkeitsgebot und die Treuverpflichtungen der Mitgliedstaaten.[312] Art. 191 Abs. 1 und 2 i.V.m. Art. 192 AEUV ermächtigen die Gemeinschaft zum Erlass von Regelungen zur Verwirklichung des Umweltschutzes, der Verbesserung der Umweltqualität und der Gewährleistung einer nachhaltigen und umweltverträglichen Entwicklung auf einem hohen Schutzniveau. Ob dies die Regelung des Gerichtszuganges und des mitgliedstaatlichen Verfahrensrechts umfasst, ist umstritten. Nach einer Auffassung enthält Art. 192 AEUV eine grundsätzliche Kompetenz zur Regelung des Gerichtszugangs in Umweltangelegenheiten zur Durchsetzung des gesamten Umweltrechts.[313] Nach überwiegender Auffassung existiert eine ausdrückliche primärrechtliche Kompetenzgrundlage zur Regelung des mitgliedstaatlichen Verwaltungsverfahrens- und Verwaltungsprozessrechts nicht. Der Erlass verfahrensrechtlicher Regelungen zur Durchsetzung materiell-rechtlicher Vorschriften könne daher nur aus der jeweiligen gemeinschaftsrechtlichen Sachkompetenz bzw. einer ausnahmsweisen Zuständigkeit abgeleitet werden.[314]

Nach einer anderen Auffassung im Schrifttum werden gegen eine solche Kompetenz der Grundsatz der Verfahrensautonomie der Mitgliedstaaten, das Subsidiaritätsprinzip sowie die Nichteinschlägigkeit des Art. 192 EGV angeführt.[315] Diese Einwände greifen indes nicht. Der Grundsatz der Verfahrensautonomie der Mitgliedstaaten steht einer gemeinschaftsrechtlichen Regelung des

---

311 *Walter*, Internationalisierung, EuR 2005, 302, 312 f.

312 *Schlacke*, Rechtsschutz, S. 252.

313 *Pernice/Rodenhoff*, Gemeinschaftskompetenz, ZUR 2004, 149, 151.

314 *Epiney*, Gemeinschaftsrecht, NVwZ 1999, 485, 491; *Schlacke*, Rechtsschutz, S. 252 m.w.N. in Fn. 546.

315 *Danwitz von*, Århus-Konvention, NVwZ 2004, 271, 276 ff.

Verwaltungs- und Verfahrensrechts der Mitgliedstaaten nicht per se entgegen. Nach der Rechtsprechung des EuGH gilt dieser nur vorbehaltlich einer gemeinschaftsrechtlichen Sonderreglung.[316] Der Grundsatz greift jedenfalls dann nicht, wenn die Gemeinschaft im Rahmen ihrer Kompetenzen verfahrensrechtliche Vorgaben macht.[317] Auch das gemeinschaftsrechtliche Subsidiaritätsprinzip stellt eine Kompetenz der Gemeinschaft nicht in Frage. Das in Art. 5 Abs. 2 EGV verankerte Subsidiaritätsprinzip normiert, dass die EG in den Bereichen, die nicht in ihre ausschließliche Zuständigkeit fallen, nur tätig wird, sofern und soweit die Ziele der in Betracht gezogenen Maßnahmen auf Ebene der Mitgliedstaaten nicht ausreichend erreicht werden können und daher wegen ihres Umfangs oder ihrer Wirkungen besser auf Gemeinschaftsebene erreicht werden können. Damit werden kumulativ ein Negativ- und ein Positivkriterium für das Handeln der Gemeinschaftsorgane aufgestellt. Dies darf jedoch nicht die gegebenen Kompetenzen aushebeln und ad absurdum führen.[318]

Aus Art. 192 i.V.m. Art. 191 AEUV folgt nach einer Ansicht eine Annexkompetenz zum Erlass verfahrensrechtlicher Regelungen zur Durchsetzung materiellrechtlicher Vorschriften.[319] Der Ansatz, dass aus Art. 192 i.V.m. Art. 191 AEUV eine eigenständige Kompetenz zur Regelung des Gerichtszugangs auch im Hinblick auf das nationale Umweltrecht folgen soll, wird vielfach als zu weitgehend abgelehnt.[320] Nach überwiegender Auffassung kann eine Annexkompetenz der Gemeinschaft für verfahrensrechtliche Einzelregelungen, wie etwa die Pflicht zur Einführung von Verbandsklagerechten in Umweltangelegenheiten, angenommen werden, soweit diese auf eine materiell-rechtliche Kompetenzgrundlage gestützt wird und der Durchsetzung der damit verbundenen Zielsetzung dient. Abgelehnt wird eine solche Kompetenz, wenn diese zu einer grundlegenden Änderung und Überformung des mitgliedstaatlichen Prozessrechts führt

316 EuGH, Urteil vom 27.5.1993, Rs. C-290/91, Slg. 1993, I-2981, Rn. 8; EuGH, Urteil vom 16.12.1976, Rs. 33/76, Slg., 1976, S. 1989, Rn. 5.

317 *Pernice/Rodenhoff*, Gemeinschaftskompetenz, ZUR 2004, 149, 151; vgl. hierzu auch *Walter*, Internationalisierung, EuR 2005, 302, 314; *Ekardt/Pöhlmann*, Kompetenz, EurUP 2004, 128, 131; *Epiney*, Gemeinschaftsrecht, NVwZ 1999, 485, 492; *Schlacke*, Stärkung, ZUR 2011, 312, 314.

318 *Ekardt/Pöhlmann*, Kompetenz, EurUP 2004, 128, 131.

319 So auch *Epiney*, Gemeinschaftsrecht, NVwZ 1999, 485, 491 ff.; *Walter*, Internationalisierung, EuR 2005, 302, 316. *Schlacke*, Rechtsschutz, S. 253, *Schlacke*, Stärkung, ZUR 2011, 312, 314.

320 Dafür: *Pernice/Rodenhoff*, Gemeinschaftskompetenz, ZUR 2004, 149, 151. Explizit dagegen: *Walter*, Internationalisierung, EuR 2005, 302, 316.

und ihr der Bezug zur bereichsspezifischen Kompetenzgrundlage gänzlich fehlt.[321] Für die Annahme einer solchen Annexkompetenz spricht zudem das Gebot der effektiven Durchsetzung des Gemeinschaftsrechts. Mit dem Effektivitätsgrundsatz begründet der EuGH die Verpflichtung der Mitgliedstaaten, ihre Rechtsschutzsysteme so einzurichten, dass effektiver gerichtlicher Rechtsschutz im Hinblick auf die Einhaltung des sekundären Unionsrechts gewährleistet ist.[322] Wenn und soweit das materielle Umweltrecht der EU ohne eine unionsrechtliche Verfahrensregelung sinnlos wäre, weil es nicht in vernünftiger und zweckmäßiger Weise zur Anwendung gelangen kann, besteht eine ungeschriebene Zuständigkeit für Vollzugs- und Durchsetzungs- sowie Rechtsschutzvorschriften des Unionsgesetzgebers.[323] Damit besteht eine Annexkompetenz der Europäischen Gemeinschaft zur Regelung des Zugangs zu Gerichten zur besseren Durchsetzung des Umweltrechts. Das nationale Verfahrensrecht darf jedoch nicht durch umfassende Regelungen überlagert werden. Die gemeinschaftsrechtlichen Regelungen sind mithin auf grundsätzliche Vorgaben zu beschränken.

II. Richtlinie 2003/35/EG des Europäischen Parlaments und des Rates über die Beteiligung der Öffentlichkeit bei der Ausarbeitung bestimmter umweltbezogener Pläne und Programme und zur Änderung der Richtlinien 85/337/EWG und 96/61/EG des Rates in Bezug auf die Öffentlichkeitsbeteiligung und den Zugang zu Gerichten

Mit der Richtlinie 2003/35/EG über die Beteiligung der Öffentlichkeit bei der Ausarbeitung bestimmter umweltbezogener Pläne und Programme und zur Änderung der Richtlinien 85/337/EWG und 96/61/EG des Rates in Bezug auf die Öffentlichkeitsbeteiligung und den Zugang zu Gerichten[324] hat die Europäische Gemeinschaft die zweite und die dritte Säule der Århus-Konvention hinsichtlich der Vorgaben zur Öffentlichkeitsbeteiligung und zum Zugang zu Gerichten auf Gemeinschaftsebene umgesetzt. Die Richtlinie ist im Wesentlichen in drei

---

321 *Schlacke*, Rechtsschutz, S. 258.

322 *Schlacke*, Stärkung, ZUR 2011, 312, 314; EuGH, Urteil vom 15.4.2010, Rs. C-542/08, Slg. 2010, I-3189, Rn. 19, 28; EuGH, Urteil vom 15.5.1986, Rs. 222/84, Slg. 1986, 1651, Rn. 13; EuGH, Urteil vom 15.10.1987, Rs. 222/86, Slg. 1987, 4097, Rn. 14; EuGH, Urteil vom 3.12.1992, Rs. C 97/91, Slg. 1992, I-6313, Rn. 14.

323 So *Schlacke*, a.a.O. und unter Verweis auf: EuGH, Urteil vom 29.11.1956, Rs. 8/55, Slg. 1955/56, 297, 312; EuGH, Urteil vom 15.7.1960, Rs. 25/59, Slg. 1960, 743, 780 f.

324 RL 2003/35/EG, ABl. L 156/17.

Teilbereiche gegliedert. Art. 2 RL 2003/35/EG enthält Regelungen zur Öffentlichkeitsbeteiligung bei der Erstellung von Plänen und Programmen, die nicht schon von der SUP-Richtlinie 2001/42/EG[325] oder der Wasserrahmenrichtlinie 2000/60/EG[326] erfasst werden. Art. 3 RL 2003/35/EG regelt Änderungen der UVP-Richtlinie[327] im Hinblick auf die Öffentlichkeitsbeteiligung und den Zugang zu Überprüfungsverfahren; Art. 4 RL 2003/35/EG passt entsprechend die IVU-Richtlinie[328] an.

Der Gemeinschaftsgesetzgeber hat zur Umsetzung der Vorgaben des Art. 9 Abs. 2 AK einen Art. 10a in die RL 2003/35/EG und den Art. 15a in die IVU-Richtlinie[329] eingefügt. Diese sind nahezu wortgleich zu Art. 9 Abs. 2 AK. Ebenso hat der Gemeinschaftsgesetzgeber die Definitionen der Öffentlichkeit in Art. 2 Abs. 4 AK und der betroffenen Öffentlichkeit in Art. 2 Abs. 5 AK in Art. 1 Abs. 1 UVP-Richtlinie und Art. 2 Nr. 13 und 14 in der IVU-Richtlinie wortgleich übernommen.

Art. 10a RL 2003/35/EG und Art. 15a IVU-Richtlinie greifen wie Art. 9 Abs. 2 AK die verschiedenen Rechtsschutzzugangsmodelle, die in der Europäischen Gemeinschaft vorhanden sind, auf. Voraussetzung für den Zugang zu einem Überprüfungsverfahren ist das Vorliegen eines ausreichenden Interesses (Art. 9 Abs. 2 lit. a) AK) oder alternativ einer Rechtsverletzung (Art. 9 Abs. 2 lit. b) AK), sofern dies eine Voraussetzung des innerstaatlichen Verwaltungsprozessrechts ist. Es besteht mithin ein Gestaltungsspielraum der Mitgliedstaaten dahingehend, festzulegen, was als ausreichendes Interesse oder als Rechtsverletzung gilt. Auch hier gilt jedoch, dass dieser Gestaltungsspielraum durch das Ziel der Konvention und der Richtlinie begrenzt wird, einen möglichst weiten Zugang zu den Überprüfungsverfahren zu gewähren. Zudem besteht dieser Gestaltungsspielraum auch nur im Hinblick auf den Zugang Einzelner zu Überprüfungsverfahren.

---

325 Richtlinie 2001/42/EG des Rates über die Prüfung der Umweltauswirkungen bestimmter Pläne und Programme, ABl. L 197/30.

326 Richtlinie 2000/60/EG des Europäischen Parlaments und des Rates vom 23. Oktober 2000 zur Schaffung eines Ordnungsrahmens für Maßnahmen der Gemeinschaft im Bereich der Wasserpolitik vom 23.10.2000, geändert durch die Entscheidung Nr. 2455/2001/EG vom 15.12.2001, ABl. L 331/1, ABl. L 327/1.

327 RL 85/337/EWG, ABl. L 175/90.

328 RL 2008/1/EG, ABl. L 24/8. Diese wurde durch die „Industrieimmissionsrichtlinie" 2010/75/EG, Abl. L 334/17, abgelöst. Die IED-Richtlinie trat am 6.1.2011 in Kraft und war bis zum 6.1.2013 in nationales Recht umzusetzen.

329 In der letzten Fassung der IVU-Richtlinie 2008/1/EG war der Zugang zu Gerichten in Art. 16 geregelt. Künftig findet sich die Regelung in Art. 25 IED-Richtlinie (RL 2010/75/EU).

Nichtregierungsorganisationen muss aufgrund der Fiktion des Art. 10a Abs. 4 Satz 2 RL 2003/35/EG voraussetzungslos der Zugang zu den Überprüfungsverfahren gewährt werden, wenn sie sich für den Umweltschutz einsetzen und alle nach innerstaatlichem Recht geltenden Voraussetzungen erfüllen.

1. Rügeberechtigte

Rügeberechtigte sind nach Art. 10a RL 2003/35/EG und Art. 15a IVU-Richtlinie Mitglieder der betroffenen Öffentlichkeit. Da Art. 3 Nr. 1 UVP-Richtlinie die Definition der betroffenen Öffentlichkeit aus Art. 2 Abs. 5 AK wortgleich übernommen hat, handelt es sich hierbei zum einen um die von umweltbezogenen Entscheidungsverfahren betroffene oder wahrscheinlich betroffene Öffentlichkeit und zum anderen um Nichtregierungsorganisationen, die sich für den Umweltschutz einsetzen und alle nach innerstaatlichem Recht geltenden Voraussetzungen erfüllen. Den Mitgliedstaaten verbleibt insofern ein Gestaltungsspielraum hinsichtlich der Anerkennungsvoraussetzungen für Nichtregierungsorganisationen. Begrenzt wird dieser Gestaltungsspielraum vom Ziel der RL 2003/35/EG, wie es auch im 4. Erwägungsgrund der Richtlinie und ihrer Zielsetzung zum Ausdruck kommt, nämlich zum einen die Förderung der Beteiligung von Verbänden, die sich für den Umweltschutz einsetzen, und zum anderen die Erfüllung der Pflichten der Arhus-Konvention durch Bestimmungen über den Zugang zu Gerichten.[330]

2. Rügebefugnis

Nach Art. 10a RL 2003/35/EG und 15a IVU-Richtlinie sollen Mitglieder der betroffenen Öffentlichkeit Zugang zu einem Überprüfungsverfahren vor einem Gericht oder einer anderen auf gesetzlicher Grundlage geschaffenen unabhängigen Stelle haben, um die materiellrechtliche und verfahrensrechtliche Rechtmäßigkeit von Entscheidungen, Handlungen oder Unterlassungen anzufechten, für die die Bestimmungen dieser Richtlinie über die Öffentlichkeitsbeteiligung gelten. In der Literatur ist umstritten, ob die Formulierung des Art. 9 Abs. 2 AK und des insoweit wortgleichen Art. 10a RL 2003/35/EG den Mitgliedstaaten einen Gestaltungsspielraum dahingehend einräumt, den Zugang zu Überprüfungsverfahren in ein Verletzten- oder Interessentenklagemodell zu integrieren.

---

330 Vgl. hierzu auch *Gellermann*, Klagerechte, NVwZ 2006, 7, 13 ff., der es aufgrund der Formulierung für ausgeschlossen hält, dass Mitgliedstaaten durch eine restriktive Gestaltung der Anerkennungsbedingungen bereits anerkannten Verbänden die Zugehörigkeit zur betroffenen Öffentlichkeit absprechen.

Nach einer Auffassung sollen die Mitgliedstaaten selbst festlegen können, von welchen Voraussetzungen der Zugang zu Gerichten abhängig gemacht werden kann. Es sei daher zulässig, die Zugangsberechtigung von Nichtregierungsorganisationen auf die Geltendmachung individueller Rechte, wie sie Individuen zustehen, zu beschränken.[331] Wie bereits in diesem Kapitel unter A I. 1. lit. b. ausgeführt, wird eine solche Einschränkung der Rügebefugnis von Nichtregierungsorganisationen dem Regelungsgehalt und dem Ziel der Konvention nicht gerecht.[332] Das Anliegen der Århus-Konvention, wie es sich aus dem Vertragstext ergibt, ist nicht die Besserstellung von nichtstaatlichen Organisationen gegenüber Individualklägern, vielmehr sollen Verbände aufgrund ihrer Sachkompetenz aktiv zur Durchsetzung des Umweltrechts und zur Sicherung eines hohen Umweltschutzniveaus herangezogen werden. Ziel der Århus-Konvention ist der Schutz der Umwelt durch einen besseren Vollzug des Umweltrechts und nicht lediglich der Schutz von Individualrechten. Dies bezieht die Überprüfung objektiven Umweltrechts mit ein. Eine Beschränkung der Klagebefugnis auf die Geltendmachung subjektiver Rechte würde diesem Anliegen der Konvention nicht gerecht werden.[333] Art. 9 Abs. 2 Unterabs. 3 AK und der wortgleiche Art. 10a RL 2003/35/EG sind daher so zu verstehen, dass den Verbänden qua Fiktion verletzungsfähige Rechte verbindlich zugewiesen werden, wie es zur Wahrnehmung ihrer satzungsmäßigen Aufgaben im Rahmen der Konvention erforderlich ist. Dies umfasst auch Normen des objektiven Umweltrechts.[334]

Die Rügebefugnis ist auch nicht auf die gerichtliche Geltendmachung von Beteiligungsrechten begrenzt.[335] Eine solche Einschränkung lässt sich weder dem Wortlaut noch der Zielsetzung oder der Systematik der Vorschriften entnehmen.

---

331 *Danwitz von*, Ausgestaltungsfreiheit, S. 57; *Schmidt-Preuß*, Gegenwart, NVwZ 2005, 489, 495; *Seelig/Gündling*, Verbandsklage, NVwZ 2002, 1033, 1040. Letztere kommen zu dem Ergebnis, es bestehe keine vertragsstaatliche Verpflichtung zur Einführung einer altruistischen Verbandsklage aufgrund der Vorgaben der Århus-Konvention. Dies lässt sich bereits nach dem Wortlaut des Art. 9 AK nicht vertreten. Insoweit unklar *Durner*, Spielräume, in: *Durner/Walter,* Rechtspolitische Spielräume bei der Umsetzung der Århus-Konvention, 64, 74; *Beyerlin*, Schutzpflicht, NJW 1987, 2713 f.; *Durner*, Direktwirkung, ZUR 2005, 285.

332 Da Art. 10a RL 2003/35/EG wortgleich mit Art. 9 Abs. 2 AK ist die Diskussion deckungsgleich. Insofern kann auf die Ausführungen in diesem Kapitel unter A. I. 1. lit. b. verwiesen werden.

333 *Koch*, Verbandsklage, NVwZ 2007, 369, 376; so auch *Müller-Terpitz*, Handlungsmöglichkeiten, AVR 2005, 466, 487.

334 So auch die h. M. siehe Fn. 211.

335 So aber *Danwitz von*, Århus-Konvention, NVwZ 2004, 271, 276.

Umstritten ist ferner, ob die Rügebefugnis auf Vorschriften des gemeinschaftsrechtlichen Umweltrechts beschränkt ist. Obwohl sich dem Wortlaut des Art. 10a Abs. 2 UVP-Richtlinie und Art. 15a Abs. 2 IVU-Richtlinie eine solche Beschränkung nicht entnehmen lässt, rechtfertigt es der Zweck der Richtlinie 2003/35/EG, die Rügebefugnis auf die Einhaltung gemeinschaftsrechtlicher umweltbezogener Vorschriften zu begrenzen.[336] Begründet wird dies vor allem mit dem Zweck der UVP-Richtlinie. Zweck der RL 2003/35/EG ist es, die Umweltqualität und den Schutz der menschlichen Gesundheit durch gemeinschaftliche Umweltvorschriften zu erhalten und zu verbessern; die Wirksamkeit des gemeinschaftlichen Umweltrechts solle durch den Zugang zu Überprüfungsverfahren gestärkt werden. Der 1. und 9. Erwägungsgrund der RL 2003/35/EG nehmen allein auf gemeinschaftliche Umweltvorschriften Bezug. Zu den gemeinschaftlichen Umweltvorschriften zählen das unmittelbar geltende Umweltgemeinschaftsrecht sowie die nationalen Vorschriften des Umweltrechts, die auf Gemeinschaftsrecht beruhen. Eine Begrenzung der Rügebefugnis auf die Verletzung umweltrechtlicher Vorschriften des Gemeinschaftsrechts sowie des nationalen Rechts, die auf Gemeinschaftsrecht beruhen, ist daher gerechtfertigt.[337] Hierfür sprechen auch kompetenzrechtliche Erwägungen, da die Europäische Gemeinschaft im Bereich des Umweltrechts nur über eingeschränkte Rechtsetzungskompetenzen verfügt.[338] Diese Auffassung wird durch den EuGH bestätigt, der in seinem Urteil vom 12.5.2011[339] die Unionrechtswidrigkeit der Umsetzung des Art. 10a UVP-Richtlinie auf die Geltendmachung von Verstößen gegen Vorschriften, die aus dem Umweltrecht der Union hervorgegangen sind, und auf die unmittelbar anwendbaren Vorschriften des Unionsrechts begrenzt. Verstöße gegen Umweltvorschriften, die nicht auf Unionsrecht, sondern ausschließlich auf nationalem Recht beruhen – beispielsweise das Naturschutzrecht – sind nach dem Urteil des EuGH durch nichtstaatliche Umweltorganisationen nicht beklagbar. Der EuGH begründet dies zutreffend mit seiner eingeschränkten Prüfungskompetenz.[340] Bei der innerstaatlichen Umsetzung ist jedoch zu berücksichtigen, dass Art. 9 Abs. 2 AK nicht zwischen gemeinschaftsrechtlichen und nationalen Umweltvorschriften differenziert.[341]

---

336 So *Schlacke*, Rechtsschutz, S. 263; *Gellermann*, Klagerechte, NVwZ 2006, 7, 9; *Durner*, Direktwirkung, ZUR 2005, 285.

337 So *Schlacke*, Rechtsschutz, S. 263.

338 Siehe hierzu auch unter B. II.

339 EuGH, Urteil vom 12.5.2011, Rs. C-115/09, Slg. 2011, I-3673.

340 Siehe hierzu auch im 4. Kapitel B. II.

341 Siehe hierzu im 5. Kapitel, B. II.

3. Rügegegenstand

Rügegegenstand des zu schaffenden Überprüfungsverfahrens sind sämtliche Entscheidungen, Handlungen und Unterlassungen für die nach der RL 2003/35/EG und der IVU-Richtlinie eine Öffentlichkeitsbeteiligung vorgesehen ist. Der Anwendungsbereich des Art. 10a RL 2003/35/EG erstreckt sich auf alle Projekte der Anhänge I und II der RL 2003/35/EG. Der Anwendungsbereich des Art. 15a der IVU-Richtlinie erfasst sämtliche nach der IVU-Richtlinie genehmigungspflichtigen Vorhaben.

4. Ausgestaltung des Überprüfungsverfahrens

Hinsichtlich der Ausgestaltung des Überprüfungsverfahrens enthalten die Art. 10a UVP-Richtlinie und Art. 15a IVU-Richtlinie keine expliziten Vorgaben. Nach Art. 10a UVP-Richtlinie und Art. 15a IVU-Richtlinie ist Ziel des Überprüfungsverfahrens, die materiell- und verfahrensrechtliche Rechtmäßigkeit von Entscheidungen, Handlungen und Unterlassungen anzufechten. Nach Art. 10a Abs. 5 UVP-Richtlinie obliegt es dem Gestaltungsspielraum der Mitgliedstaaten, ob vor dem Überprüfungsverfahren noch ein behördliches Überprüfungsverfahren durchzuführen ist und ob dieses zunächst ausgeschöpft werden muss. Gestaltungsspielräume bestehen daher auch im Hinblick auf Klagefristen, Präklusionsvorschriften, Vorgaben zur Unbeachtlichkeit sowie zur Heilung und Nachbesserung fehlerhafter Verwaltungsentscheidungen. Diese Gestaltungsspielräume werden durch das Ziel der Richtlinie, dem gemeinschaftsrechtlichen Umweltrecht zu einer besseren Durchsetzung zu verhelfen, begrenzt.[342]

5. Prüfungsmaßstab und Kontrolldichte

Art. 10a UVP-Richtlinie und Art. 15a IVU-Richtlinie enthalten keine Einschränkung der Kontrolldichte. Dem Wortlaut nach ist die materiell- und verfahrensrechtliche Rechtmäßigkeit von Entscheidungen, Handlungen und Unterlassungen anzufechten. Eine Beschränkung der Kontrolldichte auf bestimmte Fehler lässt sich dem ebenso wenig entnehmen wie eine Differenzierung zwischen materiell- und verfahrensrechtlichen Fehlern. Insoweit kann auf die Ausführungen unter A I. 1. lit. e und f. verwiesen werden.

---

342 *Schlacke*, Rechtsschutz, S. 269.

6. *Tabellarische Übersicht der Regelungen*

Kriterien	**Regelungsgehalt**
Überprüfungsverfahren	vor einem Gericht und/oder einer anderen auf gesetzlicher Grundlage geschaffenen unabhängigen und unparteiischen Stelle; die Ausgestaltung obliegt den Vertragsparteien: das Verfahren muss fair, gerecht, zügig und nicht übermäßig teuer sein (Art. 10a Abs. 6 UVP-Richtlinie)
Rügeziel	Aufhebung von Entscheidungen bzw. Durchführung von Maßnahmen
Rügeberechtigte	Mitglieder der betroffenen Öffentlichkeit – Art. 2 Nr. 14 RL 2003/35/EG, die von umweltbezogenen Entscheidungsverfahren betroffene oder wahrscheinlich betroffene Öffentlichkeit oder die Öffentlichkeit mit einem Interesse daran; Nichtregierungsorganisationen, die sich für den Umweltschutz einsetzen und alle nach innerstaatlichem Recht geltenden Voraussetzungen erfüllen, haben ein Interesse
Rügebefugnis	Mitglieder der betroffenen Öffentlichkeit, die ein ausreichendes Interesse haben (Art. 10a Abs. 1 lit. a) UVP-Richtlinie) oder alternativ eine Rechtsverletzung geltend machen, sofern das Verwaltungsprozessrecht einer Vertragspartei dies als Voraussetzung fordert (Art. 10a Abs. 1 lit. b) UVP-Richtlinie) Art. 10a Abs. 4 UVP-Richtlinie: Was als ausreichendes Interesse und als Rechtsverletzung gilt, bestimmt sich nach den Erfordernissen innerstaatlichen Rechts und im Einklang mit dem Ziel, der betroffenen Öffentlichkeit im Rahmen dieses Übereinkommens einen weiten Zugang zu Gerichten zu gewähren. Zu diesem Zweck gilt das Interesse jeder nichtstaatlichen Organisation, welche die in Art. 2 Nr. 5 UVP-Richtlinie genannten Voraussetzungen erfüllt, als ausreichend im Sinne des Buchstabens a). Derartige Organisationen gelten auch als Träger von Rechten, die im Sinne des Buchstabens b) verletzt werden können.
Rügegegenstand	sämtliche Entscheidungen, Handlungen und Unterlassungen, für die nach der UVP-Richtlinie und der IVU-Richtlinie eine Öffentlichkeitsbeteiligung vorgesehen ist: Der Anwendungsbereich des Art. 10a erstreckt sich auf alle Projekte der Anhänge I und II der UVP-Richtlinie. Der Anwendungsbereich des Art. 15a erfasst sämtliche nach der IVU-Richtlinie genehmigungspflichtigen Vorhaben.
Prüfungsmaßstab und Kontrolldichte	Überprüfung der materiell- und verfahrensrechtlichen Rechtsmäßigkeit von Entscheidungen, Handlungen und Unterlassungen

Art. 10a UVP-Richtlinie und Art. 15a IVU-Richtlinie haben eine konzeptionelle Wende im deutschen Umweltrecht zur Folge.[343] Insbesondere besteht erheblicher Anpassungsbedarf für das nationale Recht im Hinblick auf die Einführung einer altruistischen umweltrechtlichen Verbandsklage, vor allem im Bereich des Industrieanlagen- und Infrastrukturvorhabenrechts. Nur im Hinblick auf den Zugang Einzelner zu Gerichten bestehe Wahlfreiheit für die Mitgliedstaaten zwischen dem Modell der Interessentenklage und der Verletztenklage. Insoweit kann es bei der deutschen Klagebefugnisdoktrin des § 42 Abs. 2 VwGO verbleiben. Dies gilt jedoch nicht für Nichtregierungsorganisationen. Diesen ist voraussetzungslos Zugang zu Gerichten zu gewähren, sofern sie sich für den Umweltschutz einsetzen und die nach innerstaatlichem Recht geltenden Voraussetzungen erfüllen. Die Rügebefugnis von Nichtregierungsorganisationen darf daher nicht an die Verletzung eines subjektiven Rechts gekoppelt werden. Eine Differenzierung zwischen zur Klage berechtigenden subjektiven öffentlichen Normen und nicht zur Klage berechtigenden Vorsorgevorschriften, Verfahrensvorschriften etc. ist ebenfalls nicht vorgesehen.[344] Gestaltungsspielräume verbleiben den Mitgliedstaaten im Hinblick auf die Regelung des Anerkennungsverfahrens und der Ausgestaltung des Überprüfungsverfahrens. Im Hinblick auf die Kontrolldichte sind ebenfalls erhebliche Änderungen erforderlich. Die dem Wortlaut nach vorgesehene vollständige Überprüfung der materiell- und verfahrensrechtlichen Rechtmäßigkeit von Entscheidungen legt eine vollumfängliche Überprüfung der Rechtsmäßigkeit der Entscheidung anhand des Verfahrens- und materiellen Rechts nahe.[345]

III. Vorschlag für eine Richtlinie über den Zugang zu Gerichten in Umweltangelegenheiten, KOM (2003) 624 endg.

Zur Umsetzung des Art. 9 Abs. 3 AK liegt bislang lediglich ein Richtlinienvorschlag der Europäischen Kommission vom 24.10.2003[346] vor, der bereits zehn

343 Vgl. *Schlacke*, Rechtsschutz, S. 269 unter Bezugnahme auf *Durner*, Direktwirkung, ZUR 2005, 285, 286.

344 *Ekardt*, Gründe, Der Staat 2005, 622; *Ekardt/Pöhlmann*, Klagebefugnis, NVwZ 2005, 532, 534.

345 *Schlacke*, Rechtsschutz, S. 271.

346 KOM (2003) 624 endg. Vgl. zum Ablauf des Rechtsetzungsverfahrens: http://ec.europa.eu/prelex/detail_dossier_real.cfm?CL=de&DosId=186297, letzter Aufruf am 8.12.2013.

Jahre im gemeinschaftlichen Gesetzgebungsverfahren feststeckt.[347] In einem Vermerk des Rates der Europäischen Gemeinschaft vom 10.6.2005 über den Sachstand wird mitgeteilt, die Gruppe „Umwelt“ habe den Vorschlag zuletzt am 3.3.2005 und 22.4.2005 geprüft.[348] Eine Mehrheit der dort vertretenen Delegationen vertrat die Auffassung, dass der Richtlinienvorschlag zum damaligen Zeitpunkt nicht sinnvoll war. Als Gründe wurden angeführt: Der Richtlinienvorschlag sei nicht mehr erforderlich, da die meisten Mitgliedstaaten die Århus-Konvention inzwischen ratifiziert hätten; daher seien die Mitgliedstaaten selbst auch rechtlich verpflichtet, den Anforderungen der Århus-Konvention nachzukommen. Eine Harmonisierung auf Ebene der Gemeinschaft habe keinen Mehrwert, da nach Ansicht der überwiegenden Mehrheit der Mitgliedstaaten die Richtlinie voll und ganz in Einklang mit dem Übereinkommen von Århus stehen sollte und nicht bewiesen sei, dass die Richtlinie eine bessere Anwendung und Durchsetzung der Umweltvorschriften in der Gemeinschaft bewirken würde, ohne dabei den derzeitigen Zugang zu Gerichten in Umweltangelegenheiten in den Mitgliedstaaten einzuschränken.[349] Die letzte Erwähnung des Richtlinienvorschlages findet sich in einer Mitteilung der Europäischen Kommission an das Europäische Parlament und den Rat über die Auswirkungen des Inkrafttretens des Vertrages von Lissabon auf die laufenden interinstitutionellen Beschlussverfahren.[350] Seitdem hat es keine weiteren Entwicklungen im Gesetzgebungsprozess gegeben.

Das Rechtsschutzkonzept des Richtlinienvorschlages über den Zugang zu Gerichten ist mehrstufig aufgebaut. Art. 4 regelt die Klagebefugnis von Mitgliedern der Öffentlichkeit, Art. 5 die Klagebefugnis so genannter qualifizierter Einrichtungen. Die Klagebefugnis der „qualifizierten Einrichtungen“ ist voraussetzungslos ausgestaltet. Nach Art. 5 des RL-Vorschlages sollen „qualifizierte Einrichtungen“ Zugang auch zu einem vorläufigen Rechtsschutz umfassenden Verfahren in Umweltangelegenheiten erhalten, ohne ein ausreichendes Interesse oder eine Rechtsverletzung nachweisen zu müssen, wenn der zu überprüfende Sachverhalt, zu dem ein Verfahren angestrengt wird, in den satzungsgemäßen

347 Die vorliegende Arbeit ist auf dem Stand 30.12.2013. Der Richtlinienvorschlag ist mittlerweile durch die Kommission 2014 offiziell zurückgezogen worden, ABl. C 153 vom 21.5.2014, 3.

348 http://register.consilium.europa.eu/pdf/de/05/st09/st09967.de05.pdf, letzter Aufruf am 8.12.2013.

349 http://register.consilium.europa.eu/pdf/de/05/st09/st09967.de05.pdf; Letzter Aufruf: 8.12.2013.

350 KOM (2009) 665 endg. vom 2.12.2009.

Tätigkeitsbereich und die Überprüfung in das geographische Tätigkeitsgebiet speziell dieser Einrichtung fällt.

Die in Art. 4 geregelte Klagebefugnis von Mitgliedern der Öffentlichkeit sieht vor, dass diese Zugang zu einem Verfahren in Umweltangelegenheiten erhalten, die auch einen vorläufigen Rechtsschutz umfassen, um die verfahrens- oder materiellrechtliche Rechtmäßigkeit von Verwaltungsakten oder der Unterlassung von Verwaltungsakten, die gegen eine Umweltrechtsvorschrift verstoßen, anzufechten, soweit sie ein ausreichendes Interesse haben oder eine Rechtsverletzung geltend machen, wenn das innerstaatliche Verwaltungsprozessrecht dies als Vorbedingung verlangt. Die Klagebefugnis von natürlichen Personen/Mitgliedern der Öffentlichkeit knüpft damit an die Voraussetzungen des innerstaatlichen Rechts an. Der RL-Vorschlag sieht damit in Art. 5 einerseits die Einführung einer umweltrechtlichen Verbandsklage in Form eines objektiven Beanstandungsverfahrens vor, schließt jedoch in Art. 4 die Einführung einer umweltrechtlichen Popularklage aus.

Der RL-Vorschlag ist als Auffangregelung zu den Richtlinien 2003/4/EG und 2003/35/EG ausgestaltet und soll sich ergänzend in das bereits statuierte Rechtsschutzkonzept der Europäischen Gemeinschaft einfügen.

1. Rügeberechtigte

Wie bereits ausgeführt, differenziert Art. 4 zwischen einer Klagebefugnis für Mitglieder der Öffentlichkeit, die ein ausreichendes Interesse an dem Verwaltungsakt oder Unterlassen desselben haben, oder einer Klagebefugnis, die von einer subjektiven Rechtsverletzung abhängig ist, sofern dies das Verwaltungsprozessrecht der Mitgliedstaaten vorsieht, und einer (voraussetzungslosen) Klagebefugnis für sogenannte qualifizierte Einrichtungen. Nach Art. 2 lit. b) bedeutet „Mitglied der Öffentlichkeit" eine oder mehrere natürliche oder juristische Personen sowie nach Maßgabe des innerstaatlichen Rechts die von diesen Personen gebildeten Vereinigungen, Organisationen oder Gruppen. „Qualifizierte Einrichtung" bedeutet nach Art. 2 lit. c) des Richtlinienvorschlages jede Vereinigung, Organisation oder Gruppe, deren Ziel der Umweltschutz ist und die nach dem Verfahren des Art. 9 anerkannt worden ist. Der Richtlinienvorschlag unterscheidet mithin zwischen nach Art. 9 anerkannten Umweltschutzeinrichtungen und anderen Umweltschutzorganisationen. Art. 8 enthält Kriterien für die Anerkennung von qualifizierten Vereinigungen, und Art. 9 regelt das Anerkennungsverfahren.

2. *Rügebefugnis*

Nach Art. 4 haben die Mitgliedstaaten sicherzustellen, dass Mitglieder der Öffentlichkeit Zugang zu Verfahren in Umweltangelegenheiten erhalten, die auch einen vorläufigen Rechtsschutz umfassen, um die verfahrens- oder materiellrechtliche Rechtmäßigkeit von Verwaltungsakten oder der Unterlassung von Verwaltungsakten, die gegen eine Umweltrechtsvorschrift verstoßen, anzufechten, soweit sie (a) ein ausreichendes Interesse haben oder (b) eine Rechtsverletzung geltend machen, wenn das Verwaltungsprozessrecht dies als Vorbedingung verlangt. Die Vorschrift übernimmt damit den Begriff der Öffentlichkeit nach Art. 9 Abs. 2 AK und verknüpft ihn mit den Vorgaben des Art. 9 Abs. 2 AK, der jedoch auf die betroffene Öffentlichkeit und damit auf eine potenzielle Betroffenheit von umweltbezogenen Entscheidungsverfahren abstellt.[351] Eine solche potenzielle Betroffenheit ist nach Art. 4 nicht erforderlich. Die Rügebefugnis von natürlichen Personen und Umweltschutzvereinigungen, die nicht nach Art. 9 des RL-Vorschlages anerkannt sind, wird zwar unter den Vorbehalt des nationalen Rechts gestellt, sie bezieht jedoch die gesamte Öffentlichkeit ein. Eine Begrenzung kann nur durch die Ausgestaltung der Voraussetzungen des ausreichendes Interesses oder der Rechtsverletzung durch die Mitgliedstaaten erfolgen. Eine Verpflichtung zur Einführung einer umweltrechtlichen Popularklage besteht jedoch aufgrund des innerstaatlichen Gestaltungsspielraumes nicht.

Die Klagebefugnis „qualifizierter Einrichtungen" ist in Art. 5 RL-Vorschlag geregelt. Der Begriff der qualifizierten Einrichtung wird durch den RL-Vorschlag neu eingeführt. Die Århus-Konvention und die RL 2003/35/EG verwenden ihn nicht. Hiernach haben die Mitgliedstaaten sicherzustellen, dass die gemäß Art. 9 anerkannten qualifizierten Einrichtungen in dem Mitgliedstaat Zugang zu auch einen vorläufigen Rechtsschutz umfassenden Verfahren in Umweltangelegenheiten erhalten, ohne ein ausreichendes Interesse oder eine Rechtsverletzung nachweisen zu müssen, wenn der zu überprüfende Sachverhalt, zu dem ein Verfahren angestrengt wird, in den satzungsgemäßen Tätigkeitsbereich und die Überprüfung in das geografische Tätigkeitsgebiet speziell dieser Einrichtung fällt. Der Zugang zu dem Überprüfungsverfahren ist mithin unabhängig von der Geltendmachung einer subjektiven Rechtsverletzung oder eines ausreichenden Interesses und wird lediglich durch die Voraussetzungen des Berührtseins im satzungsmäßigen und geographischen Tätigkeitsbereich begrenzt.

Die Differenzierung hinsichtlich der Klagebefugnis für Mitglieder der Öffentlichkeit und für qualifizierte Einrichtungen ist ausweislich der Begründung des

351 *Schwerdtfeger*, Verwaltungsrechtschutz, 2010, S. 291.

Richtlinienvorschlages der Problematik der Kompetenzverteilung im Mehrebenensystem geschuldet. Die Gemeinschaft lehnt die Regelung einer Popularklage aus Gründen der Subsidiarität ebenso wie die Regelung eines Klagerechts gegen Handlungen und Unterlassungen von Privatpersonen ab, da dies nach Ansicht der Europäischen Gemeinschaft einen zu großen Eingriff in den Kompetenzbereich der Mitgliedstaaten bedeutet. Dies ist eines der Kernprobleme im rechtlichen Mehrebenensystem, dem nur durch genaue Abgrenzung der jeweiligen Kompetenzbereiche unter Berücksichtigung der Ziele begegnet werden kann.

3. *Rügegegenstand*

Rügegegenstand können nach Art. 4 Verwaltungsakte oder Unterlassungen von Verwaltungsakten, die gegen Umweltrechtsvorschriften verstoßen, sein. Verwaltungsakt bedeutet nach Art. 2 Nr. 1 lit. d) jede Verwaltungsmaßnahme einer Behörde, die aufgrund des Umweltrechts ergriffen wird, unmittelbar rechtsverbindlich ist und Wirkung nach außen hat. In Art. 2 Nr. 1 lit. g) wird Umweltrecht definiert als eine Rechtsvorschrift der Gemeinschaft zur Umsetzung des Gemeinschaftsrechts, deren Ziel der Schutz oder die Verbesserung der Umwelt, einschließlich der menschlichen Gesundheit und des Schutzes der rationellen Nutzung natürlicher Ressourcen, insbesondere auf den Gebieten des Gewässerschutzes, Lärmschutzes, Bodenschutzes, Luftverschmutzung, Flächenplanung und Bodennutzung, Erhaltung der Natur und biologischen Vielfalt, Abfallwirtschaft, Chemikalien einschließlich Bioziden und Pestiziden, Biotechnologie, sonstige Emissionen, Ableitungen und Freisetzung in die Umwelt, Umweltverträglichkeitsprüfung, Zugang zu Informationen und die Öffentlichkeitsbeteiligung an Entscheidungsverfahren ist. Der Begriff des Umweltrechts ist nach der Erläuterung des RL-Vorschlages allgemein definiert, um entwicklungsoffen und dynamisch zu sein. Der Richtlinienvorschlag sieht damit vor, dass Verletzungen sämtlicher europäischer umweltrechtlicher Vorschriften durch Verwaltungsakte rügefähig sein sollen. Die Einbeziehung rein nationalem Umweltrechts bleibt den Mitgliedstaaten überlassen.

4. *Anerkennungsverfahren*

Der Richtlinienvorschlag regelt in Art. 8 Kriterien für die Anerkennung qualifizierter Einrichtungen und in Art. 9 das Anerkennungsverfahren. Nach Art. 8 muss eine regionale oder lokale Vereinigung, Organisation oder Gruppierung folgende Kriterien erfüllen: (a) es muss sich um unabhängige Rechtspersonen ohne Erwerbscharakter handeln, die den Schutz der Umwelt zum Ziel hat; (b) sie muss organisatorisch so aufgebaut sein, dass sie eine angemessene Verfolgung ihrer satzungsgemäßen Ziele gewährleisten kann; (c) sie muss nach geltendem Recht gegründet worden sein und während eines von dem Mitgliedstaat, in dem sie gegründet wurde, festzulegenden Zeitraums, jedoch nicht mehr als drei Jahre, entsprechend ihrer Satzung aktiv für den Umweltschutz gearbeitet haben; (d) sie muss gemäß den Bestimmungen nach Absatz 3 ihre Jahresabschlüsse für einen von jedem Mitgliedstaat festgelegten Zeitraum von einem zugelassenen Buchprüfer prüfen lassen.

Hinsichtlich des Anerkennungsverfahrens schlägt der RL-Vorschlag zwei mögliche Verfahrensweisen vor, deren Einführung dem Ermessen den Vertragsstaaten überlassen bleiben soll. Art. 9 sieht sowohl ein Vorab-Anerkennungsverfahren als auch ein Ad-hoc-Anerkennungsverfahren vor. Entscheidet sich ein Vertragsstaat für das Vorabanerkennungsverfahren, muss er auch die Möglichkeit einer Ad-hoc-Anerkennung vorsehen.

5. *Ausgestaltung des Überprüfungsverfahren*

Nach Art. 5 RL-Vorschlag soll qualifizierten Einrichtungen Zugang zu einem auch vorläufigen Rechtsschutz umfassenden Verfahren in Umweltangelegenheiten gewährt werden. Art. 2 Nr. 1 lit. f) RL-Vorschlag definiert dabei Verfahren in Umweltangelegenheiten als ein verwaltungsrechtliches oder gerichtliches Überprüfungsverfahren in Umweltangelegenheiten – ausgenommen Strafverfahren – vor einem Gericht oder einer anderen durch Gesetz geschaffenen Einrichtung, das durch eine verbindliche Entscheidung abgeschlossen wird. Das Überprüfungsverfahrens des RL-Vorschlages ist zweistufig ausgestaltet, es besteht die Möglichkeit, vor Klageerhebung ein internes Überprüfungsverfahren nach Art. 6 RL-Vorschlag zu betreiben. Die Betreibung eines solchen internen Überprüfungsverfahrens ist keine Zulässigkeitsvoraussetzung für die Gewährung vorläufigen Rechtsschutzes. Die Ausgestaltung dieses internen Überprüfungsverfahrens ist durch Art. 6 des RL-Vorschlages vorgegeben. Insbesondere enthält der Richtlinienvorschlag konkrete Vorgaben im Hinblick auf die einzuhaltenden Fristen. So soll die Einlegungsfrist nicht kürzer als vier Wochen ab Erlass des Verwaltungsaktes und die Bescheidungsfrist nicht länger als zwölf Wochen nach Eingang des Antrags dauern. Sollte eine Bescheidung innerhalb der zwölf Wochen trotz angemessener Bemühungen nicht möglich sein, so hat die Behörde dies dem Antragssteller unter Angabe von Gründen mitzuteilen. Ebenso hat sie mitzuteilen, wann sie über den Antrag entscheiden will. Entscheidet die Behörde nicht innerhalb der vorgegebenen Fristen oder hält der Antragssteller die Entscheidung nicht für ausreichend, soll der Antragssteller ein gerichtliches Verfahren einleiten können. Gemäß Art. 10 des RL-Vorschlages sollen die

Verfahren objektiv, gerecht, zügig und nicht zu teuer ausgestaltet sein. Die ergangenen Entscheide sind schriftlich bekannt zu geben oder zu erfassen und müssen, wo immer möglich, öffentlich zugänglich gemacht werden. Die Vorgaben des Art. 10 des RL-Vorschlages orientieren sich an den Regelungen des Art. 9 Abs. 4 und 5 AK.

Damit geht der Richtlinienentwurf noch über die Vorgaben des Art. 9 Abs. 2 AK hinaus.[352] Dieser ließ die Durchführung eines verwaltungsbehördlichen Überprüfungsverfahrens noch offen, wohingegen ein solches hier stets vor einer gerichtlichen Überprüfung durchgeführt werden soll. Zudem müssen die Verfahren nach Art. 4 Abs. 1 Satz 1 und Art. 5 Abs. 1 einen vorläufigen Rechtsschutz umfassen, der nicht an eine vorausgehende Überprüfung geknüpft ist. Nach Art. 9 Abs. 4 AK ist vorläufiger Rechtsschutz lediglich sicherzustellen, soweit dies angemessen ist.[353]

6. *Prüfungsmaßstab und Kontrolldichte*

Art. 4 und 5 des RL-Vorschlages enthalten keine Einschränkung der Kontrolldichte. Dem Wortlaut nach ist die materiell- und verfahrensrechtliche Rechtmäßigkeit von Verwaltungsakten und Unterlassungen anzufechten. Eine Beschränkung der Kontrolle auf bestimmte Fehler lässt sich dem ebenso wenig entnehmen wie eine Differenzierung zwischen materiell- und verfahrensrechtlichen Fehlern. Hier besteht ein Gestaltungsspielraum der Mitgliedstaaten, dessen Ausübung jedoch nicht dazu führen darf, dass der Zweck des Überprüfungsverfahrens konterkariert wird.

7. *Tabellarische Übersicht zum Vorschlag für eine Richtlinie über den Zugang zu Gerichten in Umweltangelegenheiten*

Kriterien	**Regelungsgehalt**
Rügeberechtigte	Mitglieder der Öffentlichkeit, definiert in Art. 2 Nr. 1 lit. a) und Qualifizierte Einrichtungen, definiert in Art. 2 Nr. 1 lit. b)
Rügebefugnis	Mitglieder der Öffentlichkeit, die ein ausreichendes Interesse haben (Art. 4 Abs. 1 lit. a)) oder alternativ eine Rechtsverletzung geltend machen, sofern das Verwaltungsprozessrecht einer Vertragspartei dies als Voraussetzung fordert (Art. 4 Abs. 1 lit. b)) Qualifizierte Einrichtungen, ohne ein ausreichendes Interesse oder eine Rechtsverletzung nachweisen zu müssen (Art. 5)

352 *Schwerdtfeger*, Verwaltungsrechtschutz, 2010, S. 290.

353 Ebenda.

Kriterien	Regelungsgehalt
Rügegegenstand	Verwaltungsakte oder Unterlassungen, die gegen eine Umweltrechtsvorschrift verstoßen
Anerkennungsverfahren	Kriterien und Verfahrensart in Art. 9 geregelt
Ausgestaltung des Überprüfungsverfahrens	obliegt den Mitgliedstaaten; dem Verfahren in Umweltangelegenheiten kann ein internes Überprüfungsverfahren vorangestellt werden; konkrete Vorgaben zur Ausgestaltung enthält Art. 6
Prüfungsmaßstab und Kontrolldichte	Überprüfung der materiell- und verfahrensrechtlichen Rechtmäßigkeit oder der Unterlassung von Verwaltungsakten

8. Fazit

Die Erwartungen an den Richtlinienvorschlag und das europäische Gesetzgebungsverfahren waren kurz nach Veröffentlichung des Richtlinienvorschlages hoch. Insbesondere die Frage, ob Art. 9 Abs. 3 AK die Einführung einer umfassenden umweltrechtlichen altruistischen Verbandsklage ermöglicht, war einer der Hauptschwerpunkte der rechtlichen Diskussion auch im europäischen Gesetzgebungsverfahren.[354] Die Diskussionen um Art. 9 Abs. 3 AK und die sich hieraus ergebenden Umsetzungsverpflichtungen für die Europäische Gemeinschaft und die Mitgliedstaaten verebbten jedoch aufgrund der Nichtfortführung des Gesetzgebungsverfahrens.[355] Das Gesetzgebungsverfahren endete nun mit der Rücknahme des Richtlinienvorschlages durch die Europäische Kommission.[356] Damit steht die Umsetzung des Art. 9 Abs. 3 AK auf der Ebene des Gemeinschaftsrechts nach wie vor aus.

354 Bericht des Ausschusses für Umweltfragen, Volksgesundheit und Verbraucherpolitik vom 18.3.2004; Dokument abrufbar unter: http://www.europarl.europa.eu/sides/getDoc.do?pubRef=-//EP//NONSGML+REPORT+A5-2004-0189+0+DOC+PDF+V0//DE, letzter Aufruf am 10.1.2016.

355 Siehe hierzu auch *Schwerdtfeger*, Verwaltungsrechtsschutz, S. 291.

356 ABl. C 153 vom 21.5.2015, 3.

3. Kapitel: Das Umwelt-Rechtsbehelfsgesetz

Der Deutsche Bundestag hat erst eineinhalb Jahre nach Ablauf der Umsetzungsfrist der RL 2003/35/EG am 7.12.2006 das Gesetz über ergänzende Vorschriften zu Rechtsbehelfen in Umweltangelegenheiten zur Umsetzung der Richtlinie 2003/35/EG des Europäischen Parlaments und des Rats vom 26.5.2003 über die Beteiligung der Öffentlichkeit bei der Ausarbeitung bestimmter umweltbezogener Pläne und Programme und zur Änderung der Richtlinien 85/337/EWG und 96/61/EG des Rates in Bezug auf die Öffentlichkeitsbeteiligung und den Zugang zu Gerichten erlassen.[357] Dieses Gesetz sollte neben dem Öffentlichkeitsbeteiligungsgesetz[358] der Anpassung des Bundesrechtes an die Vorgaben der Richtlinie 2003/35/EG dienen. Beide Gesetze sind am 15.12.2006 in Kraft getreten. Damit ist der deutsche Gesetzgeber seiner Umsetzungsverpflichtung aus der Århus-Konvention und der RL 2003/35/EG sehr spät und bekanntlich auch nur ungenügend nachkommen.

Das Umwelt-Rechtsbehelfsgesetz war von Beginn an im Schrifttum bezüglich seiner Europarechtskonformität vor allem im Hinblick auf die schutznormakzessorische Ausgestaltung der Klagebefugnis, aber auch im Hinblick auf die in § 2 Abs. 3 UmwRG geregelte materielle Präklusion sowie die Regelung des § 4 UmwRG zu den Folgen von Verfahrensfehlern umstritten.[359] Der EuGH

357 Gesetz über ergänzende Vorschriften zu Rechtsbehelfen in Umweltangelegenheiten nach der EG-Richtlinie 2003/35/EG (Umwelt-Rechtsbehelfsgesetz) vom 7.12.2006, BGBl. I S. 2816.

358 Gesetz über die Öffentlichkeitsbeteiligung in Umweltangelegenheiten nach der EG-Richtlinie 2003/35/EG vom 9.12.2006, BGBl. I, S. 2819.

359 *Berkemann*, Überleitungsrecht, DVBl. 2010, 1403, 1403; *Berkemann*, Umwelt-Rechtsbehelfsgesetz, NordÖR 2009, 336; *Marty*, Erweiterung, ZUR 2009, 115 ff.; *Niederstadt/Weber*, Verbandsklagen, NuR 2009, 297; *Schumacher*, Umwelt-Rechtsbehelfsgesetz, UPR 2008, 13 f.; *Wegener*, Rechtsschutz, UTR 2008, 319 f.; *Genth*, Umwelt-Rechtsbehelfsgesetz, NuR 2008, 28 f.; *Ekardt/Schenderlein*, Kontrollumfang, NVwZ 2008, 1059; *Calliess*, Vorhabengenehmigung, ZUR 2008, 343 f.; *Ewer*, Rechtsanwendungsfragen, NVwZ 2007, 267 f.; *Koch*, Verbandsklage, NVwZ 2007, 369 f.; *Gassner*, Treuhandklage, NuR 2007, 143; *Kment*, Umwelt-Rechtsbehelfsgesetz, NVwZ 2007, 274 f.; *Radespiel*, Entwicklungen, EurUP 2007, 118 f.; *Schmidt/Kremer*, Umwelt-Rechtsbehelfsgesetz, ZUR 2007, 57 f.; *Ziekow*, Umwelt-Rechtsbehelfsgesetz, NVwZ 2007, 259 f.; *Ziekow*, Verfahrensrecht, NVwZ 2005, 263; *Alleweldt*, Verbandsklage, DÖV 2006, 621; *Versteyl*, Erweiterung, EurUP 2009, 133; *Durner*, Direktwirkung, ZUR 2005, 285 f.; *Schlacke*, Umwelt-Rechtsbehelfsgesetz, NuR 2007, 8 f.; *Schlacke*, Rechtsbehelfe, in: *Schlacke/*

hat mit Urteil vom 12.5.2011 in der Rs. C-115/09 (Trianel-Entscheidung) die Schutznormakzessorietät des § 2 UmwRG für europarechtswidrig erklärt.[360] Die Klagebefugnis anerkannter Umweltorganisationen darf nicht auf die Rüge subjektiv-öffentlicher Rechte beschränkt werden. Der Gesetzgeber hat die Vorgaben der Trianel-Entscheidung mittlerweile durch das UmwRG 2013 umgesetzt.[361] Nun hat auch der EuGH am 7.11.2013 über den Vorlagebeschluss des BVerwG vom 7.1.2012[362] hinsichtlich der Europarechtskonformität des § 4 UmwRG 2006 entschieden.[363] Dies wird weitere Änderungen des UmwRG nach sich ziehen.[364]

Im Folgenden sollen das Gesetzgebungsverfahren und das Umwelt-Rechtsbehelfsgesetz a.F. dargestellt werden, um insbesondere die Entwicklung der stark umstrittenen Vorschriften des § 2 Abs. 1 und § 4 UmwRG a.F. zu verdeutlichen.

A) Die Vorentwürfe zum Umwelt-Rechtsbehelfsgesetz 2006

Der erste Entwurf zur Umsetzung der Århus-Konvention und der Richtlinie 2003/35/EG stammte noch aus der Feder der rot-grünen Bundesregierung vom 21.2.2005.[365] Dieser Entwurf gelangte jedoch aufgrund der politischen Situation im Jahr 2005 nicht in das Gesetzgebungsverfahren. Die rot-grüne Koalition

---

Schrader/Bunge, Informationsrechte, Öffentlichkeitsbeteiligung und Rechtsschutz im Umweltrecht, 377, 444 f.; *Schmidt-Preuß*, Gegenwart, NVwZ 2005, 489 f.; *Danwitz von*, Fragen, DVBl. 2008, 537 f.; *Schrödter*, Aktuelle Entscheidungen zum Umwelt-Rechtsbehelfsgesetz, NVwZ 2009, 157 f.; *Appel*, Subjektivierung von UVP-Fehlern, NVwZ 2010, 473 f.; *Karge*, Umwelt-Rechtsbehelfsgesetz, 1 f.; *Kerkmann*, Umwelt-Rechtsbehelfsgesetz, BauR 2007, 1527 f.; *Knopp*, Öffentlichkeitsbeteiligungsgesetz, ZUR 2005, 281 f.; *Schrödter*, Umweltverbandsklage, LKV 2008, 391 f.; *Schwertner*, Umwelt-Rechtsbehelfsgesetz, EurUP 2007, 124 f.; *Spieth/Appel*, Umfang, NuR 2009, 312 f.; *Spinner*, Verbandsklage, NuR 2011, 335 f.

360 Siehe hierzu ausführlich im 4. Kapitel C. II.

361 Gesetz über ergänzende Vorschriften zu Umweltrechtsbehelfen in Umweltangelegenheiten nach der EG-RL 2003/35/EG vom 7.12.2006, zuletzt geändert durch Art. 1 des Gesetzes zur Änderung des Umwelt-Rechtsbehelfsgesetzes und anderer umweltrechtlicher Vorschriften vom 21.1.2013, BGBl I, S. 95. Siehe hierzu das 5. Kapitel.

362 BVerwG, Beschluss vom 7.1.2012 – 7 C 20/11, zitiert nach juris.

363 Urteil des EuGH vom 7.11.2013 – Rs. C-72/12.

364 Die geänderten Vorschriften werden im Folgenden durch a.F. (Fassung vom 7.12.2006) und n.F. voneinander unterschieden. Die unverändert gebliebenen Vorschriften werden als UmwRG bezeichnet.

365 Entwurf eines Gesetzes über ergänzende Vorschriften zu Rechtsbehelfen in Umweltangelegenheiten nach der Richtlinie 2003/35/EG (Umwelt-Rechtsbehelfsgesetz) vom 21.2.2005, Kabinett-Nr. 15 16 100 01.

brach Anfang 2005 auseinander und der Bundestag wurde Anfang Juli 2005 aufgelöst. Das Gesetzgebungsverfahren zum Umwelt-Rechtsbehelfsgesetz begann damit erst im Jahr 2006 und damit deutlich nach Ablauf der Frist zur Umsetzung der Richtlinie 2003/35/EG (25.6.2005). Die Europäische Kommission hatte bereits im Juni 2006 ein Vertragsverletzungsverfahren gegen die Bundesrepublik eingeleitet. Vor diesem Hintergrund wurde am 30.6.2006 der Entwurf eines Gesetzes über ergänzende Vorschriften zu Rechtsbehelfen in Umweltangelegenheiten nach der Richtlinie 2003/35/EG (Umwelt-Rechtsbehelfsgesetz) vorgelegt, welcher am 4.9.2006 als Gesetzentwurf der neuen (CDU/CSU und SPD) Bundesregierung unter der Bundeskanzlerin *Angela Merkel* in den Bundestag eingebracht wurde.[366]

Die einzelnen Entwürfe unterscheiden sich sowohl im Hinblick auf die vorgeschlagenen Regelungen als auch im Hinblick auf die Begründungen deutlich voneinander. Daher werden im Folgenden die Regelungen und die jeweiligen Begründungen kurz skizziert, um die Veränderungen während des Gesetzgebungsprozesses zu verdeutlichen.

I. Der Gesetzesentwurf vom 21.2.2005

1. Inhalt des Gesetzesentwurfs

Der Gesetzesentwurf der rot-grünen Bundesregierung aus dem Jahr 2005 enthielt einen Vorschlag zur Einführung einer umfassenden umweltrechtlichen Verbandsklage. Der Entwurf enthielt weder im Rahmen der Klagebefugnis noch hinsichtlich des Prüfungsumfanges eine Beschränkung auf die Geltendmachung subjektiver Rechte. Vielmehr sollten sämtliche umweltbezogenen Rechtsvorschriften überprüfbar gemacht werden, eine Entscheidungserheblichkeit der verletzten Rechtsvorschriften sollte hiernach nicht erforderlich sein. Ebenso war kein Anerkennungsverfahren für Verbände vorgesehen.

a. Rügeberechtigte

Nach § 2 Abs. 2 sollte für die Zulässigkeit eines Rechtsbehelfs lediglich Voraussetzung sein, dass der Verein mindestens drei Jahre besteht, nicht nur vorübergehend Ziele des Umweltschutzes fördert, organisatorisch und nach Art und Umfang die Gewähr für eine sachgerechte Aufgabenerfüllung bietet, gemeinnützige Zwecke

366 Entwurf eines Gesetzes über ergänzende Vorschriften zu Rechtsbehelfen in Umweltangelegenheiten nach der RL 2003/35/EG (Umwelt-Rechtsbehelfsgesetz), BT-Drs. 16/2495 vom 4.9.2006.

im Sinne des § 52 AO verfolgt und den Eintritt jeder Person ermöglicht, die die Ziele des Vereins unterstützt. Diese Kriterien orientierten sich am Kriterienkatalog des § 59 Abs. 1 BNatSchG. Die konkrete Ausgestaltung der Voraussetzungen sollte dem Umstand Rechnung tragen, dass nach den europäischen Vorgaben auch ausländische Vereine die Möglichkeit der Einlegung von Rechtsbehelfen haben müssten. Ein behördliches Anerkennungsverfahren, wie in § 59 BNatSchG geregelt, war nicht vorgesehen. Die Anerkennungsvoraussetzungen sollten im Rahmen der Prüfung der Zulässigkeit des Rechtsbehelfes geprüft werden.

b. *Rügebefugnis*

Eine Einschränkung der Rügebefugnis war nicht vorgesehen.

c. *Rügegegenstand*

Der Anwendungsbereich der vorgeschlagenen Verbandsklage sollte alle Vorhaben erfassen, für die eine Pflicht zur Umweltverträglichkeitsprüfung besteht, er sollte weiter alle Zulassungsentscheidungen für Anlagen nach Spalte 1 des Anhangs der 4. BImSchV erfassen, ebenso Erlaubnisse nach §§ 2 und 7 Abs. 1 WHG und entsprechende wasserrechtliche Landesvorschriften sowie Planfeststellungsbeschlüsse für Deponien nach § 31 Abs. 2 KrWAbfG.

d. *Präklusion*

Die Präklusionsvorschrift des § 2 Abs. 4 folgte dem Vorbild des § 61 Abs. 3 BNatSchG und sah vor, dass, sofern der klagende Verein im Verfahren Gelegenheit zur Äußerung hatte, er im Rechtsbehelfsverfahren mit allen Einwendungen ausgeschlossen sein sollte, die er nicht oder nicht rechtzeitig vorgebracht hat.

e. *Kontrolldichte*

Der Gesetzentwurf enthielt keine Bestimmungen zur gerichtlichen Kontrolldichte. Hier sollte es bei der bisherigen höchstrichterlichen Rechtsprechung verbleiben, wonach die gerichtliche Überprüfbarkeit, insbesondere von behördlichen Prognosen und Bewertungen, die technischen oder naturwissenschaftlichen Sachverstand voraussetzen, begrenzt ist.[367] Interessant in diesem Zusammenhang ist, dass dieser Entwurf den Prüfungspunkt der Betroffenheit im satzungsmäßigen Aufgabenbereich im Rahmen der Begründetheit eines Rechtsbehelfs verortete.

---

367 Ebenda, S. 28.

§ 3 des Gesetzentwurfes enthielt Regelungen zu den Folgen von Verfahrensfehlern. Danach sollten bestimmte schwerwiegende Verfahrensfehler bei zukünftigen Zulassungsentscheidungen zur Aufhebung der Entscheidung führen, sofern die entsprechenden Verfahrensschritte nicht nachgeholt und die Verfahrensfehler nicht geheilt werden können. Die vollständige Nichtdurchführung einer rechtlich vorgeschriebenen Umweltverträglichkeitsprüfung oder Vorprüfung des Einzelfalles sollten solche wesentliche Verfahrensfehler darstellen. Zudem sollten wesentliche Verfahrensfehler vorliegen, wenn einzelne Verfahrensschritte der UVP, die nach den für das jeweilige Vorhaben einschlägigen UVP-Vorschriften vorgesehen sind, im konkreten Einzelfall vollständig unterblieben sind.[368] § 3 Abs. 1 Satz 3 sah ausdrücklich auch eine Möglichkeit der Heilung durch Nachholung der aufgetretenen Verletzung vor. Für leichtere Verfahrensfehler sollte es bei der Anwendung des § 46 VwVfG verbleiben. Im Hinblick auf die Regelungen zu den Verfahrensfehlern verwies die Begründung deutlich darauf, dass die Formulierung des Art. 10a RL 2003/35/EG im Widerspruch zur ständigen Rechtsprechung des Bundesverwaltungsgerichtes in Bezug auf die gerichtliche Überprüfbarkeit von Verfahrensfehlern insbesondere bei der Durchführung von Umweltverträglichkeitsprüfungen steht.[369] Vor diesem Hintergrund sollte in § 3 eine gesetzliche Verfahrensfehlerlehre entwickelt werden, mit der für bestimmte schwerwiegende Verfahrensfehler bei zukünftigen Zulassungsentscheidungen gesetzlich festgelegt werden sollte, dass diese Fehler zur Aufhebung der Entscheidung führen können, sofern die entsprechenden Verfahrensschritte nicht nachgeholt und damit die Verfahrensfehler geheilt werden.[370]

---

368 Das bezog sich auf die Vorlage der vorgeschriebenen Unterlagen über die Umweltauswirkungen des Vorhabens (§ 6 UVPG), auf die vorgeschriebene Behördenbeteiligung (§ 7 UVPG), auf die möglicherweise erforderliche grenzüberschreitende Behörden- und Öffentlichkeitsbeteiligung (bspw. §§ 8, 9a UVPG), auf die Beteiligung der inländischen Öffentlichkeit (§ 9 UVPG) sowie auf die Bewertung der Umweltauswirkungen des Vorhabens (§ 12 UVPG).

369 Nach Art. 10a der RL 2003/35/EG kann die *„Überprüfung der **materiellrechtlichen** und **verfahrensrechtlichen** Rechtmäßigkeit einer Zulassungsentscheidung für ein UVP-pflichtiges Vorhaben beantragt werden“.*

370 Entwurf eines Gesetzes über ergänzende Vorschriften zu Rechtsbehelfen in Umweltangelegenheiten nach der EG-Richtlinie 2003/35/EG (Umwelt-Rechtsbehelfsgesetz) vom 21.2.2005, Kabinett-Nr. 15 16 100 01, S. 26.

f. Tabellarische Übersicht zum Gesetzentwurf der rot-grünen Bundesregierung

Kriterien	**Regelungsgehalt**
Statthafte Klagearten	Anfechtungsklage
Rügeberechtigte	Vereine Nach § 2 Abs. 2 müssen bestimmte Voraussetzungen erfüllt sein, damit der Rechtsbehelf zulässig ist (ähnlich § 59 BNatSchG): - der Verein muss dauerhaft Ziele des Umweltschutzes fördern, - zum Zeitpunkt der Einlegung des Rechtsbehelfs drei Jahre bestehen und im Umweltschutz tätig gewesen sein, - die Gewähr für eine sachgerechte Aufgabenerfüllung bieten, - gemeinnützige Ziele nach § 52 AO verfolgen, - jedermann eine Mitgliedschaft ermöglichen. Ein anerkannter Naturschutzverein erfüllt diese Voraussetzungen qua Fiktion. Das Vorliegen der Voraussetzungen wird vermutet, wenn der Verein innerhalb der letzten drei Jahre einen zulässigen Rechtsbehelf eingelegt hat.
Rügebefugnis	Unabhängig von der Geltendmachung subjektiver Rechte kann die Verletzung sämtlicher umweltbezogener Vorschriften gerügt werden; eine Verletzung eigener Rechte ist nicht erforderlich.
Rügegegenstand	Vorhaben, für die eine UVP erforderlich ist, Anlagen nach Spalte 1 der 4. BImSchV, Erlaubnisse nach §§ 2, 7 Abs. 1 WHG, entsprechende wasserrechtliche Landesvorschriften, Planfeststellungsbeschlüsse für Deponien nach § 31 Abs. 2 KrWAbfG
Anerkennungsverfahren	kein Anerkennungsverfahren
Verwirkung/ Präklusion	Ausschluss mit allen Einwendungen, die der Verein im UVP-Verfahren nicht oder nicht rechtzeitig geltend gemacht hat, aber hätte geltend machen können
Fristen	Jahresfrist für die Einlegung von Widerspruch und Klage ab Kenntnisnahme von der Entscheidung oder Möglichkeit der Kenntnisnahme; für Bebauungspläne gilt § 47 Abs. 2 Satz 1 VwGO
Kontrolldichte/ Prüfungsmaßstab	Prüfung sämtlicher umweltbezogener Rechtsvorschriften; bei Bebauungsplänen, soweit die Festsetzungen die Zulässigkeit eines UVP-pflichtigen Vorhabens begründen: Prüfung sämtlicher umweltbezogener Vorschriften
Betroffenheit im satzungsgemäßen Aufgabenbereich	Der Verein muss durch die Entscheidung oder ihr Unterlassen in seinem satzungsmäßigen Aufgabenbereich, der Förderung von Zielen des Umweltrechts berührt sein.

Kriterien	**Regelungsgehalt**
Verfahrensfehler	Die Aufhebung der Entscheidung kann verlangt werden, wenn wesentliche Verfahrensvorschriften verletzt sind. Wesentliche Verfahrensvorschriften sind verletzt, wenn: - eine erforderliche UVP, - eine erforderliche Vorprüfung des Einzelfalles oder - eine oder mehrere vorgeschriebene Verfahrensschritte der UVP (Vorschriften über die Auslage, Behördenbeteiligung, Öffentlichkeitsbeteiligung) nicht durchgeführt worden sind. § 45 Abs. 2 VwVfG bleibt unberührt. Bei Bebauungsplänen gelten die §§ 214, 215 BauGB. Erstreckung auf Rechtsbehelfe von Beteiligten nach 61 Nr. 1 und 2 VwGO.
Verhältnis zur naturschutzrechtlichen Verbandsklage	schließt die Anwendung von 61 Abs. 1 Satz 1 Nr. 2 BNatSchG aus

2. Die Begründung des Gesetzesentwurfes

Ausweislich der Begründung sollte der Gesetzesentwurf an das bestehende deutsche Rechtsbehelfssystem der Verwaltungsgerichtsordnung anknüpfen. Der Rechtsschutz natürlicher und juristischer Personen sollte sich weiterhin nach den Vorgaben der VwGO richten, also von der Geltendmachung und dem Vorliegen einer Verletzung eigener Rechte des Klägers im Sinne von §§ 42 Abs. 2, 113 Abs. 1 Satz 1 VwGO abhängen. Die wesentliche Neuregelung sollte die erweiterte Einführung einer Verbandsklage zur Überprüfung umweltrechtlicher Zulassungsentscheidungen für Industrieanlagen und Infrastrukturmaßnahmen sein. Die Begründung nennt als Vorbilder die Verbandsklage im Naturschutz-, im Wirtschafts- und Verbraucherschutz- sowie im Behindertenrecht und erwähnt den Vorschlag für eine umweltrechtliche Verbandsklage in § 45 des Sachverständigen-Entwurfs. Diese Vorbilder seien auf Grund der Vorgaben von Art. 9 AK und der Richtlinie 2003/35/EG zu ergänzen.

Aus der Begründung des Gesetzesentwurfes wird deutlich, dass die Entwurfsverfasser dem Rechtsinstitut der umweltrechtlichen Verbandsklage gegenüber grundsätzlich positiv eingestellt waren. So wurden die Folgen der Einführung der umweltrechtlichen Verbandsklage insgesamt als positiv bewertet. So heißt es, dass die Regelungen zwar einen zusätzlichen geringfügigen Arbeitsaufwand bei den Gerichten erzeugen könnten, dieser jedoch im Rahmen der vorhandenen Kapazitäten aufgefangen werden könnte. Mit einer übermäßig starken Zunahme von Klagen sei nicht zu rechnen. Insbesondere sei zu erwarten, dass es mittelfristig zu einer Abnahme von Klagen Privater kommen werde, da sich deren potentielle Klageerhebung bei Vereinen bündeln werde. Wegen der Sachkunde der Verbände und der dadurch fachgerechten Vorbereitung der Verfahren hielten die Entwurfsverfasser sogar eine Entlastung der Gerichte für möglich. Die Begründung in diesem Zusammenhang war deutlich positiv, so heißt es:[371]

> *„Die Regelungen in dem Gesetz über ergänzende Vorschriften zu Rechtsbehelfen in Umweltangelegenheiten nach der EG-Richtlinie 2003/35/EG können einen zusätzlichen geringfügigen Arbeitsaufwand bei Gerichten erzeugen, der aber im Rahmen der vorhandenen Kapazitäten aufgefangen werden kann. Auf Grund der Einführung einer umweltrechtlichen Verbandsklage durch das vorliegende Gesetz ist nicht mit einer übermäßig starken Zunahme von Klagen zu rechnen. Die Erfahrungen mit Vereinsklagen im deutschen Recht und insbesondere mit der umweltrechtlichen Vereinsklage in den Bundesländern sowie in anderen Mitgliedstaaten der Europäischen Union belegen, dass Befürchtungen, die Vereinsklage führe zu einer starken Zunahme von Prozessen, sich nicht bestätigt haben. Es ist eher zu beobachten, dass sich die Vereine mit Bedacht diejenigen Fälle auswählen, in denen sie Klage erheben. Hierbei wird meist ein Schwerpunkt auf die Erfolgschancen und auf die Qualität und Schwere der möglichen Umweltbeeinträchtigungen gesetzt. Zudem ist grundsätzlich davon auszugehen, dass durch die Erhebung von Gerichtsgebühren eine Kostendeckung erreicht wird. Es ist demgegenüber zu erwarten, dass die Einführung der umweltrechtlichen Vereinsklage mittelfristig zu einer Entlastung der Gerichte führen wird. Dies beruht darauf, dass durch die Vereinsklage ein Teil von potentiellen Klagen Privater gebündelt werden dürfte und damit eine Vereinsklage an Stelle mehrerer Einzelklagen von Privaten treten wird. Dies wird eine Reduzierung der Anzahl von Klagen Privater bewirken. Klagen von Vereinen zeichnen sich zudem häufig durch hohe Sachkunde und eine fachgerechte Vorbereitung der Verfahren aus. Auch dies kann zu einer Beschleunigung von Verfahren beitragen. Die Vereinsklage kann zudem mittelfristig auch eine präventive Wirkung entfalten, weil Behörden im Hinblick auf die Klagemöglichkeiten von Vereinen im Rahmen ihrer ordnungsgemäßen Verwaltungstätigkeit noch mehr Wert auf transparente Entscheidungen und die Vermittlung dieser Entscheidungen gegenüber der Öffentlichkeit legen werden. Dies kann zu einer Steigerung der Akzeptanz und somit ebenfalls zur Vermeidung von Klagen beitragen."*

3. *Fazit*

Der Gesetzesentwurf lässt deutlich erkennen, dass die Entwurfsverfasser einer umweltrechtlichen Verbandsklage positiv gegenüberstanden. Sie gehen ausweislich der Gesetzesbegründung davon aus, dass die Verbandsklage zu „richtigeren" Entscheidungen im Bereich des Umweltrechts beitragen wird und eine Prozessflut und Überlastung der Gerichte und damit einhergehend eine Verlängerung

---

371 Ebenda, S. 2 und S. 17.

der Verfahrensdauer nicht zu befürchten ist. Die Entwurfsverfasser sahen eine generelle umweltrechtliche Verbandsklage im Bereich der Zulassungsentscheidungen vor, eine Einschränkung war weder im Rahmen der Klagebefugnis noch bei der Frage des Prüfungsmaßstabes und der Kontrolldichte vorgesehen. Aus der Begründung wird deutlich, dass bereits 2005 ein Bewusstsein für den Widerspruch zwischen dem Wortlaut des Art. 10a RL 2003/35/EG und der Kausalitätsrechtsprechung des Bundesverwaltungsgerichtes vorhanden war. Aus diesem Grund wurde versucht, eine Verfahrensfehlerfolgenlehre gesetzlich zu fundieren. Wie bereits ausgeführt, gelangte dieser Gesetzesentwurf aufgrund der Auflösung des Bundestages nicht mehr in das Gesetzgebungsverfahren. Mit den Neuwahlen im Jahr 2005 waren ein politischer Richtungswechsel und damit auch eine Veränderung der rechts- und umweltpolitischen Sichtweisen verbunden. Eine umfassende Verbandsklage im Umweltrecht erschien nicht mehr angebracht.

II. Der Gesetzesentwurf vom 4.9.2006

1. Der Inhalt des Gesetzesentwurfes

Der in den Bundestag eingebrachte Gesetzesentwurf vom 4.9.2006 sah eine Beschränkung sowohl der Klagebefugnis auf die Geltendmachung subjektiver Rechte[372] als auch des Prüfprogrammes auf die Prüfung der Verletzung umweltrechtlicher Schutznormen vor. Zudem wurde die weitere Voraussetzung eingefügt, dass die gerügte Verletzung von Bedeutung für die Entscheidung gewesen sein muss. § 3 des Entwurfes sah die Einführung eines Anerkennungsverfahrens vor, dessen Voraussetzungen sich ebenfalls am Katalog des § 59 BNatSchG orientierten. § 4 regelte die Folge von Verfahrensfehlern und sah eine Beschränkung der zur Aufhebung einer Entscheidung führenden Verfahrensfehler auf wesentliche, nicht heilbare Verfahrensfehler vor. Um wesentliche Verfahrensfehler sollte es sich hiernach nur noch bei einem Totalausfall einer erforderlichen

372 Maßgeblich für die Beschränkung auf die Geltendmachung subjektiver Rechte war offenbar das Gutachten, das *Thomas von Danwitz* im Auftrag der Vereinigung der deutschen Elektrizitätswirtschaft angefertigt hatte. Das Gutachten stieß im rechtswissenschaftlichen Schriftum ganz überwiegend auf Ablehnung. Es wurde als unvertretbar in seiner Argumentation, als „spitzfindig und abenteuerlich“ bezeichnet. Vgl. hierzu: *Berkemann*, Umwelt-Rechtsbehelfsgesetz, NordÖR 2009, 336, 338; *Koch*, Verbandsklage, NVwZ 2007, 369, 378; *Durner*, Spielräume, in: *Durner/Walter*, Rechtspolitische Spielräume bei der Umsetzung der Århus-Konvention, 64, 81; *Wegener*, Rechtsschutz, UTR 2008, 319, 341; *Berkemann*, Umweltverbandsklage, DVBl. 2011, 1253, 1258; *Breuer*, Klagebefugnis, DV 2012, 170, 180.

Umweltverträglichkeitsprüfung oder einer erforderlichen Vorprüfung des Einzelfalles handeln. Die Präklusionsvorschrift entsprach der des vorangegangenen Entwurfes. Auf eine ausführliche Darstellung der einzelnen Regelungsvorschläge wird an dieser Stelle verzichtet, da sich die Regelungen im Umwelt-Rechtsbehelfsgesetz 2006 überwiegend wiederfinden und dort näher dargestellt werden.[373]

2. Tabellarische Übersicht des Gesetzesentwurfes vom September 2006

Kriterien	**Regelungsgehalt**
Statthafte Klagearten	Anfechtungsklage und Feststellungsklage in Bezug auf behördliche Aufsichtsmaßnahmen
Rügeberechtigte	ein nach § 3 anerkannter Verein oder aber ein Verein, der - bei Einlegung des Rechtsbehelfs die Anerkennungsvoraussetzungen erfüllt, - einen Antrag auf Anerkennung gestellt hat und über den aus Gründen, die der Verein nicht zu vertreten hat, noch nicht entschieden ist
Rügebefugnis	unabhängig von der Geltendmachung einer eigenen Rechtsverletzung; rügefähig sind jedoch nur Rechtsvorschriften, die dem Umweltschutz dienen, Rechte Einzelner begründen und für die Entscheidung von Bedeutung sein können
Rügegegenstand	Vorhaben, für die eine UVP erforderlich ist, Anlagen nach Spalte 1 der 4. BImSchV, Erlaubnisse nach §§ 2, 7 Abs. 1 WHG, entsprechende wasserrechtliche Landesvorschriften, Planfeststellungsbeschlüsse für Deponien; §§ 15 Abs. 5 u. 16 Abs. 3 UVP und § 44 a VwGO bleiben unberührt; § 1 Abs. 1 Satz 1 und 2 gelten nicht, wenn eine Entscheidung in einem gerichtlichen Streitverfahren erlassen wurde
Anerkennungsverfahren	der Verein: - fördert dauerhaft Ziele des Umweltschutzes, - besteht mindestens drei Jahre, - bietet die Gewähr für eine sachgerechte Aufgabenerfüllung, - verfolgt gemeinnützige Zwecke im Sinne von § 52 AO, - ermöglicht jedermann eine Mitgliedschaft; in der Anerkennung ist der satzungsmäßige Aufgabenbereich genau zu bezeichnen; ein anerkannter Naturschutzverein erfüllt diese Voraussetzungen qua Fiktion, die Anerkennung wird durch das UBA ausgesprochen

373 Siehe hierzu unter B.

Kriterien	Regelungsgehalt
Betroffenheit im satzungsgemäßen Aufgabenbereich	Die gerügte Verletzung muss Belange des Umweltschutzes berühren, die zu den von der Vereinigung nach ihrer Satzung zu fördernden Zielen gehören.
Verwirkung/ Präklusion	Ausschluss mit allen Einwendungen, die der Verein im UVP-Verfahren nicht oder nicht rechtzeitig geltend gemacht hat, aber hätte geltend machen können
Fristen	Jahresfrist für die Einlegung von Widerspruch und Klage ab Kenntnisnahme von der Entscheidung oder Möglichkeit der Kenntnisnahme; für Bebauungspläne gilt § 47 Abs. 2 Satz 1 VwGO
Kontrolldichte/ Prüfungsmaßstab	lediglich Prüfung von umweltbezogenen Schutznormen, die für die Entscheidung von Bedeutung sind; bei Bebauungsplänen, die die Zulässigkeit eines UVP-pflichtigen Vorhabens begründen, Prüfung von umweltbezogenen Schutznormen
Verfahrensfehler	Aufhebung einer Entscheidung kann verlangt werden, wenn wesentliche Verfahrensvorschriften verletzt worden sind und der Verfahrensfehler nicht geheilt werden kann. Wesentliche Verfahrensfehler sind verletzt, wenn: - eine erforderliche UVP - oder eine erforderliche Vorprüfung des Einzelfalles nicht durchgeführt worden sind. § 45 Abs. 2 VwVfG bleibt unberührt, ebenso die Möglichkeit der Aussetzung des Gerichtsverfahrens zur Heilung des Verfahrensfehlers. Bei Bebauungsplänen gelten die §§ 214, 215 BauGB. Erstreckung auf Rechtsbehelfe von Beteiligten nach § 61 Nr. 1 und 2 VwGO. § 4 soll lex specialis zu § 46 VwVfG sein, im Übrigen soll § 46 VwVfG für leichtere Verfahrensfehler Anwendung finden.
Verhältnis zur naturschutzrechtlichen Verbandsklage	§ 61 BNatSchG als lex specialis, beide Klagemöglichkeiten bestehen nebeneinander.

3. *Die Begründung des Gesetzesentwurfes*

Die Begründung dieses Gesetzesentwurfes übernimmt die Begründung des Entwurfes vom 21.2.2005 teilweise wörtlich, weicht in den Wertungen jedoch deutlich hiervon ab. Eine Begründung für die Begrenzung auf die Geltendmachung subjektiver Rechtsvorschriften enthielt die Gesetzesbegründung nicht. Das Erfordernis der Entscheidungserheblichkeit der als verletzt gerügten

Vorschrift wurde damit begründet, dass vermieden werden sollte, dass entscheidungsirrelevante Aspekte zum Gegenstand des Streitstoffes im Rechtsbehelfsverfahren gemacht werden können. Die Gesetzesbegründung bezieht sich im Hinblick auf die Regelung der Verfahrensfehler auf das Urteil des EuGH vom 7.1.2004 in der Rechtssache Delena Wells.[374] Sie greift aus dem vorangegangenen Gesetzesentwurf den erkannten Widerspruch zur ständigen Rechtsprechung des Bundesverwaltungsgerichts im Hinblick auf die Folgen von Verfahrensfehlern auf und zieht diesen als Rechtfertigung für die Beschränkung der rügbaren Verfahrensfehler, die zur Aufhebung einer Entscheidung führen können, auf den Totalausfall einer erforderlichen UVP bzw. der Vorprüfung des Einzelfalles heran. Die Frage einer möglichen Europarechtswidrigkeit des § 4 UmwRG greift die Begründung nicht auf.

Der Gesetzgeber ging in der Gesetzesbegründung nach wie vor davon aus, dass mit einer übermäßig starken Zunahme von Klagen nicht gerechnet werden müsse.[375] Die Begründung fällt in diesem Zusammenhang jedoch deutlich verhaltener aus. So heißt es nun:

> *„Die Regelungen in dem Gesetz über ergänzende Vorschriften zu Rechtsbehelfen in Umweltangelegenheiten nach der EG-Richtlinie 2003/35/EG können einen zusätzlichen ~~geringfügigen~~ Arbeitsaufwand bei Gerichten erzeugen, der aber im Rahmen der vorhandenen Kapazitäten aufgefangen werden kann,* ***nach den bestehenden Erfahrungen mit Vereinsklagen im deutschen Recht und im internationalen Vergleich wird mit einer übermäßig starken Zunahme von Klagen nicht gerechnet werden müssen.*** *~~Auf Grund der Einführung einer umweltrechtlichen Verbandsklage durch das vorliegende Gesetz ist nicht mit einer übermäßig starken Zunahme von Klagen zu rechnen. Die Erfahrungen mit Vereinsklagen im deutschen Recht und insbesondere mit der umweltrechtlichen Vereinsklage in den Bundesländern sowie in anderen Mitgliedstaaten der Europäischen Union belegen, dass Befürchtungen, die Vereinsklage führe zu einer starken Zunahme von Prozessen, sich nicht bestätigt haben.~~ Es ist eher zu beobachten, dass sich die Vereine mit Bedacht diejenigen Fälle auswählen, in denen sie Klage erheben. Hierbei wird meist ein*

374 Rs. C-201/02, Slg. 2004, I-723, Vorabentscheidungsverfahren Delena Wells gegen Vereinigtes Königreich. Hiernach können sich Einzelne unter Umständen auf Bestimmungen der UVP-Richtlinie berufen, die zuständigen Behörden seien verpflichtet, im Rahmen ihrer Zuständigkeiten alle allgemeinen und besonderen Maßnahmen zu ergreifen, um dem Unterlassen der Umweltverträglichkeitsprüfung eines Projektes im Sinne der UVP-Richtlinie abzuhelfen. Im Rahmen des Äquivalenz- und Effektivitätsprinzips sei es Sache der nationalen Gerichte festzustellen, ob nach nationalem Recht die Möglichkeit besteht, eine bereits erteilte Genehmigung zurückzunehmen oder auszusetzen, um dieses Projekt einer Umweltverträglichkeitsprüfung zu unterziehen.

375 BT-Drs. 16/2495 vom 4.9.2006, S. 2.

Schwerpunkt auf die Erfolgschancen und auf die Qualität und Schwere der möglichen Umweltbeeinträchtigungen gesetzt. Zudem ist grundsätzlich davon auszugehen, dass durch die Erhebung von Gerichtsgebühren eine Kostendeckung erreicht wird.

Es ist zudem möglich, dass durch die Vereinsklage ein Teil potentieller Klagen Privater gebündelt werden *Es ist demgegenüber zu erwarten, dass die Einführung der umweltrechtlichen Vereinsklage mittelfristig zu einer Entlastung der Gerichte führen wird. Dies beruht darauf, dass durch die Vereinsklage ein Teil von potentiellen Klagen Privater gebündelt werden dürfte und damit eine Vereinsklage an Stelle mehrerer Einzelklagen von Privaten treten wird. Dies* ***würde*** *eine Reduzierung der Anzahl von Klagen Privater bewirken. Klagen von Vereinen zeichnen sich zudem häufig durch hohe Sachkunde und eine fachgerechte Vorbereitung der Verfahren aus. Auch dies kann zu einer Beschleunigung von Verfahren beitragen. Die Vereinsklage kann zudem mittelfristig auch eine präventive Wirkung entfalten, weil Behörden im Hinblick auf die Klagemöglichkeiten von Vereinen im Rahmen ihrer ordnungsgemäßen Verwaltungstätigkeit noch mehr Wert auf transparente Entscheidungen und die Vermittlung dieser Entscheidungen gegenüber der Öffentlichkeit legen werden. Dies kann zu einer Steigerung der Akzeptanz und somit ebenfalls zu Vermeidung von Klagen beitragen.*“[376] (Hervorhebungen und Durchstreichungen sind von der Verfasserin eingefügt worden, um Änderungen zum vorangegangenen Entwurf hervorzuheben.)

4. *Fazit*

Die vormals vorhandene positive Wertung der umweltrechtlichen Verbandsklage im Entwurf vom 21.2.2005 fällt nun deutlich zurückhaltender aus. Die positiven Effekte der Verbandsklage werden ebenfalls weniger optimistisch bewertet. Die Rügebefugnis von Verbänden und der Prüfungsmaßstab werden, ohne eine gesonderte Begründung hierfür zu geben, auf die Geltendmachung der Verletzung subjektiver Rechte beschränkt und damit deutlich eingegrenzt. Hinsichtlich des § 4 UmwRG werden die bestehenden Widersprüche zu Art. 10a RL 2003/35/EG erkannt, als Konsequenz wird versucht, die bisherige Verfahrensfehlerlehre beizubehalten und diese nur um zwei sogenannte „wesentliche“ Verfahrensfehler zu ergänzen. Die Frage, ob der vorgeschlagene § 4 europarechtswidrig sein könnte, wird nicht erörtert.

III. Der Verlauf des Gesetzgebungsverfahrens

Das Gesetzgebungsverfahren war von hohem Zeitdruck geprägt. Die Bundesregierung hatte den Gesetzesentwurf vom 4.9.2006 gemäß Art. 76 Abs. 2 GG als eilbedürftig gekennzeichnet, da die Europäische Kommission gegen Deutschland

376 BT-Drs. 16/2495 vom 4.9.2006, S. 9 f.

bereits ein Vertragsverletzungsverfahren wegen der Nichtumsetzung der Richtlinie 2003/35/EG eingeleitet hatte.[377] Bereits in der ersten Beratung des Gesetzesentwurfes wurde deutlich, dass die wesentlichen Problempunkte und deren möglichen Konsequenzen bekannt waren.

So erklärte der damalige Bundesminister für Umwelt, Naturschutz und Reaktorsicherheit *Sigmar Gabriel* (SPD)[378], dass es wünschenswert gewesen wäre, den Umweltverbänden ein generelles Klagerecht einzuräumen. Die Begrenzung der rügefähigen Normen auf Individualrechte beinhalte ein europarechtliches Risiko. Er wies jedoch zugleich daraufhin, dass er Verständnis für die Position der Bundesregierung habe, nach der eine konsequente Gleichstellung von Umweltschutzvereinigungen und natürlichen Personen gewollt sei.[379] Die SPD-Fraktion bezeichnete gleichwohl die Regelung zur Verfahrensfehlerlehre als einen Meilenstein, weil nunmehr erstmals gesetzlich festgeschrieben würde, dass es bei bestimmten Verfahrensfehlern zu einer Aufhebung der Entscheidung komme. Dies werde eine elementare Änderung der Rechtsprechung des Bundesverwaltungsgerichtes zur Folge haben.[380] Sie wies zudem darauf hin, es sei wenig sinnvoll, ein Gesetz zu verabschieden, das ein neues Vertragsverletzungsverfahren zur Folge haben würde. Im Hinblick auf die Ziele des Gesetzes sei daher die Beschränkung auf die Geltendmachung drittschützender Rechte nicht sinnvoll; zudem sei vor dem Hintergrund der europäischen Rechtsprechung zur Verfahrensfehlerlehre auch die Regelung der Verfahrensfehler noch einmal zu überdenken.

Die FDP-Fraktion befürwortete ein klar definiertes Verbandsklagerecht im Umweltrecht als Ergänzung zum Individualrechtsschutz. Kritisiert wurde jedoch die Ausgestaltung der Verbandsklage und es wurden Befürchtungen geäußert, dass für die Entscheidung irrelevante Aspekte zum Streitgegenstand gemacht werden könnten. Die Regelung des § 4 wurde als völlig misslungen kritisiert. Die Regelung sei zu unbestimmt und zu weitgehend.[381]

Die CDU/CSU-Fraktion wertete es als großen Erfolg, dass die Regelung des ursprünglichen Gesetzesentwurfes, wonach keine Anforderungen an die

377 Das Vertragsverletzungsverfahren ist in den §§ 258–260 AEUV geregelt. Rechtsfolge eines vor dem EuGH anhängigen Vertragsverletzungsverfahrens kann die Verhängung eines Zwangs- oder Bußgeldes sein.

378 Sigmar Gabriel war vom 22.11.2005 bis 27.10.2009 Bundesminister für Umwelt, Naturschutz und Reaktorsicherheit.

379 Sitzungsprotokoll der 51. Sitzung des Deutschen Bundestages vom 21.9.2006; Plenarprotokoll 16/51, S. 4989.

380 Ebenda, S. 4993.

381 Ebenda, S. 4989.

klagenden Verbände gestellt wurden, korrigiert werden konnte und nun Bürgerinitiativen nicht klagebefugt sind. Ansonsten sprach sich die CDU/CSU-Fraktion mehrfach für eine sogenannte Eins-zu-eins-Umsetzung aus und verwies darauf, dass diesbezüglich noch weiterer Beratungsbedarf bestehe.

Stark kritisiert wurde der Gesetzesentwurf von den LINKEN und von BÜNDNIS 90/DIE GRÜNEN. Diese kritisierten, die Bundesregierung bleibe mit den vorgeschlagenen Regelungen europäisches Schlusslicht, die vorgelegten Gesetzesentwürfe würden weder die Bürgerbeteiligung noch den Zugang zu Gerichten verbessern. Der Spielraum bei der Umsetzung der Richtlinien sei über die Grenzen des rechtlich Zulässigen hinaus ausgereizt.[382]

Die Stellungnahme des Bundesrates vom 12.10.2006 enthielt diverse Änderungsvorschläge, denen in der Gegenäußerung der Bundesregierung sämtlich nicht zugestimmt wurde.[383] Deutlich wurde, dass der Bundesrat eine verdeckte Erweiterung des Rechtsschutzes von Umweltschutzvereinigungen gegenüber dem Individualrechtsschutz befürchtete und daher weitere einschränkende Regelungsvorschläge unterbreitete. So wurde die Regelung eines direkten Zusammenhangs zwischen Rechtswidrigkeit und Verletzung drittschützender Normen gefordert. Bereits im Rahmen der Zulässigkeit sollte geprüft werden, ob überhaupt die konkrete Möglichkeit bestünde, dass die gerügte Verletzung individueller Rechte auf die angegriffene Entscheidung Einfluss haben konnte, um von vorherein eine Beschränkung der Rechtsbehelfe von Umweltschutzvereinigungen auf entscheidungserhebliche Rechtsverstöße zu erreichen. Zudem sollte die Klagebefugnis mit einer räumlichen Komponente gekoppelt werden, um zu verhindern, dass Vereinigungen aus Kiel in Bayern klagen können.[384] Ebenso sollte die aufschiebende Wirkung von Widerspruch und Anfechtungsklage entfallen. Hinsichtlich der Verfahrensfehler schlug der Bundesrat die vollständige Streichung des § 4 vor mit der Begründung, die Regelung würde über das europarechtlich zwingend Gebotene hinausgehen und zu gravierenden Verzögerungen volkswirtschaftlich bedeutsamer Planungs- und Investitionsentscheidungen führen. Auch Art. 10a RL 2003/35/EG würde weder zur Aufgabe des Individualrechtsschutzsystems noch des aus § 46 VwVfG folgenden Erfordernisses der Kausalität von Verfahrensfehlern für das Ergebnis der Entscheidung führen.[385] Art. 10a RL 2003/35/EG würde keine Bestimmungen zu den Rechtsfolgen, insbesondere nicht dazu treffen, unter welchen Voraussetzungen Verstöße gegen

382 Ebenda, S. 4992.
383 BT-Drs. 16/2931.
384 Ebenda, S. 2.
385 Ebenda, S. 4.

materielle und verfahrensrechtliche Vorschriften zur Aufhebung einer Entscheidung führen müssen.

Die Bundesregierung griff aufgrund der Diskussion um § 4 einen Vereinfachungsvorschlag auf, den bereits verschiedene Ausschüsse unterbreitet hatten, und veränderte die Formulierung des § 4, um seinen Regelungsgehalt zu verdeutlichen.[386]

Dem Bericht des im Gesetzgebungsverfahren als federführend eingesetzten Ausschusses für Umwelt, Naturschutz und Reaktorsicherheit lässt sich entnehmen, dass im Hinblick auf das Umwelt-Rechtsbehelfsgesetz zumindest Einigkeit darüber herrschte, dass es sich hierbei um einen politischen Kompromiss handelte, der noch dazu unter hohem Zeitdruck ausgehandelt wurde.[387] Das Gesetz wurde auf Seiten der CDU/CSU-Fraktion, SPD-Fraktion und FDP-Fraktion grundsätzlich zwar als Kompromiss, aber gleichwohl positiv bewertet. Die größten Differenzen bestanden im Hinblick auf die Regelung der Rügebefugnis. Die CDU/CSU-Fraktion hob hervor, dass es hinsichtlich der Frage, ob die Beschränkung der Rügebefugnis auf die Geltendmachung der Verletzung drittschützender Vorschriften europarechtskonform sei, unterschiedliche Bewertungen gebe und dies letztlich hinzunehmen sei. Die SPD-Fraktion hob hervor, dass der Kompromissvorschlag auch aufgrund der Regelung der Verfahrensfehler ein Schritt in die richtige Richtung sei, gleichwohl wurde jedoch bezweifelt, ob die Beschränkung der Klagerechte europarechtskonform sei. Nach Auffassung der SPD-Fraktion müsse den Verbänden ein völlig anderer Stellenwert zuerkannt werden, weil sie Rechte der Allgemeinheit wahrnehmen würde. Dies sei ein Paradigmenwechsel in Deutschland. Aus Sicht der FDP-Fraktion wurde der Gesetzesvorschlag positiv bewertet. Hervorgehoben wurden Zweifel daran, ob ein Umweltverband weiter reichende Rechte als eine natürliche Person haben müsse. Hinsichtlich der Klagebefugnis wurden sowohl der erforderliche Bezug der Satzung zum Umweltschutz sowie das Erfordernis des dreijährigen Bestehens gerügt. Die FDP-Fraktion verwies darauf, dass detaillierte Sachkenntnisse vor allem diejenigen hätten, die von einem Genehmigungsverfahren unmittelbar betroffen seien. Abgelehnt wurde der Gesetzesvorschlag von den Fraktionen DER LINKEN und BÜNDNIS 90/DIE GRÜNEN. DIE LINKE bewertete den Gesetzesvorschlag als äußerst problematisch. Die Fraktion BÜNDNIS 90/DIE GRÜNEN lehnte den Gesetzesvorschlag ab und verwies lediglich auf das Gutachten des

386 Ebenda, S. 8. Die geänderte Formulierung des § 4 entspricht der Fassung des § 4 im Gesetz vom 7.12.2006.

387 BT-Drs. 16/3312.

Rates von Sachverständigen für Umweltfragen von Februar 2005 sowie auf ein Schreiben des Vorsitzenden des Sachverständigenrates für Umweltfragen.[388]

Der Ausschuss für Umwelt, Naturschutz und Reaktorsicht empfahl am 8.11.2006 mit den Stimmen der Fraktionen der CDU/CSU und SPD gegen die Stimmen der Fraktionen FDP, DIE LINKE und BÜNDNIS 90/DIE GRÜNEN, den Gesetzesentwurf in BT-Drs. 16/2495 mit lediglich redaktionellen Änderungen in § 3 Abs. 2 und § 4 anzunehmen.[389] Der Gesetzesvorschlag wurde nur einen Tag später, am 9.11.2006, in der zweiten und dritten Beratung des Deutschen Bundestages in der Ausschussfassung beraten und nach nur drei Monaten Gesetzgebungsverfahren mit den Stimmen der Fraktionen der CDU/CSU und SPD gegen die Stimmen der Fraktionen FDP, DIE LINKE und BÜNDNIS 90/DIE GRÜNEN angenommen.[390] Abgeordnete der SPD-Fraktion gaben eine Erklärung nach § 31

---

388 *SRU*, Verbandsklage, 1 ff. Der Vorsitzende des Sachverständigenrates für Umweltfragen, Prof. Dr. Hans Joachim Koch, hatte sich mit Schreiben vom 31.10.2006 an die Vorsitzende des Bundestagsausschusses für Umwelt, Naturschutz und Reaktorsicherheit gewandt. Dort heißt es „*Der SRU hält den vorliegenden Gesetzentwurf in einem entscheidenden Punkt für sachlich unbefriedigend und europarechtlich fragwürdig, nämlich hinsichtlich der Beschränkung der Verbandsklage darauf, die Verletzung individueller Rechte geltend machen zu können. Sachlich ist dieser Ansatz wenig überzeugend, weil das Rechtschutzinstrument der Verbandsklage ausweislich der Dokumente zur Århus-Konvention und der Darlegungen der EU-Kommission dem Ziel dienen soll, die konsequente Durchsetzung des Umweltrechts sicherzustellen. Dort aber, wo die Bürger/innen ohnehin klagen können, weil ihnen individuelle Rechte im Umweltbereich eingeräumt sind, bedarf es kaum einer ergänzenden Verbandsklagemöglichkeit, um das Umweltrecht konsequent durchzusetzen….*"

389 BT-Drs. 16/3312.

390 Die Fraktion des BÜNDNIS 90/DIE GRÜNEN hatte in der 2. Beratung noch einen Änderungsantrag gestellt, der für die Klagebefugnis keine Beschränkung auf drittschützende Vorschriften sowie keine Entscheidungserheblichkeit vorsah, sondern das gesamte objektive Umweltrecht rügefähig machte. Der Vorschlag sah ebenfalls eine Neuregelung hinsichtlich der Verfahrensfehler vor, es sollten auch Fehler in der Abwägung erfasst werden und insgesamt eine Regelung der gerichtlichen Kontrolldichte erfolgen, vgl. BT-Drs. 16/3365. Der Vorschlag wurde bei Zustimmung der Fraktionen von BÜNDNIS 90/DIE GRÜNEN und DIE LINKE und Ablehnung durch die übrigen Fraktionen abgelehnt. In der 3. Beratung stellte die Fraktion BÜNDNIS 90/DIE GRÜNEN einen Entschließungsantrag, wonach der Deutsche Bundestag die Bundesregierung zur Vorlage eines neues Gesetzesentwurfes auffordern sollte, der die gerichtliche Kontrolle von Verwaltungsentscheidungen in allen Umweltangelegenheiten ohne Drittschutzerfordernis und unter Berücksichtigung von Vorsorgestandards ermöglicht und allen Vereinigungen, Bürgerinnen und Bürgern, die ein berechtigtes Interesse an umweltrelevanten, behördlichen Entscheidungen haben,

GOBT ab, in der sie die Europarechtskonformität des UmwRG bezweifelten und bekundeten, dass eine vollständige Umsetzung der europa- und völkerrechtlichen Vorgaben nur durch ein unbeschränktes Verbandsklagerecht gewährleistet werden könne. Sie verwiesen auf das gegen Deutschland anhängige Vertragsverletzungsverfahren, welches die Beschlussfassung unumgänglich machen würde.[391]

IV. Würdigung

Abschließend lässt sich festhalten, dass das Umwelt-Rechtsbehelfsgesetz in extrem kurzer Zeit beraten und beschlossen wurde. Inhaltlich war ein hohes Problembewusstsein bei den Parteivertretern im Bundestag im Hinblick auf eine Europarechtswidrigkeit der Einschränkung der Rügebefugnis des § 2 UmwRG auf die Geltendmachung drittschützender Vorschriften vorhanden. Friktionen wurden jedoch unter Hinweis auf den erheblichen Zeitdruck hingenommen. Klar abgelehnt wurde der Gesetzesentwurf von der damaligen Opposition. Deutliche Zustimmung fand er lediglich bei der CDU/CSU-Fraktion. Die SPD-Fraktion war insofern gespalten, als sie dem Gesetzesentwurf zwar zustimmte, jedoch die Regelung der Klagebefugnis für europarechtswidrig hielt. Zweifel an der Europarechtskonformität des § 4 UmwRG bestanden bei keiner der Parteien. Dies ist insoweit erstaunlich, da der Widerspruch zwischen der Kausalitätsrechtsprechung des Bundesverwaltungsgerichtes und den Vorgaben des Art. 10a RL 2003/35/EG erkannt wurde; als Konsequenz zur Lösung dieses Widerspruches wurden in § 4 UmwRG zwei rügbare wesentliche Verfahrensfehler festgeschrieben. Der Verlauf des Gesetzgebungsverfahrens belegt deutlich, dass der Gesetzgeber in Kenntnis der Europarechtswidrigkeit einzelner Vorschriften des Gesetzes gehandelt hat und damit zugleich bewusst gegen eingegangene europarechtliche und völkervertragsrechtliche Verpflichtungen verstoßen hat. Der Gesetzgeber hat damit sehenden Auges den Rechtsschutz von Verbänden europa- und völkerrechtswidrig zu Lasten der Umwelt verkürzt und damit das Vollzugsdefizit im Umweltrecht begünstigt. Er hat bewusst Friktionen mit dem Europarecht hingenommen. Insofern war eine Verurteilung durch den EuGH vorhersehbar.

---

einen Zugang zu Gerichten gewährt und die Beachtlichkeit von Verfahrensfehlern ohne Einschränkung zulässt, vgl. BT-Drs. 16/3361. Auch dieser Antrag wurde bei Zustimmung der Fraktionen von BÜNDNIS 90/DIE GRÜNEN und DIE LINKE und Ablehnung durch die übrigen Fraktionen abgelehnt.

391 BT-Prot. 16/63 vom 9.11.2006, Anlage 6.

B) Die Vereinigungsklage im Umwelt-Rechtsbehelfsgesetz

Der deutsche Gesetzgeber war der Auffassung, mit dem Umwelt-Rechtsbehelfsgesetz a.F. die europäischen Vorgaben des Art. 10a RL 2003/35/EG und die völkerrechtlichen Vorgaben der Art. 9 Abs. 2 und 3 AK hinreichend umgesetzt zu haben. Dies ist – wie die Rechtsprechung des EuGH zu den §§ 2 Abs. 1, 4 Abs. 1 und § 5 UmwRG a.F. eindrucksvoll belegt – nicht der Fall. Der deutsche Gesetzgeber hat in Folge der Rechtsprechung des EuGH mittlerweile das Umwelt-Rechtsbehelfsgesetz geändert und Neuregelungen in das Gesetz aufgenommen.[392] Er hat dabei das Umwelt-Rechtsbehelfsgesetz nicht vollständig überarbeitet, sondern einzelne Vorschriften überarbeitet und ergänzende Vorschriften eingefügt. Im Folgenden sollen zunächst die wesentlichen Regelungen des Umwelt-Rechtsbehelfsgesetzes a.F. lediglich skizziert werden, um die verschiedenen Problempunkte im Hinblick auf die mangelnde Europarechtskonformität der Vorschriften und im Verhältnis zum nationalen Recht herauszuarbeiten. Auf eine ausführliche Darstellung der einzelnen Streitstände wird an dieser Stelle verzichtet, dies erfolgt im 5. Kapitel unter Berücksichtigung der aktuellen Fassung des UmwRG.

I. Der Anwendungsbereich des Umwelt-Rechtsbehelfsgesetzes

§ 1 UmwRG a.F. erstreckt den Anwendungsbereich des UmwRG auf Rechtsbehelfe. Rechtsbehelf stellt insoweit den Oberbegriff dar. Darunter versteht man jedes von der Rechtsordnung zugelassene Gesuch, mit dem eine behördliche oder gerichtliche Entscheidung angefochten werden kann. Rechtsbehelfe werden in förmliche und formlose Rechtsbehelfe unterschieden. Zu den förmlichen Rechtsbehelfen zählen die ordentlichen Rechtsbehelfe wie Widerspruch, Klage, Normenkontrolle, Anträge im einstweiligen Rechtsschutzverfahren und die außerordentlichen Rechtsbehelfe wie die Verfassungsbeschwerde, Anträge auf Wiedereinsetzung etc. Damit werden auch alle Rechtsmittel erfasst. Der Anwendungsbereich des UmwRG erstreckt sich auf alle diese Rechtsbehelfe, insbesondere auf sämtliche Klagen nach der VwGO.[393] Eine Einschränkung erfährt der Anwendungsbereich durch den eingeschränkten Rügegegenstand des § 1 UmwRG.[394]

---

392 Siehe hierzu im 5. Kapitel unter B.

393 *Fellenberg/Schiller*, Umwelt-Rechtsbehelfsgesetz, in: *Landmann/Rohmer*, Umweltrecht, § 1 Rn. 4.

394 Siehe hierzu unter 4.

Nach § 1 Abs. 1 Satz 3 UmwRG bleibt § 44 a VwGO unberührt. Es bleibt also bei dem Grundsatz der VwGO, dass die Verletzung von Verfahrensvorschriften nur gemeinsam mit der Sachentscheidung angegriffen werden kann.

§ 1 Abs. 1 Satz 4 UmwRG übernimmt die Regelung des § 61 Abs. 1 Satz 2 BNatSchG, wonach eine ansonsten rechtsbehelfsfähige Verwaltungsentscheidung, die dem Schutz der materiellen Rechtskraft einer gerichtlichen Entscheidung unterfällt, nicht nochmals angegriffen werden kann. § 1 Abs. 2 UmwRG stellt schließlich sicher, dass diese Vorschriften auch im Bereich der ausschließlichen Wirtschaftszone, die von der Bundesrepublik Deutschland durch Proklamation vom 29.11.1994 in der Nord- und Ostsee errichtet wurde, Anwendung finden. Damit stellt das UmwRG sicher, dass auch Entscheidungen, die die Errichtung und den Betrieb von in diesen Zonen beantragten Vorhaben oder Anlagen betreffen und die nach § 1 Abs. 1 Satz 1 UmwRG UVP-pflichtig sind, wie etwa die Genehmigungen für Offshore-Windenergieanlagen, auch durch die Verbandsklage nach dem UmwRG überprüfbar sind.[395]

II. Die Zulässigkeit eines Umwelt-Rechtsbehelfs nach § 2 Abs. 1 UmwRG a.F.

Rechtsbehelfe nach dem Umwelt-Rechtsbehelfsgesetz sind zulässig, wenn sie von einer gemäß § 3 UmwRG anerkannten Vereinigung erhoben werden; die Verletzung in eigenen Rechten muss nicht geltend gemacht werden. Der Rechtsschutz von natürlichen und juristischen Personen gegen Zulassungsentscheidungen für Industrie- und Infrastrukturmaßnahmen nach der UVP-Richtlinie und der IVU-Richtlinie richtet sich weiterhin nach den Vorgaben der VwGO, hängt also weiterhin von der Geltendmachung und dem Vorliegen einer Verletzung von eigenen Rechten des Klägers im Sinne von § 42 Abs. 2 und § 113 Abs. 1 S. 1 VwGO ab.

---

395 Dies war bislang mangels subjektiver Rechtsverletzung etwaiger Kläger ausgeschlossen. Das VG Hamburg hat mit Beschluss vom 22.9.1988 – 7 VG 2499/88 – bereits festgestellt, dass „*Seehunde in der Nordsee nicht beteiligungsfähig gemäß § 61 VwGO sind, da sie keine natürlichen Personen und damit nicht Träger subjektiver Rechte sind. Ein Eigenrecht der Tiere ist auch nicht im Wege richterlicher Rechtsfortbildung zu schaffen, da die Regelung abschließend ist. Vor allem entspricht es alter Rechtstradition, die Beteiligungsfähigkeit und Rechtsfähigkeit an die Personen-Eigenschaft zu binden.*“ Vgl. hierzu auch: *Murswiek*, Beteiligungsfähigkeit, JuS 1989, 240. Auch Klagen von Naturschutzverbänden gegen Offshore-Projekte wurden bislang abgelehnt, da sie keine Verletzung eigener subjektiver Rechte geltend machen konnten. Vgl. VG Hamburg, Urteil vom 1.12.2003 – 19 K 2474/03, zitiert nach juris.

Konzeptionell betrachtet, handelt es sich bei der Verbandsklage nach dem Umwelt-Rechtsbehelfsgesetz im Grundansatz um eine objektive Beanstandungsklage, die an das bestehende Rechtsbehelfssystem der VwGO anknüpft. Bei der Klagebefugnis nach dem UmwRG handelt es sich um eine in den Anwendungsbereich von § 42 Abs. 2 1. HS VwGO fallende und damit außerhalb des Schutzbereichs von Art. 19 Abs. 4 GG angesiedelte Klagebefugnis.[396] Insoweit unterscheidet sich die Klage nach dem UmwRG nicht von der Vereinsklage nach § 61 BNatSchG a.F. oder der Verbandsklage nach § 13 BGG.[397] Einschränkungen erfährt diese durch die Regelungen des § 2 UmwRG, wonach die Rügebefugnis auf Rechtsvorschriften, die dem Umweltschutz dienen, Rechte Einzelner begründen und für die Entscheidung von Bedeutung sein können, begrenzt wird.[398] Gemeinsames Element objektiver Beanstandungsklagen ist jedoch gerade der Verzicht auf einen subjektiv rechtlichen Bezug als Sachentscheidungsvoraussetzung. Die Beschränkung der Klagebefugnis auf Rechtsvorschriften, die dem Umweltschutz dienen und Rechte Einzelner begründen und für die Entscheidung von Bedeutung sein können, hebt den überindividuellen Charakter der Vereinsklage nach dem UmwRG auf. Damit steht der Rechtsbehelf nach dem UmwRG zwischen den Modellen „altruistischer Rechtsbehelf" und „egoistischer Rechtsbehelf".[399]

1. *Die statthaften Klagearten*

Grundsätzlich gelten für Rechtsbehelfe nach dem UmwRG die Vorschriften der VwGO. Vor Klageerhebung ist daher ein Vorverfahren nach §§ 68 ff. VwGO durchzuführen. Ebenso besteht die Möglichkeit der Durchführung eines

---

396 *Schlacke*, Umwelt-Rechtsbehelfsgesetz, NuR 2007, 89, *Kment*, Umwelt-Rechtsbehelfsgesetz, NVwZ 2007, 274, 275; *Knopp*, Öffentlichkeitsbeteiligungsgesetz, ZUR 2005, 281, 383.

397 *Ziekow*, Umwelt-Rechtsbehelfsgesetz, NVwZ 2007, 259, 260. Vgl. auch BVerwG, Urteil vom 5.4.2006 – 9 C 1/05 – zum Charakter dieser Klagen als objektive Beanstandungsklagen.

398 Siehe hierzu unter II. 2.

399 *Marty*, Erweiterung, ZUR 2009, 115, 116; *Ziekow*, Umwelt-Rechtsbehelfsgesetz, NVwZ 2007, 259, 259, 260, der von einem neuen Typus, der zwischen subjektiven Rechtsschutz und objektiven Beanstandungsverfahren steht, spricht und die Vereinsklage nicht in der Mitte zwischen objektiven und subjektiven Rechtsschutz, sondern näher am objektiven Beanstandungsverfahren angesiedelt sieht. *Schlacke*, Umwelt-Rechtsbehelfsgesetz, NuR 2007, 8, 9 spricht von einer neuartigen Zwitterstellung zwischen subjektivem und objektivem Rechtsschutz.

einstweiligen Rechtsschutzverfahrens nach den §§ 80 und 123 VwGO. Die statthafte Klageart ist – wie in der VwGO üblich – nach dem Klagebegehren gemäß § 88 VwGO zu bestimmen. Wird die Aufhebung, Unwirksamkeitserklärung oder Nichtigkeitserklärung von behördlichen Entscheidungen begehrt, ist eine Anfechtungsklage nach § 42 Abs. 1 VwGO oder eine Normenkontrolle nach § 47 VwGO statthaft. Handelt es sich bei der Maßnahme um einen Verwaltungsakt nach § 35 Abs. 1 VwVfG und ist der Anwendungsbereich des § 1 Abs. 1 UmwRG eröffnet, so ist statthafte Klageart die Anfechtungsklage. Handelt es sich bei der Entscheidung um einen UVP-pflichtigen Bebauungsplan nach § 1 Abs. 1 Satz 1 Nr. 1 a UmwRG a.F. ist die Normenkontrolle nach § 47 VwGO statthaft.[400]

2. *Rügeberechtigte und die Anerkennung nach § 3 UmwRG*

Rügeberechtigt sind nach § 3 Abs. 1 UmwRG anerkannte inländische und ausländische Vereinigungen. Das UmwRG verwendet das Wort „Vereinigung", welches eine tatbestandliche Erweiterung im Vergleich zur naturschutzrechtlichen Vereinsklage nach § 58 BNatSchG a.F. enthält, wonach nur der rechtsfähige Verein anerkennungsfähig war.[401] Die Voraussetzungen einer Anerkennung sind in § 3 Abs. 1 Satz 1 Nr. 1 bis 5 UmwRG geregelt, sie orientieren sich an § 59 Abs. 1 BNatSchG a.F.[402] Die konkrete Ausgestaltung der Voraussetzungen trägt dem Umstand Rechnung, dass nach den europäischen Vorgaben auch ausländische Vereine entsprechend dem Grundsatz der Gleichbehandlung die Möglichkeit einer zulässigen Einlegung von Rechtsbehelfen haben müssen.[403]

a. Behördlich anerkannte Vereinigungen

Es besteht ein Rechtsanspruch[404] auf Erteilung der Anerkennung, wenn die Vereinigung nach ihrer Satzung ideell und nicht nur vorübergehend vorwiegend die Ziele des Umweltschutzes fördert (Nr. 1), sie im Zeitpunkt der Anerkennung mindestens drei Jahre besteht und in diesem Zeitraum im Sinne der Nr. 1 tätig gewesen ist (Nr. 2), sie die Gewähr für eine sachgerechte Aufgabenerfüllung

---

400 *Kerkmann*, Umwelt-Rechtsbehelfsgesetz, BauR 2007, 1527, 1531.

401 Vgl. zu den Hintergründen: *Marty*, Erweiterung, ZUR 2009, 115, 117; *Ewer*, Rechtsanwendungsfragen, NVwZ 2007, 267, 270.

402 BNatSchG in der bis zum 28.2.2010 geltenden Fassung, aufgehoben durch Gesetz vom 29.7.2009, BGBl. I S. 2542.

403 Vgl. BT-Drs. 16/2495, S. 13.

404 Bei der Anerkennung nach § 3 UmwRG handelt es sich um einen gebundenen Verwaltungsakt, für den die Regelungen der VwGO gelten, er kann mithin gemäß §§ 48, 49 VwVfG zurückgenommen oder widerrufen werden.

bietet, dabei sind Art und Umfang ihrer bisherigen Tätigkeit, der Mitgliederkreis sowie die Leistungsfähigkeit der Vereinigung zu berücksichtigen (Nr. 3), sie gemeinnützige Zwecke im Sinne von § 52 Abgabenordnung verfolgt (Nr. 4) und den Eintritt als Mitglied mit vollem Stimmrecht jeder Person ermöglicht, die die Ziele der Vereinigung unterstützt (Nr. 5).

Die Vereinigung soll sich dauerhaft für die Ziele des Umweltschutzes und nicht lediglich in Bezug auf ein bestimmtes Vorhaben einsetzen und dabei nicht kommerziell tätig sein.[405] Damit sollen lokale Bürgerinitiativen, die sich aus Protest gegen ein bestimmtes Vorhaben gründen, vom Kreis der Klageberechtigten ausgeschlossen werden. Zudem soll die Vereinigung nach ihrer Satzung vorwiegend die Ziele des Umweltschutzes fördern. Diese Ziele müssen daher prägender Hauptzweck der Vereinigung sein.[406] Damit können Verbände, die schwerpunktmäßig andere Interessen verfolgen (bspw. wirtschaftliche, sportliche, verkehrsrechtliche etc.), keine Anerkennung nach § 3 UmwRG erhalten.

Das Kriterium des dreijährigen Bestehens der Vereinigung übernimmt das Muster des § 59 Abs. 1 Satz 2 Nr. 3 BNatSchG a.F. Der Zeitraum beruht auf den verwaltungspraktischen Erfahrungen der Länder, die bereits vor dem Jahre 2002 eine Verbandsklage für Naturschutzvereine im Landesrecht eingeführt hatten. Dadurch sollen Vereinigungen, die sich nur vorübergehend – etwa anlässlich eines konkreten Zulassungsverfahrens – zusammenschließen und sich nicht dauerhaft und mit einer gewissen Ernsthaftigkeit für den Umweltschutz einsetzen, ausgeschlossen werden.[407] § 3 Abs. 1 Satz 2 Nr. 3 UmwRG knüpft an die gewünschte Fachkompetenz der Vereinigung an; diese muss organisatorisch so aufgebaut sein, dass eine sachgerechte Aufgabenerfüllung ermöglicht wird. § 3 Abs. 1 Satz 2 Nr. 4 UmwRG verlangt die Verfolgung gemeinnütziger Zwecke. Eine formelle Anknüpfung an eine Befreiung von der Körperschaftssteuer nach § 5 Abs. 1 Nr. 9 des Körperschaftssteuergesetz wie in § 59 Abs. 2 Satz 1 Nr. 5 BNatSchG vorgesehen, wurde nicht als möglich erachtet, da dies zu einer unangemessenen Benachteiligung ausländischer Vereinigungen führen würde.

Im Unterschied zu § 59 Abs. 1 Nr. 2 BNatSchG a.F. muss die Vereinigung nach § 3 UmwRG keinen Tätigkeitsbereich aufweisen, der über das Gebiet des betreffenden Bundeslandes hinausgeht, und die Zielsetzung der Vereinigung muss allgemein die Ziele des Umweltschutzes fördern und beschränkt sich nicht auf den Schutz von Natur und Landschaft. Dies führt zu einer Erweiterung sowohl

---

405 Vgl. BT-Drs. 16/2495, S. 13.

406 Vgl. zu den Zielen: *Marty*, Erweiterung, ZUR 2009, 115, 118.

407 Vgl. BT-Drs. 16/2495 S. 13; *Ewer*, Rechtsanwendungsfragen, NVwZ 2007, 267, 270.

hinsichtlich der Zahl der anerkannten Vereinigungen als auch hinsichtlich des Anwendungsbereichs des Umwelt-Rechtsbehelfsgesetzes im Vergleich mit der naturschutzrechtlichen Verbandsklage, da so auch ausschließlich lokal tätige Vereinigungen eine Anerkennung nach dem Umwelt-Rechtsbehelfsgesetz erlangen können.[408] In der Anerkennung ist der satzungsgemäße Aufgabenbereich, für den die Anerkennung gilt, zu bezeichnen. Dies kann bei späteren Satzungsänderungen von Bedeutung sein.

Die Anerkennung für ausländische Vereinigungen sowie für eine Vereinigung, deren Tätigkeitsbereich über den eines Bundeslandes hinausgeht, wird vom Umweltbundesamt ausgesprochen.[409] Für inländische Vereinigungen mit einem Tätigkeitsbereich, der nicht über das Gebiet eines Landes hinausgeht, wird die Anerkennung durch die zuständige Behörde ausgesprochen.

b. Noch nicht anerkannte Vereinigungen

Eine Vereinigung, die (noch) nicht gemäß § 3 des UmwRG anerkannt ist, kann nach § 2 Abs. 2 UmwRG auch rügeberechtigt sein, wenn sie bei Einlegung des Rechtsbehelfs, die Voraussetzungen für eine Anerkennung erfüllt (§ 2 Abs. 2 Nr. 1), sie einen Antrag auf Anerkennung gestellt hat (§ 2 Abs. 2 Nr. 2) und über eine Anerkennung aus Gründen, die die Vereinigung nicht zu vertreten hat, noch nicht entschieden ist. In solchen Fällen wäre es mit den europarechtlichen Vorgaben nicht vereinbar, betroffene Vereinigungen vom Recht zur Einlegung eines Rechtsbehelfs auszuschließen. Daher hat dann das Gericht bzw. die Widerspruchsbehörde zur Vermeidung von Verfahrensverzögerungen selbst zu prüfen, ob die Vereinigung die vorgeschriebenen Kriterien erfüllt. Relevant ist hierfür der Zeitpunkt der Einlegung eines Rechtsbehelfes. Die Vereinigung hat bspw. nicht zu vertreten, dass die Anerkennungsbehörde das Verfahren trotz Vorliegens aller erforderlichen Informationen noch nicht abgeschlossen oder dass noch ein Rechtsstreit über die Anerkennung anhängig ist. Hat hingegen die Vereinigung zu verantworten, dass das Anerkennungsverfahren noch nicht abgeschlossen werden konnte (z.B. Unterlagen zum Nachweis wurden nicht vollständig oder verspätet übermittelt), greift die Sonderbestimmung des § 2 Abs. 2

---

408 *Kerkmann*, Umwelt-Rechtsbehelfsgesetz, BauR 2007, 1527.

409 Eine Liste der vom Bund anerkannten Umwelt- und Naturschutzvereinigungen Stand: 10.12.2015 ist unter http://www.umweltbundesamt.de/sites/default/files/medien/2378/dokumente/anerkannte_umwelt-_und_naturschutzvereinigungen.pdf, abrufbar, zuletzt aufgerufen am 17.1.2016.Vgl. zu den Hintergründen und der Bekanntgabeproblematik bei ausländischen Vereinigungen *Marty*, Erweiterung, ZUR 2009, 115, 119.

UmwRG nicht. Damit regelt § 2 Abs. 2 UmwRG Fälle, in denen ansonsten nach Abschluss des laufenden Anerkennungsverfahrens mit einem positiven Ergebnis der Vereinigung auf Antrag eine Wiedereinsetzung in den vorigen Stand gemäß § 60 VwGO zu gewähren wäre. Solche Konsequenzen, die zu erheblichen Verfahrenserschwerungen oder -verzögerungen führen können, sollen hierdurch vermieden werden. Vom Erfordernis der Nichtverantwortlichkeit für die fehlende Anerkennung werden ausländische Vereinigungen befreit, um deren besonderer Situation Rechnung zu tragen.[410]

Gemäß § 2 Abs. 2 Satz 4 UmwRG führt eine spätere rechtskräftige Ablehnung im Anerkenntnisverfahren dazu, dass ein zunächst zulässiger Rechtsbehelf nach § 2 Abs. 2 UmwRG nachträglich unzulässig wird. Wird der Antrag auf Anerkennung abgelehnt, kann die Vereinigung zunächst nach den §§ 68 ff. VwGO ein Widerspruchsverfahren durchführen. Bei dem für die Anerkennung zuständigen Umweltbundesamt handelt es sich um eine Bundesbehörde und nicht um eine oberste Bundesbehörde gemäß § 68 Abs. 1 Nr. 1 VwGO. Zu beachten ist, dass es sich bei dem Anerkennungsgrund nach § 3 Abs. 1 Nr. 3 UmwRG um eine Prognoseentscheidung handelt, die nur einer eingeschränkten gerichtlichen Kontrolle unterliegt.[411]

c. *Bewertung*

§ 3 UmwRG macht die Zulässigkeit des Umweltrechtbehelfs davon abhängig, dass der klagende Umweltverband die Anerkennungsvoraussetzungen des § 3 UmwRG erfüllt. Die Anerkennungsvoraussetzungen des § 3 UmwRG schränken den Bereich der rügeberechtigten Vereinigungen ein und beschränken diesen sachlich auf Umweltschutzvereinigungen, die bereits über mehrere (drei) Jahre zum Schutz der Umwelt tätig sind. Bürgerinitiativen, die sich gegen ein bestimmtes Vorhaben gründen, sind damit vom Kreis der Rügeberechtigten ausgeschlossen. Ebenfalls ausgeschlossen sind Stiftungen, die im Bereich des Umweltschutzes tätig sind.[412] Diese sind nach dem UmwRG nicht rügeberechtigt. Es ist fraglich, ob dies den Vorgaben des Art. 9 Abs. 2 AK gerecht wird.[413]

---

410 Vgl. zum Vorstehenden insgesamt BT-Drs. 16/2495 S. 12.

411 *Kerkmann*, Umwelt-Rechtsbehelfsgesetz, BauR 2007, 1527, 1531.

412 Als Beispiele für solche Stiftungen sind der WWF, die Deutsche Bundesstiftung Umwelt und Greenpeace zu nennen.

413 Siehe hierzu im 5. Kapitel unter C. II.

3. *Die Rügebefugnis nach § 2 Abs. 1 UmwRG a.F.*

Eine Vereinigung war nach § 2 Abs. 1 UmwRG rügebefugt, wenn sie geltend machte, dass eine Entscheidung nach § 1 Abs. 1 Satz 1 UmwRG oder deren Unterlassen Rechtsvorschriften, die dem Umweltschutz dienen und (aa) Rechte Einzelner begründen und (bb) für die Entscheidung von Bedeutung sein können (cc) widerspricht und sie hierdurch in ihrem satzungsmäßigen Aufgabenbereich (dd) berührt wird. Zudem setzte die Rügebefugnis nach § 2 Abs. 1 Nr. 3 UmwRG voraus, dass die Vereinigung in dem der Entscheidung vorangegangenen Verfahren von der Möglichkeit, sich in der Sache zu äußern, Gebrauch gemacht hat. Die Voraussetzung „*Rechte Einzelner begründen*" ist durch das Urteil des EuGH vom 12.5.2011 für europarechtswidrig erklärt worden, der Gesetzgeber hat am 21.1.2013 diese Voraussetzung im Rahmen der Änderung des Umwelt-Rechtsbehelfsgesetzes gestrichen, die übrigen Vorschriften sind jedoch unverändert erhalten geblieben. Im Folgenden werden daher die Vorschrift und der damit verbundene Streitstand in der Rechtswissenschaft dargestellt. Die Darstellung der Rechtsprechung des EuGH und der nationalen Gerichte hierzu bleiben Kapitel 4 vorbehalten.

a. *Rechtsvorschriften, die dem Umweltschutz dienen*

Rügefähig sind nur Rechtsvorschriften, die dem Umweltschutz dienen. Ausweislich der amtlichen Begründung sollen hiervon auch Rechtsvorschriften erfasst sein, die nicht ausschließlich Zielen des Umweltschutzes dienen, sondern die bspw. sowohl dem Umweltschutz als auch dem Arbeitsschutz dienen.[414] Bei solchen Vorschriften soll sich die gerichtliche Kontrolle in einem Umweltrechtsbehelfsverfahren auf den umweltrechtsbezogenen Teil beschränken.[415] Ebenfalls erfasst sind Vorschriften, die den Belangen von Natur und Landschaft dienen, da diese zugleich den Umweltschutz bezwecken. Aber auch technikbezogene Regelwerke, wie das gesamte Immissionsschutzrecht, werden von § 2 Abs. 1 Nr. 1 UmwRG erfasst, da bei diesen ein eindeutiger Umweltschutz-, allerdings nicht immer ein Naturschutzbezug besteht.[416]

Erfasst ist auch das planungsrechtliche Abwägungsgebot, soweit Belange des Umweltschutzes betroffen sind.[417]

---

414 BT-Drs. 16/2495, S. 12.

415 *Kerkmann*, Umwelt-Rechtsbehelfsgesetz, BauR 2007, 1527, 1532; *Ewer*, Rechtsanwendungsfragen, NVwZ 2007, 267, 272.

416 *Schlacke*, Umwelt-Rechtsbehelfsgesetz, NuR 2007, 8, 11.

417 *Ziekow*, Umwelt-Rechtsbehelfsgesetz, NVwZ 2007, 259, 262; *Kerkmann*, Umwelt-Rechtsbehelfsgesetz, BauR 2007, 1527, 1532.

Eine Beschreibung des Begriffes „Umweltrecht" findet sich in Art. 2 lit. g) des Entwurfs einer Richtlinie über den Zugang zu Gerichten in Umweltangelegenheiten.[418] Dort heißt es:

> *„Umweltrecht" bedeutet eine Rechtsvorschrift der Gemeinschaft zur Umsetzung des Gemeinschaftsrechts, deren Ziel der Schutz oder die Verbesserung der Umwelt, einschließlich der menschlichen Gesundheit und des Schutzes der rationellen Nutzung natürlicher Ressourcen, insbesondere auf folgenden Gebieten ist: Gewässerschutz, Lärmschutz, Bodenschutz, Luftverschmutzung, Flächenplanung und Bodennutzung, Erhaltung der Natur und biologische Vielfalt, Abfallwirtschaft, Chemikalien, einschließlich Bioziden und Pestiziden, Biotechnologie, sonstige Emissionen, Ableitungen und Freisetzungen in die Umwelt, Umweltverträglichkeitsprüfung, Zugang zu Informationen und die Öffentlichkeitsbeteiligung an Entscheidungsverfahren."*

Aus dieser nicht abschließenden Begriffsbestimmung wird die Weite der in Betracht kommenden Vorschriften deutlich. Rügefähig sind somit Verletzungen von Vorschriften, die zumindest auch die Förderung und Verbesserung des Umweltrechtschutzes bezwecken.[419] Letztlich ist der Umweltschutzbezug einer Vorschrift im Einzelfall zu ermitteln.[420]

b. Rechtsvorschriften, die Rechte Einzelner begründen

Nach § 2 Abs. 1 Nr. 1 UmwRG war es erforderlich, dass es sich um eine Vorschrift handelt, die Rechte Einzelner begründet. Nach der Gesetzesbegründung sollte dieses Kriterium die Rügebefugnis auf solche Rechtsvorschriften begrenzen, die als subjektiv-öffentliche Rechte anerkannt sind.[421] Dies schränkte die Rügebefugnis erheblich ein. Eine Vereinigung musste, um rügebefugt zu sein, zwar keine eigene Rechtsverletzung geltend machen, es musste sich jedoch bei der gerügten Vorschrift um eine sogenannte drittschützende Norm handeln. Dies wiederum hatte zur Folge, dass im Wege der Vereinsklage nach dem Umwelt-Rechtsbehelfsgesetz keine Verletzung objektiver Normen des Umweltrechtes wie beispielsweise Vorsorgevorschriften gerügt werden konnten. Gleiches galt für einen Großteil der Vorschriften der Naturschutzgesetze, die nach ihrer

418 Vorschlag für eine Richtlinie des Europäischen Parlaments und des Rates über den Zugang zu Gerichten in Umweltangelegenheiten, KOM (2003) 64 endg. vom 24.10.2003.

419 *Kment*, Umwelt-Rechtsbehelfsgesetz, NVwZ 2007, 274, 275.

420 So auch *Ziekow*, Umwelt-Rechtsbehelfsgesetz, NVwZ 2007, 259, 262.

421 BT-Drs. 16/2495, S. 12.

Ausrichtung der Allgemeinheit und nicht dem Schutz Einzelner dienen.[422] Diese letzte Einschränkung war allerdings nahezu bedeutungslos, da Verletzungen naturschutzrechtlicher Normen durch die – ohnehin speziellere – naturschutzrechtliche Vereinsklage geltend gemacht werden konnten, ohne dass es sich um drittschützende Normen handeln musste.[423] Ob eine Vorschrift vorlag, die Rechte Einzelner begründet, war anhand der Schutznormtheorie zu ermitteln. Nur solche Normen begründeten eine Klagebefugnis nach § 2 Abs. 1 UmwRG. Die als verletzt gerügte Norm musste zugleich die Umwelt als Gut der Allgemeinheit wie auch die subjektiven Rechte Einzelner schützen wollen. Eine tatsächliche subjektive Rechtsverletzung eines Einzelnen war allerdings nicht erforderlich.[424]

Die Regelung des § 2 Abs. 1 UmwRG a.F. stellte hohe Substantiierungsanforderungen an die klagende Vereinigung. Die Begrenzung auf die Geltendmachung drittschützender Rechte warf auch im Hinblick auf das nationale Recht erhebliche Probleme und Anwendungsschwierigkeiten auf. Es war schwierig, diesen neu geschaffenen Rechtsbehelf dogmatisch einzuordnen, da dieser eine Zwitterstellung zwischen objektivem und subjektivem Rechtsschutz einnahm.[425] Nach einer Auffassung handelte es sich bei dem Umwelt-Rechtsbehelf um eine Art Prozessstandschaft für Privatpersonen[426] oder eine Art Stellvertreterklage, bei der die Rügebefugnisse nicht weiter gehen sollten als bei einer Verletztenklage einzelner Bürger.[427] Die letztgenannte Auffassung verkannte jedoch, dass der Umwelt-Rechtsbehelf nach § 2 Abs. 1 UmwRG a.F. nicht drittschutzakzessorisch, sondern schutznormakzessorisch ausgestaltet war; danach genügte es, dass die als verletzt gerügte Norm abstrakten Schutznormcharakter hatte.[428]

In der Literatur ist die schutznormakzessorische Ausgestaltung der Rügebefugnis überaus kritisch diskutiert worden. Die Beschränkung der Rügebefugnis auf die Geltendmachung von subjektiven öffentlichen Rechten ist überwiegend

---

422 *Kerkmann*, Umwelt-Rechtsbehelfsgesetz, BauR 2007, 1527, 1533; *Schlacke*, Umwelt-Rechtsbehelfsgesetz, NuR 2007, 8, 11.

423 *Kerkmann*, Umwelt-Rechtsbehelfsgesetz, BauR 2007, 1527, 1533.

424 *Berkemann*, Umwelt-Rechtsbehelfsgesetz, NordÖR 2009, 336, 338.

425 *Schlacke*, Umwelt-Rechtsbehelfsgesetz, NuR 2007, 8,11.

426 *Radespiel*, Entwicklungen, EurUP 2007, 118, 120.

427 *Schmidt/Kremer*, Umwelt-Rechtsbehelfsgesetz, ZUR 2007, 57, 58.

428 *Ziekow*, Umwelt-Rechtsbehelfsgesetz, NVwZ 2007, 259, 261; *Marty*, Erweiterung, ZUR 2009, 115, 116; *Appel*, Subjektivierung von UVP-Fehlern, NVwZ 2010, 473, 474; *Kerkmann*, Umwelt-Rechtsbehelfsgesetz, BauR 2007, 1527, 1533, *Spieth/Appel*, Umfang, NuR 2009, 312, 314.

für europarechtswidrig gehalten worden.[429] Es gab jedoch auch Stimmen in der Literatur, die § 2 Abs. 1 UmwRG a.F. für europarechtskonform hielten.[430] Dieser Streit ist durch das Urteil des EuGH vom 12.5.2011 gelöst, der diese Beschränkung des § 2 Abs. 1 UmwRG für europarechtswidrig erklärt hat.[431]

c. Rechtsvorschriften, die für die Entscheidung von Bedeutung sein können

Die gerügte Rechtsvorschrift muss für die Entscheidung von Bedeutung gewesen sein. Die ausdrückliche Nennung der möglichen Bedeutsamkeit der gerügten Rechtsvorschriften für die Entscheidung soll vermeiden, dass entscheidungsirrelevante Aspekte zum Gegenstand des Streitstoffes in Rechtsbehelfsverfahren gemacht werden können. Unter dem Gesichtspunkt der Umweltverträglichkeitsprüfung sollen bspw. gemäß § 3 c Abs. 1 UVPG bei einer Vorprüfung über die UVP-Pflichtigkeit nur entscheidungserhebliche Umweltauswirkungen eines Vorhabens Berücksichtigung finden können. Entsprechend muss nach Auffassung des Gesetzgebers bei § 2 Abs. 1 Nr. 1 UmwRG auch eine Entscheidungsrelevanz möglich sein.[432] Maßgebliches Kriterium hierfür ist, welche Auswirkungen ein Verstoß gegen eine Rechtsvorschrift auf die Rechtmäßigkeit einer Entscheidung hat. Berührt ein Verstoß die Rechtmäßigkeit der Entscheidung nicht, dann wird diese Rechtsvorschrift kaum Bedeutung für die Entscheidung entfallen können. Gerade bei der Verletzung von Verfahrensvorschriften wird zu prüfen sein, ob dieser Verstoß auf die Rechtmäßigkeit der Entscheidung durchschlägt.[433] Zu beachten ist in diesem Zusammenhang jedoch, dass hinter diesem einschränkenden Merkmal nicht das Modell der Beschränkung des Klageerfolgs durch die Forderung einer Fehlerkausalität, sondern das der Reduzierung des

429 *Koch*, Verbandsklage, NVwZ 2007, 369, 376 ff.; *Ziekow*, Umwelt-Rechtsbehelfsgesetz, NVwZ 2007, 259, 260; *Schlacke*, Umwelt-Rechtsbehelfsgesetz, NuR 2007, 8, 14; *Walter*, Internationalisierung, EuR 2005, 302, 318; *Wegener*, Rechtsschutz, UTR 2008, 319, 339; *Ewer*, Rechtsanwendungsfragen, NVwZ 2007, 267, 272; *Schmidt/Kremer*, Umwelt-Rechtsbehelfsgesetz, ZUR 2007, 57; *Berkemann*, Überleitungsrecht, DVBl. 2010, 1403; *Genth*, Umwelt-Rechtsbehelfsgesetz, NuR 2008, 28; *Kment*, Umwelt-Rechtsbehelfsgesetz, NVwZ 2007, 274, 277; *Gellermann*, Klagerechte, NVwZ 2006, 7, 8 f.; *Ekardt*, Kontrolldichte, NuR 2006, 221, 224; *Alleweldt*, Verbandsklage, DÖV 2006, 621.

430 *Danwitz von*, Ausgestaltungsfreiheit, 38 f.; *Danwitz von*, Århus-Konvention, NVwZ 2004, 271 ff.; *Schrödter*, Aktuelle Entscheidungen zum Umwelt-Rechtsbehelfsgesetz, NVwZ 2009, 157 ff.

431 Siehe hierzu im 4. Kapitel unter C. II.

432 Vgl. BT-Drs. 16/2495, S. 12.

433 *Weidemann*, Verbandsklage, VR 2008, 227, 228.

Prüfungsmaßstabes steht.[434] Die Frage, ob eine Rechtsverletzung für die Entscheidung von Bedeutung gewesen ist, ist eine Frage, die regelmäßig erst im Rahmen der Begründetheit einer Klage geprüft wird. § 2 Abs. 1 Nr. 1 UmwRG verlagert diese Prüfung jedoch in die Zulässigkeit. Dies wiederum kann in Anlehnung an § 42 Abs. 2 VwGO nur eine überschlägige Prüfung zur Folge haben. Die abschließende Prüfung muss der Stufe der Begründetheit vorbehalten bleiben.[435]

d. Die Betroffenheit im satzungsmäßigen Aufgabenbereich

Eine weitere Voraussetzung für die Zulässigkeit eines Umwelt-Rechtsbehelfs ist in § 2 Abs. 1 Nr. 2 UmwRG geregelt. Danach muss die den Rechtsbehelf führende Vereinigung geltend machen, in ihrem satzungsgemäßen Aufgabenbereich berührt zu sein. § 2 Abs. 1 Nr. 2 UmwRG nimmt dabei ausdrücklich Bezug auf die Umweltschutzziele der Satzung einer Vereinigung, da in den satzungsgemäßen Aufgabenbereich auch andere, nicht umweltschutzbezogene Ziele gehören können. Zwischen dem satzungsgemäßen Aufgabenbereich und der mit dem Rechtsbehelf angegriffenen Entscheidung muss ein Zusammenhang bestehen.[436] Dies hat zur Folge, dass nur dann zulässig ein Rechtsbehelf eingelegt werden kann, wenn die den Rechtsbehelf führende Vereinigung auch tatsächlich in diesem Aufgabenbereich tätig ist. Eine rein naturschutzrechtlich ausgerichtete Vereinigung, die ihren satzungsmäßigen Aufgabenbereich im Bereich des Artenschutzes hat, wird damit keine abfallrechtlichen oder lärmschutz- bzw. immissionsschutzrechtlichen Rügen erheben können. Damit wird der Kreis der rügeberechtigten Vereinigungen über die Anerkennung hinaus beschränkt.

4. Der Rügegegenstand des Umwelt-Rechtsbehelfs

Nach § 2 Abs. 1 UmwRG können anerkannte Vereinigungen gegen eine Entscheidung nach § 1 Abs. 1 UmwRG oder deren Unterlassen ein Rechtsbehelfsverfahren anstrengen. Die Rechtsbehelfe nach dem Umwelt-Rechtsbehelfsgesetz a.F. können nur in eingeschränkten Fällen eingelegt werden. Nach § 1 Abs. 1 Nr. 1 UmwRG 2006 findet das Gesetz Anwendung für Rechtsbehelfe gegen Entscheidungen über die Zulässigkeit von Vorhaben, für die eine Pflicht zur Durchführung einer Umweltverträglichkeitsprüfung nach dem UVPG, der Verordnung über die Umweltverträglichkeit bergbaulicher Vorhaben oder nach

434 *Ziekow*, Umwelt-Rechtsbehelfsgesetz, NVwZ 2007, 259, 262.
435 *Kerkmann*, Umwelt-Rechtsbehelfsgesetz, BauR 2007, 1527, 1534; *Schlacke*, Umwelt-Rechtsbehelfsgesetz, NuR 2007, 8, 11.
436 BT-Drs. 16/2495, S. 12.

landesrechtlichen Vorschriften bestehen kann. Eine solche Pflicht zur Durchführung einer Umweltverträglichkeitsprüfung kann sich entweder direkt aus den gesetzlichen Vorschriften ergeben[437] oder als Ergebnis nach der Durchführung einer allgemeinen oder standortbezogenen Vorprüfung des Einzelfalls.[438] Für die Eröffnung des Anwendungsbereichs des Umwelt-Rechtsbehelfsgesetzes reicht es aus, wenn eine Vorprüfung des Einzelfalles vorgeschrieben ist, denn auch aus dieser kann sich die Pflicht zur Durchführung einer Umweltverträglichkeitsprüfung ergeben.[439] Die Reichweite des Anwendungsbereichs ergibt sich durch den Verweis auf § 2 Abs. 3 UVPG. Entscheidungen nach § 2 Abs. 3 UVPG sind Bewilligungen, Erlaubnisse, Genehmigungen, Planfeststellungsbeschlüsse und sonstige behördliche Entscheidungen über die Zulässigkeit von Vorhaben, die in einem Verwaltungsverfahren getroffen werden, mit Ausnahme von Anzeigeverfahren (§ 2 Abs. 3 Nr. 1 UVPG); Linienbestimmungen und Entscheidungen in vorgelagerten Verfahren nach den §§ 15 und 16 Abs. 1 bis 3 UVPG (§ 2 Abs. 3 Nr. 2 UVPG) sowie Beschlüsse über die Aufstellung, Änderung oder Ergänzung

---

437 Diese Vorhaben sind in der Anlage 1 gemäß § 3 b UVPG aufgelistet. Hierbei handelt es sich bspw. um Kraftwerke, Heizkraftwerke (Leistung größer als 200 MW), Anlagen zur Gewinnung von Öl oder Gas aus Schiefer mit einem Durchsatz von mehr als 500 Tonnen, Steinbruch mit Abbaufläche größer als 25 ha, Asbestanlagen mit einer Jahresproduktion größer als 20000 t, Errichtung einer Schiffswerft zum Bau von Seeschiffen mit einer Größe von 100000 Bruttoregistertonnen, Errichtung einer Erdölraffinerie, Bau einer Bundesautobahn, Bau einer vier- oder mehrstreifigen Bundesstraße von mehr als 5 km Länge, Bau eines Schienenweges, Bau eines Flugplatzes mit einer Start- und Landebahn von mehr als 2100 m Länge, Bau eines Feriendorfes mit einer Bettenzahl von mehr als 300, Bau eines Freizeitparks über 10 ha, Bau eines Parkplatzes mit einer Stellplatzzahl von mehr als 500, Errichtung einer Hochspannungsleitung über 15 km Länge.

438 Hierbei handelt es sich bspw. um folgende Vorhaben: Verschiedene Kraftwerke unter 200 MW Leistung, Biogasanlagen zur Erzeugung von Energie ab einer Feuerungswärmeleistung von 1 MW bis zu 10 MW, 6 bis weniger als 20 Windkraftanlagen, Anlagen zur Intensivzucht von Hennen, Schweinen und Geflügel sowie Pelztieren so u.a. Anlagen mit 15000 bis 42000 Plätzen für Hennen, Tierkörperbeseitigungsanlagen mit 10 t oder mehr je Tag, Anlagen zum Verbrennen von Altöl oder Deponiegas in einer Verbrennungsmotoranlage mit einer Feuerungswärmeleistung von 1 MW oder mehr, Abfalldeponien mit einer Kapazität von weniger als 10 t je Tag oder mit einer Gesamtkapazität von weniger als 25000 t, die Errichtung und der Betrieb von Hochspannungsfreileitungen mit einer Länge von 15 km und mit einer Nennspannung von 220 kV oder mehr.

439 So auch *Schwertner*, Umwelt-Rechtsbehelfsgesetz, EurUP 2007, 124.

von Bebauungsplänen, durch die die Zulässigkeit UVP-pflichtiger Vorhaben begründet werden soll (§ 2 Abs. 3 Nr. 3 UVPG).[440]

Überraschend erscheint auf den ersten Blick die Einbeziehung von Linienbestimmungen, die bisher einer isolierten gerichtlichen Überprüfung durch Dritte entzogen waren.[441] § 1 Abs. 1 Satz 3 UmwRG schließt jedoch auch für das Umwelt-Rechtsbehelfsgesetz aus, dass eigenständige Rechtsbehelfe von Vereinigungen gegen Entscheidungen über die Linienbestimmung bzw. gegen die Ergebnisse von Raumordnungsverfahren zulässig sind. Hier besteht die Möglichkeit der Einlegung von Rechtsbehelfen gegen die nachfolgende Zulassungsentscheidung über das UVP-pflichtige Vorhaben. Wird gegen eine solche Zulassungsentscheidung ein Rechtsbehelf eingelegt, unterliegt das vorangegangene Linienbestimmungs- oder Raumordnungsverfahren entsprechend der ständigen höchstrichterlichen Rechtsprechung einer Inzidentkontrolle im Rahmen dieses Rechtsbehelfs. Satz 3 stellt ferner klar, dass § 44a VwGO unberührt bleibt, also auch eine Rüge von Verfahrenshandlungen nur gemeinsam mit Rechtsbehelfen gegen die Sachentscheidung geltend gemacht werden kann.[442]

§ 1 Abs. 1 Nr. 2 UmwRG erweitert den Anwendungsbereich auf Genehmigungen nach dem BImSchG für Anlagen, die nach der Spalte 1 des Anhangs der Verordnung über genehmigungsbedürftige Anlagen einer Genehmigung bedürfen, gegen Entscheidungen nach § 17 Abs. 1 a BImSchG[443] gegen bestimmte

440 Ausführlich zum Anwendungsbereich *Fellenberg/Schiller*, UmwRG, in: *Landmann/Rohmer*, Umweltrecht, § 1 Rn. 5 f.

441 *Schwertner*, Umwelt-Rechtsbehelfsgesetz, EurUP 2007, 124.

442 Vgl. Amtliche Begründung, BT-Drs. 16/2495, S. 11.

443 § 17 Abs. 1 a BImSchG wurde durch Artikel 2 Nr. 3 des Gesetzes über die Öffentlichkeitsbeteiligung in Umweltangelegenheiten nach der EG-Richtlinie 2003/35/EG (Öffentlichkeitsbeteiligungsgesetz) vom 9.12.2006, in Kraft getreten am 15.12.2006, neu gefasst und lautet: „Bei Anlagen, die in Spalte 1 des Anhangs der Verordnung über genehmigungsbedürftige Anlagen genannt sind, ist vor dem Erlass einer nachträglichen Anordnung nach Absatz 1 Satz 2, durch welche Grenzwerte für Emissionen neu festgelegt werden sollen, der Entwurf der Anordnung öffentlich bekannt zu machen. § 10 Abs. 3 und 4 Nr. 1 und 2 gilt für die Bekanntmachung entsprechend. Einwendungsbefugt sind Personen, deren Belange durch die nachträgliche Anordnung berührt werden, sowie Vereinigungen, welche die Anforderungen von § 3 Abs. 1 oder § 2 Abs. 2 des Umwelt-Rechtsbehelfsgesetzes erfüllen. Für die Entscheidung über den Erlass der nachträglichen Anordnung gilt § 10 Abs. 7 und 8 entsprechend." Der neue § 17 Abs. 1 a BImSchG setzt Artikel 4 Nr. 3 a der Richtlinie 2003/35/EG in deutsches Recht um. Danach ist unter anderem die betroffene Öffentlichkeit bei Anlagen, welche von der IVU-Richtlinie erfasst werden, vor der „Aktualisierung" der

Erlaubnisse nach dem Wasserhaushaltsgesetz sowie gegen Planfeststellungsbeschlüsse für Deponien nach dem Kreislaufwirtschafts- und Abfallgesetz.

§ 1 Abs. 1 Satz 2 UmwRG erweitert den Anwendungsbereich auf Rechtsbehelfe, die darauf gerichtet sind, dass das jeweilige Zulassungsverfahren hätte durchgeführt werden müssen, aber im Einzelfall unter Verstoß gegen Rechtsvorschriften nicht durchgeführt worden ist. Dies kommt beispielsweise in Betracht bei Errichtung und Betrieb eines Vorhabens oder einer Anlage ohne vorherige Durchführung eines Zulassungsverfahrens oder bei einer vermeintlich zulässigen Änderung eines Vorhabens auf Grund einer Anzeige anstelle einer behördlichen Zulassungsentscheidung (Änderungsgenehmigung).[444] Hintergrund und Ziel dieser Regelung ist, Gesetzesumgehungen zu vermeiden: Für den Fall, dass eine zuständige Behörde ein anderes Verfahren wählt und damit den Anwendungsbereich des Umwelt-Rechtsbehelfsgesetzes umgeht, soll der Anwendungsbereich gleichwohl eröffnet sein.[445]

Nicht erfasst vom Anwendungsbereich des Umwelt-Rechtsbehelfsgesetzes sind Rechtsbehelfe in Bezug auf den Erlass oder die Anfechtung von behördlichen Aufsichts- bzw. Vollzugsmaßnahmen. Dies ergibt sich aus dem Wortlaut von § 1 Abs. 1 UmwRG, der lediglich auf die jeweilige Zulassungsentscheidung für ein Vorhaben oder eine Anlage abstellt und somit behördliche Aufsichtsmaßnahmen zum Betrieb eines Vorhabens oder einer Außenanlage ausklammert. Einziger Ausnahmefall hiervon ist die auf Grund der ausdrücklichen Vorgabe der Richtlinie 2003/35/EG bereits erwähnte nachträgliche Anordnung gemäß § 17 Abs. 1 a BImSchG. Abgesehen von dieser Ausnahme sind keine auf den Erlass oder die Anfechtung von behördlichen Aufsichts- bzw. Vollzugsmaßnahmen gerichteten Rechtsbehelfe durch Umweltverbände statthaft. Dies hat zur Folge, dass im Fall des § 1 Abs. 1 Satz 2 UmwRG statthafte Klageart für Klagen in Bezug auf eine unterlassene Entscheidung die Feststellungsklage nach § 43 VwGO ist.[446]

Emissionswerte einer Genehmigung zu beteiligen. Mit der Einführung des neuen § 17 Abs. 1 lit. a BImSchG werden erstmals behördliche Vollzugsentscheidungen zum Verfahrensgegenstand von Umweltrechtsbehelfen.

444 Vgl. Amtliche Begründung zum Gesetzentwurf, BT-Drs. 16/2495 vom 4.9.2006, S. 10.

445 *Kerkmann*, Umwelt-Rechtsbehelfsgesetz, BauR 2007, 1527.

446 Vgl. Amtliche Begründung zum Gesetzesentwurf, BT-Drs. 16/2495, S. 10; vgl. *Ewer*, Rechtsanwendungsfragen, NVwZ 2007, 267, 268.

5. *Die Präklusion nach § 2 Abs. 3 UmwRG*

§ 2 Abs. 1 Nr. 3 UmwRG enthält eine Regelung zu einer möglichen Verwirkung der Rechtsbehelfsbefugnis. Die Regelung des § 2 Abs. 1 Nr. 3 UmwRG nimmt Bezug auf Beteiligungsrechte von Vereinigungen. Die rechtsbehelfsführende Vereinigung muss zur Beteiligung in einem Verfahren nach § 1 Abs. 1 UmwRG berechtigt gewesen sein und sich hierbei in der Sache gemäß den geltenden Rechtsvorschriften geäußert haben oder ihr darf entgegen den geltenden Rechtsvorschriften keine Gelegenheit zur Äußerung gegeben worden sein. Hiervon sind Beteiligungsrechte im Rahmen der Öffentlichkeitsbeteiligung bei der Zulassung eines Vorhabens erfasst. Diesen Bestimmungen muss die Vereinigung nachgekommen sein, d.h. die Vereinigung muss im Rahmen der Öffentlichkeitsbeteiligung eine Stellungnahme abgegeben haben. Die Vorschrift steht im Zusammenhang mit § 2 Abs. 3 UmwRG; hiernach ist die Vereinigung mit allen Einwendungen ausgeschlossen, die sie im Verfahren nach § 1 Abs. 1 UmwRG nicht oder nicht rechtzeitig geltend gemacht hat, aber hätte geltend machen können. Hierbei handelt es sich um eine Regelung zur materiellen Präklusion. Die Vorschrift ist § 61 Abs. 3 BNatSchG a.F. nachgebildet. Für die Darlegungslast bestehen insoweit keine Unterschiede. Die Beweislast, dass eine Vereinigung zum Zeitpunkt der Beteiligung keine weiteren oder andere Einwendungen hätte vorbringen können, obliegt der Vereinigung.[447] § 2 Abs. 3 UmwRG ist als Verweis auf die Einwendungsfristen des jeweils einschlägigen Verwaltungsverfahrens bzw. Fachrechts anzusehen.[448] Es ist überaus fraglich, ob die Vorschrift des § 2 Abs. 3 UmwRG mit den Vorgaben des Art. 10a RL 2003/35/EG und Art. 9 Abs. 2 AK vereinbar sind. Der Übersichtlichkeit halber erfolgt eine Darstellung des Streitstandes im 5. Kapitel.

6. *Die Rügefrist nach dem Umwelt-Rechtsbehelfsgesetz*

§ 2 Abs. 4 Satz 1 UmwRG enthält eine § 61 Abs. 3 BNatSchG a.F. nachgebildete Bestimmung über Fristen für Rechtsbehelfe, die unter anderem § 58 Abs. 2 VwGO Rechnung trägt.[449] Danach hat eine Vereinigung für Rechtsbehelfe die Jahresfrist zu beachten, wenn die Entscheidung der Vereinigung weder öffentlich bekannt gemacht noch der Vereinigung bekannt gegeben wurde, die Vereinigung aber von der Entscheidung Kenntnis erlangt hat oder aber hätte erlangen

447 *Schlacke*, Umwelt-Rechtsbehelfsgesetz, NuR 2007, 8, 12.
448 *Kerkmann*, Umwelt-Rechtsbehelfsgesetz, BauR 2007, 1527, 1534.
449 BT-Drs. 16/2495, S. 12.

können. Dies gilt auch, wenn eine nach § 1 Abs. 1 UmwRG notwendige Entscheidung nicht ergangen ist. Zu beachten ist, dass für bestimmte Entscheidungen – die Gesetzesbegründung nennt hier § 9 Abs. 2 UVPG in Verbindung mit § 74 Abs. 5 Satz 2 VwVfG und § 10 Abs. 7 BImschG – eine öffentliche Bekanntmachung der Zulassungsentscheidung oder Ablehnung vorgeschrieben ist. In einem solchen Fall wird für diese Entscheidungen die individuelle Bekanntgabe nach § 41 VwVfG ersetzt und die Monatsfrist der §§ 70, 74 VwGO für Rechtsbehelfe beginnt zu laufen. Der Anwendungsbereich des § 2 Abs. 4 Satz 1 UmwRG ist daher auf die Fälle reduziert, bei denen die öffentliche Bekanntgabe nicht oder aber fehlerhaft erfolgt ist. Die Vorschrift kann insbesondere bei Rechtsbehelfen ausländischer Vereinigungen relevant werden, gegenüber denen eine Bekanntgabe bspw. entgegen § 9 a Abs. 1 Satz 2 Nr. 4 UVPG nicht ordnungsgemäß erfolgt ist.[450] § 2 Abs. 4 Satz 3 UmwRG stellt klar, dass bei Normenkontrollverfahren gegen Bebauungspläne die Antragsfrist des § 47 Abs. 2 Satz 1 VwGO gilt.

III. Begründetheit eines Umwelt-Rechtsbehelfs nach § 2 Abs. 5 UmwRG a.F.

Das Umwelt-Rechtsbehelfsgesetz enthält in § 2 Abs. 5 UmwRG a.F. eine eigene von § 113 Abs. 1 Satz 1 und § 47 Abs. 5 VwGO abweichende Begründetheitsprüfung für Umweltrechtsbehelfe; diese sind an die Voraussetzungen der Zulässigkeit gekoppelt. Aufgrund des Bezuges zu den satzungsmäßigen Zielen des Verbandes unterliegt die Begründetheitsprüfung nach § 2 UmwRG strengeren Maßstäben als die der naturschutzrechtlichen Vereinsklage.[451]

1. § 2 Abs. 5 Satz 1 Nr. 1 UmwRG a.F.

Rechtbehelfe nach dem Umwelt-Rechtsbehelfsgesetz waren gemäß § 2 Abs. 5 Satz 1 Nr. 1 UmwRG a.F. begründet, soweit die Entscheidung nach § 1 Abs. 1 UmwRG oder deren Unterlassen gegen Rechtsvorschriften verstieß, die dem Umweltschutz dienen, Rechte Einzelner begründen und für die Entscheidung von Bedeutung sind und der Verstoß Belange des Umweltschutzes berührte, die zu den von der Vereinigungen nach ihrer Satzung zu fördernden Zielen gehörten. § 2 Abs. 5 UmwRG a.F. spiegelte die Regelungen des § 2 Abs. 1 Nr. 1 UmwRG a.F., der die Voraussetzungen der Zulässigkeit des Umweltrechtsbehelfes regelte, wider. Der gerichtliche Kontrollmaßstab war damit ebenfalls auf die

450 BT-Drs. 16/2495, S. 12.
451 *Schlacke*, Umwelt-Rechtsbehelfsgesetz, NuR 2007, 8,12.

Prüfung der Verletzung subjektiv-öffentlicher Rechte beschränkt. Hieraus ergab sich letztlich das Erfordernis eines Kausalzusammenhangs zwischen der Rechtswidrigkeit der Entscheidung und der Verletzung subjektiv-öffentlicher Rechte.[452] War eine Zulassungsentscheidung also aus anderen Gründen als der Verletzung drittschützender Normen rechtswidrig, führte dies nicht zur Begründetheit des Umwelt-Rechtsbehelfs.[453] Auch diese Vorschrift ist in Folge des Urteils des EuGH vom 12.5.2011 mittlerweile durch den Gesetzgeber geändert worden.[454]

Bei Entscheidungen nach § 1 Abs. 1 Nr. 1 UmwRG ergibt sich ein besonderer Prüfungsmaßstab aus § 2 Abs. 5 Satz 2 UmwRG: Danach muss bei Entscheidungen nach § 1 Abs. 1 Nr. 1 UmwRG eine Pflicht zur Durchführung einer Umweltverträglichkeitsprüfung bestehen. Eine solche Pflicht zur Durchführung einer Umweltverträglichkeitsprüfung kann sich entweder direkt aus den gesetzlichen Vorschriften ergeben oder als Ergebnis nach der Durchführung einer allgemeinen oder standortbezogenen Vorprüfung des Einzelfalls. Bei Vorprüfungen des Einzelfalls ist im Rahmen der Begründetheit des Rechtsbehelfes zu prüfen, ob eine Umweltverträglichkeitsprüfung durchgeführt wurde oder hätte durchgeführt werden müssen. Bestand eine solche UVP-Pflicht, kann der Umwelt-Rechtsbehelf begründet sein. Wurde jedoch eine UVP-Pflicht (fehlerhaft) verneint, ist nach § 3a Satz 4 UVPG[455] nur eine Plausibilitätsprüfung dahingehend anzustellen, ob die Vorprüfung entsprechend den Vorgaben des § 3c UVPG durchgeführt worden ist und ob das Ergebnis nachvollziehbar ist. § 3 a Satz 4 UVPG reduziert also sowohl den Umfang als auch die gerichtliche Kontrolldichte bei der Überprüfung von Feststellungen nach § 3 c UVPG.[456] Im Verhältnis zu § 4 UmwRG erfolgt hierdurch jedoch eine Ausweitung des Rechtsschutzes; dies

---

452 *Ewer*, Rechtsanwendungsfragen, NVwZ 2007, 267, 273.

453 Vgl. hierzu Stellungnahme des Bundesrates und Gegenäußerung der Bundesregierung zum Entwurf eines Gesetzes über ergänzende Vorschriften zu Rechtsbehelfen in Umweltangelegenheiten nach der EG-RL 2003/35/EG, BT-Drs. 16/2931, S. 2 und S. 6.

454 Siehe hierzu im 5. Kapitel unter B. II.

455 Dieser wurde durch Art. 1 Nr. 4b Öffentlichkeitsbeteiligungsgesetz vom 9.12.2006 (BGBl. I 2006, 2819) eingeführt und lautet: „Beruht die Feststellung, dass eine UVP unterbleiben soll, auf einer Vorprüfung des Einzelfalls nach § 3c, ist die Einschätzung der zuständigen Behörde in einem gerichtlichen Verfahren betreffend die Entscheidung über die Zulässigkeit des Vorhabens nur darauf zu überprüfen, ob die Vorprüfung entsprechend den Vorgaben von § 3c durchgeführt worden ist und ob das Ergebnis nachvollziehbar ist."

456 Vgl. Begründung zum Gesetzesentwurf der Bundesregierung zum Öffentlichkeitsbeteiligungsgesetz vom 4.9.2006, BT-Drs. 16/2494, S. 21.

geht mit einem Regelungswiderspruch zu § 4 Abs. 1 Satz 1 Nr. 2 UmwRG einher, der die gerichtliche Überprüfung allein auf die vollständige Nichtdurchführung der Einzelfallvorprüfung beschränkt.[457]

2. § 2 Abs. 5 Nr. 2 UmwRG a. F.

§ 2 Abs. 5 Satz 1 Nr. 2 UmwRG a.F. enthielt eine Sonderreglung für die Normenkontrolle von UVP-pflichtigen Bebauungsplänen. Diese war begründet, wenn die Festsetzungen des Bebauungsplanes, die die Zulässigkeit eines UVP-pflichtigen Vorhabens begründeten, gegen Rechtsvorschriften verstießen, die dem Umweltschutz dienen und Rechte Einzelner begründen und der Verstoß Belange des Umweltschutzes berührte, die zu den von der Vereinigung nach ihrer Satzung zu fördernden Zielen gehörten. Der Gesetzgeber hat auch diese Vorschrift in Folge des Urteils des EuGHs geändert und die Beschränkung auf Rechtsvorschriften, die Rechte Einzelner begründen, aufgehoben.[458] Im Übrigen ist die Vorschrift jedoch unverändert geblieben.

§ 2 Abs. 5 Nr. 2 UmwRG enthält damit nach wie vor eine Sonderregelung für die Fälle, in denen das Bauplanungsverfahren Trägerverfahren für die Umweltverträglichkeitsprüfung ist. UVP-pflichtige Vorhaben im Sinne der Nr. 2 sind nur solche Vorhaben, die einer Regel-UVP-Pflicht unterliegen oder deren UVP-Pflichtigkeit sich aus einer Vorprüfung ergibt.[459] Damit enthält § 2 Abs. 5 Nr. 2 UmwRG eine von den Regelungen der VwGO – hier § 47 Abs. 5 VwGO – abweichende Begründetheitsprüfung. Im Rahmen der Begründetheitsprüfung nach § 47 VwGO erfolgt eine objektive Rechtskontrolle, die angegriffene Satzung wird umfassend auf ihre formelle und materielle Rechtmäßigkeit hin überprüft. Im Rahmen einer Normenkontrolle nach dem Umwelt-Rechtsbehelfsgesetz erfolgt nur eine eingeschränkte Überprüfung nach den Maßstäben des § 2 Abs. 5 UmwRG, eine umfassende objektive Rechtskontrolle findet nicht statt. Zudem ist ein Normenkontrollantrag nach § 2 UmwRG in weiterem Umfang zulässig, als die Begründetheitsprüfung reicht. § 2 Abs. 1 Nr. 1 UmwRG bezieht sich auf Entscheidungen nach § 1 Abs. 1 Nr. 1 UmwRG, dieser wiederum nimmt § 2 Abs. 3 UVPG in Bezug – hierunter ist der gesamte Bebauungsplan zu verstehen. Die Begründetheitsprüfung einer Normenkontrolle nach § 2 Abs. 5 UmwRG wiederum bezieht sich nur auf die Festsetzungen des Bebauungsplanes, die die Zulässigkeit eines UVP-pflichtigen Vorhabens begründen. Der gerichtliche

457 Hierauf weist *Kment*, Umwelt-Rechtsbehelfsgesetz, NVwZ 2007, 274, 276 hin.

458 Siehe hierzu im 5. Kapitel unter B. II.

459 BT-Drs. 16/2495, S. 13.

Kontrollmaßstab ist also auf die Prüfung dieser Festsetzungen beschränkt. Nach *Ziekow* handelt es sich damit nicht einmal mehr um eine amputierte Normenkontrolle, sondern um eine Anfechtungsklage gegen einzelne Festsetzungen eines Bebauungsplanes.[460]

3. *Folgen von Verfahrensfehlern nach § 4 UmwRG a.F.*

§ 4 UmwRG a.F. enthält Regelungen über die Auswirkungen von Verfahrensfehlern im Zusammenhang mit der Durchführung einer Umweltverträglichkeitsprüfung. Die Vorschrift des § 4 Abs. 1 UmwRG stellt eine der schwierigsten und umstrittensten Vorschriften des Umwelt-Rechtsbehelfsgesetzes dar. Insbesondere wurde in der Literatur die Frage der europarechtskonformen Umsetzung des Art. 10a RL 2003/35/EG und des Art. 9 Abs. 2 AK bereits frühzeitig diskutiert.[461] Mittlerweile hat der EuGH mit Urteil vom 7.11.2013 die Regelung des § 4 Abs. 1 UmwRG a.F. für europarechtswidrig erklärt.[462] Dies wird erheblichen Änderungsbedarf für das nationale Recht nach sich ziehen. Im Folgenden sollen kurz die weiteren durch § 4 UmwRG a.F. aufgeworfenen Problemfelder dargestellt werden.

a. *Verfahrensfehler nach § 4 Abs. 1 UmwRG a.F.*

§ 4 Abs. 1 UmwRG a.F. enthielt zwei Arten von UVP-Fehlern, die zur Aufhebung einer Entscheidung führen konnten, nämlich die Nichtdurchführung einer erforderlichen UVP und die Nichtdurchführung einer erforderlichen Vorprüfung des Einzelfalls. Andere möglicherweise gleichfalls bedeutende Verfahrensfehler konnten hiernach nicht zur Aufhebung der Sachentscheidung führen.[463] Damit traf das Gesetz in § 4 Abs. 1 UmwRG a.F. eine Entscheidung zwischen wesentlichen und unwesentlichen Verfahrensfehlern. Ausweislich der Gesetzesbegründung sollte § 4 UmwRG a.F. für die aufgezählten Verfahrensfehler eine spezialgesetzliche Vorschrift darstellen, die § 46 VwVfG vorgehen sollte, soweit dessen Regelungsbereich reicht. Im Übrigen und für andere (leichtere)

460 *Ziekow*, Umwelt-Rechtsbehelfsgesetz, NVwZ 2007, 259, 263.

461 *Appel*, Subjektivierung von UVP-Fehlern, NVwZ 2010, 473 f.; *Kment*, Umwelt-Rechtsbehelfsgesetz, NVwZ 2007, 274, *Kment*, Europarechtswidrigkeit, NVwZ 2012, 481; *Ziekow*, Umwelt-Rechtsbehelfsgesetz, NVwZ 2007, 259; *Schlacke*, Umwelt-Rechtsbehelfsgesetz, NuR 2007, 8; *Ekardt*, Kontrolldichte, NuR 2006, 221, 227; *Ekardt*, Europarechtswidrigkeit Teil 1, EurUP 2012, 64, 69.

462 Siehe hierzu im 4. Kapitel unter C. III.

463 *Schlacke*, Umwelt-Rechtsbehelfsgesetz, NuR 2007, 8, 13, auch zu den Hintergründen dieser Regelung.

Verfahrensfehler wurde keine Sonderregelung getroffen; für diese sollte es bei der Anwendung des § 46 VwVfG bzw. speziellerer Rechtsvorschriften verbleiben, die für die Entscheidung über die Zulässigkeit des Vorhabens maßgeblich sind.[464]

§ 4 Abs. 1 Satz 1 UmwRG a.F. enthielt eine für das deutsche Verwaltungsverfahrensrecht neue und von § 46 VwVfG abweichende Regelung. Nach der bisherigen und ständigen Rechtsprechung des Bundesverwaltungsgerichtes zur Beachtlichkeit von Verfahrensfehlern, insbesondere zu Verfahrensfehlern im Rahmen der Umweltverträglichkeitsprüfung[465], konnte ein Verfahrensfehler nur dann zur Aufhebung einer Entscheidung führen, wenn er offensichtlich war und die konkrete Möglichkeit bestand, dass die angegriffene Entscheidung ohne den angenommenen Verfahrensmangel anders ausgefallen wäre.[466] § 4 Abs. 1 UmwRG a.F. stellte eine spezialgesetzliche Regelung zur Fehlerfolgenregelung dar, so dass im Rahmen des Anwendungsbereichs des § 4 Abs. 1 UmwRG a.F. der § 46 VwVfG und die daraus abgeleiteten Anforderungen der Kausalitätsrechtsprechung keine Anwendung fanden.[467] War eine erforderliche Umweltverträglichkeitsprüfung oder Vorprüfung des Einzelfalles durchgeführt worden, war der Tatbestand des § 4 Abs. 1 UmwRG a.F. nicht einschlägig – unabhängig davon, ob die Verfahren den gesetzlichen Vorschriften entsprechend durchgeführt wurden. Für solche (leichteren) Verfahrensfehler verblieb es bei der Regelung des § 46 VwVfG – eine Aufhebung konnte nur dann beansprucht werden, wenn offensichtlich war, dass die Verletzung die Entscheidung in der Sache beeinflusst

464 BT-Drs. 16/2495, S. 14.

465 Statt vieler BVerwG, Urteil vom 25.1.1996 – 4 C 5.95, zitiert nach juris; Urteil vom 21.3.1996 – 4 C 19/94, zitiert nach juris, Urteil vom 18.11.2004 – 4 CN 11.03, zitiert nach juris.

466 BVerwG, Urteil vom 8.6.1995 – 4 C 4.94, zitiert nach juris, Urteil vom 25.1.1996 – 4 C 5.95, zitiert nach juris, Urteil vom 18.11.2004 – 4 CN 11.03, zitiert nach juris, Urteil vom 26.5.2004 – 9 A 6.03, zitiert nach juris.

467 *Appel*, Subjektivierung von UVP-Fehlern, NVwZ 2010, 473, 475 m.w.N. in Fn. 26; *Kment*, Umwelt-Rechtsbehelfsgesetz, NVwZ 2007, 274, 277; *Schlacke*, Umwelt-Rechtsbehelfsgesetz, NuR 2007, 8, 13; *Radespiel*, Entwicklungen, EurUP 2007, 118, 121; *Kerkmann*, Umwelt-Rechtsbehelfsgesetz, BauR 2007, 1527, 1535; *Schumacher*, Umwelt-Rechtsbehelfsgesetz, UPR 2008, 13, 19; *Schwertner*, Umwelt-Rechtsbehelfsgesetz, EurUP 2007, 124, 127; *Schmidt/Kremer*, Umwelt-Rechtsbehelfsgesetz, ZUR 2007, 57, 58; *Halama*, Öffentlichkeitsbeteiligung – Zugang zu Gerichten – RL 2003/35/EG – Arhus-Konvention, in: *Berkemann/Halama,* Handbuch zum Recht der Bau- und Umweltrichtlinien der EG, 770769; *Weidemann*, Verbandsklage, VR 2008, 227.

hat.[468] § 4 Abs. 1 UmwRG a.F. regelte dem Wortlaut nach nur den „Totalausfall" der erforderlichen Umweltverträglichkeitsprüfung, nicht jedoch die Fälle, in denen die durchgeführte Umweltverträglichkeitsprüfung mit Fehlern behaftet war.[469] Fehler bei der Durchführung der UVP konnten mithin nicht nach § 4 Abs. 1 UmwRG a.F. gerügt werden.

In der Literatur ist vielfach die Frage problematisiert worden, ob diese Beschränkung der rügefähigen Fehler auf den Totalausfall der erforderlichen UVP bzw. allgemeinen Vorprüfung des Einzelfalls europarechtskonform ist.[470] Art. 10a RL 2003/35/EG fordert eine Überprüfbarkeit der verfahrensrechtlichen Rechtmäßigkeit von Entscheidungen, ohne dies auf konkrete Fehlertypen zu beschränken. Insbesondere ist diskutiert worden, ob die unter schweren Verfahrensverstößen durchgeführte UVP nicht ebenfalls einen wesentlichen rügefähigen Verfahrensfehler darstellen muss.[471] Eine von massiven Verfahrensfehlern geprägte UVP verfehlt die Schutzziele der UVP-Richtlinie in gleicher Weise wie die nicht durchgeführte UVP.[472] Der EuGH hat mit Urteil vom 7.11.2013 entschieden, dass diese Beschränkung europarechtswidrig ist und auch Fehler bei der Durchführung der UVP rügefähig sein müssen. Damit ist zumindest die Diskussion darum, ob nur der Totalausfall der UVP bzw. der erforderlichen Vorprüfung rügefähige Fehler sind, beendet.

b. *Einordnung der Verfahrensfehler nach § 4 Abs. 1 UmwRG*

Höchst umstritten war ebenfalls, ob es sich bei den Verfahrensfehlern nach § 4 Abs. 1 UmwRG a.F. um relative oder absolute Verfahrensfehler handelt und wie sich eine solche Einordnung auf das Verhältnis zu § 4 Abs. 3 UmwRG auswirkt. [473] Insbesondere wurde diskutiert, ob § 4 UmwRG a.F. eine eigene

---

468 *Halama*, Öffentlichkeitsbeteiligung in: *Berkemann/Halama*, Handbuch zum Recht der Bau- und Umweltrichtlinien der EG, 770, S. 770.

469 BVerwG, Beschluss vom 10.1.2012, 7 C 20.11, zitiert nach juris, Rn. 29.

470 Nachweise in Fn. 461.

471 *Kment*, Umwelt-Rechtsbehelfsgesetz, NVwZ 2007, 274, 278; *Schmidt/Kremer*, Umwelt-Rechtsbehelfsgesetz, ZUR 2007, 57, 62; *Fellenberg/Schiller*, Rechtsbehelfe, URP 2011, 321, 324; *Lau*, Gestaltungsmöglichkeiten, BauR 2011, 770, 774.

472 *Fellenberg/Schiller*, UmwRG, in: *Landmann/Rohmer*, Umweltrecht, § 4 Rn. 37; *Berkemann*, Umweltverbandsklage, NuR 2011, 780, 787.

473 So: *Schlacke*, Umwelt-Rechtsbehelfsgesetz, NuR 2007, 8, 11; *Kment*, Umwelt-Rechtsbehelfsgesetz, NVwZ 2007, 274, 275; *Radespiel*, Entwicklungen, EurUP 2007, 118, 120.

Rügebefugnis neben § 2 Abs. 1 UmwRG erzeugt[474] oder ob die in § 4 Abs. 1 UmwRG a.F. enthaltenen Verfahrensvorschriften (erforderliche UVP, erforderliche Vorprüfung) subjektiv-rechtlich angereichert werden müssen, um sie als Normen, die *Rechte Einzelner begründen*, behandeln zu können.[475] Gegen die Annahme der Regelung einer selbständigen Rügebefugnis in § 4 Abs. 1 UmwRG a.F. sprechen die Systematik des Gesetzes und ein Vergleich mit den Vorschriften der naturschutzrechtlichen Vereinsklage in § 64 BNatSchG. § 2 UmwRG ist mit: „*Rechtsbehelfe von Vereinigungen*" überschrieben, § 4 UmwRG a.F. mit: „*Fehler bei der Anwendung von Verfahrensvorschriften*". Die Regelungen zur Zulässigkeit eines Umwelt-Rechtsbehelfs sind in § 2 Abs. 2 UmwRG enthalten. In § 2 Abs. 5 UmwRG finden sich die Regelungen zur Begründetheit eines solchen Umwelt-Rechtsbehelfs. Bei § 4 UmwRG a.F. handelt es sich jedoch nach dem Willen des Gesetzgebers um eine spezialgesetzliche Vorschrift zu § 46 VwVfG,[476] die lediglich Regelungen zu den Rechtsfolgen bestimmter Verfahrensfehler enthält.[477] Gegen eine eigenständige Rechtsbehelfsbefugnis in § 4 Abs. 1 UmwRG a.F. spricht auch ein Vergleich mit § 64 BNatSchG. Danach kann eine anerkannte Umweltvereinigung – neben der in der Vorschrift selbst geregelten naturschutzrechtlichen Vereinsklage – auch die Rechtsbehelfe nach § 2 UmwRG geltend machen. Einen zusätzlichen Verweis auf § 4 Abs. 1 UmwRG a.F. enthält § 64 BNatSchG nicht. Hieraus kann geschlossen werden, dass § 4 Abs. 1 UmwRG a.F. keine eigenständige Rechtsbehelfsbefugnis enthält, da man anderenfalls diesen in den Verweis hätte aufnehmen müssen.[478] Zudem bedürfte es keiner entsprechenden Anwendung des § 4 Abs. 1 und Abs. 2 UmwRG auf Rechtsbehelfe von Beteiligten nach § 61 Nr. 1 und 2 VwGO, wenn sich der Anwendungsbereich des § 4 Abs. 1 UmwRG ohnehin auf jeden Rechtsbehelf erstreckte.[479]

---

474 *Schlacke*, Rechtsschutz, S. 299, offen gelassen von *Radespiel*, Entwicklungen, EurUP 2007, 118,121.

475 *Ziekow*, Umwelt-Rechtsbehelfsgesetz, NVwZ 2007, 259, 261; *Kerkmann*, Umwelt-Rechtsbehelfsgesetz, BauR 2007, 1527, 1533; *Kment*, Umwelt-Rechtsbehelfsgesetz, NVwZ 2007, 274, 279; *Schmidt/Kremer*, Umwelt-Rechtsbehelfsgesetz, ZUR 2007, 57, 58; *Halama*, Öffentlichkeitsbeteiligung in: *Berkemann/Halama,* Handbuch zum Recht der Bau- und Umweltrichtlinien der EG, 770, Rn. 335.

476 BT-Drs. 16/2495, S. 14.

477 *Appel*, Subjektivierung von UVP-Fehlern, NVwZ 2010, 473, 475.

478 Ebenda.

479 *Kment*, Umwelt-Rechtsbehelfsgesetz, NVwZ 2007, 274, 276; *Appel*, Subjektivierung von UVP-Fehlern, NVwZ 2010, 473, 476; *Ziekow*, Umwelt-Rechtsbehelfsgesetz, NVwZ 2007, 259, 261.

Die wohl überwiegende Ansicht entnimmt dem systematischen Zusammenspiel von § 2 Abs. 1 UmwRG und § 4 UmwRG a.F. eine subjektiv-rechtliche Anreicherung der Regelungen über die Erforderlichkeit einer UVP bzw. UVP-Vorprüfung.[480] Für diese Ansicht spricht sowohl der Sinn und Zweck der Regelung, die Systematik sowie der Wortlaut des § 4 Abs. 1 UmwRG a.F. § 2 Abs. 1 Nr. 1 UmwRG enthielt für die Zulässigkeit eines Umwelt-Rechtsbehelfs das Erfordernis der Schutznormakzessorietät. Ein Umwelt-Rechtsbehelf einer Vereinigung, der die in § 4 Abs. 1 Nr. 1 und Nr. 2 UmwRG genannten Fehler rügt, liefe gänzlich ins Leere, wenn diese Regelungen keinen Drittschutz vermitteln würden.[481] Dies spräche für eine Subjektivierung und selbständige Einklagbarkeit der von § 4 Abs. 1 UmwRG a.F. erfassten UVP-Fehlern. Diese würden hierdurch in den Stand von absoluten Verfahrensfehlern erhoben. Ein weiteres Argument hierfür ist der Verweis in § 4 Abs. 3 UmwRG. Diese Vorschrift mutet zunächst überflüssig an, da weder § 1 noch § 4 UmwRG eine Beschränkung des Anwendungsbereichs auf Rechtsbehelfe von Umweltvereinigungen enthalten. Sinn macht diese Vorschrift durch den Hinweis, dass § 4 Abs. 1 UmwRG a.F. auch für Rechtsbehelfe von Umweltschutzvereinigungen gilt. Dies ist nur dann möglich, wenn die von § 4 Abs. 1 UmwRG a.F. erfassten Verfahrensvorschriften den Charakter subjektiver Rechte haben.[482]

Nach noch anderer Auffassung ist § 4 UmwRG a.F. selbst als drittschützendes Recht zu verstehen. Als Argument dafür wird der Wortlaut der Vorschrift herangezogen, wonach eine Aufhebung einer Entscheidung verlangt werden könne. Es sei gerade nicht die Formulierung von § 2 Abs. 1 UmwRG gewählt worden, wonach ein Rechtsbehelf bei Vorliegen der Voraussetzungen begründet sei. § 4 Abs. 1 UmwRG a.F. gehe in seinem Wortlaut hierüber hinaus. Da in § 4 Abs. 1 UmwRG a.F. kein Verzicht auf die Zulässigkeitsvoraussetzungen des § 2 Abs. 1 UmwRG oder des § 42 Abs. 2 VwGO für die Beteiligten nach § 61 Nr. 1 und 2 VwGO enthalten sei, mache die Formulierung *„kann die Aufhebung verlangt*

---

480 *Appel*, Subjektivierung von UVP-Fehlern, NVwZ 2010, 473, 476 mit weiteren Nachweisen in Fn. 30; *Ziekow*, Umwelt-Rechtsbehelfsgesetz, NVwZ 2007, 259, 261 und 264. Im Ergebnis auch so *Schwertner*, Umwelt-Rechtsbehelfsgesetz, EurUP 2007, 124, 128; *Ogorek*, Anfechtung, NVwZ 2010, 401, 402.

481 So auch *Schlacke*, Umwelt-Rechtsbehelfsgesetz, NuR 2007, 8, 13.

482 *Ziekow*, Umwelt-Rechtsbehelfsgesetz, NVwZ 2007, 259, 261. Nach *Ziekow* schießt hier das Konzept der Schutznormakzessorietät über das Ziel hinaus. Nach seiner Auffassung hätte man Umweltvereinigungen ein explizit benanntes Klagerecht zuordnen und sich für Individualkläger mit einer Ausnahme zu § 46 VwVfG begnügen können. Bei dieser Konstruktion würden keine subjektiven Verfahrensrechte begründet.

werden“ nur dann Sinn, wenn § 4 UmwRG auch die Zulässigkeitsvoraussetzungen begründet.[483]

Gegen eine solche Subjektivierung wird der Charakter des § 4 Abs. 1 UmwRG als Spezialvorschrift zur Fehlerfolgenregelung des § 46 VwVfG herangeführt. § 46 VwVfG regelt jedoch lediglich eine Begrenzung der Rechtsmacht, Fehler des Verwaltungsverfahrens mit kassatorischer Begrenzung geltend zu machen. § 46 VwGO berührt die Klagebefugnis nach § 42 Abs. 2 VwGO nicht, sondern betrifft allein die Begründetheit von Rechtsbehelfen.[484] Die Vorschrift begründet kein subjektives Recht, sondern setzt das Vorliegen eines solchen voraus. Insofern erscheint es fraglich, ob der Gesetzgeber mit der Regelung des § 4 UmwRG a.F. tatsächlich eine subjektiv-rechtliche Anreicherung der von § 4 UmwRG a.F. erfassten Verfahrensfehler bezweckte.[485] Gegen die Annahme eines absoluten Verfahrensfehlers wird weiter angeführt, dass nach § 4 Abs. 1 Satz 2 UmwRG a.F. die Heilungsvorschriften des § 45 Abs. 2 VwVfG und anderer entsprechender Rechtsvorschriften unberührt blieben. Es wird die Auffassung vertreten, § 45 VwVfG sei bei absoluten Verfahrensfehlern nicht anwendbar.[486] Daher könne auch § 4 Abs. 1 Satz 2 UmwRG a.F. ein Indiz dafür sein, dass der Gesetzgeber bei den von § 4 Abs. 1 UmwRG erfassten UVP-Fehlern doch nicht von absoluten Verfahrensfehlern ausgeht.[487]

In Teilen der Literatur wird hierzu ein differenzierterer Ansatz vertreten. § 4 Abs. 1 UmwRG a.F. soll hiernach das in § 2 Abs. 1 Nr. 1 UmwRG aufgestellte Erfordernis der Schutznormakzessorietät unberührt lassen und nicht zu einer Subjektivierung der betreffenden UVP-Fehler führen, mit der Folge, dass Umweltschutzvereinigungen im Rahmen der Zulässigkeit eines Rechtsbehelfes auch bei Vorliegen der UVP-Fehler des § 4 Abs. 1 UmwRG a.F. die Verletzung von materiellen Normen geltend machen müssen, die Rechte Einzelner begründen können. Aus § 4 Abs. 1 UmwRG a.F. soll sich jedoch im Rahmen der Begründetheit eines Rechtsbehelfs – in Ausnahme zu § 113 Abs. 1 Satz 1 VwGO ein prozessualer Aufhebungsanspruch unabhängig vom Erfordernis der Verletzung subjektiver Rechte ergeben.[488] Diese Lösung ist prozessual mit der Normenkontrolle nach § 47 VwGO vergleichbar: Der Antragssteller muss zwar im Rahmen

483 *Schwertner*, Umwelt-Rechtsbehelfsgesetz, EurUP 2007, 124, 128.
484 *Kopp/Ramsauer*, VwVfG, § 46 Rn. 42.
485 *Appel*, Subjektivierung von UVP-Fehlern, NVwZ 2010, 473, 476.
486 Statt vieler: *Kopp/Ramsauer*, VwVfG, § 45 Rn. 4.
487 *Appel*, Subjektivierung von UVP-Fehlern, NVwZ 2010, 473, 476.
488 *Appel*, Subjektivierung von UVP-Fehlern, NVwZ 2010, 473, 479; VG Karlsruhe, Beschluss vom 12.8.2009 – 4 K 1648/09 – zitiert nach juris, Rn. 33.

der Antragsbefugnis die Möglichkeit der Verletzung subjektiver Rechte darlegen, im Rahmen der Begründetheitsprüfung erfolgt jedoch eine Vollüberprüfung der angegriffenen Norm ohne das Erfordernis einer Rechtsverletzung.[489] Ob eine solche Entkoppelung zwischen Zulässigkeit und Begründetheit eines Rechtsbehelfs auch auf andere Rechtsbehelfe als die Normenkontrolle nach § 47 VwGO übertragbar und mit dem System des deutschen Verwaltungsprozessrechts vereinbar ist, erscheint fraglich.[490] Hiergegen spricht, den gerichtlichen Zugang zunächst durch bestimmte Zulässigkeitshürden zu beschränken, im Rahmen der Begründetheitsprüfung dann jedoch eine Vollüberprüfung vornehmen zu müssen.[491]

Der Gesetzgeber selbst verhält sich in der Gesetzesbegründung hierzu nicht ausdrücklich. Er nimmt allerdings im Rahmen der Begründung zu § 4 UmwRG a.F. Bezug auf die sogenannte „Wells-Entscheidung" des EuGH vom 7.1.2004[492], nach dem sich Einzelne unter Umständen auf Bestimmungen der UVP-Richtlinie berufen können. Danach sind die zuständigen Behörden verpflichtet, im Rahmen ihrer Zuständigkeit alle allgemeinen oder besonderen Maßnahmen zu ergreifen, um dem Unterlassen der Umweltverträglichkeitsprüfung eines Projekts im Sinne der UVP-Richtlinie abzuhelfen. Die Einzelheiten des in diesem Zusammenhang anwendbaren Verfahrens sind nach dem Grundsatz der Verfahrensautonomie der Mitgliedstaaten Sache der nationalen Rechtsordnung eines jeden Mitgliedstaates, sie dürfen jedoch nicht ungünstiger sein als diejenigen, die vergleichbare Sachverhalte interner Art regeln (Äquivalenzprinzip) und die Ausübung der von der Gemeinschaftsrechtsordnung verliehenen Rechte nicht praktisch unmöglich machen oder übermäßig erschweren (Effektivitätsprinzip). In diesem Rahmen sei es Sache eines nationalen Gerichts, festzustellen, ob nach nationalem Recht die Möglichkeit besteht, eine bereits erteilte Genehmigung zurückzunehmen oder auszusetzen, um dieses Projekt einer Umweltverträglichkeitsprüfung gemäß den Anforderungen der UVP-Richtlinie zu unterziehen.[493] Damit können die Bestimmungen der UVP-Richtlinie bei europarechtskonformer Auslegung des deutschen Rechts durchaus Drittschutz entfalten.[494] Die

489 *Kopp/Schenke*, VwGO, § 47 Rn. 112; *Appel*, Subjektivierung von UVP-Fehlern, NVwZ 2010, 473, 476.

490 *Appel*, Subjektivierung von UVP-Fehlern, NVwZ 2010, 473, 476.

491 *Appel*, Subjektivierung von UVP-Fehlern, NVwZ 2010, 473, 477; *Dolde*, Verwaltungsverfahren, NVwZ 2006, 857, 861; *Danwitz von*, Århus-Konvention, NVwZ 2004, 271, 279; *Epiney/Sollberger*, Zugang, 327 f.

492 EuGH, Urteil vom 7.1.2004 – Rs. C-201/02 – Slg. 2004 I-723.

493 BT-Drs. 16/2495, S. 14.

494 So auch *Kerkmann*, Umwelt-Rechtsbehelfsgesetz, BauR 2007, 1527, 1533.

Gesetzesbegründung führt im Weiteren aus, dass diese Rechtsprechung des EuGH im Widerspruch zur ständigen Rechtsprechung des Bundesverwaltungsgerichts[495] in Bezug auf die gerichtliche Überprüfung von Verfahrensfehlern, insbesondere bei der Durchführung von Umweltverträglichkeitsprüfungen steht. Danach vermittele das Recht der Umweltverträglichkeitsprüfung aufgrund seines Charakters als reines Verfahrensrecht keine selbstständig durchsetzbaren Rechtspositionen, weil die Erfüllung von Verfahrensvorschriften kein Selbstzwecksei, sondern der besseren Durchsetzung von Umweltbelangen diene. Daher könnten nach der bisherigen Rechtslage die Verfahrensregelungen bei der Durchführung von Umweltverträglichkeitsprüfungen Drittschutz nur dann begründen, wenn die konkrete Möglichkeit bestünde, dass die angegriffene Entscheidung ohne den Verfahrensmangel anders ausgefallen wäre. Gestützt auf § 46 VwVfG führt diese Rechtsprechung unter anderem auch bei Unterlassung einer gesetzlich geforderten Umweltverträglichkeitsprüfung nur dann zur Aufhebung der Zulassungsentscheidung, wenn nach den Umständen des Falles die konkrete Möglichkeit besteht, dass die angegriffene Entscheidung ohne den angenommenen Verfahrensmangel anders ausgefallen wäre.[496] Vor diesem Hintergrund führte der Gesetzgeber die Regelung des § 4 Abs. 1 UmwRG a.F. ein. Dies kann in konsequenter Auslegung sowohl des gesetzgeberischen Willens als auch der Systematik des Gesetzes nur bedeuten, dass zumindest die Unterlassung der Umweltverträglichkeitsprüfung oder die Nichtdurchführung einer gebotenen Vorprüfung des Einzelfalles gerichtlich überprüfbar sein soll. Im Zusammenspiel mit § 2 Abs. 1 UmwRG, welcher die Voraussetzungen der Rügebefugnis abschließend regelt, bedeutet dies eine Subjektivierung dieser Verfahrensvorschriften zu absoluten Verfahrensfehlern. Der Gesetzgeber erklärte die vollständige Nichtdurchführung einer rechtlich vorgeschriebenen Umweltverträglichkeitsprüfung oder Vorprüfung des Einzelfalls über die UVP-Pflichtigkeit zu einem wesentlichen Verfahrensfehler, der zur Aufhebung der Entscheidung führt, sofern der Verfahrensschritt nicht nachgeholt und damit der Verfahrensfehler geheilt wird.[497] Dies stützt die hier vertretene Auffassung, dass diese Verfahrensregelungen durch den Gesetzgeber entgegen der bisherigen Rechtsprechung versubjektiviert und in den Stand von absoluten Verfahrensfehlern erhoben werden.

Nach anderer Auffassung kann dies dem Hinweis des Gesetzgebers auf die Wells-Entscheidung in der Gesetzesbegründung zu § 4 UmwRG gerade nicht

495 BVerwGE 100, 238, 251 ff.; 98, 339, 361 f.; 85, 368, 373 ff.; 69, 256, 269 f.; 26, 145, 148.

496 BT-Drs. 16/2495, S. 14.

497 Siehe BT-Drs. 16/2495, S. 14.

entnommen werden.[498] Nach dieser Ansicht ist bei der Frage des Drittschutzes im Hinblick auf das Verhältnis von § 2 Abs. 1 zu § 4 Abs. 1 und Abs. 3 zwischen *Umweltschutzvereinen* und *sonstigen Beteiligten* zu differenzieren.[499] Gemäß § 4 Abs. 3 UmwRG sind die Regelungen des § 4 Abs. 1 und 2 auch auf Rechtsbehelfe sonstiger Beteiligter nach § 61 Nr. 1 und Nr. 2 VwGO anwendbar. In konsequenter Anwendung der Auffassung, dass durch § 4 Abs. 1 UmwRG die Nichtdurchführung einer UVP bzw. Einzelfallvorprüfung durch den Gesetzgeber zu absoluten Verfahrensfehlern erklärt wurden, müsste dies auch für Rechtsbehelfe sonstiger Beteiligter mit der Folge gelten, dass das Vorliegen dieser Rechte eine subjektiv-öffentliche Rechtsverletzung – vorbehaltlich einer Heilung durch Nachholung – ergeben.

c. Folgen von Verfahrensfehlern nach § 4 Abs. 2 UmwRG

Für Bebauungspläne, mit denen die Zulässigkeit UVP-pflichtiger Vorhaben begründet werden soll, gelten gemäß § 4 Abs. 1 Satz 1 Nr. 2 UmwRG abweichend von § 4 Abs. 1 UmwRG die Planerhaltungsvorschriften der §§ 214, 215 BauGB sowie die diesbezüglichen Überleitungsvorschriften sowie die einschlägigen landesrechtlichen Vorschriften entsprechend. Ist eine nach § 2 Abs. 4 Satz 1 BauGB 2004 gebotene Umweltprüfung oder eine nach § 13a Abs. 1 Satz 2 Nr. 2 BauGB 2007 erforderliche Vorprüfung des Einzelfalles über die UVP-Pflichtigkeit nicht durchgeführt worden, so zählt diese Unterlassung nicht zu den in § 214 BauGB 2004 ausdrücklich aufgeführten beachtlichen Verfahrensfehlern. Etwaige Defizite bei der Ermittlung und Bewertung von Umweltbelangen können sich im Rahmen des § 214 Abs. 1 Satz 1 Nr. 1 BauGB 2004 als relevant erweisen, wenn der Mangel offensichtlich und auf das Ergebnis des Verfahrens von Einfluss gewesen ist. Eine solche Kausalitätenprüfung erübrigt sich, wenn § 214 Abs. 1 Satz 1 Nr. 3 BauGB 2004 über seinen Wortlaut hinaus auch auf den Fall einer unterbliebenen Umweltprüfung angewandt wird. Hiernach ist eine Verletzung von Vorschriften in Bezug auf den Umweltbericht nur beachtlich, wenn die Begründung hierzu in „unwesentlichen Punkten" unvollständig ist. Hieraus lässt sich folgern, dass erst recht ein beachtlicher Fehler vorliegt, wenn die Begründung nicht bloß unvollständig ist, sondern eine Begründung mangels eines im Rahmen einer Umweltprüfung erstellten Umweltberichts gänzlich fehlt.[500] Für den Fall, dass eine nach § 13a Abs. 1

---

498 *Spieth/Appel*, Umfang, NuR 2009, 312, 315.

499 Ebenda.

500 Zum Vorstehenden ausführlich: *Halama*, Öffentlichkeitsbeteiligung in: *Berkemann/Halama*, Handbuch zum Recht der Bau- und Umweltrichtlinien der EG, 770, S. 771.

Satz 2 Nr. 2 BauGB 2007 erforderliche Vorprüfung des Einzelfalles nicht durchgeführt wurde, enthält § 214 BauGB keine vergleichbare Regelung. § 214 Abs. 2 a BauGB 2007 setzt voraus, dass die planende Gemeinde in eine Prüfung eingetreten ist und das Prüfungsverfahren, wenn auch unter Verkennung der maßgeblichen rechtlichen Voraussetzungen mit einem nachvollziehbaren Ergebnis abgeschlossen hat. In einem Erst-Recht-Schluss wird man folgern können, dass ein beachtlicher Fehler nicht bloß dann vorliegt, wenn die Vorprüfung oder die Prüfung eines Ausschlussgrundes nicht entsprechend den Vorgaben des Gesetzes durchgeführt wird oder das Ergebnis nicht nachvollziehbar ist, sondern auch dann, wenn eine Vorprüfung oder Prüfung im Sinne der Nr. 2 oder 3 gänzlich unterbleibt.[501]

Fraglich ist zudem, ob über die beiden genannten Fälle eines in wesentlichen Teilen unvollständigen oder fehlenden Umweltberichts hinaus auch die Verletzung anderer Verfahrensvorschriften zu einer gerichtlichen Aufhebung des Bebauungsplanes führen kann.[502] In der Literatur wird hierzu vertreten, dass nach einer am Ziel des Umwelt-Rechtsbehelfsgesetzes orientierten Auslegung des § 4 Abs. 2 UmwRG aus dem Katalog der §§ 214 ff. BauGB nur die Vorschriften Bedeutung erlangen können, die im Zusammenhang mit den vom Verband gerügten drittschützenden Umweltvorschriften stehen. Hierzu gehören die für die Abwägung maßgeblichen §§ 214 Abs. 1 Nr. 1 und Abs. 3 BauGB sowie die Vorschriften über die Beteiligung der Öffentlichkeit nach § 214 Abs. 1 Satz 1 Nr. 2 BauGB sowie über die Folgen eines fehlenden Satzungsbeschlusses bzw. einer fehlenden Genehmigung nach § 214 Abs. 1 Satz 1 Nr. 4 BauGB. Dahingegen sollen Fehler bei der Begründung, die nicht im Zusammenhang mit den gerügten drittschützenden Vorschriften stehen, sowie die nur ausnahmsweise beachtlichen Verstöße gegen das Entwicklungsgebot (§ 214 Abs. 2 Nr. 2 BauGB) und das Parallelverfahren (§ 214 Abs. 2 Nr. 4 BauGB) nicht zur gerichtlichen Aufhebung des Planes führen.[503] Eine Verletzung der den §§ 214 BauGB entsprechenden „einschlägigen landesrechtlichen Vorschriften“ soll nur Bedeutung erlangen können, soweit diese entweder für die Auslegung der drittschützenden Vorschriften oder aber für den Bebauungsplan selbst zentrale Bedeutung haben. Hierzu sollen wohl die Bestimmungen über die Öffentlichkeit der Ratssitzungen

501 So: *Halama*, Öffentlichkeitsbeteiligung in: *Berkemann/Halama*, Handbuch zum Recht der Bau- und Umweltrichtlinien der EG, 770, S. 771; zustimmend *Schrödter*, Umweltverbandsklage, LKV 2008, 391, 396.

502 *Schrödter*, Umweltverbandsklage, LKV 2008, 391, 396.

503 *Schrödter*, Umweltverbandsklage, LKV 2008, 391, 396. So wohl auch *Halama*, Öffentlichkeitsbeteiligung in: *Berkemann/Halama*, Handbuch zum Recht der Bau- und Umweltrichtlinien der EG, 770, Rn. 338.

sowie die Bekanntmachung des Bebauungsplanes gehören. Sonstige Fehler, etwa bei der Ladung, hinsichtlich der Geschäftsordnung sowie die Mitwirkung befangener Ratsmitglieder, sollen nicht zum Erfolg einer Vereinigungsklage gegen den betroffenen Bebauungsplan führen. Argument hierfür ist, jede andere Auslegung des § 4 Abs. 2 UmwRG führe zu dem kaum verständlichen Ergebnis, dass zwar untergeordnete Vorschriften des Landesverfahrensrechts einer objektiven Rechtskontrolle unterlägen, nicht aber eine Verletzung zentraler Regelungen des Bauplanungsrechts.[504]

d. Zu § 4 Abs. 3 UmwRG

§ 4 Abs. 3 UmwRG erklärt schließlich die Regelungen des § 4 Abs. 1 und Abs. 2 UmwRG auch auf sonstige Rechtsbehelfe nach der VWGO, die von der Geltendmachung subjektiv-öffentlicher Rechte abhängig sind, für anwendbar. Wie bereits ausgeführt, ist fraglich, welche Bedeutung die Regelung des § 4 Abs. 1 Satz 1 UmwRG hinsichtlich der Qualität der dort enthaltenen Verfahrensfehler hat. Lässt man die dort erörterten Auffassungen, die in § 4 Abs. 1 UmwRG eine eigenständige Rechtsbehelfsbefugnis bzw. einen prozessualen Aufhebungsanspruch sehen, außer Acht, so stellt sich die Frage, ob § 4 Abs. 1 UmwRG die Regelungen über die Durchführung der Umweltverträglichkeitsprüfung und der Einzelfallvorprüfung zu absoluten Verfahrensfehlern erhebt, mit der Folge, dass ein subjektiv-öffentliches Recht auf Durchführung einer erforderlichen Umweltverträglichkeitsprüfung bzw. Einzelfallvorprüfung – vorbehaltlich der Möglichkeit der Nachholung der Umweltverträglichkeitsprüfung bzw. der Einzelfallvorprüfung – auch für sonstige Beteiligte nach § 61 Nr. 1 und Nr. 2 VwGO bestünde.[505] Dies wird teilweise ausdrücklich bejaht[506] bzw. bei der Frage, ob aus § 4 Abs. 1 UmwRG die Aufwertung von UVP-Fehlern zu absoluten Verfahrensfehlern folgt, nicht zwischen Umweltvereinigungen und sonstigen Beteiligten differenziert.[507]

---

504 Zum Vorstehenden insgesamt: *Schrödter*, Umweltverbandsklage, LKV 2008, 391, 397, der mit dem Wunsch schließt, der Gesetzgeber sollte in jedem Fall: „die gesetzestechnisch nicht überzeugende Regelung des § 4 Abs. 2 UmwRG in einer der Rechtssicherheit dienenden und für die Praxis verständlichen Weise *„optimieren*".

505 *Appel*, Subjektivierung von UVP-Fehlern, NVwZ 2010, 473, 477.

506 So: *Ziekow*, Umwelt-Rechtsbehelfsgesetz, NVwZ 2007, 259, 264; OVG Magdeburg, Beschluss vom 17.9.2008 – 2 M 146/08 – zitiert nach juris, Rn. 9; VG Neustadt, Urteil vom 13.12.2007 – 4 K 219/06.NW – zitiert nach juris, Rn. 176 f.

507 *Kment*, Umwelt-Rechtsbehelfsgesetz, NVwZ 2007, 274, 276; *Schlacke*, Umwelt-Rechtsbehelfsgesetz, NuR 2007, 8, 13; *Schmidt/Kremer*, Umwelt-Rechtsbehelfsgesetz, ZUR 2007, 57;*Schmidt/Kremer*, Umwelt-Rechtsbehelfsgesetz, ZUR 2007, 57, 59.

Hiergegen werden jedoch in Literatur[508] und Rechtsprechung[509] Bedenken erhoben bzw. diese Frage von der Rechtsprechung ausdrücklich offen gelassen.[510] Eine solche Subjektivierung der in § 4 Abs. 1 UmwRG a.F. genannten Verfahrensfehler sei unvereinbar mit dem Sinn und Zweck des Umwelt-Rechtsbehelfsgesetzes und führe zu Friktionen zwischen Umweltschutzvereinigungen und sonstigen Vereinigungen. Sinn und Zweck des Umwelt-Rechtsbehelfsgesetzes sei entsprechend den Vorgaben der Århus-Konvention und des Gemeinschaftsrechts vor allem eine Ausweitung der Klagerechte der Umweltschutzvereinigungen. Es bestehe kein Anhaltspunkt dafür, dass das Umwelt-Rechtsbehelfsgesetz über die in § 2 UmwRG geregelte Vereinsklage hinaus etwas am fehlenden subjektiv-rechtlichen Charakter der von § 4 Abs. 1 UmwRG erfassten UVP-Fehler ändern wolle.[511] Als Argument hierfür wird die Gesetzesbegründung herangezogen, in der es heißt:

> *„Der Rechtsschutz von natürlichen und juristischen Personen gegen Zulassungsentscheidungen für Industrieanlagen und Infrastrukturmaßnahmen nach der UVP-Richtlinie und der IVU-Richtlinie der EG richtet sich danach weiterhin nach den Vorgaben der VwGO, hängt also insbesondere von der Geltendmachung und dem Vorliegen einer Verletzung von eigenen Rechten des Klägers im Sinne von § 42 Abs. 2, § 113 Abs. 1 Satz 1 VwGO ab.“*[512]

Hieraus wird abgeleitet, der Gesetzgeber habe mit Blick auf den fehlenden subjektiv-rechtlichen Charakter von UVP-Fehlern alles beim Alten belassen wollen. Eine Aufwertung der in § 4 Abs. 1 UmwRG genannten Fehler für sonstige Beteiligten nach § 61 Nr. 1 und 2 VwGO zu absoluten Verfahrensfehlern liefe auf die Einführung einer „UVP-Popularklage“ hinaus, was wohl seitens des Gesetzgebers angesichts des damit verbundenen Paradigmenwechsels deutlicher hervorgehoben worden wäre.[513] Zudem würde eine solche Ausweitung des

---

508 *Spieth/Appel*, Umfang, NuR 2009, 312, 315; *Appel*, Subjektivierung von UVP-Fehlern, NVwZ 2010, 473, 477.

509 OVG Lüneburg, Beschluss vom 21.10.2008 – 7 ME 170/07 – zitiert nach juris, Rn. 26; VG Karlsruhe Beschluss vom 12.8.2009 – 4 K 1648/09 – zitiert nach juris, Rn. 33; VG Regensburg, Beschluss vom 24.7.2007 – RO 7 S 07.444 -, zitiert nach juris, Rn. 53.

510 OVG Rheinland-Pfalz, Urteil vom 29.10.2008 – 1 A 11330/07 – zitiert nach juris, Rn. 46; OVG Weimar, Beschluss vom 2.9.2008 – 1 EO 448/08 – zitiert nach juris, Rn. 41; OVG Saarlouis, Beschluss vom 22.7.2007 – 2 B 176/07 – zitiert nach juris, Rn. 11; OVG Münster, Urteil vom 9.12.2009 – 8 D 12/08.AK – zitiert nach juris, Rn. 138; VG Arnsberg, Urteil vom 10.12.2009 – 7 K 4058/08 – zitiert nach juris, Rn. 52.

511 *Appel*, Subjektivierung von UVP-Fehlern, NVwZ 2010, 473, 477.

512 BT-Drs. 16/2495, S. 8.

513 *Appel*, Subjektivierung von UVP-Fehlern, NVwZ 2010, 473, 477; *Spieth/Appel*, Umfang, NuR 2009, 312, 315; OVG Lüneburg, Beschluss vom 21.10.2008 – 7 ME 170/07 – zitiert nach juris, Rn. 28; VG Karlsruhe Beschluss vom 12.8.2009 – 4 K

Rechtsschutzes zugunsten der Beteiligten nach § 61 Nr. 1 und 2 VwGO auch zu Friktionen zwischen Umweltschutzvereinigungen nach § 3 UmwRG und sonstigen Vereinigungen nach § 61 Nr. 2 VwGO führen. Für Klagen sonstiger Vereinigungen gälten mangels Verweis des § 4 Abs. 3 UmwRG auf § 2 UmwRG die in § 2 Abs. 1 bis 4 UmwRG aufgestellten strengen Anforderungen an Rechtsbehelfe der Umweltschutzvereinigungen nicht. Dies würde hinsichtlich der Einklagbarkeit von UVP-Fehlern zu einer Besserstellung von solchen Vereinigungen führen, die zwar die Voraussetzungen des § 61 Nr. 2 VwGO erfüllen, nicht jedoch die Anerkennungsvoraussetzungen des § 3 UmwRG. Eine solche Ungleichbehandlung könne nicht gewollt sein.[514]

e. *Fazit*

Abschließend lässt sich festhalten, dass die Bedeutung des § 4 UmwRG umstritten und noch nicht abschließend geklärt ist. Die gesetzliche Regelung des § 4 UmwRG ist unklar und kann nur als missglückt bezeichnet werden, sie wirft vielfältige Fragen auf, die erheblichen Spielraum für Interpretationen lassen. Der Wortlaut des § 4 Abs. 1 UmwRG entspricht jedoch dem Willen des Gesetzgebers. Im ursprünglichen Gesetzesentwurf war eine weitergehende Beachtlichkeit von Verfahrensfehlern vorgesehen. Danach sollte die Aufhebung einer Entscheidung über die Zulässigkeit eines Vorhabens nach § 1 Abs. 1 Satz 1 Nr. 1 UmwRG verlangt werden können, wenn wesentliche Verfahrensvorschriften verletzt worden sind und der Verfahrensfehler nicht geheilt werden kann. Die fehlende Durchführung einer Umweltverträglichkeitsprüfung bzw. die fehlende Vorprüfung im Einzelfall wurden dabei in § 4 Abs. 1 Satz 2 UmwRG lediglich als „Regelbeispiele" für die Verletzung wesentlicher Verfahrensvorschriften genannt.[515] Im weiteren Verlauf des Gesetzgebungsverfahrens ist der Gesetzgeber dem Vorschlag der Bundesregierung bewusst nicht gefolgt, sondern hat den Aufhebungsanspruch gemäß § 4 Abs. 1 Satz 1 UmwRG ausdrücklich auf den Fall der nicht durchgeführten Umweltverträglichkeitsprüfung bzw. Vorprüfung im Einzelfall beschränkt.

1648/09 – zitiert nach juris, Rn. 33; VG Regensburg, Beschluss vom 24.7.2007 – RO 7 S 07.444 – zitiert nach juris, Rn. 53.

514 *Appel*, Subjektivierung von UVP-Fehlern, NVwZ 2010, 473, 477; *Spieth/Appel*, Umfang, NuR 2009, 312, 315.

515 Dies wurde von der Bundesregierung zur Umsetzung von Art. 10a UVP-Richtlinie vor dem Hintergrund der „Wells"-Entscheidung des EuGH, Urteil vom 7.1.2004 – Rs. C-201/02 – Slg. 2004, I-723 als notwendig erachtet.

IV. Verhältnis zur naturschutzrechtlichen Vereinsklage

Nach der Gesetzesbegründung zum Umwelt-Rechtsbehelfsgesetz sollte die Vereinsklage nach § 61 Abs. 1 BNatSchG a.F. lex specialis zum Umwelt-Rechtsbehelfsgesetz sein.[516] Soweit die spezielle naturschutzrechtliche Verbandsklage nicht einschlägig sei, sollten Naturschutzverbände die Klagemöglichkeiten nach dem Umwelt-Rechtsbehelfsgesetz auch in demselben Verfahren geltend machen können.[517] Gesetzlich war eine solche Spezialität weder im Umwelt-Rechtsbehelfsgesetz noch in § 61 Abs. 1 BNatSchG geregelt. Nach Ansicht von *Schlacke* war daher von einem gleichrangigen Nebeneinander der Rechtsbehelfe auszugehen, so dass die Verbände in Abhängigkeit von den Erfolgsaussichten zwischen beiden Rechtsbehelfsmöglichkeiten wählen konnten.[518] Mittlerweile regelt § 64 BNatSchG die Rechtsbehelfe von Naturschutzvereinigungen neu.[519] Der sachliche Anwendungsbereich beider Verbandsklagetypen überschneidet sich teilweise, insbesondere bei UVP-pflichtigen Planfeststellungen. Beiden Rechtsbehelfen verbleibt jedoch ein sachlich eigenständiger Anwendungsbereich, so dass kein grundsätzliches Spezialitätsverhältnis zwischen beiden Rechtsbehelfen besteht. Der Rechtsbehelf nach dem BNatSchG ist damit nicht generell spezieller als derjenige nach dem UmwRG.[520] Nichts anderes ergibt sich aus dem Wortlaut des § 64 Abs. 1 Satz BNatSchG, wo es heißt, dass die Rechtsbehelfe nach dem BNatSchG „*neben*" den Rechtsbehelfen nach § 2 UmwRG erhoben werden können. Dies spricht dafür, dass beide Klagemöglichkeiten in demselben Verfahren geltend gemacht werden können. Die Gesetzesbegründung trifft keine Aussagen zu einem eventuellen Spezialitätsverhältnis, so dass davon auszugehen ist, dass beide Rechtsbehelfe zugleich erhoben werden können und eine alternative Wahl zwischen den Rechtsbehelfen nicht erforderlich ist.[521]

---

516 BT-Drs. 16/2495, S. 11.

517 VG Bremen, Urteil vom 29.11.2007 – 5 K 565/07 – zitiert nach juris, *Kerkmann*, Umwelt-Rechtsbehelfsgesetz, BauR 2007, 1527, 1529; *Schumacher*, Umwelt-Rechtsbehelfsgesetz, UPR 2008, 13, 19.

518 Vgl. hierzu *Schlacke*, Umwelt-Rechtsbehelfsgesetz, NuR 2007, 8, 13 mit einem Hinweis auf den Vorentwurf eines Umwelt-Rechtsbehelfsgesetzes vom 25.2.2005. Dieser regelte eine Subsidiarität der naturschutzrechtlichen Verbandsklage. Die Subsidiaritätsklausel wurde jedoch ersatzlos gestrichen.

519 Änderung durch das Gesetz zur Neuregelung des Rechts des Naturschutzes und der Landschaftspflege vom 29.7.2009, BGBl. I 2009, S. 51.

520 *Meitz*, Umfang, ZUR 2010, 563, 564.

521 So auch *Meitz*, Umfang, ZUR 2010, 563, 569 mit ausführlicher Normauslegung.

V. Tabellarische Übersicht der Regelungen des UmwRG vom 7.12.2006

Kriterien	**Regelungsgehalt**
Statthafte Klagearten	Anfechtungsklage, Verpflichtungsklage, Leistungsklage, Feststellungsklage, Normenkontrolle
Rügeberechtigte	nach § 3 anerkannte Vereinigungen oder aber Vereinigungen, die: - bei Einlegung des Rechtsbehelfs die Anerkennungsvoraussetzungen erfüllen, - einen Antrag auf Anerkennung gestellt haben und über den aus Gründen, die die Vereinigung nicht zu vertreten hat, noch nicht entschieden ist
Rügebefugnis	unabhängig von der Geltendmachung einer eigenen Rechtsverletzung; rügefähig sind nur Rechtsvorschriften, die dem Umweltschutz dienen, Rechte Einzelner begründen und für die Entscheidung von Bedeutung sein können
Rügegegenstand	Vorhaben, für die eine UVP erforderlich ist, Anlagen nach Spalte 1 der 4. BImSchV, Erlaubnisse nach §§ 2, 7 Abs. 1 WHG, entsprechende wasserrechtliche Landesvorschriften, Planfeststellungsbeschlüsse für Deponien; §§ 15 Abs. 5 u 16 Abs. 3 UVP und § 44 a VwGO bleiben unberührt; § 1 Abs. 1 Satz 1 und 2 gelten nicht, wenn eine Entscheidung in einem gerichtlichen Streitverfahren erlassen wurde
Anerkennungsverfahren	die Vereinigung - fördert dauerhaft Ziele des Umweltschutzes, - besteht mindestens drei Jahre, - bietet die Gewähr für eine sachgerechte Aufgabenerfüllung, - verfolgt gemeinnützige Zwecke im Sinne von § 52 AO, - ermöglicht jedermann eine Mitgliedschaft. In der Anerkennung ist der satzungsmäßige Aufgabenbereich genau zu bezeichnen; ein anerkannter Naturschutzverein erfüllt diese Voraussetzungen qua Fiktion, die Anerkennung wird durch das UBA ausgesprochen.
Betroffenheit im satzungsgemäßen Aufgabenbereich	Die gerügte Verletzung muss Belange des Umweltschutzes berühren, die zu den von der Vereinigung nach ihrer Satzung zu fördernden Zielen gehören.
Verwirkung/ Präklusion	Ausschluss mit allen Einwendungen, die die Vereinigung im UVP-Verfahren nicht oder nicht rechtzeitig geltend gemacht hat, aber hätte geltend machen können

Kriterien	Regelungsgehalt
Fristen	Jahresfrist für die Einlegung von Widerspruch und Klage ab Kenntnisnahme von der Entscheidung oder Möglichkeit der Kenntnisnahme; für Bebauungspläne gilt § 47 Abs. 2 Satz 1 VwGO
Kontrolldichte/ Prüfungsmaßstab	lediglich Prüfung von umweltbezogenen Schutznormen, die für die Entscheidung von Bedeutung sind; bei Bebauungsplänen, die die Zulässigkeit eines UVP-pflichtigen Vorhabens begründen, Prüfung von umweltbezogenen Schutznormen
Verfahrensfehler	Aufhebung einer Entscheidung kann verlangt werden, wenn: - eine erforderliche UVP - oder eine erforderliche Vorprüfung des Einzelfalles nicht durchgeführt worden sind. § 45 Abs. 2 VwVfG bleibt unberührt, ebenso die Möglichkeit der Aussetzung des Gerichtsverfahrens zur Heilung des Verfahrensfehlers. Bei Bebauungsplänen gelten die §§ 214, 215 BauGB. Erstreckung auf Rechtsbehelfe von Beteiligten nach § 61 Nr. 1 und 2 VwGO § 4 soll lex specialis zu § 46 VwVfG sein, im Übrigen soll § 46 VwVfG für leichtere Verfahrensfehler Anwendung finden.
Verhältnis zur naturschutzrechtlichen Verbandsklage	Beide Klagemöglichkeiten bestehen nebeneinander.
Übergangsvorschrift	Anwendung auf alle nach dem 25.6.2005 eingeleiteten und mit Ablauf des 15.12.2006 nicht bestandskräftig gewordenenVerfahren.

VI. Zur Überleitungsvorschrift des § 5 Abs. 1 UmwRG a.F.

Die Überleitungsvorschrift des § 5 Abs. 1 UmwRG a.F. erstreckte den zeitlichen Anwendungsbereich des UmwRG auf Verfahren, die nach dem 25.6.2005 eingeleitet worden sind oder hätten eingeleitet werden müssen. Dies sollte nicht für Entscheidungen gelten, die bereits vor dem 15.12.2006 Bestandskraft erlangt haben. Die Vorschrift bestand in der ursprünglich geltenden Fassung vom 7.12.2006 zunächst nur aus dem jetzigen Absatz 1. Das Gesetz zur Neuregelung des Naturschutzes und der Landschaftspflege vom 29.7.2009[522] änderte das System der Anerkennung von Umweltvereinigungen und fügte die Abs. 2 und 3 ein,

522 Gesetz zur Neuregelung des Naturschutzes und der Landschaftspflege vom 29.7.2009, BGBl. I S. 2542.

da Übergangsregelungen für Anerkennungen erforderlich wurden. § 5 Abs. 1 UmwRG enthält mehrere Problembereiche. Fraglich ist, ob die Stichtagsregelung des § 5 Abs. 1 UmwRG europarechtskonform ist (1.) und wie die Frage der Bestandskraft des Verfahrens vor dem 15.12.2006 (2.) sowie die Erstreckung der Präklusion nach § 2 Abs. 3 UmwRG auf nach dem Stichtag eingeleitete Verfahren (3.) zu beurteilen ist.

1. Europarechtswidrigkeit der Stichtagsregelung

§ 5 Abs. 1 UmwRG enthält eine sogenannte strenge Stichtagsregelung. Das UmwRG gilt zunächst für alle nach dem 15.12.2006 eingeleitete oder einzuleitende Genehmigungsverfahren. § 5 Abs. 1 UmwRG erstreckt den Anwendungsbereich auf alle Verfahren, die nach dem 25.6.2005 – dem Ablauf der Umsetzungsfrist der RL 2003/35/EG – eingeleitet wurden. Der Rechtsschutz gegen Entscheidungen, die aus einem vor dem 25.6.2005 eingeleiteten Verfahren hervorgingen, richtete sich allein nach der VwGO, das UmwRG sollte auf solche Verfahren keine Anwendung finden.

Die Frage der Europarechtswidrigkeit dieser Übergangsregelung des § 5 Abs. 1 UmwRG ist in der Literatur allein von *Berkemann* aufgeworfen worden.[523] Dieser problematisierte frühzeitig, ob der nationale Gesetzgeber mit dieser Stichtagsregelung und dem damit verbunden Ausschluss von sogenannten Altfällen, die mit dem Erlass der RL 2003/35/EG einsetzende sogenannte Vorwirkung der RL 2003/35/EG missachtet hat. Eine Richtlinie wird mit ihrem Erlass Bestandteil des geltenden Gemeinschaftsrechts. Mitgliedstaatliche Gerichte müssen es ab dem Inkrafttreten so weit wie möglich unterlassen, das innerstaatliche Rechte auf eine Weise auszulegen, welche die Erreichung des mit dieser Richtlinie verfolgten Zieles nach Ablauf der Umsetzungsfrist ernsthaft gefährden würde.[524] Die Mitgliedstaaten sind nicht verpflichtet, Klagerechte für Fälle zu begründen, die vor Ablauf der Umsetzungsfrist bereits abgeschlossen waren.[525] Aber ob der vollständige Ausschluss von Verfahren, die vor Ablauf der Umsetzungsfrist europarechtsmäßig ist, ist zweifelhaft. Der EuGH geht in ständiger Rechtsprechung davon aus, dass Verfahrensvorschriften grundsätzlich auf alle bei ihrem Inkrafttreten anhängigen Streitigkeiten anwendbar sind, während materiellrechtliche Vorschriften in der Regel nicht für vor ihrem Inkrafttreten entstandene

523 *Berkemann*, Überleitungsrecht, DVBl. 2010, 1403 ff.

524 EuGH, Urteil vom 4.7.2006 – Rs. C-212/04 – Slg. 2006, I-6057, Rn. 123.

525 *Fellenberg/Schiller*, UmwRG, in: *Landmann/Rohmer*, Umweltrecht, § 5 Rn. 10; *Berkemann*, Überleitungsrecht, DVBl. 2010, 1403, 1404.

Sachverhalte gelten.[526] Die Sofortwirkung von Verfahrensvorschriften ist üblich, Abweichendes kann unter Vertrauensschutzgesichtspunkten gelten. Der EuGH hat in Bezug auf die UVP-Richtlinie anerkannt, dass nationale Übergangsvorschriften auch ohne eine ausdrückliche Regelung in der Richtlinie aus Gründen der Rechtssicherheit und Rechtspraktikabilität zulässig sein können. Verfahren, die vor dem Ablauf der Frist zur Umsetzung der UVP-Richtlinie a.F. am 3.7.1988 bereits förmlich eingeleitet worden waren und zu diesem Zeitpunkt noch liefen, mussten keiner UVP unterzogen werden. Diese Privilegierung war dadurch gerechtfertigt, dass die von der UVP-Richtlinie erfassten Projekte in komplexen und zeitaufwändigen Verfahren genehmigt werden, die nicht nach ihrer Einleitung durch die zusätzlichen Anforderungen der UVP-Richtlinie verzögert werden sollten. Nach Auffassung des EuGH muss aus Gründen der Rechtssicherheit bereits bei Einleiten des Verfahrens klar sein, ob ein Vorhaben einer UVP unterliegt.[527] Solche Vertrauensschutzgesichtspunkte greifen vorliegend jedoch nicht ein, da die RL 2003/35/EG nicht die in den Genehmigungsverfahren zu beachtenden Verfahrensvorschriften regelt, sondern vielmehr Regelungen hinsichtlich des nachgelagerten Überprüfungsverfahrens enthält. Art. 10a RL 2003/35/EG konstituiert keine verfahrensrechtlichen oder inhaltlichen Standards. Es geht allein darum, die Einleitung eines Überprüfungsverfahrens zu ermöglichen, ob die bestehende Rechtslage beachtet wurde.[528] *Berkemann* verweist darauf, dass die Auslegung des Art. 10a RL 2003/35/EG anhand des Art. 9 Abs. 2 AK erfolgen muss. Dieser lasse in keiner Hinsicht erkennen, dass innerstaatliche Klagebefugnisse erst zu einem späteren Zeitpunkt gegeben sein könnten. Die Konstruktion und die Entstehungsgeschichte des Art. 9 Abs. 2 AK ließen nur den Befund zu, dass für Entscheidungen, die unter Art. 6 AK fallen, sofort und ohne konventionswidriges Zögern eine Klagebefugnis für Umweltverbände vorzusehen sei. Art. 10a RL 2003/35/EG komme im Hinblick auf das Verfahrensrecht und das zugeordnete Prozessrecht eine dienende Funktion zur Steigerung des materiellen Umweltschutzrechtes zu. Aus diesem Grund sei bei der Auslegung

526 EuGH, Urteil vom 14.11.2002 – Rs. C-251/00 – Slg. 2002, I-10433, Rn. 29; Urteil vom 7.9.1999 – Rs- C 61/98, Slg. 1999, I-5003, Rn. 13; Urteil vom 6.7.1993 – Rs. C- 121/91, Slg. 1993, I- 3873, Rn. 22.

527 EuGH, Urteil vom 18.6.1998 – Rs. C-81/96, Slg. 1998, I-3923, Rn. 23; Urteil vom 9.8.1994 – Rs. C-396/92, Slg. 1994; I-3717, Rn. 20; Urteil vom 11.8.1995 – Rs. C-431/92, Slg. 1995, I-2189, Rn. 29; 32; Urteil vom 23.3.2006 – Rs. C-209/04, Slg. 2006; I-2756, Rn. 56. Siehe auch *Fellenberg/Schiller*, UmwRG, in: *Landmann/Rohmer*, Umweltrecht, § 5 Rn. 15.

528 *Berkemann*, Überleitungsrecht, DVBl. 2010, 1403, 1407.

des Art. 10a RL 2003/35/EG diejenige Auslegung vorzuziehen, die für einen stärkeren Schutz der Umwelt zu sorgen geeigneter sei. Im Ergebnis lasse sich hieraus der Schluss ziehen, dass der Mitgliedstaat es nicht in der Hand habe, den weiten Zugang des Umweltklägers zu Gerichten dadurch zu begrenzen, dass auf den Zeitpunkt der Einleitung des Entscheidungsverfahrens abgestellt wird.[529]

Das Bundesverwaltungsgericht hat dem EuGH mit dem Vorlagebeschluss vom 10.1.2012 auch die Frage der Europarechtskonformität des § 5 Abs. 1 UmwRG vorgelegt. Dieser hat am 7.11.2013 entschieden, dass die Vorschrift europarechtswidrig ist und das UmwRG auch auf Verfahren Anwendung finden muss, welche bereits vor dem Ablauf der Umsetzungsfrist der RL 2003/35/EG am 25.6.2005 eingeleitet worden waren.[530]

2. *Rückwirkung des § 2 Abs. 3 UmwRG*

Die Stichtagsregelung des § 5 Abs. 1 UmwRG hat zur Folge, dass die Regelung des § 2 Abs. 3 UmwRG zur materiellen Einwendungspräklusion auf alle Verfahren, die nach dem 25.6.2005 eingeleitet worden sind, Anwendung gefunden hat. Dies bedeutet, dass in Verfahren, die nach dem 25.6.2006 eingeleitet worden sind, Umweltverbände nach dem UmwRG zwar klagebefugt gewesen sind, in den Klageverfahren jedoch aufgrund der dann anwendbaren Regelung des § 2 Abs. 3 UmwRG mit sämtlichen Einwendungen, die sie nicht bereits im Genehmigungsverfahren geltend gemacht haben, rückwirkend ausgeschlossen (gewesen) sind. Faktisch dürfte diese Frage nicht mehr von Relevanz sein, da mittlerweile solange zurückliegende Verfahren abgeschlossen sein dürften. Rechtlich betrachtet, ist mit dieser Regelung der Zugang zu Gerichten jedoch weiter eingeschränkt worden. Zwar sind Verbandsklagerechte geschaffen worden, diese sind jedoch in ihrer Wirksamkeit beschränkt worden. Dies ist europarechtlich bedenklich. Der EuGH betont in ständiger Rechtsprechung, dass das Europarecht so auszulegen ist, dass es in der Praxis effektiv zur Geltung kommt. Die Wahrnehmung der durch Unionsrecht verliehenen Rechte darf innerstaatlich weder unmöglich gemacht noch übermäßig erschwert werden.

---

529 Ebenda, S. 1408.

530 Siehe hierzu 4. Kapitel C. III.

3. *Bestandskraft vor dem 15.12.2006*

§ 5 Abs. 1 UmwG enthält im zweiten Halbsatz eine Ausnahme zum ersten Halbsatz.[531] Die Rechtsbehelfe des UmwRG sollen hiernach keine Anwendung auf Entscheidungen finden, die in Verfahren ergangen sind, die zwar nach dem 25.6.2005 eingeleitet, aber bereits vor dem 15.12.2006 bestandskräftig abgeschlossen wurden. Hierdurch sollten Klagen nach dem UmwRG gegen solche Entscheidungen ausgeschlossen werden, die im Zeitpunkt des Inkrafttretens des UmwRG formal abgeschlossen waren. Dies ist europarechtswidrig, einem Mitgliedstaat ist es gemeinschaftsrechtlich verwehrt, den maßgebenden Tag des Ablaufs der Umsetzungsfrist in seine nationale Rechtsordnung für die Anwendung der Richtlinie zu verschieben. Es war dem nationalen Gesetzgeber daher grundsätzlich gemeinschaftsrechtlich versagt, den Zeitpunkt der Bestandskraft an den Tag des Inkrafttretens des UmwRG zu koppeln. Die RL 2003/35/EG enthält keine Hinweise darauf, dass die Mitgliedstaaten ermächtigt gewesen wären, Projekte die nach dem Ablauf der Umsetzungsfrist der RL 2003/35/EG eingeleitet worden sind, vom Anwendungsbereich der RL 2003/35/EG auszuschließen. Die RL 2003/35/EG war zum 25.6.2005 in das nationale Recht umzusetzen und anzuwenden. Der deutsche Gesetzgeber hat mit der Regelung des § 5 Abs. 1 2. HS UmwRG allen Umweltverbänden, die gegen eine nach dem 25.6.2005 und vor dem 15.12.2006 bestandskräftig gewordene Entscheidung hätten vorgehen wollen, endgültig den Zugang zu Gerichten versagt.[532] Der deutsche Gesetzgeber hätte hier eine entsprechende Übergangsvorschrift schaffen müssen, die effektiven Zugang zu Gerichten für alle nach dem Ablauf der Umsetzungsfrist der RL 2003/35/EG eingeleiteten Verfahren gewährleistet hätte.

VII. Würdigung

Der deutsche Gesetzgeber hat mit dem Umwelt-Rechtsbehelfsgesetz ein in jeder Hinsicht schwieriges und vielfältige Probleme aufwerfendes Gesetz geschaffen. Er hat sich gegen die Einführung eines vorgerichtlichen Rechtschutzverfahrens entschieden und versucht, das Umwelt-Rechtsbehelfsgesetz in das individualschützend ausgerichtete Rechtschutzsystem der VwGO einzubetten. Dies hatte erhebliche Friktionen mit dem nationalen Recht und dem Europarecht zur Folge. Erstaunlich ist, dass der Gesetzgeber in völliger Kenntnis der verschiedenen

531 *Berkemann*, Überleitungsrecht, DVBl. 2010, 1403, 1410; *Kerkmann*, Umwelt-Rechtsbehelfsgesetz, BauR 2007, 1527, 1529.

532 *Berkemann*, Überleitungsrecht, DVBl. 2010, 1403, 1410.

Problematiken ein so evident europarechtswidriges Gesetz erlassen hat. Eine zusammenfassende Übersicht der Regelungsgehalte der einzelnen Gesetzgebungsentwürfe im Vergleich zu Art. 9 Abs. 2 AK enthält Anlage 2. Mit dem ursprünglich von der Bundesregierung vorgelegten Gesetzesentwurf vom 21.2.2005 wäre der Gesetzgeber auf einem guten Weg zu einer gemeinschaftsrechtskonformen Umsetzung der europa- und völkerrechtlichen Vorgaben gewesen. Der Gesetzgeber hat im Rahmen des UmwRG seine Verpflichtung zur Umsetzung seiner europarechtlichen und völkerrechtlichen Vertragsverpflichtungen sehenden Auges verletzt.

4. Kapitel: Die Verbandsklage des Umwelt-Rechtsbehelfsgesetzes in der Rechtsprechung

Im Folgenden sollen die Rechtsprechung der nationalen Gerichte zum UmwRG und ihre Beeinflussung durch die Rechtsprechung des EuGH betrachtet werden. Zunächst soll dabei untersucht werden, wie die deutschen Gerichte die Vorschriften der „dritten Säule“ der Århus-Konvention und der RL 2003/35/EG bis zum Erlass des Umwelt-Rechtsbehelfsgesetzes im Jahr 2006 ausgelegt und angewendet haben. In einem Folgeschritt soll aufgezeigt werden, wie die deutschen Gerichte die Vorschriften des Umwelt-Rechtsbehelfsgesetzes angewandt haben, dies vor allem im Hinblick auf die Vorgaben der Århus-Konvention und der RL 2003/35/EG. Es bestanden in der verwaltungsrechtswissenschaftlichen Literatur bereits frühzeitig Zweifel an der Europarechtskonformität des § 2 Abs. 1 und Abs. 5 UmwRG a.F.[533] Von besonderem Interesse ist, wie die Gerichte die Frage der Europarechtskonformität des UmwRG bewertet haben und mit den hieran bestandenen Zweifeln umgegangen sind.

Hieran schließt sich eine Darstellung der beiden maßgeblichen Urteile des EuGH zur Auslegung des Art. 9 Abs. 2 und Art. 9 Abs. 3 AK an. Der EuGH hat sich in dem sogenannten „Braunbären-Fall“ mit der Auslegung des Art. 9 Abs. 3 AK beschäftigt und festgestellt, dass die innerstaatlichen Gerichte verpflichtet sind, das nationale Recht im Hinblick auf die Gewährung eines effektiven gerichtlichen Rechtsschutzes so auszulegen, dass es so weit wie möglich im Einklang mit den in Art. 9 Abs. 3 AK festgelegten Zielen steht.[534] Die Einschränkung des § 2 Abs. 1 UmwRG a.F. hinsichtlich des Zugangs zu Gerichten für Umweltverbände ist durch das sogenannte „Trianel-Urteil“ des Europäischen Gerichtshofs vom 20.5.2011 (Rs. 115/09) für europarechtswidrig erklärt worden. Hieran schließt das Urteil des EuGH vom 7.11.2013 an, in dem der EuGH feststellt, dass die Umsetzung durch § 4 Abs. 1 UmwRG, der die rügbaren Fehler auf den „Totalausfall“ der erforderlichen Umweltverträglichkeitsprüfung beschränkt, nicht europarechtskonform ist. Die Bedeutung und die Auswirkungen dieser aktuellen Rechtsprechung des EuGH für das nationale Recht sollen aufgezeigt werden.

---

533 Siehe hierzu 3. Kapitel B II. 3.

534 EuGH, Urteil vom 8.3.2011 – Rs. C-240/09, Rn. 52.

Insbesondere soll geprüft werden, wie die nationalen Gerichte auf diese Rechtsprechung des EuGH reagiert haben.

A) Die Århus-Konvention und ihre Umsetzung durch das Umwelt-Rechtsbehelfsgesetz in der Rechtsprechung deutscher Gerichte

I. Rechtsprechung deutscher Gerichte bis zum Erlass des UmwRG

In der Rechtsprechung deutscher Gerichte fanden Art 9 Abs. 2 und 3 AK und damit auch Art. 10a RL 2003/35/EG bis zum Erlass des Umwelt-Rechtsbehelfsgesetzes im Jahr 2006 wenig Beachtung. Art. 9 Abs. 3 AK wurde von den Umweltverbänden zur Begründung einer Klagebefugnis nicht explizit herangezogen,[535] überwiegend stellten die Verbände auf eine unmittelbare Anwendbarkeit des Art. 9 Abs. 2 AK und der RL 2003/35/EG ab. Die Gerichte positionierten sich hierzu mehrheitlich ablehnend. Eine Verpflichtung zur richtlinienkonformen Auslegung des nationalen Rechts bestehe vor Ablauf der Umsetzungsfrist der RL 2003/35/EG nicht.[536] Für eine unmittelbare Anwendbarkeit der Vorschriften der Århus-Konvention fehle es an der Transformation des völkerrechtlichen Vertrages in das deutsche Recht.[537] Zudem sei zweifelhaft, ob diese völker- bzw. gemeinschaftsrechtlichen Regelungen überhaupt eine Verpflichtung zur Einführung einer altruistischen Verbandsklage enthielten und nicht dem nationalen Gesetzgeber Spielraum bei der Umsetzung verbleibe.[538] In einigen Fällen wurden die Århus-Konvention und die RL 2003/35/EG im Hinblick auf die drittschützende Wirkung von Verfahrensvorschriften (UVP) geprüft, jedoch eine Änderung

535 Soweit sich dies heute im Rahmen des Tatbestandes der zitierten Urteile noch nachvollziehen lässt.

536 VG Hamburg, Urteil vom 1.12.2003 – 19 K 2474/2003 – zitiert nach juris, Rn. 35; VG Berlin, Urteil vom 6.5.2004 – 14 A 17.04 – zitiert nach juris, Rn. 46; BayVGH, Beschluss vom 20.5.2005 – 22 CS 05.602 – zitiert nach juris, Rn. 9; OVG Lüneburg, Urteil vom 1.12.2004 – 7 LB 44/02 -, zitiert nach juris, Rn. 119; OVG Münster, Urteil vom 27.10.2005 -11 A 1751/04 -, zitiert nach juris, Rn. 117 ff.; Urteil vom 2.3.2006 – 11 A 1752/04 -, zitiert nach juris, Rn. 92.

537 VG Berlin, Urteil vom 6.5.2004 – 14 A 17.04 – zitiert nach juris, Rn. 38; BayVGH, a.a.O., zitiert nach juris, Rn. 9.

538 VG Berlin, a.a.O., zitiert nach juris, Rn. 40.; BayVGH, a.a.O., zitiert nach juris, Rn. 9, OVG Münster, Urteil vom 2.3.2006 – 11 A 1752/04 – zitiert nach juris, Rn. 119.

der bislang vertretenen Auffassung zum Drittschutz abgelehnt.[539] Nachdem die Umsetzungsfrist der RL 2003/35/EG am 25. Juni 2006 abgelaufen war und eine unmittelbare Anwendbarkeit des Art. 10a RL 2003/35/EG zu bejahen gewesen wäre, ließen Gerichte diese Frage häufig offen und wiesen die Klagen aus anderen Gründen ab.[540] Vielfach wurde auch eine unmittelbare Anwendbarkeit des Art. 10a RL 2003/35/EG mit der Begründung verneint, er sei nicht hinreichend bestimmt.[541]

II. Würdigung

Insgesamt betrachtet, lässt sich festhalten, dass die Gerichte einer unmittelbaren Anwendbarkeit des Art. 10a RL 2003/35/EG mehrheitlich ablehnend gegenüber standen. Bis zum Ablauf der Umsetzungsfrist am 25. Juni 2006 war dies auch rechtmäßig. Gleiches gilt im Hinblick auf die unmittelbare Geltung des Art. 9 Abs. 2 AK, dieser wurde erst am 9.12.2006 durch die Bundesrepublik ratifiziert, so dass eine direkte Anwendbarkeit vorher ausschied. Aber auch nach Ablauf der Umsetzungsfrist ist von den Gerichten eine unmittelbare Anwendbarkeit des Art. 10a RL 2003/35/EG und von Art. 9 Abs. 2 AK mit Verweis darauf, dass diese inhaltlich zu unbestimmt seien, abgelehnt worden.

B) Bewertung des Umwelt-Rechtsbehelfsgesetzes in der Rechtsprechung Deutscher Gerichte

Im Folgenden soll die Bewertung des Umwelt-Rechtsbehelfsgesetzes in der Rechtsprechung deutscher Gerichte näher beleuchtet werden. Insbesondere soll dargestellt werden, wie die Gerichte die Frage der Europarechtskonformität der deutschen Umsetzung des Art. 10a RL 2003/35/EG betrachtet haben, ebenso soll die Rechtsprechung zu § 2 Abs. 3 und zu § 4 UmwRG betrachtet werden. Eine zeitliche und inhaltliche Zäsur stellen der Vorlagebeschluss des OVG Münster vom 5.3.2009 und das Urteil des EuGH in diesem Verfahren dar. Das OVG

---

539 VG Aachen, Urteil vom 14.9.2005 - 6 K 372/03 - zitiert nach juris, Rn.182 f.; OVG Münster, Urteil vom 27.10.2005 - 11 A 1751/04 - zitiert nach juris, Rn. 113 f.; OVG Münster, Urteil vom 2.3.2006 - 11 A 1752/04 - zitiert nach juris, Rn. 92.

540 Bspw. VG Schleswig, Urteil vom 21.9.2006 - 12 A 162/00 - zitiert nach juris, Rn. 93, welches die Frage der unmittelbaren Anwendbarkeit offen ließ, da nicht alle nach innerstaatlichem Recht geltenden Voraussetzungen erfüllt seien, insbesondere sei der klagende Verband nicht in seinem satzungsmäßigen Aufgabenbereich, wie es § 51 c Abs. 2 Ziffer 2 LNatSchG a.F. und auch § 61 BNatSchG 2002 normierten, verletzt.

541 VG Frankfurt (Oder), Beschluss vom 19.9.2007 - 7 L 270/07 - zitiert nach juris, Rn. 8.

Münster hatte mit dem Vorlagebeschluss vom 5.3.2009 schließlich die in der verwaltungsrechtswissenschaftlichen Literatur herrschende Diskussion um die europarechtskonforme Umsetzung des § 2 Abs. 1 UmwRG a.F. aufgegriffen und dem EuGH vorgelegt. Ebenso soll der Vorlagebeschluss des Bundesverwaltungsgerichts vom 10.1.2012 dargestellt werden, da in diesem Beschluss das BVerwG nicht nur die Frage der Vereinbarkeit des § 4 UmwRG dem EuGH vorlegte, sondern ebenso nach der Vereinbarkeit seiner bisherigen Kausalitätsrechtsprechung mit dem Europarecht fragte und dies insoweit eine Zäsur im Hinblick auf die Rechtsprechung zu § 4 UmwRG darstellte. Die Darstellung der Rechtsprechung der nationalen Gerichte zur Europarechtskonformität des § 2 Abs. 1 UmwRG a.F. schließt mit der Darstellung des Vorlagebeschlusses des OVG Münster, da dieser insoweit eine Zäsur darstellte. Die Darstellung der Rechtsprechung zur Europarechtskonformität des § 4 UmwRG erfolgt im Anschluss an den Vorlagebeschluss des OVG Münsters, da dieser keine Auswirkungen auf die Rechtsprechung zu § 4 UmwRG hatte.

I. Rechtsprechung deutscher Gerichte zum Umwelt-Rechtsbehelfsgesetz bis zum Vorlagebeschluss des OVG Münster vom 5.3.2009

Wie bereits dargestellt, wurde frühzeitig nach Erlass des Umwelt-Rechtsbehelfsgesetzes in der verwaltungsrechtswissenschaftlichen Literatur die Europarechtswidrigkeit des UmwRG diskutiert. In der Rechtsprechung der deutschen Gerichte bildeten sich im Wesentlichen vier Sichtweisen heraus: Nach Auffassung einiger Gerichte war die Umsetzung des Art. 10a RL 2003/35/EG durch das UmwRG und insbesondere durch § 2 Abs. 1 UmwRG a.F. europarechtskonform,[542] andere Gerichte hielten die Frage für entscheidungsunerheblich und ließen diese deshalb unbeantwortet.[543] In einigen Fällen hielten die Gerichte

542 OVG Lüneburg, Beschluss vom 7.7.2008 – 1 ME 131/08 – zitiert nach juris; VG Frankfurt (Oder), Beschluss vom 19.9.2007 – 7 L 270/07 – zitiert nach juris; OVG Koblenz, Urteil vom 29.10.2008 – 1 A 11330/07 – zitiert nach juris; VG Karlsruhe, Beschluss vom 12.8.2009 – 4 K 1648/09 – zitiert nach juris; VGH Kassel, Urteil vom 16.9.2009 – 6 C 1005/08.T – zitiert nach juris; VG Münster, Urteil vom 18.3.2011 – 10 K 2540/09 – zitiert nach juris.

543 OVG Lüneburg, Beschluss vom 10.3.2010 – 12 ME 176/09 – zitiert nach juris; Beschluss vom 5.1.2011 – 1 MN 178/10 – zitiert nach juris; BayVGH, Beschluss vom 20.1.2010 – 22 Cs 09.2968 – zitiert nach juris; BVerwG, Beschluss vom 22.3.2010 – 7 VR 1.10 – zitiert nach juris; VG Saarland, Beschluss vom 18.8.2010 – 5 L 562/10 – zitiert nach juris; BVerwG, Beschluss vom 22.3.2010 – 7 VR 1/10 – zitiert nach juris.

die klagenden Umweltverbände für präkludiert und konnten deshalb die Frage offen lassen.[544] Mehrheitlich jedoch konnte die Frage aus unterschiedlichen Gründen unbeantwortet bleiben.[545]

1. *Zur europarechtswidrigen Umsetzung durch § 2 Abs. 1 und Abs. 5 UmwRG a.F.*

Einige wenige Gerichte vertraten mit recht wenig Problembewusstsein die Auffassung, die Umsetzung des Art. 10a RL 2003/35/EG durch § 2 Abs. 1 und Abs. 5 UmwRG a.F. sei europarechtskonform.[546] Das VG Frankfurt/Oder beispielsweise griff ohne jedes Problembewusstsein die Argumentationslinie auf, die Mitgliedstaaten hätten zwischen dem französischen Modell der Interessentenklage und dem in Deutschland herkömmlichen Modell des Individualrechtsschutzes

---

544 VGH München, Urteil vom 23.6.2009 – 8 A 08.40001 – zitiert nach juris; BVerwG, Beschluss vom 11.11.2009 – 4 B 57.09 – zitiert nach juris; OVG Münster, Urteil vom 9.12.2009 – 8 D 10/08.AK – zitiert nach juris; Beschluss vom 19.8.2010 – 11 D 26/08. AK – zitiert nach juris; VG Ansbach, Beschluss vom 13.9.2010 – AN 11 S 10.01506 – zitiert nach juris; BVerwG, Beschluss vom 14.9.2010 – 7 B 15.10 zitiert nach juris; OVG Berlin-Brandenburg, Urteil vom 24.11.2010 – OVG 12 A 3.10 – zitiert nach juris; VGH München, Beschluss vom 18.2.2011 – 22 CS 10.2460 – zitiert nach juris, OVG Lüneburg, Urteil vom 20.5.2009 – 7 KS 28/07 – zitiert nach juris.

545 BayVGH, Urteil vom 30.4.2008 – 8 BV 07.1374 – zitiert nach juris; VGH Hamburg, Beschluss vom 9.2.2009 – 5 E 4/08.P – zitiert nach juris; Beschluss vom 13.1.2010 – 15 E 3302/09 – zitiert nach juris; VG Hannover, Urteil vom 18.11.2009 – 11 A 4612/07 – zitiert nach juris; VGH Mannheim, Beschluss vom 17.11.2009 – 10 S 1851/09 – zitiert nach juris; VG München, Urteil vom 15.10.2009 – M 24 K 08.4960 – zitiert nach juris; VG Ansbach, Urteil vom 7.10.2009 – AN 11 K 09.01439 – zitiert nach juris; OVG Münster, Beschluss vom 15.9.2008 – 8 B 900/08.AK – zitiert nach juris, Beschluss vom 24.9.2009 – 8 B 1342/09.AK – zitiert nach juris, Beschluss vom 24.9.2009 – 8 B 1343/09.AK – zitiert nach juris, Beschluss vom 5.11.2009 – 8 B 1342/09.AK – zitiert nach juris; OVG Bremen, Urteil vom 4.6.2009 – 1 A 9/09 – zitiert nach juris; BayVGH vom 25.6.2008 – 22 Cs 07.2023 – zitiert nach juris, Urteil vom 3.4.2009 – 22 BV 07.1709 – zitiert nach juris, Beschluss vom 28.3.2011 – 15 ZB 08.1872 – zitiert nach juris, Urteil vom 24.11.2010 – 8 A 10.40007 – zitiert nach juris; OVG Schleswig, Beschluss vom 14.3.2011 – 1 MR 19/10 – zitiert nach juris; BayVGH, Urteil vom 17.11.2009 – 1 N 08.2796 – zitiert nach juris; OVG Münster, Urteil vom 8.7.2009 – 8 C 10399/08 – zitiert nach juris; VG Bremen, Beschluss vom 9.5.2011 – 5 V 1522/10 – zitiert nach juris; VG Bremen, Urteil vom 29.11.2007 – 5 K 561/07 – zitiert nach juris; VG Lüneburg, Beschluss vom 2.6.2008 – 2 B 36/08 – zitiert nach juris.

546 Nachweise in Fn. 542.

wählen können. Damit hätte die Antrags- bzw. Klagebefugnis des Einzelnen weiterhin davon abhängig gemacht werden können, dass eine Rechtsverletzung erforderlich sei. Auch die mit Ablauf der Umsetzungsfrist gebotene richtlinienkonforme Auslegung des nationalen Rechts im Lichte des Wortlauts und des Zwecks der betreffenden Richtlinie hätte nicht zu einer Antrags- oder Klagebefugnis führen können. Die Zulassung einer allgemeinen Popularklage werde gemeinschaftsrechtlich gerade nicht gefordert. Weder die UVP-Richtlinie noch die Århus-Konvention zwängen zur Aufgabe der Schutznormtheorie im Bereich des Individualrechtsschutzes in Umweltangelegenheiten, vielmehr habe der Gesetzgeber einen weiten Gestaltungsspielraum.[547] Das OVG Lüneburg führte erstaunlicherweise noch 2008, also zu einem Zeitpunkt, in dem die Europarechtswidrigkeit des § 2 Abs. 1 UmwRG im Schrifttum bereits umfänglich diskutiert wurde, aus, dass § 2 Abs. 1 UmwRG a.F. nicht auf der Alternative a) *„ausreichendes Interesse"*, sondern auf der Alternative b) *„eine Rechtsverletzung geltend machen, sofern das Verwaltungsverfahrensrecht bzw. Verwaltungsprozessrecht eines Mitgliedstaats dies als Voraussetzung erfordert"* fuße. Das Ziel, der betroffenen Öffentlichkeit einen weiten Zugang zu Gerichten zu gewähren, sei auf dieser Grundlage (nur) Maßstab dafür, was als ausreichendes Interesse und als Rechtsverletzung zu gelten habe. Es erfordere dagegen keine Abkehr von dem gewachsenen nationalstaatlichen Verständnis der „Rechtsverletzung", das ja gerade in dem Alternativenangebot seine europarechtliche Anerkennung gefunden habe.[548] Zuzugeben ist, dass sich diese Argumentationslinien auch in der verwaltungsrechtswissenschaftlichen Literatur wiederfinden, insoweit also eine vertiefte Auseinandersetzung mit dem Streitstand stattgefunden hat.[549]

Andere Gerichte wiederum hielten die Frage der Europarechtskonformität des § 2 Abs. 1 UmwRG a.F. für entscheidungsunerheblich.[550] Hierbei handelte es sich überwiegend um Verfahren im vorläufigen Rechtsschutz. Einige Gerichte ließen die Frage unter Verweis auf den eingeschränkten Prüfungsumfang in solchen Verfahren offen.[551] Nach Auffassung des OVG Lüneburg erschien es

547 VG Frankfurt (Oder), Beschluss vom 19.9.2007 – 7 L 270/07 -, zitiert nach juris, Rn. 7 f.

548 OVG Lüneburg, Beschluss vom 7.7.2008 - 1 ME 131/08 - zitiert nach juris, Rn. 14. Siehe hierzu auch *Schrödter*, Aktuelle Entscheidungen zum Umwelt-Rechtsbehelfsgesetz, NVwZ 2009, 157 f.

549 *Lecheler*, Anfechtung, NVwZ 2005, 1156, 1157; *Schmidt-Preuß*, Gegenwart, NVwZ 2005, 489, 495; *Danwitz von*, Århus-Konvention, NVwZ 2004, 271, 276.

550 Nachweise in Fn. 543.

551 BayVGH, Beschluss vom 20.1.2010 – 22 Cs 09.2968 – zitiert nach juris, Rn. 15.

nicht fernliegend, dass der EuGH auf das Vorabentscheidungsersuchen des OVG Münster die Gemeinschaftsrechtswidrigkeit des § 2 Abs. 1 Nr. 1 UmwRG a.F. mit Art. 10a der UVP-Richtlinie feststellen würde. Diese Möglichkeit sei daher im Rahmen der Interessenabwägung zu berücksichtigen. Es erscheine in einer solchen Situation nicht vertretbar, den begehrten Rechtsschutz des Antragstellers allein mit der Erwägung zu versagen, die Regelung des § 2 Abs. 1 Nr. 1 UmwRG a.F. entspreche voraussichtlich den europarechtlichen Vorgaben und räume dem Antragsteller keine Antragsbefugnis im Hinblick auf die geltend gemachten Einwendungen ein.[552]

In der überwiegenden Zahl der Verfahren konnten die Gerichte die Frage der Europarechtskonformität unbeantwortet lassen und die Klagen aus anderen Gründen abweisen.[553] Versuche, aus der RL 2003/35/EG für das Immissionsschutzrecht einen drittschutzbezogenen Systemwechsel zu entwickeln, wurden zurückgewiesen.[554] Lediglich das OVG Schleswig lehnte – wenige Tage nach dem Vorlagebeschluss des OVG Münster vom 5.3.2009 – die Umsetzung des Art. 10a RL 2003/35/EG durch § 2 Abs. 5 UmwRG a.F. als europarechtswidrig ab, ohne ein Vorabentscheidungsverfahren vor dem EuGH anzustrengen.[555] Das OVG Schleswig bejahte einerseits die Europarechtskonformität des § 2 Abs. 1 UmwRG a.F., verneinte diese jedoch überraschenderweise für § 2 Abs. 5 UmwRG a.F.[556] Nach Auffassung des OVG Schleswig konnten Verbände unter der Geltung des § 2 Abs. 1 UmwRG a.F. die Verletzung solcher Vorschriften rügen, die auch Rechte Einzelner begründen. Verbände würden insofern als fingierte Träger dieser Rechte tätig, mehr verlange Art. 10a RL 2003/35/EG nicht von den Mitgliedstaaten.[557] Gleichwohl hielt es § 2 Abs. 5 UmwRG a.F. für europarechtswidrig. Dies ist insoweit erstaunlich, als dass alle Argumente, die das Gericht für die Europarechtswidrigkeit des § 2 Abs. 5 UmwRG a.F. anführt, auch gegen eine Europarechtskonformität des § 2 Abs. 1 UmwRG sprachen.[558] Das Urteil des

552 OVG Lüneburg, Beschluss vom 10.3.2010 – 12 ME 176/09 – zitiert nach juris, Rn 16, Beschluss vom 5.1.2011 – 1 MN 178/10 – zitiert nach juris, Rn. 53.

553 Nachweise in Fn 545.

554 *Berkemann*, Umweltverbandsklage, DVBl. 2011, 1253, 1258 unter Verweis auf OVG Koblenz, Urteil vom 29.10.2008 – 1 A 11330/07.

555 OVG Schleswig, Urteil vom 12.3.2009 – 1 KN 12/08; Zweifel an der Vereinbarkeit äußerte auch das OVG Hamburg, Beschluss vom 9.2.2009 – 5 E 4/08.P.

556 OVG Schleswig, Urteil vom 12.3.2009 – 1 KN 12/08 – zitiert nach juris, Rn. 46. Siehe hierzu auch *Berkemann*, Umwelt-Rechtsbehelfsgesetz, NordÖR 2009, 336 f.

557 OVG Schleswig, a.a.O., Rn. 46 f.

558 *Berkemann*, Umwelt-Rechtsbehelfsgesetz, NordÖR 2009, 336, 340.

OVG Schleswig ist auch deshalb erwähnenswert, weil es als einziges Gericht im Rahmen seiner Entscheidungsbefugnisse eine Europarechtskonformität des § 2 UmwRG verneint hat.

2. *Zur Präklusion nach § 2 Abs. 3 UmwRG*

Die Frage der Einwendungspräklusion nach § 2 Abs. 3 UmwRG ist häufig in der Rechtsprechung problematisiert worden. Eine Vielzahl von Gerichten erachtete den klagenden Umweltverband als präkludiert und konnte so die Frage nach der Europarechtskonformität des § 2 Abs. 1 UmwRG a.F. unbeantwortet lassen.[559]

a. Zur Europarechtskonformität

Einige Gerichte haben auch die grundsätzliche Frage der Europarechtskonformität des § 2 Abs. 3 UmwRG problematisiert, diese jedoch bejaht.[560] Nach allgemeiner Auffassung und ständiger Rechtsprechung des Bundesverwaltungsgerichts steht die Präklusionsvorschrift des § 2 Abs. 3 UmwRG mit dem Unionsrecht im Einklang. Durchgreifende europarechtliche Bedenken gegenüber dem Verlust der Rügebefugnis durch materielle Präklusion bestünden weder mit Blick auf Art. 10a der RL 2003/35/EG noch mit Blick auf den gemeinschaftsrechtlichen Effektivitätsgrundsatz des Art. 10 Abs. 1 des Vertrags zur Gründung der Europäischen Gemeinschaften, wonach die Mitgliedstaaten alle geeigneten Maßnahmen allgemeiner oder besonderer Art zur Erfüllung der Verpflichtungen, die sich aus diesem Vertrag oder aus Handlungen der Organe der Gemeinschaft ergeben, treffen. Art. 10a Abs. 1 UVP-RL verlange, dass die Mitgliedstaaten im Rahmen ihrer innerstaatlichen Rechtsvorschriften sicherstellen, dass Mitglieder der betroffenen Öffentlichkeit Zugang zu einem Überprüfungsverfahren vor einem Gericht oder einer anderen auf gesetzlicher Grundlage geschaffenen

559 Nachweise in Fn. 544.

560 BayVGH, Urteil vom 23.6.2009 - 8 A 08.40001 - zitiert nach juris, Rn. 58; BVerwG, Beschluss vom 11.11.2009 - 4 B 57/09 - zitiert nach juris, Rn. 6; Beschluss vom 14.4.2010 - 9 A 5.08 - zitiert nach juris, Rn. 107; Beschluss vom 14.9.2010 - 7 B 15/10 - zitiert nach juris, Rn. 8; Beschluss vom 17.6.2011 - 7 B 79/10 - zitiert nach juris, Rn. 10; Urteil vom 14.7.2011 - 9 A 14/10 - zitiert nach juris, Rn. 23; Urteil vom 29.9.2011 - 7 C 21/09 - zitiert nach juris, Rn. 31; OVG Münster, Urteil vom 19.8.2010 - 11 D 26/08.AK - zitiert nach juris, Rn. 61; OVG Münster, Urteil vom 9.12.2009 - 8 D 10/08.AK - zitiert nach juris, Rn. 75 f.; VG Ansbach, Beschluss vom 13.9.2010 - AN 11 S 10.01506 - zitiert nach juris, Rn. 37; VGH Mannheim, Urteil vom 20.7.2011 - 10 S 2102/09 - zitiert nach juris, Rn. 79.; VG Halle (Saale), Urteil vom 28.8.2012 - 4 A 51/10 - zitiert nach juris, Rn. 325.

unabhängigen und unparteiischen Stelle haben, um die materiell-rechtliche und verfahrensrechtliche Rechtmäßigkeit von Entscheidungen, Handlungen oder Unterlassungen anzufechten, für die die Bestimmungen dieser Richtlinie über die Öffentlichkeitsbeteiligung gelten. Die betreffenden Verfahren müssten fair, gerecht, zügig und nicht übermäßig teuer durchgeführt werden (Art. 10a Abs. 4 UVP-RL). Über die gemeinschaftsrechtliche Zulässigkeit von Präklusionsvorschriften sage Art. 10a UVP-RL nichts aus. Art. 10a Abs. 1 UVP-RL überlasse es – wie die Wendung *„im Rahmen ihrer innerstaatlichen Rechtsvorschriften“* zeige – vielmehr den Mitgliedstaaten, das Verfahren als Ausdruck ihrer Verfahrensautonomie auszugestalten und dabei auch Präklusionsvorschriften einzuführen. Die Regelung des § 2 Abs. 3 UmwRG überschreite nicht die der mitgliedstaatlichen Verfahrensautonomie gesetzten Grenzen.[561]

b. Zum Substantiierungserfordernis

Die Anforderungen, die Gerichte an den Vortrag von Umweltverbänden in Gerichtsverfahren stellen, sind hoch. Es besteht eine zunehmende Tendenz, dass die Einwendungen bereits im Genehmigungsverfahren umfassend und vollständig vorzutragen sind.[562] Zudem ist nach Auffassung des BVerwG die Einwendungsfrist von zwei Wochen zwar knapp, diese sei aber mit Blick auf die großzügigere Frist zur Einsichtnahme noch ausreichend bemessen, um eine den genannten Substantiierungsanforderungen entsprechende Stellungnahme zu ermöglichen. Von den Vereinigungen, die ausweislich der gesetzlichen Anerkennungsvoraussetzungen nach Mitgliederkreis und eigener Leistungsfähigkeit die Gewähr für eine sachgerechte Aufgabenerfüllung bieten müssen, könne erwartet werden, dass sie über ihre regionalen oder örtlichen Untergliederungen sicherstellen, die immerhin einmonatige Auslegungsfrist zur Sichtung und Auswertung der Planunterlagen effektiv auszuschöpfen. Insoweit seien auch die Routine, die sich bei dieser zu den typischen Vereinsaufgaben zählenden Tätigkeit einstelle, und

561 OVG Münster, Urteil vom 9.12.2009 – 8 D 10/08.AK – zitiert nach juris, Rn. 75. f.

562 BayVGH, Urteil vom 23.6.2009 – 8 A 08.40001 – zitiert nach juris, Rn. 61., in dem Verfahren war der Kläger mit seinen artenschutzrechtlichen Einwendungen überwiegend präkludiert, weil er sich im Genehmigungsverfahren nur auf eine Art bezogen hatte. Nach Auffassung des BayVGH hätten sämtliche gefährdete Arten bereits im Genehmigungsverfahren präzise benannt werden müssen. Das OVG Magdeburg erachtete einen klagenden Verband für präkludiert, der in seinen Einwendungen nicht zwischen dem Habitat- und Artenschutz differenziert hatte; vgl. OVG Magdeburg, Beschluss vom 21.3.2013 – 2 M 154/12 – zitiert nach juris, Rn. 18.

die in zurückliegenden Verfahren bereits erworbenen technischen Kenntnisse in Rechnung zu stellen.[563]

Problematisch erscheint, dass die Anforderungen, die an den Substantiierungsgrad der Einwendungen zu stellen sind, nicht gesetzlich festgelegt sind und deshalb im Rahmen der Rechtsprechung einzelner Gerichte voneinander abweichen. Das VG Ansbach führte beispielweise aus, der Gesetzgeber habe den anerkannten Vereinen ihre besonderen Mitwirkungsbefugnisse aufgrund ihrer besonderen Sachkunde eingeräumt. Durch ihre Beteiligung im Verwaltungsverfahren solle Vollzugsdefiziten auf dem Gebiet des Naturschutzes und der Landschaftspflege entgegengewirkt werden. Diese Anliegen erforderten eine rechtzeitige und fundierte Stellungnahme der Vereine. Dem Vorhabenträger und der entscheidenden Behörde müsse hinreichend deutlich werden, aus welchen Gründen nach Auffassung des beteiligten Vereins zu welchen im Einzelnen zu behandelnden Fragen weiterer Untersuchungsbedarf besteht oder einer Wertung nicht gefolgt werden kann. Die Anforderungen hierzu hängen wiederum von der Konkretheit der ausgelegen Planunterlagen ab. Je umfangreicher und intensiver diese sind, desto intensiver und umfangreicher muss die Auseinandersetzung mit diesen ausfallen. Ohne solch konkretes Gegenvorbringen verfehlt die Anhörung des anerkannten Umweltverbands sonst Sinn und Ziel.[564] Das Bundesverwaltungsgericht hatte zu den Anforderungen, die an die Einwendungen von Naturschutzverbänden im Rahmen des § 61 Abs. 1 BNatSchG zu stellen sind, festgestellt: Je umfangreicher und intensiver die vom Vorhabenträger bereits vorgenommene Begutachtung und fachliche Bewertung in den ausgelegten Unterlagen ausgearbeitet sei, um so intensiver müsse auch die Auseinandersetzung mit dem vorhandenen Material ausfallen. Damit sollen die Naturschutzverbände angehalten werden, ihre Sachkunde bereits im Verwaltungsverfahren einzubringen.[565] Dem haben sich andere Gerichte im Hinblick auf § 2 Abs. 3 UmwRG angeschlossen,[566] ebenso der VGH Mannheim, der darüber hinaus die Auffassung vertritt, dass von einem anerkannten Umweltverband, der mit

563 BVerwG, Urteil vom 29.9.2011 – 7 C 21/09 – zitiert nach juris, Rn. 36; OVG Münster, Urteil vom 20.1.2012 – 2 D 141/09.NE – zitiert nach juris, Rn. 61.

564 VG Ansbach, Beschluss vom 13.9.2010 – AN 11 S 10.01506 – zitiert nach juris, Rn. 36., Urteil vom 19.10.2011 – AN 11 K 10.00643 - zitiert nach juris, Rn. 40.

565 BVerwG, Beschluss vom 9.8.2010 – 9 B 10/10 – zitiert nach juris, Rn. 8.

566 BayVGH, Beschluss vom 18.2.2011 – 22 CS 10.2460 – zitiert nach juris, Rn. 15; OVG Münster, Urteil vom 21.6.2013 – 11 D 8/10.AK – zitiert nach juris, Rn. 92.

seinem Aufgabenbereich hinreichend vertraut ist, mehr gefordert werden kann, als das durchschnittliche Wissen eines nicht sachverständigen Bürgers.[567]

Dem steht lediglich ein Urteil des OVG Münster gegenüber, in dem dieses feststellte, es genüge, wenn die Einwendungen in groben Zügen erkennen lassen, welche Rechtsgüter der Einwender als gefährdet ansieht und welche Beeinträchtigungen er befürchtet. Dabei dürfe von ihm nicht mehr gefordert werden als das durchschnittliche Wissen eines nicht sachverständigen Bürgers in Bezug auf mögliche Beeinträchtigungen von Leben, Gesundheit und sonstigen geschützten Rechtspositionen durch das Vorhaben.[568]

c. *Zur rückwirkenden Geltung des § 2 Abs. 3 UmwRG*

Das Bundesverwaltungsgericht hat die rückwirkende Geltung des § 2 Abs. 3 UmwRG bejaht und diese auch für europarechtskonform erachtet. Nach Auffassung des BVerwG orientiert sich § 5 Abs. 1 UmwRG an der Rechtsprechung des Europäischen Gerichtshofs. Danach sei es nicht gestattet, dass ein Mitgliedstaat, der eine Richtlinie nach Ablauf der gemeinschaftsrechtlichen Umsetzungsfrist in die nationale Rechtsordnung umsetzt, durch eine Übergangsregelung von der Richtlinie erfasste Projekte ausnimmt, deren Genehmigungsverfahren zwar vor Inkrafttreten des nationalen Gesetzes, aber nach Ablauf der Umsetzungsfrist eingeleitet wurde.[569] Dem trage § 5 Abs. 1 Halbs. 1 UmwRG mit seiner Rückwirkung auf die gemeinschaftsrechtlich vorgegebene Umsetzungsfrist Rechnung. Soweit nach § 5 Halbs. 1 UmwRG das gesamte UmwRG auf Verfahren anwendbar sei, die nach dem 25.5.2005 eingeleitet worden sind, bestünden mit Blick auf das Gemeinschaftsrecht keine Bedenken. Nationale Präklusionsvorschriften stünden als Regelung eines vorgezogenen Rechtsschutzes mit dem Erfordernis der Effektivität des Gemeinschaftsrechts im Einklang.[570]

---

567 VGH Mannheim, Urteil vom 20.7.2011 – 10 S 2102/09 – zitiert nach juris, Rn. 78.

568 OVG Münster, Urteil vom 9.12.2009 – 8 D 10/08.AK – zitiert nach juris, Rn. 100.

569 BVerwG, Beschluss vom 14.9.2010 – 7 B 15.10 – zitiert nach juris, Rn. 18 unter Verweis auf EuGH, Urteile vom 9. August 1994 – Rs. C-396/92 – Slg. 1994, I-3717 Rn. 17, 20 und vom 18. Juni 1998 – Rs. C-81/96 – Slg. 1998, I-3923 Rn. 22 f.

570 Das Bundesverwaltungsgericht bezieht sich im Weiteren auf die damals bereits geltende Präklusionsvorschrift des § 10 Abs. 3 BImschG. Diese galt zwar auch schon vor dem 25.5.2005, allerdings bestand zuvor keine Möglichkeit für einen Umweltverband, eine immissionsschutzrechtliche Regelung gerichtlich anzugreifen.

3. *Zur unmittelbaren Anwendbarkeit des Art. 10a RL 2003/35/EG*

Auch nach Erlass des Umwelt-Rechtsbehelfsgesetzes ist die Frage der unmittelbaren Anwendbarkeit des Art. 10a RL 2003/35/EG noch diskutiert worden. Eine solche ist jedoch von den Gerichten mehrheitlich unter Verweis auf die Umsetzung durch das UmwRG[571] und auf die angebliche nicht hinreichende Bestimmtheit des Art. 10a RL 2003/35/EG abgelehnt worden.[572] Lediglich das VG Freiburg (Breisgau) hatte in einem Verfahren eine unmittelbare Anwendbarkeit des Art. 10a RL 2003/35/EG zugunsten einer klagenden Gemeinde mit der Folge der Ausweitung der Rügebefugnis bejaht.[573]

II. Der Vorlagebeschluss des OVG Münster vom 5.3.2009

Das OVG Münster legte schließlich am 5.3.2009 in dem Verfahren Trianel Kohlekraftwerk Lünen dem EuGH die Frage nach der Europarechtmäßigkeit des § 2 Abs. 1 UmwRG a.F. vor.[574] In diesem Verfahren hatte der BUND Nordrhein Westfalen, eine nach § 3 UmwRG anerkannte Vereinigung, Anfechtungsklage gegen den Vorbescheid und die erste Teilgenehmigung für den Neubau eines Steinkohlekraftwerkes in Lünen vor dem Oberverwaltungsgericht Münster erhoben.[575] Er machte formelle und materielle Fehler des Vorbescheides geltend

571 OVG Rheinland Pfalz, Urteil vom 12.2.2009 - 1 A 10722/08 - zitiert nach juris, Rn. 144 f.; BayVGH, Urteil vom 15.7.2009 - 14 N 08.2736 - zitiert nach juris, Rn. 29; VGH Kassel; Urteil vom 16.09.2009 -6 C 1005/08.T - zitiert nach juris, Rn. 70; VG Frankfurt (Oder), Beschluss vom 19.9.2007 - 7 L 270/07 - zitiert nach juris, Rn. 9; OVG des Saarlandes, Beschluss vom 22.11.2007 - 2 B 181/07 - zitiert nach juris, Rn. 13.

572 VG Karlsruhe, Beschluss vom 15.1.2007 - 8 K 1935/06 - zitiert nach juris, Rn. 24 f.; VG München, Urteil vom 22.3.2007 - M 24 K 05.914, M 24 K 05.1007 -, zitiert nach juris, Rn. 69 f.; VG Regensburg, Beschluss vom 24.7.2007 - RO 7 S 07.444 -, zitiert nach juris, Rn. 51 f.; VG des Saarlandes, Urteil vom 7.10.2009 - 5 K 10/08 - zitiert nach juris, Rn. 91.

573 VG Freiburg (Breisgau), Urteil vom 31.7.2010 - 2 K 192/08 - zitiert nach juris, Rn. 234 ff.

574 OVG Münster, Beschluss vom 5.3.2009 - 8 D 58/08.AK - zitiert nach juris. Siehe hierzu Anmerkung von *Berkemann*, Umwelt-Rechtsbehelfsgesetz, NordÖR 2009, 336 f.; *Versteyl*, Erweiterung, EurUP 2009, 133.

575 Das Kraftwerk sollte mit einer Feuerungswärmeleistung von bis zu 1.705 MW und einer elektrischen Nettoleistung von 750 MW betrieben werden. Damit unterlag das Vorhaben gemäß § 3 Abs. 1 UVPG i.V.m. Nr.1.1.1 der Anlage 1 zum UVPG zwingend der Pflicht zur Durchführung einer Umweltverträglichkeitsprüfung. Das OVG Münster war gemäß § 48 Abs. 1 Nr. 3 VwGO erstinstanzlich zuständig.

und rügte, das Vorhaben verstoße gegen immissionsschutzrechtliche Schutz- und Vorsorgenormen sowie naturschutzrechtliche und wasserrechtliche Anforderungen. Das OVG Münster verneinte die Klagebefugnis nach § 2 Abs. 1 UmwRG a.F. und erachtete damit die Klage für unzulässig, da weder die Vorschriften des Wasser- und Naturschutzrechts noch der Vorsorgegrundsatz Rechte Einzelner im Sinne des § 2 Abs. 1 Nr. 1 UmwRG a.F. begründen, sondern die Belange der Allgemeinheit schützen. Das OVG Münster hielt es jedoch für möglich, dass die Voraussetzungen des § 2 Abs. 1 Nr. 1 UmwRG a.F. mit dem Unionsrecht, insbesondere mit Art. 10a der RL 2003/35/EG nicht im Einklang stehen und setzte das Verfahren zur Vorlage bei dem EuGH aus.

Das OVG Münster fragte zunächst, ob Art. 10a der Richtlinie 2003/35/EG verlangt, dass Nichtregierungsorganisationen, die Zugang zu den Gerichten eines Mitgliedstaats begehren, dessen Verwaltungsprozessrecht die Geltendmachung einer Rechtsverletzung erfordert, die Verletzung aller für die Zulassung des Vorhabens maßgeblichen Umweltvorschriften geltend machen können, also auch solcher Vorschriften, die allein den Interessen der Allgemeinheit und nicht zumindest auch dem Schutz der Rechtsgüter Einzelner zu dienen bestimmt sind. Sofern dies nicht uneingeschränkt zu bejahen sei, fragte das OVG Münster weiter, ob Art. 10a der Richtlinie 2003/35/EG verlangt, dass Nichtregierungsorganisationen, die Zugang zu den Gerichten eines Mitgliedstaats begehren, dessen Verwaltungsprozessrecht die Geltendmachung einer Rechtsverletzung erfordert, die Verletzung solcher für die Zulassung des Vorhabens maßgeblicher Umweltvorschriften geltend machen können, die unmittelbar im Gemeinschaftsrecht gründen oder die gemeinschaftliche Umweltvorschriften in das innerstaatliche Recht umsetzen, also auch solcher Vorschriften, die allein den Interessen der Allgemeinheit und nicht zumindest auch dem Schutz der Rechtsgüter Einzelner zu dienen bestimmt sind. Das OVG Münster stellte hierzu noch zwei Anschlussfragen, nämlich ob die gemeinschaftlichen Umweltvorschriften bestimmte inhaltliche Anforderungen erfüllen müssen, um gerügt werden zu können und – wenn dies der Fall ist – um welche inhaltlichen Anforderungen (z.B. unmittelbare Wirkung, Schutzzweck, Zielsetzung) es sich handelt. Die dritte Frage betraf die unmittelbare Anwendung der Richtlinie. Das OVG Münster fragte, ob – sofern § 2 Abs. 1 Nr. 1 UmwRG a.F. nicht den europarechtlichen Anforderungen entspricht – Umweltverbänden ein über die Vorgaben des innerstaatlichen Rechts hinaus gehender Anspruch auf Zugang zu Gerichten unmittelbar aus der Richtlinie zusteht.

Das OVG Münster hielt es im Ergebnis für möglich, dass Art. 10a der RL 2003/35/EG bei einer nicht nur am Wortlaut, sondern auch am Sinn und Zweck der Richtlinienbestimmung sowie anhand der im Lichte des EG-Vertrages zu betrachtenden Ziele der RL 2003/35/EG orientierten Auslegung die Begründung eines weitergehenden Rügerechts der Nichtregierungsorganisationen verlangt, als es im deutschen Recht durch das Umwelt-Rechtsbehelfsgesetz umgesetzt wurde. Grundsätzlich widersprach nach Auffassung des OVG Münster die seitens des deutschen Gesetzgebers gewählte Umsetzung des Art. 10a der RL 2003/35/EG durch § 2 Abs. 1 Nr. 1 UmwRG a.F. nicht dem Wortlaut der Richtlinienbestimmung. Seiner Ansicht nach eröffnet Art. 10a Abs. 3 Satz 1 der RL 2003/35/EG zugunsten der Mitgliedstaaten einen Gestaltungsspielraum, der es diesen ermöglicht, die Klagezugangsvoraussetzungen eigenständig zu regeln. Nichtregierungsorganisationen würden gegenüber anderen Mitgliedern der betroffenen Öffentlichkeit insoweit privilegiert, als sie ungeachtet der Anforderungen, die der Mitgliedstaat sonst an die Geltendmachung einer Rechtsverletzung stellt, als Träger genau dieser Rechte gelten.[576] Das OVG Münster hatte jedoch Zweifel daran, ob die seitens des deutschen Gesetzgebers gewählte Interpretation des Art. 10a RL 2003/35/EG auch einer funktionalen Betrachtung der Richtlinienbestimmung im Lichte des Gebotes der praktischen Wirksamkeit des Gemeinschaftsrechts standhält. Die innerstaatliche Beschränkung des Klagerechts von Nichtregierungsorganisationen auf die Geltendmachung subjektiv-öffentlicher Rechte führt dazu, dass die Kontrolle des Vollzuges der Umweltvorschriften durch eine unabhängige Stelle für einen weiten Teil des Umweltrechts praktisch unmöglich ist. Nichtregierungsorganisationen können insoweit nicht als „Anwälte der Umwelt" möglichen Vollzugsdefiziten entgegentreten.[577]

III. Die Rechtsprechung der deutschen Gerichte zu §§ 4 und 5 UmwRG und der Vorlagebeschluss des BVerwG vom 10.1.2012

Das Bundesverwaltungsgericht hat am 10.1.2012 dem EuGH weitere Fragen zur Auslegung des Umwelt-Rechtsbehelfsgesetzes, insbesondere zur Auslegung der §§ 4 und 5 UmwRG, vorgelegt.[578] Bis dahin war die Frage der europarechtskonformen Umsetzung des Art. 10a RL 2003/35/EG durch § 4 UmwRG zwar vielfach in der Literatur[579], aber eher zurückhaltend in der Rechtsprechung diskutiert worden. Im Folgenden soll zunächst die Rechtsprechung der deutschen

576 OVG Münster, Beschluss vom 5.3.2009 – 8 D 58/08.AK – zitiert nach juris, Rn. 47.

577 Ebenda, Rn. 54.

578 BVerwG, Vorlagebeschluss vom 10.1.2012 – 7 C 20/11 – zitiert nach juris. Das Verfahren war vor dem EuGH unter dem Aktenzeichen C-72/12 anhängig.

579 Siehe hierzu 3. Kapitel B III. 3.

Gerichte zu § 4 UmwRG bis zum Vorlagebeschluss des BVerwG vom 10.1.2012 und daran anschließend der Vorlagebeschluss selbst dargestellt werden.

1. *Die Rechtsprechung zu § 4 Abs. 1 UmwRG bis zum Vorlagebeschluss des BVerwG vom 10.1.2012*

§ 4 Abs. 1 UmwRG warf zahlreiche Problemkreise auf, die mehr oder weniger intensiv in der Rechtsprechung diskutiert wurden. Es wurde insbesondere erörtert, ob § 4 UmwRG die Vorgaben des Art. 10a RL 2003/35/EG ausreichend umsetzt (a.) und ob aus § 4 Abs. 1 UmwRG eine eigenständige Klagebefugnis insbesondere i.V.m. § 4 Abs. 3 UmwRG folgt (b.).

a. *Zur Europarechtskonformität des § 4 Abs. 1 UmwRG*

In der Literatur ist vielfach die Frage aufgekommen, ob die Beschränkung der rügefähigen Fehler des § 4 Abs. 1 UmwRG auf die Nichtdurchführung einer erforderlichen Umweltverträglichkeitsprüfung und einer erforderlichen Vorprüfung des Einzelfalles den Vorgaben des Art. 10a RL 2003/35/EG bzw. Art. 9 Abs. 2 AK genügt. Gerichte haben diese Frage mit erstaunlich geringem Problembewusstsein entweder gar nicht gewürdigt[580] oder offengelassen.[581]

Der VGH Kassel hat 2008 in einer vielbeachteten Entscheidung hierzu Stellung genommen.[582] Er hat zunächst klargestellt, dass es sich bei den Verfahrensfehlern des § 4 Abs. 1 UmwRG um absolute und damit selbstständig einklagbare Verfahrensfehler handelt. Er hat weiter festgestellt, dass die Europarechtskonformität des § 4 Abs. 1 UmwRG zwar in Zweifel gezogen werden könne, weil durch die Begrenzung der Anfechtbarkeit auf das vollständige Unterbleiben der Vorprüfung oder Umweltverträglichkeitsprüfung ggf. auch schwerwiegende Fehler bei der Durchführung der Vorprüfung oder der Umweltverträglichkeitsprüfung, die die Rechtsverfolgung der Umweltvereinigungen oder der betroffenen Einzelpersonen in erheblicher Weise einschränken oder schmälern könnten, von der

580 OVG Münster, Urteil vom 15.9.2008 – 8 B 900/08.AK – zitiert nach juris, Rn. 35; VG Hamburg, Beschluss vom 13.1.2010 – 15 E 3302/09 – zitiert nach juris, Rn. 43; VG Münster, Urteil vom 19.3.2010 – 10 K 2231/08 – zitiert nach juris, Rn. 25; OVG Schleswig, Beschluss vom 9.7.2010 – 1 MB 12/10 – zitiert nach juris, Rn. 6; VG Bremen, Beschluss vom 9.5.2011 – 5 V 1522/10 – zitiert nach juris, Rn. 37.

581 VG Neustadt, Urteil vom 13.12.2007 – 4 K 1219/06.NW – zitiert nach juris, Rn. 179; OVG Münster, Urteil vom 9.12.2009 – 8 D 6/08.AK – zitiert nach juris, Rn. 43; BayVGH, Beschluss vom 28.3.2011 – 15 ZB 08.1872 – zitiert nach juris, Rn. 20.

582 VGH Kassel, Urteil vom 24.9.2008 – 6 C 1600/07.T – zitiert nach juris, Rn. 44 ff.; *Schlacke*, Beachtlichkeit, ZUR 2009, 80; *Wolf*, Genehmigung, NuR 2010, 244 f.

Anfechtung ausgeschlossen werden. Dies hält er jedoch für unproblematisch in Bezug auf Mängel, die das Verfahren vor dessen Veröffentlichung und sich anschließender Öffentlichkeitsbeteiligung betreffen. Eine Verletzung von Rechten Dritter hierdurch sei ausgeschlossen. Der Ausschluss der Anfechtbarkeit derartiger Mängel des UVP-Verfahrens, die die effektive Beteiligung an Entscheidungsverfahren in Umweltangelegenheiten und den ausreichenden Rechtsschutz gegen die Zulassung potentiell beeinträchtigender Vorhaben nicht unmittelbar berühren, sei auch unter Berücksichtigung der europarechtlichen Anforderungen in Art. 10a UVP-RL und des hierzu in der Richtlinie 2003/35/EG des Europäischen Parlaments und des Rates vom 26. Mai 2003 in Erwägungsgrund 6 mit Blick auf die Århus-Konvention formulierten Ziels der Gewährleistung des Rechts auf Beteiligung der Öffentlichkeit an Entscheidungsverfahren in Umweltangelegenheiten keinen Bedenken ausgesetzt. Rechtliche Bedeutung für den Rechtsschutz Dritter gegen UVP-pflichtige Vorhaben könnten derartige Verfahrensmängel folglich allenfalls mittelbar erlangen, wenn sie zu einer unzureichenden Ermittlung oder fehlerhaften Bewertung und Abwägung des entscheidungserheblichen Sachverhalts führen und dadurch schutzwürdige materielle Rechte Dritter beeinträchtigen.[583] Diese Rechtsprechung hat er in einer Folgeentscheidung aufrecht erhalten.[584] Auch das OVG Rheinland Pfalz hatte noch in der dem Vorlagebeschluss des BVerwG vom 10.1.2012 vorangegangenen Entscheidung keine Zweifel an der europarechtskonformen Umsetzung des Art. 10a RL 2003/35/EG durch das Umwelt-Rechtsbehelfsgesetz.[585]

b. § 4 Abs. 1 UmwRG als eigenständige Rechtsbehelfsbefugnis

Die Rechtsprechung hat mehrheitlich angenommen, dass es sich bei § 4 Abs. 1 UmwRG um eine Spezialvorschrift zur Fehlerfolgenlehre des § 46 VwVfG handelt und diese sowie die daraus abgeleitete Kausalitätsrechtsprechung für die Fälle der Nichtdurchführung der erforderlichen UVP und der allgemeinen Vorprüfung des Einzelfalles keine Anwendung finden.[586] In der Literatur wurde

583 VGH Kassel, a.a.O., Rn. 57 f.

584 VGH Kassel, Urteil vom 16.9.2009 -6 C 1005/08.T – zitiert nach juris, Rn. 62 f.

585 OVG Rheinland Pfalz, Urteil vom 12.2.2009 – 1 A 10722/08 – zitiert nach juris, Rn. 148.

586 OVG Magdeburg, Beschluss vom 17.9.2008 – 2 M 146/08 – zitiert nach juris, Rn. 17; VG Neustadt, Urteil vom 13.12.2007 - 4 K 1219/06.NW – zitiert nach juris, Rn. 177; OVG Lüneburg, Beschluss vom 21.10.2008 – 7 ME 170/07 – zitiert nach juris, Rn. 26; OVG Berlin-Brandenburg, Beschluss vom 27.11.2009 - OVG 11 S 49.09 – zitiert nach juris, Rn. 16.

in der Folge spekuliert, ob deshalb aus § 4 Abs. 1 UmwRG eine eigenständige Rechtsbehelfsbefugnis folgt, die eine Klagebefugnis losgelöst von § 2 UmwRG begründet.[587] Dies ist auch von einigen Gerichten so vertreten worden.[588] Andere Gerichte haben diese Frage zwar aufgeworfen, aber im Ergebnis unbeantwortet gelassen.[589] In der Rechtsprechung ist dies überwiegend mit dem Argument abgelehnt worden, dass § 4 UmwRG a.F. nicht als eine von § 42 Abs. 2 VwGO abweichende Regelung, sondern lediglich als eine von § 113 Abs. 1 S. 1 VwGO abweichende Zuweisung eines prozessualen Aufhebungsanspruchs anzusehen sei, welche die in § 2 Abs. 1 UmwRG a.F. getroffene Regelung und im Anwendungsbereich des § 4 Abs. 3 UmwRG das sich aus § 42 Abs. 2 VwGO ergebende Erfordernis einer Klagebefugnis unberührt lasse.[590] Das UmwRG begründe insoweit keine subjektiven Rechte für Individualkläger, sondern setze diese voraus.[591] Das Bundesverwaltungsgericht hat diese Rechtsfrage ebenso beantwortet, hiernach lässt § 4 Abs. 3 UmwRG den individualschützenden Ansatz des § 42 Abs. 2 VwGO unangetastet und erweitert lediglich den gerichtlichen Umfang der Begründetheitsprüfung.[592] Dem haben sich die Gerichte mittlerweile mehrheitlich angeschlossen.[593]

2. Die Rechtsprechung zur Überleitungsvorschrift des § 5 Abs. 1 UmwRG

In der Rechtsprechung der nationalen Gerichte bestand ein erstaunlich geringes Problembewusstsein hinsichtlich einer etwaigen Europarechtswidrigkeit des § 5 Abs. 1 UmwRG. Überwiegend wurde eine Europarechtswidrigkeit des § 5

587 *Schlacke*, Rechtsschutz, S. 299; *Kment*, Umwelt-Rechtsbehelfsgesetz, NVwZ 2007, 274, 276.

588 OVG Magdeburg, Beschluss vom 17.9.2008 – 2 M 146/08 – zitiert nach juris, Rn. 9; VG Neustadt, Urteil vom 13.12.2007 - 4 K 1219/06.NW – zitiert nach juris, Rn. 178; OVG Lüneburg, Beschluss vom 21.10.2008 – 7 ME 170/07 – zitiert nach juris, Rn. 26.

589 BayVGH, Beschluss vom 28.8.2007 – 14 ZB 07.627 – zitiert nach juris, Rn. 8; OVG Saarland, Beschluss vom 22.11.2007 – 2 B 181/07 – zitiert nach juris, Rn. 12; OVG Weimar, Beschluss vom 2.9.2008 – 1 EO 448/08 – zitiert nach juris, Rn. 40; OVG Lüneburg, Beschluss vom 21.10.2008 – 7 ME 170/07 – zitiert nach juris, Rn. 26.

590 VG Karlsruhe, Beschluss vom 12.8.2009 – 4 K 1648/09 – zitiert nach juris, Rn. 33.

591 VG Lüneburg, Beschluss vom 14.4.2011 – 2 B 13/11 – zitiert nach juris, Rn. 48; VG Magdeburg, Beschluss vom 13.9.2012 – 2 B 278/12 – zitiert nach juris, Rn. 5.

592 BVerwG, Urteil vom 20.12.2011 – 9 A 30/10 – zitiert nach juris, Rn. 20.

593 OVG Lüneburg, Urteil vom 8.5.2012 – 12 KS 5/10 – zitiert nach juris, Rn. 20; VG Neustadt, Beschluss vom 23.5.2012 – 4 L 312/12.NW – zitiert nach juris, Rn. 36; VG Kassel, Beschluss vom 2.8.2012 – 4 L 81/12.KS – zitiert nach juris, Rn. 26.

Abs. 1 UmwRG nicht problematisiert[594] oder aber ausdrücklich verneint.[595] Das OVG Rheinland-Pfalz führte 2009 hierzu aus, dass keine Bedenken gegen die Wirksamkeit des § 5 Abs. 1 UmwRG bestünden, da sich Art. 6 der RL 2003/35/EG keine Verpflichtung entnehmen lasse, eine Rückwirkung für Verfahren, die bereits vor Ablauf der Umsetzungsfrist eingeleitet worden seien, vorzusehen. Auch das Gemeinschaftsrecht gebiete es nicht, die Genehmigung von Projekten, für die das Genehmigungsverfahren vor Ablauf der Frist zur Umsetzung der RL 2003/35/EG eingeleitet wurde, wegen des Verstoßes gegen Verfahrensvorschriften aufzuheben.[596] Das Bundesverwaltungsgericht ließ aufgrund der Revisionszulassungsbeschwerde in dem vorgenannten Verfahren die Revision zu, da die Rechtssache nach seiner Auffassung die klärungsbedürftige Frage der Vereinbarkeit des § 5 Abs. 1 UmwRG mit dem Europarecht aufwarf.[597] In dem nachgehenden Revisionsverfahren fasste das Bundesverwaltungsgericht den Vorlagebeschluss vom 10.1.2012.[598] Noch 2010 hatte das Bundesverwaltungsgericht diese Frage offengelassen. Es hatte jedoch festgestellt, dass soweit § 5 Halbs. 1 UmwRG bestimme, dass das gesamte Gesetz auf Verfahren anwendbar sei, die nach dem 25. Juni 2005 eingeleitet worden sind, dies mit Blick auf das Gemeinschaftsrecht keinen Bedenken begegnen würde.[599]

Die Rechtsprechung setzte sich im Zusammenhang mit § 5 Abs. 1 UmwRG häufig mit der Frage auseinander, wann ein Genehmigungsverfahren „eingeleitet" wurde.[600] Das Bundesverwaltungsgericht hat in einer jüngeren Entscheidung hierzu klargestellt, dass es grundsätzlich für die Einleitung des Verfahrens auf

594 OVG Saarland, Beschluss vom 22.11.2007 – 2 B 181/07 – zitiert nach juris, Rn. 12; OVG Berlin-Brandenburg, Beschluss vom 23.6.2008 – OVG 11 S 35.07 – zitiert nach juris, Rn. 9; VG Karlsruhe, Urteil vom 4.8.2009 – 5 K 2165/08 -, zitiert nach juris, Rn. 31; VG Saarland, Urteil vom 7.10.2009 – 5 K 10/08 -, zitiert nach juris, Rn. 90; VG Hannover, Urteil vom 18.11.2009 – 11 A 4612/07 -, zitiert nach juris, Rn. 40; OVG Münster, Urteil vom 9.12.2009 – 8 D 10/08.AK – zitiert nach juris, Rn. 218.

595 OVG Koblenz, Urteil vom 12.2.2009 – 1 A 10722/08 – zitiert nach juris, Rn. 143.

596 OVG Koblenz, a.a.O.

597 BVerwG, Beschluss vom 19.1.2010 – 7 B 26/09, 7 B 26/09 (7 C 1/10) – zitiert nach juris, Rn. 1.

598 BVerwG, Beschluss vom 10.1.2012 – 7 C 20/11 – zitiert nach juris.

599 BVerwG, Beschluss vom 14.9.2010 – 7 B 15/10 – zitiert nach juris.

600 OVG Saarland, Beschluss vom 22.11.2007 – 2 B 181/07 – zitiert nach juris, Rn. 12; VG Hannover, Urteil vom 18.11.2009 – 11 A 4612/07 -, zitiert nach juris, Rn. 42; OVG Münster, Urteil vom 1.12.2011 – 8 D 58/08.AK – zitiert nach juris, Rn. 93; OVG Lüneburg, Urteil vom 8.5.2012 – 12 KS 5/10 – zitiert nach juris, Rn. 19; OVG Münster, Urteil vom 12.6.2012 – 8 D 38/08.AK – zitiert nach juris Rn. 85.

die Stellung des Bauantrages und nicht auf eine Anzeige nach § 15 BImSchG ankommt.[601]

3. *Der Vorlagebeschluss des BVerwG vom 10.1.2012*

Das Bundesverwaltungsgericht hat schließlich am 10.1.2012 dem EuGH weitere Fragen zur Auslegung des Umwelt-Rechtsbehelfsgesetzes, insbesondere zur Auslegung der §§ 4 und 5 UmwRG, vorgelegt.[602] In dem dortigen Verfahren klagten eine Gemeinde, eine GbR sowie der Eigentümer eines Wohngrundstückes und von Grundstücken, die in einem nahegelegenen Naherholungsgebiet liegen, gegen einen wasserrechtlichen Planfeststellungsbeschluss, der die Errichtung der Wasserrückhaltung Waldsee/Altrip/Neuhofen zum Gegenstand hat. Geplant ist die Errichtung einer Hochwasserrückhaltung in einem früheren Überschwemmungsgebiet des Rheins, bestehend aus zwei getrennten Rückhalteräumen. Von der Planung sind landwirtschaftlich genutzte Grundstücke und Waldflächen betroffen. Einer der geplanten Rückhalteräume liegt in dem im Mai 2004 gemeldeten FFH-Gebiet „Rheinniederung Speyer Ludwigshafen". In der Nähe des Vorhabens befinden sich ein weiteres FFH-Gebiet sowie zwei Europäische Vogelschutzgebiete. Die Klage gegen den Planfeststellungsbeschluss vor dem Verwaltungsgericht wurde abgewiesen. Das Oberverwaltungsgericht hat die Berufung zurückgewiesen. Insbesondere hat es bereits das Umwelt-Rechtsbehelfsgesetz zeitlich nicht für anwendbar gehalten, deshalb könne auch dahinstehen, ob sich aus § 4 Abs. 1 UmwRG überhaupt ein Anspruch auf Aufhebung des Planfeststellungsbeschlusses ergeben könne. Falls dieser überhaupt anwendbar wäre, bestünden Bedenken, ob der nach dessen Wortlaut geregelte „Totalausfall" einer Umweltverträglichkeitsprüfung auch den von den Klägern geltend gemachten Fehlertyp des „Defizits" einer Umweltverträglichkeitsprüfung umfasse. Selbst wenn dies der Fall wäre, spräche einiges dafür, dass die Kläger an dem vom BVerwG aufgestellten Kausalitätserfordernis scheitern würden.[603] Hiergegen richtet sich die Revision der Kläger, sie machen geltend, dass das Umwelt-Rechtsbehelfsgesetz die unionsrechtlichen Vorgaben nur unzureichend umsetzt. Bei einer richtigen Umsetzung könnten die Kläger bei Fehlern der Umweltverträglichkeitsprüfung die Aufhebung des Planfeststellungsbeschlusses verlangen. Deshalb habe des OVG nicht offenlassen dürfen, ob solche Fehler vorliegen. Das

601 BVerwG, Beschluss vom 27.6.2013 – 4 B 37/12 – zitiert nach juris, Rn. 6.

602 BVerwG, Vorlagebeschluss vom 10.1.2012 – 7 C 20/11 – zitiert nach juris. Das Verfahren war vor dem EuGH unter dem Aktenzeichen C-72/12 anhängig.

603 OVG Rheinland-Pfalz, Urteil vom 12.2.2009 – 1 A 10722/08 – zitiert nach juris.

Bundesverwaltungsgericht legte dem EuGH nun mehre Fragen zur Anwendbarkeit und zur Auslegung des Umwelt-Rechtsbehelfsgesetz vor.

Die erste Frage betrifft die Überleitungsvorschrift des § 5 UmwRG und damit die Frage der Anwendbarkeit auf das vorliegende Verfahren. Das BVerwG fragt, ob Art. 6 der RL 2003/35/EG dahin auszulegen ist, dass die Mitgliedstaaten verpflichtet sind, die Vorschriften des nationalen Rechts auch für solche behördlichen Verfahren für anwendbar zu erklären, die zwar vor dem 25.6.2005 eingeleitet worden waren, in denen die Genehmigung aber erst nach diesem Zeitpunkt erteilt wurde. Die Auslegung des § 5 UmwRG nach dem Wortlaut sei eindeutig, das Gesetz sei nicht anwendbar für Verwaltungsverfahren, die bis zum 25.6.2005 eingeleitet wurden. Dies gelte auch dann, wenn eine behördliche Entscheidung erst später ergangen ist und folglich gerichtliche Überprüfungsverfahren erst Jahre nach Ablauf der in Art. 6 Abs. 1 RL 2003/35/EG gesetzten Frist eingeleitet worden sind. Das BVerwG hat Zweifel daran, ob die Regelung des § 5 UmwRG mit dem Unionsrecht übereinstimmt. Diese Frage lasse sich auch nicht aufgrund der Rechtsprechung des EuGH mit der gebotenen Eindeutigkeit beantworten. Wäre das Umwelt-Rechtsbehelfsgesetz auch für Verfahren anwendbar, die vor dem 25.6.2005 eingeleitet worden sind, wenn eine behördliche Entscheidung erst nach diesem Tag ergangen ist, würde dies weder behördliche noch gerichtliche Verfahren verzögern. Bei positiver Beantwortung dieser Frage würden sich die Fragen 2 und 3 stellen.

Die zweite Vorlagefrage des BVerwG betrifft die Auslegung des Art. 10a der RL 2003/35/EG. Das BVerwG fragt, ob dieser dahingehend auszulegen ist, dass die Mitgliedstaaten verpflichtet gewesen sind, die Vorschriften des nationalen Rechts auch auf den Fall einer zwar durchgeführten, aber fehlerhaften Umweltverträglichkeitsprüfung zu erstrecken. § 4 Abs. 1 UmwRG ist zwar nach § 4 Abs. 3 UmwRG entsprechend anwendbar für die Rechtsbehelfe natürlicher und juristischer Personen. Dies allein würde der Revision jedoch noch nicht zum Erfolg verhelfen, da die erforderliche Umweltverträglichkeitsprüfung durchgeführt worden ist. Nach § 4 Abs. 1 UmwRG kann die Aufhebung einer Entscheidung jedoch nur verlangt werden, wenn die erforderliche Umweltverträglichkeitsprüfung nicht durchgeführt worden ist. Das BVerwG hält die Bestimmung des § 4 UmwRG dem Wortlaut nach für eindeutig, eine andere Auslegung sei dem BVerwG in Hinblick auf den eindeutigen Willen des Gesetzgebers verwehrt. Das BVerwG hat jedoch Zweifel daran, ob § 4 Abs. 1 UmwRG zur Umsetzung des Art. 10a RL 2003/35/EG genügt. Diese Frage lässt sich nach Auffassung des BVerwG aufgrund der vorliegenden Rechtsprechung des EuGH ebenfalls nicht mit der gebotenen Klarheit beantworten. Bei der Begründung der zweiten

Vorlagefrage nimmt das BVerwG Bezug auf den Gesetzgebungsprozess und die im Rahmen des Gesetzgebungsverfahrens vorgenommene weitere Verengung des § 4 Abs. 1 UmwRG auf lediglich zwei rügefähige Verfahrensvorschriften, nämlich die unterbliebene Umweltverträglichkeitsprüfung und die unterbliebene UVP-Vorprüfung des Einzelfalles. Das BVerwG stellte fest, aufgrund der Entstehungsgeschichte des § 4 Abs. 1 UmwRG bestehe kein Auslegungsspielraum und die aufgeworfene Frage sei aufgrund der vorliegenden Rechtsprechung des EuGH nicht mit der gebotenen Klarheit zu beantworten. Mit inhaltlichen Argumenten oder Positionen setzt sich das BVerwG an dieser Stelle nicht auseinander. Eine eigene Position zu den Anforderungen der RL 2003/35/EG bezieht das BVerwG nicht, obwohl die Vorschrift des § 4 Abs. 1 UmwRG bereits von Anfang an in der juristischen Literatur vielfältig diskutiert worden ist.[604]

Falls die zweite Frage ebenfalls positiv zu beantworten ist, fragte das BVerwG weiter, ob (a) Art. 10a RL 2003/35/EG dahingehend auszulegen ist, dass eine gerichtliche Anfechtung der verfahrensrechtlichen Rechtmäßigkeit von Entscheidungen, für die Bestimmungen der RL 2003/35/EG gelten, nur dann Erfolg haben und zur Aufhebung der Entscheidung führen kann, wenn nach den Umständen des Falles die konkrete Möglichkeit besteht, dass die angegriffene Entscheidung ohne den Verfahrensfehler anders ausgefallen wäre und wenn durch den Verfahrensfehler zudem zugleich eine dem Kläger zustehende materielle Rechtsposition betroffen ist oder ob (b) im Rahmen der gerichtlichen Anfechtung der verfahrensrechtlichen Rechtmäßigkeit Verfahrensfehler bei Entscheidungen, für die die Bestimmungen der RL 2003/35/EG gelten, in weiterem Umfang beachtlich sein müssen. Wenn die Frage im Sinne von (b) zu beantworten ist, fragte das BVerwG weiter, welche inhaltlichen Anforderungen an Verfahrensfehler zu stellen sind, damit diese bei der gerichtlichen Anfechtung der verfahrensrechtlichen Rechtmäßigkeit einer Entscheidung zugunsten eines Klägers Berücksichtigung finden können. Zur Beantwortung dieser Frage sind das Gesetz über die Umweltverträglichkeitsprüfung und die hierzu ergangene ständige Rechtsprechung des BVerwG einschlägig. Nach dieser Rechtsprechung vermittelt das UVPG einem von einem UVP-pflichtigen Vorhaben Betroffenen keine selbstständig durchsetzbaren Verfahrenspositionen. Nach Auffassung des BVerwG enthält die RL 2003/35/EG keinerlei Anhaltspunkte dafür, dass der nationale Gesetzgeber verpflichtet gewesen wäre, privaten Dritten

604 *Schmidt/Kremer*, Umwelt-Rechtsbehelfsgesetz, ZUR 2007, 57 ff.; *Ziekow*, Umwelt-Rechtsbehelfsgesetz, NVwZ 2007, 259 f.; *Schlacke*, Umwelt-Rechtsbehelfsgesetz, NuR 2007, 8 f.; *Appel*, Subjektivierung von UVP-Fehlern, NVwZ 2010, 473 f.

eine weitergehende Klagemöglichkeit zu eröffnen, als sie das nationale Recht allgemein bei der Verletzung von Verfahrensvorschriften eröffnet. Eine Rechtsverletzung eines von einem UVP-pflichtigen Vorhaben Betroffenen kann danach nur vorliegen, wenn der Verfahrensfehler kausal für das den Kläger belastende Ergebnis der Planfeststellung war. Es muss die konkrete Möglichkeit bestehen, dass die angefochtene Entscheidung ohne den Verfahrensmangel anders ausgefallen wäre. Das BVerwG hält es für fraglich, ob diese ständige Rechtsprechung nach Ablauf der Umsetzungsfrist der RL 2003/35/EG fortbestehen kann. Falls die Vorlagefrage im Sinne von (b) zu beantworten ist, stellt sich die Frage, welche inhaltlichen Anforderungen an Verfahrensfehler zu stellen sind, damit diese Berücksichtigung finden können.

IV. Würdigung

Die Rechtsprechung zur Europarechtskonformität der Umsetzung des Art. 10a RL 2003/35/EG bis zum Vorlagebeschluss des OVG Münster war uneinheitlich. Überwiegend vermieden die Gerichte eine klare Positionierung zur Frage der Europarechtswidrigkeit des § 2 UmwRG a.F. und ließen die Frage offen. Einige wenige Gerichte sprachen sich deutlich für eine Europarechtskonformität aus. Lediglich das OVG Schleswig befand – wenige Tage nach dem Vorlagebeschluss des OVG Münster – die Umsetzung durch § 2 Abs. 5 UmwRG a.F. für europarechtswidrig und urteilte entsprechend, ohne das Verfahren dem EuGH zur Vorabentscheidung vorzulegen.[605] Der Vorlagebeschluss des OVG Münster brachte schließlich die deutsche Debatte um die Reichweite des Verbandsklagerechts aus Art. 10a RL 2003/35/EG und seine schutznormakzessorische Umsetzung durch § 2 Abs. 1 UmwRG auf den Punkt und stellte insoweit die „Systemfrage".[606] Das OVG Münster vermied jedoch eine klare Fragestellung nach der Vereinbarkeit des § 2 Abs. 1 UmwRG a.F. mit Art. 10a RL 2003/35/EG und entwickelte stattdessen eine Interprationsfrage. Dies erfolgte wohl vor dem Hintergrund, insoweit die Autorität des EuGH zur Hilfe zu nehmen und nicht selbst über die Vereinbarkeit des § 2 Abs. 1 UmwRG a.F. mit dem Europarecht entscheiden zu müssen.[607] Diese Vorgehensweise war durchaus begrüßenswert, da durch die Entscheidung des EuGH vom 12.5.2011 zumindest ein Schlusspunkt in der Debatte um die Europarechtswidrigkeit des § 2 Abs. 1 und Abs. 5 UmwRG a.F. herbeigeführt werden konnte.

605 OVG Schleswig, Urteil vom 12.3.2009 – 1 KN 12/08 – zitiert nach juris.

606 *Berkemann*, Umwelt-Rechtsbehelfsgesetz, NordÖR 2009, 336, 339.

607 *Berkemann* a.a.O.

Der Vorlagebeschluss des BVerwG vom 10.1.2012 ist in der juristischen Literatur relativ unbemerkt geblieben, obgleich er durchaus bemerkenswert war.[608] Das BVerwG legte dem EuGH drei zentrale Fragen zum Umwelt-Rechtsbehelfsgesetz zur Prüfung vor: Die erste Frage betrifft die nach dem Umwelt-Rechtsbehelfsgesetz rügefähigen Verfahrensfehler. Das BVerwG fragt, ob der Kreis der rügefähigen Verfahrensfehler nach § 4 UmwRG zu eng gezogen ist. Mit der zweiten Frage stellt das BVerwG seine bisherige Rechtsprechung zur Verfahrensfehlerlehre auf den Prüfstand. Es fragt, welche weiteren Anforderungen an Verfahrensfehler zu stellen sind, damit diese Berücksichtigung finden können, und ob die bisherige Kausalitätsrechtsprechung des BVerwG auch nach Ablauf der Umsetzungsfrist der RL 2003/35/EG fortbestehen kann. Die dritte Vorlagefrage ist die eigentlich bemerkenswerteste Frage dieses Vorlagebeschlusses. Mit dieser Frage stellte das BVerwG faktisch seine bisherige über Jahre gefestigte Rechtsprechung zur Verfahrensfehlerlehre in Frage, obwohl diese in dem Verfahren nicht entscheidungserheblich war. Im Rahmen des § 4 Abs. 1 UmwRG kommt es gerade nicht darauf an, dass die angegriffene Entscheidung ohne den Verfahrensmangel anders ausgefallen wäre. Ausweislich der Gesetzesbegründung stellt § 4 UmwRG für die aufgezählten Verfahrensfehler eine spezialgesetzliche Vorschrift dar, die § 46 VwVfG vorgeht, soweit ihr Regelungsbereich reicht. Im Rahmen des Anwendungsbereichs des § 4 Abs. 1 UmwRG finden § 46 VwVfG und die daraus abgeleiteten Anforderungen der Kausalitätsrechtsprechung insoweit keine Anwendung.[609] Anders als bei der vorherigen Vorlagefrage bezieht das BVerwG an dieser Stelle durchaus Stellung. Es stellt zunächst seine positive Haltung zum Kausalitätserfordernis dar und endet schlicht mit der Frage, ob diese bisherige Rechtsprechung weiterhin noch Bestand haben kann.[610] Hier kann letztlich nur vermutet werden, dass das BVerwG sich, obwohl die vorgelegte Frage nicht

608 Vgl. bislang lediglich den Beitrag von *Kment*, Europarechtswidrigkeit, NVwZ 2012, 481 ff.

609 *Appel*, Subjektivierung von UVP-Fehlern, NVwZ 2010, 473, 475 m.w.N. in Fn. 26; *Kment*, Umwelt-Rechtsbehelfsgesetz, NVwZ 2007, 274, 277; *Schlacke*, Umwelt-Rechtsbehelfsgesetz, NuR 2007, 8, 13; *Radespiel*, Entwicklungen, EurUP 2007, 118, 121; *Kerkmann*, Umwelt-Rechtsbehelfsgesetz, BauR 2007, 1527, 1535; *Schumacher*, Umwelt-Rechtsbehelfsgesetz, UPR 2008, 13, 19; *Schwertner*, Umwelt-Rechtsbehelfsgesetz, EurUP 2007, 124, 127; *Schmidt/Kremer*, Umwelt-Rechtsbehelfsgesetz, ZUR 2007, 57, 58; *Halama*, Öffentlichkeitsbeteiligung in: *Berkemann/Halama*, Handbuch zum Recht der Bau- und Umweltrichtlinien der EG, 770769; *Weidemann*, Verbandsklage, VR 2008, 227.

610 *Kment*, Europarechtswidrigkeit, NVwZ 2012, 481, 482.

entscheidungserheblich ist, Hinweise aus Luxemburg erhoffte. Würde der EuGH die Kausalitätsrechtsprechung des BVerwG als europarechtswidrig erachten, so wäre dies ein deutlicher Fingerzeig an den nationalen Gesetzgeber zur Umsetzung der europäischen Vorgaben.[611]

C) Die Rechtsprechung des EuGH zur Auslegung des Art. 10a der RL 2003/35/EG und der Art. 9 Abs. 2 und 3 AK

Die Rechtsprechung des EuGH hat bereits seit Jahrzehnten einen maßgeblichen Einfluss auf die Fortentwicklung des deutschen Umweltrechts. Besonders augenfällig ist dies im Bereich der hier untersuchten altruistischen Umweltverbandsklage. Ohne die im Folgenden dargestellten Urteile des EuGH wäre es bei der europa- und völkerrechtswidrigen Umsetzung durch das UmwRG geblieben. Erst das Urteil des EuGH in der sogenannten Trianel-Entscheidung (II.) zwang den Gesetzgeber zur Änderung der Vorschriften des UmwRG. Auch das zunächst eher unbeachtet gebliebene sogenannte Braunbären-Urteil (I.) des EuGH hat maßgeblichen Einfluss auf eine Änderung der Rechtsprechung der deutschen Gerichte (D). Im Folgenden sollen diese maßgeblichen Entscheidungen des EuGH kurz dargestellt und ihre Auswirkungen auf das nationale Recht erörtert werden.

I. Das Braunbären-Urteil des EuGH vom 8.3.2011

Ein bedeutsames Urteil zur Auslegung des Art. 9 Abs. 3 AK stellt das Urteil des EuGH in dem Verfahren „Lesoochranárske zoskupenie VLK", das sogenannte „Braunbären-Urteil" vom 8.3.2011 dar.[612] Dieses Urteil ist die erste Entscheidung, in der der EuGH sich mit der Frage der Umsetzung von Art. 9 Abs. 3 AK beschäftigt. Dies ist umso bedeutsamer, als bislang weder die Europäische Union noch der nationale Gesetzgeber Maßnahmen zur Umsetzung des Art. 9 Abs. 3 AK ergriffen bzw. zum Abschluss gebracht haben. Wie bereits ausgeführt, liegt zur Umsetzung des Art. 9 Abs. 3 AK bislang lediglich ein Richtlinienvorschlag der Europäischen Kommission vom 24.10.2003 vor, der im gemeinschaftlichen Gesetzgebungsverfahren steckengeblieben ist.[613] Gleichwohl beansprucht

---

611 So auch *Kment*, Europarechtswidrigkeit, NVwZ 2012, 481, 483.

612 EuGH, Urteil vom 8.3.2011 – Rs. C-240/09, Slg. 2011, I-1255; Anmerkung *Schlacke*, Stärkung, ZUR 2011, 312 ff.; *Berkemann*, Umweltverbandsklage, DVBl. 2011, 1253, 1255.

613 Siehe hierzu auch 2. Kapitel B III.

der EuGH in der Braunbären-Entscheidung die Kompetenz zur Auslegung des Art. 9 Abs. 3 AK. Er stellt weiter fest, dass dieser nicht unmittelbar anwendbar ist und leitet gleichwohl aus dem Effektivitätsgrundsatz und dem Äquivalenzprinzip eine Verpflichtung der Mitgliedstaaten ab, das nationale Recht im Hinblick auf die Gewährung eines effektiven gerichtlichen Rechtsschutzes so auszulegen, dass es so weit wie möglich im Einklang mit den in Art. 9 Abs. 3 AK festgelegten Zielen steht. Durch diese Entscheidung stärkt der EuGH maßgeblich die Klagebefugnisse von Verbänden, die die Verletzung objektiven Umweltrechts rügen. Er stärkt damit zugleich das System überindividueller Klagerechte im Umweltrecht.

1. *Inhalt der Entscheidung*

In dem Vorabentscheidungsverfahren hatte eine slowakische Umweltvereinigung gegen das dortige Umweltministerium mit dem Antrag geklagt, an Verwaltungsverfahren über die Genehmigung von Ausnahmen von der Schutzregelung für Arten wie den Braunbären, über den Zugang zu Naturschutzgebieten und über die Verwendung chemischer Produkte in solchen Gebieten beteiligt zu werden. Die Klägerin hatte zuvor von dem zuständigen Umweltministerium erfahren, dass dem Antrag einer Jagdvereinigung stattgegeben worden war, vom Schutz der geschützten Tierart Braunbär Ausnahmen zuzulassen. Der Braunbär wird in Anhang II der FFH-Richtlinie[614] als Tierart von gemeinschaftlichem Interesse aufgeführt, für deren Erhaltung besondere Schutzgebiete ausgewiesen werden müssen, er gehört zu den nach Anhang IV streng geschützten Arten. Die Klägerin hatte zunächst beantragt, bei weiteren Verfahren, die Ausnahmen zum Gegenstand haben, beteiligt zu werden. Dies wurde abgelehnt. Hiergegen erhob die Klägerin Klage und machte geltend, ihre Rechte und rechtlich geschützten Interessen aus der Århus-Konvention seien unmittelbar betroffen. Erstinstanzlich wurde die Klage abgewiesen.

Im Rechtsmittelverfahren legte der slowakische Oberste Gerichtshof das Verfahren dem EuGH zur Vorabentscheidung vor. Er legte dem EuGH unter anderem die Frage vor, ob Art. 9 Abs. 3 AK als völkerrechtlicher Vertrag unmittelbar anwendbar sei, da die Europäische Union keine Unionsrechtsvorschriften zur Umsetzung erlassen habe und ob Art. 9 Abs. 3 AK als Bestandteil der Unionsrechtsordnung in den Mitgliedstaaten unmittelbar anwendbar sei. Ergänzend stellte der Gerichtshof Fragen zur Auslegung des Begriffes „von … Behörden vorgenommene Handlungen". Die Generalanwältin *Sharpston* vertrat

614 Richtlinie 92/43/EWG zur Erhaltung der natürlichen Lebensgrundlagen sowie der wildlebenden Tiere und Pflanzen vom 22.7.1992, ABl. L 206.

in ihren Schlussanträgen die Auffassung, es sei Sache der nationalen Gerichte zu bestimmen, ob Art. 9 Abs. 3 AK in ihrer eigenen Rechtsordnung unmittelbare Wirkung habe, da die Europäische Union bis heute keine Rechtsvorschriften zur Umsetzung des Art. 9 Abs. 3 AK in mitgliedstaatliches Recht erlassen habe. Art. 9 Abs. 3 AK enthalte auch keine Verpflichtungen, die hinreichend klar und präzise seien, um Aussagen über die Rechtsstellung Einzelner ohne nähere Klarstellung oder Präzisierung treffen zu können. Sie wandte ein, dass Mitglieder der Öffentlichkeit aufgrund von Art. 9 Abs. 3 das Recht auf Zugang zu verwaltungsbehördlichen oder gerichtlichen Verfahren erhalten sollen. In den Genuss dieses Rechts kämen sie aber nur dann, wenn sie die im nationalen Recht festgelegten Kriterien erfüllten. Weder aus Art. 9 Abs. 3 AK selbst noch den anderen Bestimmungen der Århus-Konvention ergebe sich, welche Kriterien dies sein könnten oder sollten. Vielmehr ergebe sich, dass die Verfasser diese Festlegung den Vertragsstaaten überlassen wollten. Ohne diese ausdrücklichen Begrenzungen hätte Art. 9 Abs. 3 AK potenziell eine äußerst große Reichweite. Würde man Art. 9 Abs. 3 AK unmittelbare Wirkung zuerkennen und damit die Möglichkeit umgehen, dass die Vertragsstaaten seine Anwendung an die Erfüllung von bestimmten Kriterien knüpfen, so käme dies der Anerkennung einer actio popularis kraft gerichtlicher Ermächtigung anstatt gesetzgeberischen Tätigwerdens gleich.[615]

Der EuGH bejahte in seinem Urteil zunächst seine Prüfungskompetenz und verneinte eine unmittelbare Wirkung des Art. 9 Abs. 3 AK mangels klarer und präziser Verpflichtungen. Er stellte jedoch in einem „obiter dictum" fest, es sei Sache der Mitgliedstaaten, die Verfahrensmodalitäten für Klagen zu regeln, die den Schutz der dem Einzelnen aus dem Unionsrecht erwachsenden Rechte gewährleisten sollen.[616] Die innerstaatlichen Gerichte seien verpflichtet, das nationale Recht im Hinblick auf die Gewährung eines effektiven gerichtlichen Rechtsschutzes so auszulegen, dass es so weit wie möglich im Einklang mit den in Art. 9 Abs. 3 AK festgelegten Zielen steht.[617]

2. *Bewertung der EuGH-Entscheidung*

Der EuGH ist in dem Urteil zu dem Ergebnis gekommen, dass Art. 9 Abs. 3 AK keine unmittelbare Wirkung zukommt. Er stellt hierbei zwei Auslegungsmaximen auf: Das nationale Gericht habe das jeweilige nationale Recht in Einklang mit den Zielen des Art. 9 Abs. 3 AK auszulegen. Es habe eine Auslegung

---

615 Generalanwältin *Sharpston*, Schlussanträge Rs. C-240/09, Rn. 69 ff.

616 *Berkemann*, Umweltverbandsklage, DVBl. 2011, 1253, 1256.

617 EuGH, Urteil vom 8.3.2011 – Rs. C-240/09, Rn. 52.

vorzunehmen, die effektiven gerichtlichen Rechtsschutz gegen mögliche Verletzungen des Umweltrechts der Union gewährt. Das nationale Recht sei „so weit wie möglich" und damit bis an die Grenzen des Zulässigen auszulegen, um es einer Umweltschutzvereinigung zu ermöglichen, eine Entscheidung, die am Ende eines Verwaltungsverfahrens ergangen ist und möglicherweise im Widerspruch zum Umweltrecht der Union steht, vor einem Gericht anzufechten.[618]

Der EuGH beschäftigt sich in dieser Entscheidung zum einen mit der Frage nach der Zuständigkeit zur Auslegung der Århus-Konvention und zum anderen mit der Frage, inwieweit die Mitgliedstaaten Art. 9 Abs. 3 AK bei der Gewährung von Rechtsschutz in Umweltangelegenheiten zu berücksichtigen haben, wenn Verstöße gegen auf Unionsrecht beruhendem innerstaatlichen Umweltrecht gerügt werden.[619] Problematisch hieran ist, dass bislang auch die Europäische Union Art. 9 Abs. 3 AK weder für die Union selbst noch auf Ebene des mitgliedstaatlichen Rechts umgesetzt hat. Die Entscheidung des EuGH berührt damit die Frage nach der Kompetenzverteilung zwischen der Europäischen Union und den Mitgliedstaaten, denn hiernach richtet sich die Frage, wer für die Auslegung der Århus-Konvention, vorliegend Art. 9 Abs. 3 AK, zuständig ist.[620]

a. *Zur Frage der Zuständigkeit des EuGH zur Auslegung des Art. 9 Abs. 3 AK*

Die Århus-Konvention wurde als gemischtes Abkommen abgeschlossen. Die Europäische Gemeinschaft hat die Århus-Konvention unterzeichnet und ratifiziert.[621] Damit ist die Århus-Konvention gemäß Art. 216 Abs. 2 AEUV (vormals Art. 300 Abs. 7 EUV) integrierter Bestandteil des Unionsrechts geworden. Dies wiederum begründet die grundsätzliche Zuständigkeit des EuGH zur Auslegung der Århus-Konvention.[622] Problematisch ist vorliegend jedoch, dass die Europäische Union die Regelung des Art. 9 Abs. 3 AK bislang noch nicht in das Unionsrecht umgesetzt hat. Der hierzu vorgelegte Richtlinienvorschlag vom 24.10.2003 ist bekanntlich im gemeinschaftlichen Gesetzgebungsverfahren steckengeblieben. Der EuGH begründet nun seine Kompetenz zur Auslegung des Art. 9 Abs. 3 AK damit, dass eine spezielle Frage, zu der noch keine Rechtsvorschriften der Union ergangen sind, dem Unionsrecht unterliegt, wenn sie in Übereinkommen geregelt wird, die von der Union und ihren Mitgliedstaaten

618 *Klinger*, Klagerechte, NVwZ 2013, 850.
619 *Schlacke*, Stärkung, ZUR 2011, 312 f.
620 Siehe hierzu auch das 2. Kapitel B I.
621 Siehe hierzu Fn. 192.
622 *Berkemann*, Braunbär, DVBl. 2013, 1137, 1139.

geschlossen wurden, und einen weitgehend vom Unionsrecht erfassten Bereich betrifft. Diesen unionsrechtlichen Bereich sieht der EuGH in der FFH-Richtlinie und leitet hieraus ab, dass der Ausgangsrechtsstreit dem Unionsrecht unterliegt.[623] Er stellt insoweit klar, dass es nicht darauf ankommt, ob eine Unionsrechtsvorschrift ausdrücklich die Umsetzung von Art. 9 Abs. 3 AK bezweckt, und dass es unerheblich ist, ob eine Unionsvorschrift die völkerrechtliche Norm umfassend transformiert.[624]

Die Generalanwältin hat in ihren Schlussanträgen eine solche weite Auslegung des Kompetenzbereichs der Union ausdrücklich abgelehnt. Sie begründet dies damit, dass die Europäische Gemeinschaft noch keine Rechtsvorschriften zur Umsetzung des Art. 9 Abs. 3 AK erlassen hat. Der Gerichtshof dürfe sich hierüber nicht hinwegsetzen und sich nicht selbst die Zuständigkeit für die Entscheidung darüber zuweisen, ob Art. 9 Abs. 3 AK unmittelbare Wirkung hat. Denn anderenfalls würde er damit an die Stelle des Gesetzgebers treten. Dieser sei aber bewusst noch nicht tätig geworden.[625]

Die Auffassung der Generalanwältin, der EuGH habe hier seine Kompetenz überschritten, wird in der verwaltungsrechtswissenschaftlichen Literatur geteilt.[626] Es wird vertreten, der EuGH sei mit seiner Auslegung über den Wortlaut des Art. 9 Abs. 3 AK hinausgegangen, zudem sei seine Auslegung nicht mit dem Grundsatz der geteilten Kompetenz im Umweltrecht der Europäischen Union vereinbar. Dies folge aus Art. 5 Abs. 1 Satz 2 EUV. Die Mitgliedstaaten seien hiernach solange berechtigt, eigenständige Regelungen zu erlassen, wie die Europäische Union von ihrer Rechtssetzungsbefugnis keinen Gebrauch gemacht habe. Zuständig für die Umsetzung des Art. 9 Abs. 3 AK seien daher allein die Mitgliedstaaten, da die Europäische Union noch keine eigenständigen Regelungen erlassen habe. Eine Kompetenz des EuGH, Anforderungen für die Umsetzung des Art. 9 Abs. 3 AK aus europäischem Recht abzuleiten und hierüber in einem Vorabentscheidungsverfahren zu entscheiden, bestehe daher nicht.[627]

Die Beantwortung der Frage, ob der EuGH zur Auslegung des Art. 9 Abs. 3 AK zuständig ist, richtet sich grundsätzlich nach der Kompetenzverteilung zwischen der Union und den Mitgliedstaaten. Nach der hier vertretenen Ansicht folgt aus Art. 192 i.V.m. Art. 191 AEUV eine Annexkompetenz zum Erlass verfahrensrechtlicher Regelungen zur Durchsetzung materiellrechtlicher

---

623 EuGH Urteil vom 8.3.2011 – Rs. C-240/09, Rn. 37 f.

624 *Schlacke*, Stärkung, ZUR 2011, 312, 313.

625 Generalanwältin *Sharpston*, Schlussanträge Rs. C-240/09, Rn. 71 ff.

626 *Schink*, Braunbär, DÖV 2012, 622, 624 f.; *Siegel*, Einklagbarkeit, DÖV 2012, 709, 716.

627 Ders. a.a.O.

Vorschriften.[628] Für die Annahme einer solchen Annexkompetenz spricht auch das Gebot der effektiven Durchsetzung des Gemeinschaftsrechts. Mit dem Effektivitätsgrundsatz begründet der EuGH die Verpflichtung der Mitgliedstaaten, ihre Rechtschutzsysteme so einzurichten, dass effektiver gerichtlicher Rechtsschutz im Hinblick auf die Einhaltung des sekundären Unionsrechts gewährleistet ist.[629] Wenn und soweit das materielle Umweltrecht der EU ohne eine unionsrechtliche Verfahrensregelung sinnlos wäre, weil es nicht in vernünftiger und zweckmäßiger Weise zur Anwendung gelangen kann, besteht eine ungeschriebene Zuständigkeit für Vollzugs- und Durchsetzungs- sowie Rechtsschutzvorschriften des Unionsgesetzgebers. [630] Insoweit ist der EuGH auch zur Auslegung völkerrechtlicher Übereinkommen befugt. Der durch Art. 191, 192 Abs.1 AEUV eröffnete Rahmen darf hierdurch jedoch nicht überschritten werden.

b. Zur Frage der unmittelbaren Anwendbarkeit des Art. 9 Abs. 3 AK

Der EuGH ist zu Recht den Schlussanträgen der Generalstaatsanwältin zur Frage der unmittelbaren Anwendbarkeit des Art. 9 Abs. 3 AK gefolgt und hat eine solche abgelehnt.[631] Auch nach Auffassung des EuGH fehlt es Art. 9 Abs. 3 AK an einer klaren und präzisen Verpflichtung, den Zugang zum Rechtsschutz Einzelner zu regeln, da sich dieser nach den innerstaatlichen Rechtsvorschriften bestimmen soll, mithin ein weiterer nationaler Rechtsakt für die Durchführung des Art. 9 Abs. 3 AK erforderlich ist. Der EuGH hat es jedoch nicht bei dieser Feststellung belassen, sondern fügte hieran den „Interpretationsauftrag“[632], das nationale Gericht habe das Verfahrensrecht in Bezug auf die Voraussetzungen, die für die Einleitung eines verwaltungsbehördlichen oder gerichtlichen

---

628 Siehe hierzu 2. Kapitel B. I.

629 *Schlacke*, Stärkung, ZUR 2011, 312, 314; EuGH, Urteil vom 15.4.2010, Rs. C-542/08, Slg. 2010, I-3189, Rn. 19, 28; EuGH, Urteil vom 15.5.1986, Rs. 222/84, Slg. 1986, 1651, Rn. 13; EuGH, Urteil vom 15.10.1987, Rs. 222/86, Slg. 1987, 4097, Rn. 14; EuGH, Urteil vom 3.12.1992, Rs. C. 97/91, Slg. 1992, I-6313, Rn. 14.

630 So *Schlacke*, a.a.O. und unter Verweis auf: EuGH, Urteil vom 29.11.1956, Rs. 8/55, Slg. 1955/56, 297, 312; EuGH, Urteil vom 15.7.1960, Rs. 25/59, Slg. 1960, 743, 780 f.

631 Diese Auffassung ist so auch überwiegend im Schrifttum vertreten worden, vgl. *Walter*, Beteiligungsrechte, in: *Durner/Walter*, Rechtspolitische Spielräume bei der Umsetzung der Århus-Konvention, 7; *Walter*, Beteiligungsrechte, in: *Durner/Walter*, Beteiligungsrechte im Verwaltungsverfahren und Zugang zu Gerichten, S. 29; *Schlacke*, Rechtsschutz, 244 f.; *Scheyli*, Århus-Konvention, AVR (38) 2000, 217, 249; *Durner*, Direktwirkung, ZUR 2005, 285, 288.

632 *Berkemann*, Braunbär, DVBl. 2013, 1137, 1140.

Überprüfungsverfahrens vorliegen müssen, so weit wie möglich im Einklang sowohl mit den Zielen von Art. 9 Abs. 3 AK als auch mit dem Ziel eines effektiven gerichtlichen Rechtsschutzes für die durch das Unionsrecht verliehenen Rechte auszulegen, um es einer Umweltschutzorganisation zu ermöglichen, eine Entscheidung, die am Ende eines Verwaltungsverfahrens ergangen ist, das möglicherweise im Widerspruch zum Umweltrecht der Union steht, vor einem Gericht anzufechten.[633]

3. *Die Auswirkungen auf das nationale Recht*

Das Urteil ist zunächst relativ unbemerkt von der deutschen verwaltungsrechtswissenschaftlichen Literatur geblieben. Mittlerweile werden jedoch die Reichweite und die Folgen dieser Entscheidung für das nationale Umweltrecht vielfach diskutiert.[634] Es ergibt sich die Frage, ob das nationale Prozessrecht zu einer solchen Auslegung, wie vom EuGH gefordert, fähig ist. Dies hätte letztlich eine Systemwende im deutschen Verwaltungsprozessrecht zur Folge. Die Überprüfung der Einhaltung des Umweltrechts wäre hiernach umfassend unter gerichtliche Kontrolle zu stellen. Klagerechte müssten zugunsten von Verbänden aber auch zugunsten von Individualklägern geschaffen werden, denn Art. 9 Abs. 3 AK erstreckt das Klagerecht auf *„die Öffentlichkeit“*.[635] Zudem würden durch eine solche Auslegung weite Teile des Umweltrechts klagbar gemacht, die bislang – wegen fehlender subjektiver Rechte oder außerhalb des Anwendungsbereichs des § 1 Abs. 1 UmwRG und § 64 BNatSchG – einer gerichtlichen Kontrolle entzogen waren. Es wird im deutschen Schrifttum die Auffassung vertreten, Umweltverbände könnten nun gegen sämtliche Verletzungen innerstaatlichen Umweltrechts klagen und bspw. die Aufstellung von Luftreinhalteplänen oder Lärmaktionsplänen ebenso wie alle anderen umweltrechtlichen Regelungen durchsetzen.[636] Der Luftreinhalteplan nach § 47 BImSchG ist kein tauglicher Gegenstand einer Verbandsklage nach dem UmwRG, weil es sich hierbei nicht um eine Entscheidung nach § 2 Abs. 3 UVPG handelt.

---

633 EuGH Urteil vom 8.3.2011 – Rs. C-240/09, Rn. 51 f.

634 *Schlacke*, Stärkung, ZUR 2011, 312 f.; *Berkemann*, Umweltverbandsklage, DVBl. 2011, 1253 f.; *Berkemann*, Braunbär, DVBl. 2013, 1137 f.; *Klinger*, Braunbär, EurUP 2013, 95 f.; *Radespiel*, Wirkung, EurUP 2011, 238 f.; *Schink*, Braunbär, DÖV 2012, 622 f.; *Porsch*, Rechtsschutz, NVwZ 2013, 1393 f.; *Seibert*, Verbandsklagen, NVwZ 2013, 1040 f.; *Siegel*, Einklagbarkeit, DÖV 2012, 709, 715.

635 *Berkemann*, Umweltverbandsklage, DVBl. 2011, 1253.

636 *Schlacke*, Stärkung, ZUR 2011, 312, 315; *Radespiel*, Wirkung, EurUP 2011, 238, 239; *Berkemann*, Umweltverbandsklage, DVBl. 2011, 1253, 1257.

Nach anderer Auffassung kann dem Urteil des EuGH keine so weitreichende Bedeutung beigemessen werden. Es werden Zweifel an der inhaltlichen Richtigkeit der Entscheidung sowie an ihrer Bindungswirkung proklamiert.[637] Der EuGH sei mit seiner Auslegung über den Wortlaut des Art. 9 Abs. 3 AK hinausgegangen, zudem sei seine Auslegung nicht mit dem Grundsatz der geteilten Kompetenz im Umweltrecht der Europäischen Union vereinbar. Eine Kompetenz des EuGH, hierüber in einem Vorabentscheidungsverfahren zu entscheiden, bestehe daher nicht.[638] Zudem fehle es an einer auslegungsfähigen Vorschrift des nationalen Rechts. § 42 Abs. 2 VwGO sei einer solchen Auslegung nicht zugänglich, weil die in dieser Norm verankerte Schutznormtheorie durch Auslegung nicht „aus der Vorschrift herausinterpretiert" werden könne. Subjektiv-öffentliche Rechte aus dem Unionsrecht lägen aufgrund der mangelnden unionsrechtlichen Umsetzung des Art. 9 Abs. 3 AK ebenfalls nicht vor.[639]

a. *Zur Bindungswirkung der Entscheidung*

Im Schrifttum wird die Frage der Bindungswirkung des Urteils des EuGH kritisch diskutiert. Es wird die Auffassung vertreten, dass aufgrund der fehlenden europäischen Umsetzung allein die Mitgliedstaaten berechtigt seien, eigenständige Regelungen zur Umsetzung des Art. 9 Abs. 3 AK zu erlassen.[640] Eine Kompetenz des EuGH, Anforderungen für die Umsetzung des Art. 9 Abs. 3 AK aus europäischem Recht abzuleiten und hierüber in einem Vorabentscheidungsverfahren zu entscheiden, bestehe daher nicht.[641] Nach Auffassung des OVG Koblenz kommt der Entscheidung des EuGH lediglich Appellcharakter dahingehend zu, etwa bestehende Auslegungsspielräume im jeweiligen innerstaatlichen Recht im Rahmen zulässiger richterlicher Rechtsfortbildung „so weit wie möglich" auszuschöpfen, um den Zielen des Århus-Übereinkommens möglichst weitgehend Rechnung zu tragen.[642] Diese Auffassung geht fehl. Nationale Gerichte sind nicht befugt, Handlungen der Organe der Europäischen Union für unwirksam zu erklären, vielmehr haben sie sich an der Rechtsprechung des EuGH zu orientieren.[643]

637 *Schink*, Braunbär, DÖV 2012, 622, 624 f.
638 Ders. a.a.O.
639 Ders. a.a.O.
640 Siehe zum Diskussionsstand *Berkemann*, Braunbär, DVBl. 2013, 1137, 1142 f.
641 *Schink*, Braunbär, DÖV 2012, 622, 624 f.
642 OVG Koblenz, Beschluss vom 27.2.2013 – 8 B 10254/13 -, zitiert nach juris, Rn. 11.
643 *Wegener*, Art. 234 EG, in: *Calliess/Ruffert*, Kommentar des Vertrages über die Europäische Union und des Vertrages zur Gründung der Europäischen Gemeinschaft, Rn. 38; *Berkemann*, Braunbär, DVBl. 2013, 1137, 1143.

Das BVerwG hat kürzlich in einem Verfahren, in dem ein Verband eine Klagebefugnis nach Art. 9 Abs. 3 behauptet hat, festgestellt, dass die nationalen Gerichte gehalten seien, die Entscheidung des EuGH bei ihren rechtlichen Erwägungen zu beachten. Die Grenzen zum „ausbrechenden Rechtsakt", etwa wegen eines vermeintlichen Verstoßes gegen Art. 5 Abs. 1 Satz 1 EUV, dessen Annahme im Übrigen die Pflicht zur „Remonstration" in Gestalt eines neuerlichen Vorabentscheidungsverfahrens nach sich zöge, seien ersichtlich nicht überschritten.[644] Die Frage, ob der EuGH hier gegen seine Kompetenzen verstoßen hat, ist insoweit irrelevant. Fraglich ist vielmehr, ob und wie das nationale Recht entsprechend den Vorgaben des EuGH auszulegen ist.

b. Zur Auslegungsfähigkeit des nationalen Rechts

Die Frage ob und wie das nationale Prozessrecht im Lichte der Braunbären-Entscheidung auszulegen ist, wird im Schrifttum vielfach diskutiert.[645] Nach Auffassung des EuGH muss zur Umsetzung des Art. 9 Abs. 3 AK und zur Gewährleistung des unionsrechtlichen Äquivalenz- und Effektivitätsgebotes ein gleichwertiger Verwaltungsrechtsschutz bei Verletzungen von auf Unionsrecht beruhenden Umweltvorschriften eröffnet werden.[646] Fraglich ist, wie dies durch die Auslegung des nationalen Prozessrechts erfolgen kann.

In Betracht kommen entweder eine erweiterte Auslegung des Umwelt-Rechtsbehelfsgesetzes, des § 64 BNatSchG oder des § 42 Abs. 2 VwGO. In der Literatur und Rechtsprechung wird eine erweiternde Auslegung des § 1 UmwRG überwiegend zu Recht abgelehnt.[647] Der Anwendungsbereich des Umwelt-Rechtsbehelfsgesetzes kann nicht durch Auslegung auf Art. 9 Abs. 3 AK erstreckt werden. Dies wäre eine Auslegung contra legem, eine planwidrige Regelungslücke liegt nicht vor.[648] Das Umwelt-Rechtsbehelfsgesetz dient nach Auffassung des Gesetzgebers

---

644 BVerwG, Urteil vom 5.9.2013 - 7 C 21.12 – zitiert nach juris, Rn. 22 unter Verweis auf BVerfG, Beschluss vom 6.7.2010 – 2 BvR 2661/06 – BVerfGE 126, 286, 303 f.

645 *Schlacke*, Stärkung, ZUR 2011, 312, 316; *Klinger*, Braunbär, EurUP 2013, 95, 96; *Klinger*, Klagerechte, NVwZ 2013, 850, 852; *Radespiel*, Wirkung, EurUP 2011, 238, 239; *Berkemann*, Braunbär, DVBl. 2013, 1137, 1147; a.A.: *Porsch*, Rechtsschutz, NVwZ 2013, 1393, 1395; *Schink*, Braunbär, DÖV 2012, 622, 629; *Siegel*, Einklagbarkeit, DÖV 2012, 709, 715; *Seibert*, Verbandsklagen, NVwZ 2013, 1040, 1043.

646 *Schlacke*, Stärkung, ZUR 2011, 312, 316.

647 *Berkemann*, Braunbär, DVBl. 2013, 1137, 1146; *Schlacke*, Stärkung, ZUR 2011, 312, 316; BVerwG, Beschluss vom 5.9.2013 – 7 C 21.12 zitiert nach juris, Rn. 29 f.; offen gelassen bei *Klinger*, Braunbär, EurUP 2013, 95, 96.

648 So auch *Schlacke* a.a.O.; *Berkemann* a.a.O.

ausdrücklich der Umsetzung von Art. 9 Abs. 2 AK und ist insoweit abschließend. Eine Erweiterung auf die von Art. 9 Abs. 3 AK erfassten Sachverhalte ist damit ausgeschlossen. Gleiches gilt im Hinblick auf eine Auslegung des § 64 BNatSchG. Dessen Anwendungsbereich ist bereits grundsätzlich nicht eröffnet, da die naturschutzrechtliche Verbandsklage auf die Geltendmachung der Verletzung naturschutzrechtlicher Normen beschränkt ist. Eine Erstreckung auf außernaturschutzrechtliche Rechtsvorschriften würde die Grenzen des Wortlautes überschreiten und ist nicht zulässig.[649]

Anknüpfungspunkt für eine Auslegung des nationalen Rechts kann daher nur § 42 Abs. 2 VwGO sein. In der Literatur ist umstritten, ob eine Auslegung über die Öffnungsklausel des § 42 Abs. 2 1. HS VwGO *„soweit gesetzlich nichts anderes bestimmt ist"* oder über eine erweiternde Auslegung des Begriffes der *„subjektiven Rechte"* erfolgen muss. Nach einer Auffassung, insbesondere vertreten von *Berkemann*, ist Art. 9 Abs. 3 AK als anderweitige gesetzliche Bestimmung im Sinne des § 42 Abs. 2 VWGO zu betrachten. Es sei naheliegend, diese Klausel zum Zwecke der unionsrechtlich gebotenen Umsetzung zu nutzen. Regelungsbefugt sei nach § 42 Abs. 2 1. HS VwGO nur der Gesetzgeber. Dies dürfe jedoch gegenüber dem Unionsrecht nicht begrenzend verstanden werden, der Unionsgesetzgeber sei längst neben den innerstaatlichen Gesetzgeber hinzugetreten. Wenn also der effektive Schutz der aus dem Unionsrecht möglicherweise erwachsenden Rechte prozessual zu gewährleisten sei, gebiete dies zwingend, § 42 Abs. 2 VwGO gemeinschaftsrechtskonform auszulegen und anzuwenden.[650] Nach noch anderer Ansicht, vertreten von *Klinger*, könnte das deutsche Zustimmungsgesetz zu Art. 9 Abs. 3 AK als anderweitige gesetzliche Bestimmung im Sinne des § 42 Abs. 2 VwGO angesehen werden. Dies folge daraus, dass die Århus-Konvention integraler Bestandteil der Gemeinschaftsrechtsordnung sei, das deutsche Zustimmungsgesetz entfalte Geltung in der nationalen Rechtsordnung und sei innerstaatlich anwendbar. Daher sei es möglich, die unionsrechtlichen Vorgaben des Art. 9 Abs. 3 AK über das deutsche Zustimmungsgesetz als anderweitige gesetzliche Bestimmung im Sinne des § 42 Abs. 2 VwGO zu interpretieren. Eine solche Auslegung sei schließlich notwendig, um den völkerrechtlichen Verpflichtungen nachzukommen, die Deutschland eingegangen ist.[651] Beide Auffassungen sind im Ergebnis zwar zutreffend, aber dogmatisch zirkulär. Es gibt keine unionsrechtliche Vorschrift zur Umsetzung des Art. 9 Abs. 3 AK, und

649 *Schink*, Braunbär, DÖV 2012, 622, 629.

650 *Berkemann*, Braunbär, DVBl. 2013, 1137, 1147.

651 *Klinger*, Braunbär, EurUP 2013, 95, 98.

da Art. 9 Abs. 3 AK selbst auch nach Auffassung des EuGH nicht unmittelbar anwendbar ist, kann er auch keine „*anderweitige gesetzliche Bestimmung*“ im Sinne des § 42 Abs. 2 1. HS VwGO darstellen.[652] Eine völkerrechtliche Aufladung der Klagebefugnis kommt daher dogmatisch nicht in Betracht.

Nach der überwiegend vertretenen Auffassung erfordert das Urteil des EuGH eine erweiternde Auslegung des § 42 Abs. 2 2. HS VwGO. Der EuGH habe zum Ausdruck gebracht, dass die Vorschriften der FFH-Richtlinie und insbesondere deren artenschutzrechtliche Bestimmungen Rechte Einzelner begründen. Der EuGH habe betont, dass diese Rechte auch Umweltverbänden in ihrer Funktion als Mitgliedern der Öffentlichkeit zu Gebote stehen. Unionsrechtlich begründete Rechtspositionen könnten anerkanntermaßen auch ohne Überschreitung der Grenzen richterlicher Rechtsfortbildung als Rechte im Sinne des § 42 Abs. 2 VwGO verstanden werden und deren mögliche Verletzung eine Rechtsbehelfsbefugnis begründen.[653] Rechte von Umweltverbänden könnten dann berührt sein, wenn die jeweilige Norm des Umweltrechts einen entsprechenden Anknüpfungspunkt böte. Die im deutschen Verwaltungsprozessrecht geltende Schutznormtheorie sei durch eine große Elastizität geprägt, die es ermögliche, eine Rechtsverletzung bei Umweltverbänden bereits dann anzunehmen, wenn deren satzungsmäßiger Zweck, nämlich die Einhaltung der dazu ergangenen Vorschriften zu überwachen, verletzt sei. Die jeweilige Umweltschutzvorschrift diene dann zumindest auch dem Schutz der Interessen des Umweltverbandes. Die Rechtsverletzung sei in einem solchen Fall die Verletzung der jeweiligen Umweltvorschrift selbst.[654] Gegen eine solche Auslegung wird wiederum eingewandt, Art. 42 Abs. 2 VwGO sei einer solchen Auslegung nicht zulässig, weil die hierin verankerte Schutznormtheorie essentieller Bestandteil dieser Norm sei und eine Auslegung im Sinne der Entscheidung des EuGH die Grenzen des Wortlautes überschreiten würde. Voraussetzung für eine unionsrechtliche Aufladung der Schutznormtheorie sei, dass das Gemeinschaftsrecht vollzugsfähige Rechte einräume. Dies sei vorliegend jedoch gerade nicht der Fall.[655]

Dogmatisch vorzugswürdig ist eine Auslegung des § 42 Abs. 2 2. HS VwGO im Lichte des Urteils des EuGH. Sie stößt möglicherweise an die Grenzen des bisherigen deutschen Schutznormverständnisses, überschreitet diese jedoch

652 *Seibert*, Verbandsklagen, NVwZ 2013, 1040, 1043; *Porsch*, Rechtsschutz, NVwZ 2013, 1393, 1395.

653 *Gellermann*, Verbandsklagen, DVBl. 2013, 1341, 1342; nicht ganz eindeutig *Klinger*, Klagerechte, NVwZ 2013, 850, 851.

654 *Klinger*, Braunbär, EurUP 2013, 95, 97.

655 *Schink*, Braunbär, DÖV 2012, 622, 629.

nicht. Sie hält sich an die geltenden Auslegungsgrenzen des § 42 Abs. 2 VwGO und birgt nicht die Gefahr einer Entscheidung contra legem. Auch die Gefahr einer Popularklage, wie die durch § 42 Abs. 2 VwGO vermieden werden soll, besteht nicht, da die Klagemöglichkeit nur zugunsten von Umweltverbänden mit entsprechend satzungsrechtlich verankerten Zielen eröffnet wird.[656]

4. *Würdigung*

Das Urteil des EuGH stellt einen Meilenstein im Hinblick auf die Fortentwicklung der altruistischen umweltrechtlichen Verbandsklage dar. Umweltverbände können nunmehr jede Entscheidung, die möglicherweise im Widerspruch zum Umweltrecht der Union steht, vor nationalen Gerichten anfechten. Aufgrund des Urteils des EuGH sind die nationalen Gerichte zur entsprechenden Auslegung des nationalen Rechts verpflichtet. Damit ist das Urteil ein weiterer Beleg für die fortschreitende Europäisierung und Fortentwicklung des nationalen Umweltrechts. Der EuGH stärkt das System des überindividuellen Rechtsschutzes, in dem er die Klagerechte von Verbänden weiter verstärkt und ihnen im Wege seiner Rechtsprechung auch in den nationalen Rechtsordnungen zu einer stärkeren Durchsetzbarkeit verhilft. Der jetzt bereits bestehende Diskussionsstand zur Auslegung von § 42 Abs. 2 VwGO verdeutlicht, dass im Interesse von Rechtssicherheit und Rechtsklarheit ein umgehendes Handeln des Gesetzgebers erforderlich ist, um Rechtsunsicherheiten durch unterschiedliche Auslegungen der nationalen Gerichte zu vermeiden. Der Gesetzgeber darf sein aus dem Abschluss völkerrechtlicher Verträge erforderliches Tätigwerden nicht auf die Gerichte verlagern.

II. Das Trianel-Urteil des EuGH

Einen Wendepunkt in der Rechtsprechung zum Umwelt-Rechtsbehelfsgesetz mit weitreichenden Folgen stellt das in Deutschland mit hoher Spannung erwartete Urteil des EuGH vom 12.5.2011[657] dar. Das OVG Münster, das ausweislich seiner Begründung des Vorlagebeschlusses keine eigenen Zweifel an der Unionsrechtswidrigkeit des § 2 Abs. 1 Nr. 1 UmwRG a.F. hatte, sah sich dennoch auf der Grundlage der bisherigen Rechtsprechung des EuGH nicht in der Lage, eine Entscheidung zu treffen, und entschloss sich, ein Vorabentscheidungsverfahren

656 *Klinger*, Braunbär, EurUP 2013, 95, 97.
657 EuGH, Urteil vom 12.5.2011 – Rs. C-115/09, Slg. 2011, I-3673.

einzuleiten.[658] Der EuGH hat in seinem hierauf ergangenen Urteil vom 12.5.2011 der schutznormakzessorischen Ausgestaltung der Klagebefugnis von Umweltverbänden nach § 2 Abs. 1 Nr. 1 UmwRG a.F. eine Absage erteilt und festgestellt, dass Deutschland seiner Umsetzungsverpflichtung aus der RL 2003/35/EG nicht in ausreichender Weise nachgekommen ist. Er hat zudem die unmittelbare Anwendbarkeit des Art. 10a Abs. 3 Satz 3 der RL 2003/35/EG bejaht. Das Urteil des EuGH vom 12.5.2011 stellt einen Wendepunkt in der deutschen Diskussion um die Einführung einer altruistischen umweltrechtlichen Verbandsklage im deutschen Verwaltungsrechtsschutzsystem dar. Der EuGH beendet die deutsche Diskussion um die Europarechtskonformität des § 2 Abs.1 Nr. 1 UmwRG a.F. und stellt fest, dass dieser europarechtswidrig ist.[659]

1. Inhalt der Entscheidung

Der EuGH erklärte ausdrücklich, dass innerstaatliche Rechtsvorschriften, die auf Unionsrecht beruhen, sowie die unmittelbar anwendbaren Vorschriften des Umweltrechts der Union durch nichtstaatliche Organisationen im Anwendungsbereich der RL 2003/35/EG einklagbar sein müssen, auch wenn diese Regelungen rein objektiven Charakter haben und keine Rechte Einzelner begründen. Die Einschränkung des § 2 Abs. 1 Nr. 1 UmwRG a.F., dass ein Umweltverband nur die Verletzung von Rechtsvorschriften beanstanden kann, die Rechte Einzelner begründen, widerspricht Art. 10a Abs. 2 RL 2003/35/EG. Die Begründung des EuGH fällt knapp aus. Der EuGH stellte auf den Effektivitätsgrundsatz und die besondere Rolle, die den Verbänden sowohl durch die Richtlinie 2003/35/EG als auch durch die Århus-Konvention zuerkannt worden sind, ab. Zwar sei es Sache der Mitgliedstaaten, innerhalb der Grenzen des Art. 10a der Richtlinie 2003/35/EG festzulegen, welches die Rechte sind, deren Verletzung zu einem Rechtsbehelf in Umweltangelegenheiten führen kann. Doch darf diese Festlegung den nichtstaatlichen Umweltorganisationen nicht die Möglichkeit nehmen, die Rolle zu spielen, die ihnen durch die Richtlinie 2003/35/EG und durch die Århus-Konvention zuerkannt worden ist. Das Unionsrecht enthalte keine Pflicht zur

658 Grundsätzlich wäre das OVG Münster jedoch verpflichtet gewesen, sich eine eigene Meinung über die Europarechtskonformität des § 2 Abs. 1 UmwRG a.F. zu bilden. Es ist nicht zulässig, dem EuGH die Frage der Vereinbarkeit des nationalen Rechts mit dem Europarecht in Vorabentscheidungsverfahren vorzulegen. Vgl. hierzu *Berkemann*, Umweltverbandsklage, NuR 2011, 780 f. Vgl. auch EuGH, Urteil vom 26.10.2006 – Rs. C – 4/05, Slg. 2006, I -10279.

659 EuGH, Urteil vom 12.5.2011 – Rs. 115/09, a.a.O., Rn. 50.

Einführung einer umweltrechtlichen Popularklage, doch eine Beschränkung der rügefähigen Rechte auf subjektiv-öffentliche Rechte auch für die Klagebefugnis von Verbänden widerspricht nach Auffassung des EuGH den Zielen von Art. 10a Abs. 3 Satz 3 der Richtlinie 2003/35/EG.

Der EuGH erklärte zudem Art. 10a Abs. 3 Satz 3 der Richtlinie 2003/35/EG) für unmittelbar anwendbar. Art. 10a Abs. 3 lasse den Mitgliedstaaten zwar einen erheblichen Spielraum, sowohl hinsichtlich dessen, was eine Rechtsverletzung darstellt, als auch hinsichtlich der Festlegung der Voraussetzungen für die Zulässigkeit von Rechtsbehelfen und der Stellen, bei denen diese einzulegen sind. Dies gelte aber nicht für die Sätze 2 und 3 des Art. 10a Abs. 3 der Richtlinie 2003/35/EG. Diese Sätze treffen genaue Regelungen, die keinen weiteren Bedingungen unterliegen, und sind somit nach der ständigen Rechtsprechung des EuGH unmittelbar anwendbar.[660]

2. *Bewertung der Entscheidung*

Das Urteil des EuGH setzte einen Schlusspunkt in der Debatte um die schutznormakzessorische Verbandsklage. Der EuGH erklärte schlicht und in seiner Klarheit nahezu beschämend, die Umsetzung des Art. 10a Abs. 3 RL 2003/35/EG durch den deutschen Gesetzgebers für europarechtswidrig. Die Klagebefugnis anerkannter Umweltorganisationen darf nicht auf die Rüge subjektiv-öffentlicher Rechte beschränkt werden, vielmehr ist die Klagebefugnis von Verbänden auf die aus dem Umweltrecht der Union hervorgegangenen Vorschriften und die unmittelbar anwendbaren Vorschriften des Umweltrechts der Union zu erweitern. Der EuGH differenzierte in seiner Begründung zwischen dem Zugang zu Gerichten von Einzelnen und anerkannten Umweltorganisationen und bekräftigte dabei die besondere Rolle, die Umweltverbänden durch die RL 2003/35/EG und die Århus-Konvention zugewiesen wurde. Damit wurden die im deutschen Schrifttum herrschenden Zweifel an der Unionsrechtswidrigkeit des § 2 Abs. 1 Nr. 1 UmwRG a.F. bestätigt.[661]

Die Entscheidung hat damit weitreichende Konsequenzen im Hinblick auf die Rügebefugnis, den Prüfungsmaßstab und den Prüfungsumfang der deutschen Verwaltungsgerichtsbarkeit bei Klagen anerkannter Umweltorganisationen. Auch die Begründetheitsprüfung darf sich damit nicht mehr auf die Prüfung der Verletzung drittschützender Normen beschränken, vielmehr ist die Einhaltung sämtlicher potenziell verletzter Umweltvorschriften, die auf Unionsrecht

660 Ebenda, Rn. 53 m.w.N.

661 Siehe hierzu im 3. Kapitel B II. 3 mit weiteren Nachweisen in Fn. 427.

beruhen, zu prüfen.[662] Der EuGH ist in seinem Urteil nicht auf das seitens der Bundesregierung vorgetragene Argument der vermeintlich besonders hohen Kontrolldichte im deutschen Verwaltungsrecht eingegangen. Dies ist auch nur folgerichtig, da dies kein logisches Argument im Hinblick auf die Umsetzung der Vorgaben hinsichtlich der Rügebefugnis des Art. 10a Abs. 3 der RL 2003/35/EG darstellt. Es ist zwischen dem Zugang zu Gerichten, also der Rügebefugnis einerseits, und dem Prüfungsumfang, also der Kontrolldichte andererseits, zu differenzieren. *Appel* verkennt insofern sowohl die Ausführungen der Generalanwältin *Sharpston*, die die deutsche Kontrolldichte gerade keiner eigenen Bewertung unterzogen hat, sondern lediglich die Argumentation der Bundesregierung aufgegriffen hat, als auch den systematischen Zusammenhang zwischen Rügebefugnis und Prüfungsumfang.[663]

Der EuGH begrenzte die Unionrechtswidrigkeit auf die Geltendmachung von Verstößen gegen Vorschriften, die aus dem Umweltrecht der Union hervorgegangen sind, und auf die unmittelbar anwendbaren Vorschriften des Unionsrechts. Verstöße gegen Umweltvorschriften, die nicht auf Unionsrecht, sondern ausschließlich auf nationalem Recht beruhen – beispielsweise das Naturschutzrecht – sind damit nach dem Urteil des EuGH durch anerkannte Umweltorganisationen nicht beklagbar. Diese Einschränkung ist auf die begrenzte Prüfungskompetenz des EuGH zurückzuführen. Wie bereits ausgeführt, besteht eine Kompetenz der Union zur Regelung des mitgliedstaatlichen Verfahrensrechts nur in dem Umfang, wie auch eine Kompetenz zum Erlass materiell-rechtlicher Vorschriften besteht und durch den Unionsrechtsgesetzgeber bereits genutzt wurde.[664] Da die Regelungen des nationalen Umweltrechts nicht unter die Kompetenzen der Union nach Art. 191 und 192 AEUV[665] fallen, obliegen diese sowohl hinsichtlich des Vollzuges als auch der Durchsetzung der Kompetenz der Mitgliedstaaten. Deshalb konnte der EuGH nur im Hinblick auf die Regelungen des unionsrechtlichen Umweltrechts entscheiden.

Als Prüfungsmaßstab wendete der Europäische Gerichtshof allein die RL 85/337/EWG in der Fassung der RL 2003/35/EG an. Art. 9 Abs. 2 AK wird durch den Europäischen Gerichtshof nicht mit in die Prüfung einbezogen, obwohl dieser integraler Bestandteil des Unionsrechts ist. Dies lag einerseits an der Vorlagefrage des OVG Münster, die sich allein auf die Auslegung des Art. 10a Abs. 3

662 *Schlacke*, Anmerkung, NVwZ 2011, 804, 805.

663 *Appel*, Umweltverbände, NuR 2011, 414, 415.

664 *Schwerdtfeger*, Verwaltungsrechtsschutz, S. 298 m.w.N.; siehe hierzu auch 2. Kapitel B. I.

665 Art. 191 und 192 AEUV.

RL 2003/35/EG bezog. Gleichwohl wäre dem EuGH eine Auslegung im Lichte des Art. 9 Abs. 2 AK möglich gewesen und hätte dazu beigetragen, die umweltpolitische Kraft der Århus-Konvention weiter zu verstärken. Zudem hätte eine solche Auslegung deutlich herausgestellt, dass der deutsche Gesetzgeber nicht nur europarechtswidrig, sondern auch gegen seine Umsetzungsverpflichtung aus der Århus-Konvention verstoßen hat.[666]

3. *Würdigung*

Die Auswirkungen, die das Urteil des EuGH auf das nationale Recht hat, sind erheblich. Der deutsche Gesetzgeber hat die Vorgaben des EuGH im Rahmen der Änderung des Umwelt-Rechtsbehelfsgesetzes bereits umgesetzt.[667] Aufgrund der bereits erfolgten Umsetzung durch das Gesetz zur Änderung des Umwelt-Rechtsbehelfsgesetzes vom 21.1.2013[668], beschränkt sich die Darstellung an dieser Stelle auf eine knappe Wiedergabe der wesentlichen Folgerungen für das nationale Recht.

Der EuGH hat in seinem Urteil klargestellt, dass die Umsetzung durch § 2 Abs. 1 Nr. 1 UmwRG a.F. europarechtswidrig war und Art. 10a RL 2003/35/EG unmittelbar Anwendung findet. Keine Aussage hat der EuGH zu § 2 Abs. 5 UmwRG a.F. getroffen. Seine Erwägungen gelten jedoch auch im Hinblick auf die Vorgaben zur Begründetheitsprüfung in § 2 Abs. 5 UmwRG a.F. Der deutsche Gesetzgeber war insoweit gehalten, die Beschränkung des Art. 2 Abs. 1 und Abs. 5 UmwRG a.F. auf die Geltendmachung der Verletzung Rechte Einzelner aufzuheben.[669] Da der EuGH in seinem Urteil lediglich eine Aussage zu Rechtsvorschriften, die auf dem Unionsrecht basieren, getroffen hat, wurde in der Literatur darüber diskutiert, ob das Urteil des EuGH eine Differenzierung zwischen der Rügefähigkeit nationaler Vorschriften und europäischer Umweltrechtsnormen erfordert.[670] Der Gesetzgeber hat eine solche Unterscheidung

666 *Berkemann*, Umweltverbandsklage, DVBl. 2011, 1253, 1260.

667 Siehe hierzu das 5. Kapitel. Dort wird auch geprüft, inwieweit die Umsetzung im Rahmen des UmwRG mit dem Europarecht im Einklang steht.

668 Gesetz über ergänzende Vorschriften zu Umweltrechtsbehelfen in Umweltangelegenheiten nach der EG-RL 2003/35/EG vom 7.12.2006, zuletzt geändert durch Art. 1 des Gesetzes zur Änderung des Umwelt-Rechtsbehelfsgesetzes und anderer umweltrechtlicher Vorschriften vom 21.1.2013, BGBl. I, S. 95.

669 Siehe 5. Kapitel II. 3.

670 *Schlacke*, Anmerkung, NVwZ 2011, 804 f.; *Berkemann*, Umweltverbandsklage, NuR 2011, 780, 783.

nicht getroffen, sondern vielmehr die Rügebefugnis auf sämtliches objektives Umweltrecht, gleich welchen Ursprungs, erstreckt.[671]

III. Das Urteil des EuGH in der Rechtssache Polder Altrip u.a. - C-72/12

Ein weiteres bedeutsames Urteil im Hinblick auf die Europarechtskonformität des Umwelt-Rechtsbehelfsgesetz ist das Urteil des EuGH in der Rs. C-72/12 – Polder Altrip.[672] Das Urteil stellt klar, dass die Regelung des § 4 UmwRG europarechtswidrig ist, und macht damit weitere Änderungen des Umwelt-Rechtsbehelfsgesetzes erforderlich. Das Bundesverwaltungsgericht hatte in diesem Vorlageverfahren dem EuGH nicht nur die Frage nach der Vereinbarkeit des § 4 UmwRG zur Entscheidung vorgelegt, es hatte zudem nachgefragt, wie seine bisherige Kausalitätsrechtsprechung im Rahmen der Verfahrensfehlerlehre zu beurteilen sei. Dies war umso erstaunlicher, als diese Frage im Rahmen des § 4 UmwRG gar nicht entscheidungserheblich ist. Im Anwendungsbereich des § 4 UmwRG kommt es gerade nicht darauf an, ob ein Fehler für die Entscheidung von Bedeutung gewesen ist und ob diese ohne den Fehler anders ausgefallen wäre. Der EuGH hat sich – ebenso erstaunlich – intensiv mit dieser Frage auseinandergesetzt, obwohl hierfür keine Notwendigkeit bestand. Zudem hat der EuGH klargestellt, dass die Übergangsregelung des § 5 UmwRG, welches die Anwendbarkeit des UmwRG auf nach Ablauf der Umsetzungsfrist eingeleitete Verfahren beschränkt, europarechtswidrig ist.

1. Der Inhalt der Entscheidung

Gegenstand der Entscheidung des EuGH vom 7.11.2013 war das Vorabentscheidungsersuchen des BVerwG vom 10.1.2012 in der Rechtssache Polder Altrip.[673] Der EuGH hat in diesem Verfahren entschieden, dass der verbesserte Zugang zu Gerichten für Verbände nach dem UmwRG auch in solchen Verfahren zu gewähren ist, die noch vor Ablauf der Umsetzungsfrist der RL 2003/35/EG am 25.6.2005 eingeleitet wurden und noch nicht bestandskräftig abgeschlossen waren. Der EuGH verweist in seiner Begründung zunächst auf seine Rechtsprechung hinsichtlich der Geltung der RL 85/337/EWG, wonach der Grundsatz, nach dem Vorhaben mit möglicherweise erheblichen Auswirkungen auf die Umwelt einer Umweltverträglichkeitsprüfung zu unterziehen sind, dann nicht

---

671 Siehe hierzu im 5. Kapitel II. 3.

672 EuGH, Urteil vom 7.11.2013 – Rs. C-72/12, zitiert nach juris.

673 Siehe zu den Vorlagefragen im Einzelnen unter B. III. 3.

gilt, wenn der Zeitpunkt der förmlichen Stellung des Antrages auf Genehmigung eines Vorhabens vor dem Zeitpunkt liegt, zu dem die Umsetzungsfrist für die RL 85/337/EWG abgelaufen ist. Dies würde nämlich überwiegend Projekte größeren Umfangs betreffen, deren Durchführung sich über einen langen Zeitraum erstreckt. Es sei nicht angebracht, Verfahren, die bereits auf nationaler Ebene komplex seien, durch spezifische Anforderungen der Richtlinie noch zusätzlich zu belasten und zu verzögern sowie bereits entstandene Rechtspositionen zu beeinträchtigen. Durch die Anforderungen des Art. 10a RL 2003/35/EG würden Verwaltungsverfahren jedoch nicht in gleicher Weiser erschwert und verzögert wie durch die Verpflichtung, Projekte einer Umweltverträglichkeitsprüfung zu unterziehen, da hierdurch nur ein verbesserter Zugang zu Überprüfungsverfahren hinsichtlich der Einhaltung schon zuvor verbindlicher Vorgaben geschaffen worden sei.[674] Es sei nicht auszuschließen, dass eine Ausweitung des Zugangs zu Überprüfungsverfahren die Durchführung der betreffenden Projekte verzögern werde; solche Nachteile seien jedoch zwangsläufig mit der Kontrolle der Rechtmäßigkeit von Entscheidungen, Handlungen oder Unterlassungen verbunden. An dieser Kontrolle habe der europäische Gesetzgeber die Mitglieder der Öffentlichkeit, die ein ausreichendes Interesse haben oder eine Rechtsverletzung geltend machen, beteiligen wollen.[675]

Der EuGH führte weiter aus, Art. 10a RL 2003/35/EG beschränke in keiner Weise die Gründe, die zur Stütze eines Rechtsbehelfes vorgebracht werden können. Die Anwendbarkeit der nationalen Vorschriften zur Umsetzung dieser Bestimmung könne daher nicht allein auf den Fall beschränkt werden, dass die Anfechtung der Rechtmäßigkeit auf das Unterbleiben einer Umweltverträglichkeitsprüfung gestützt wird. Der Ausschluss ihrer Anwendbarkeit in dem Fall, dass eine Umweltverträglichkeitsprüfung zwar durchgeführt wurde, aber mit – unter Umständen – schwerwiegenden Fehlern behaftet ist, würde den Bestimmungen der RL 85/337/EWG weitgehend ihre praktische Wirksamkeit nehmen. Ein solcher Ausschluss laufe dem Ziel zuwider, einen weiten Zugang zu Gerichten zu gewähren. Eine Beschränkung der rügefähigen Fehler, die zur Aufhebung einer Entscheidung führen können, auf das Unterbleiben der Umweltverträglichkeitsprüfung ist europarechtswidrig.[676]

Mit der dritten Vorlagefrage wollte das BVerwG wissen, ob Art. 10a RL 2003/35/EG dahingehend auszulegen sei, dass eine gerichtliche Anfechtung

---

674 EuGH, a.a.O., Rn. 27 f.

675 EuGH, a.a.O., Rn. 28.

676 EuGH, a.a.O., Rn. 38.

der verfahrensrechtlichen Rechtmäßigkeit von Entscheidungen, für die die Bestimmungen der RL 2003/35/EG gelten, nur dann Erfolg haben und zur Aufhebung der Entscheidung führen kann, wenn nach den Umständen des Falles die konkrete Möglichkeit besteht, dass die angegriffene Entscheidung ohne den Verfahrensfehler anders ausgefallen wäre, und wenn durch den Verfahrensfehler zudem zugleich eine dem Kläger zustehende materielle Rechtsposition betroffen ist, oder ob im Rahmen der gerichtlichen Anfechtung der verfahrensrechtlichen Rechtmäßigkeit Verfahrensfehler bei Entscheidungen, für die die Bestimmungen der RL 2003/35/EG gelten, in weiterem Umfang beachtlich sein müssen und welche inhaltlichen Anforderungen dann an Verfahrensfehler zu stellen sind.

Der EuGH führte zum Kausalitätserfordernis aus, dass der Unionsgesetzgeber in keiner Weise die Gründe beschränkt habe, die zur Stützung eines Rechtsbehelfes vorgebracht werden können. Die Möglichkeit, einen Verfahrensfehler geltend zu machen, habe er nicht an die Voraussetzung knüpfen wollen, dass dieser Fehler Auswirkungen auf den Inhalt der angegriffenen endgültigen Entscheidung hatte. Die betroffene Öffentlichkeit müsse daher zur Erreichung des Ziels, ihr einen weiten Zugang zu Gerichten zu gewähren, zur Stützung eines Rechtsbehelfs, mit dem die Rechtmäßigkeit von Entscheidungen im Sinne der Richtlinie angefochten wird, grundsätzlich jeden Verfahrensfehler geltend machen können. Unbestreitbar habe jedoch nicht jeder Verfahrensfehler Folgen, die sich auf den Inhalt einer solchen Entscheidung auswirken können, so dass ein Fehler, bei dem dies nicht der Fall ist, denjenigen, der ihn geltend macht, nicht in seinen Rechten verletzt. In einem solchen Fall erscheine das Ziel der RL 85/337/EWG nicht verletzt, wenn ein Rechtsbehelfsführer durch einen solchen Fehler nicht in seinen Rechten verletzt werde und infolgedessen nicht zur Anfechtung einer Entscheidung befugt sei. Unter diesen Umständen könne es zulässig sein, dass nach dem nationalen Recht keine Rechtsverletzung im Sinne von Art. 10a Abs. 1 RL 2003/35/EG vorliegt, wenn nach den Umständen des konkreten Falles nachweislich die Möglichkeit besteht, dass die angegriffene Entscheidung ohne den geltend gemachten Verfahrensfehler nicht anders ausgefallen wäre.[677]

Der EuGH führte weiter aus, dass es nach dem nationalen Recht im Allgemeinen dem Rechtsbehelfsführer obliege, zum Nachweis der Rechtsverletzung zu belegen, dass die angegriffene Entscheidung ohne den geltend gemachten Verfahrensfehler möglicherweise anders ausgefallen wäre. Die Aufbürdung dieser Beweislast für das Vorliegen des Kausalitätskriteriums könne jedoch die Ausübung der durch die RL 85/337/EWG verliehenen Rechte übermäßig

677 EuGH, a.a.O., Rn. 49 ff.

erschweren, insbesondere im Hinblick auf die Komplexität der Verfahren und des technischen Charakters der Umweltverträglichkeitsprüfung. Die in Art. 10a RL 2003/35/EG aufgestellten neuen Anforderungen implizierte, dass eine Rechtsverletzung nur verneint werden könne, wenn das Gericht in Bezug auf das Kausalitätskriterium – ohne dem Rechtsbehelfsführer die Beweislast hierfür aufzubürden – ggfs. anhand der vom Bauherren oder von den Behörden vorgelegten Beweise und der Akte zu der Feststellung in der Lage ist, dass die angegriffene Entscheidung ohne den geltend gemachten Verfahrensfehler nicht anders ausgefallen wäre. Hierbei sei es Sache des Gerichts, den Grad und die Schwere des geltend gemachten Verfahrensfehlers zu berücksichtigen und zu prüfen, ob dieser Fehler der betroffenen Öffentlichkeit eine der Garantien genommen habe, die geschaffen wurden, um ihr Zugang zu Informationen und die Beteiligung am Entscheidungsprozess zu ermöglichen.[678]

2. Bewertung der EuGH-Entscheidung

Das Urteil des EuGH hat die deutsche Debatte um die Europarechtskonformität des § 4 UmwRG beendet. Fest steht nunmehr, dass die Regelung des § 4 UmwRG, die die Rügbarkeit von Verfahrensfehlern auf den „Totalausfall“ der UVP bzw. der allgemeinen Vorprüfung im Einzelfall beschränkt, europarechtswidrig ist und dass auch Fehler bei der Durchführung der UVP zur Aufhebung der Entscheidung führen können müssen. Der EuGH hat den deutschen Gerichten zudem eine Anwendungshilfe hinsichtlich der Beurteilung von Verfahrensfehlern mit auf den Weg gegeben. Hiernach müssen grundsätzlich alle Verfahrensfehler rügbar sein, ein Verfahrensfehler, der sich nicht auf die Entscheidung ausgewirkt hat, soll nach Auffassung des EuGH jedoch keine Verletzung von Rechten des Klägers darstellen. Der EuGH nimmt eine Beweislastverteilung dahingehend vor, dass nach seiner Auffassung nicht mehr der Rechtsbehelfsführer den Nachweis zu erbringen hat, dass der gerügte Verfahrensfehler von Bedeutung für die getroffene Entscheidung gewesen ist. Diese Beurteilung soll nun den Gerichten obliegen. Kann das Gericht anhand der Aktenlage nicht beurteilen, ob die angegriffene Entscheidung ohne den Verfahrensfehler anders ausgefallen wäre, so kann es eine Rechtsverletzung nach dem Wortlaut der EuGH-Entscheidung nicht verneinen. Die weitere Anwendung der Kausalitätsrechtsprechung ist damit nicht grundsätzlich ausgeschlossen, das Gericht hat nun jedoch zu prüfen, ob der Fehler kausal für die Entscheidung war. Es hat dabei den Grad und die Schwere des geltend gemachten Verfahrensfehlers zu berücksichtigen und zu

678 EuGH, a.a.O., Rn. 52.

prüfen, ob dieser Fehler der betroffenen Öffentlichkeit eine der Garantien genommen hat, die geschaffen wurden, um ihr Zugang zu Informationen und die Beteiligung am Entscheidungsprozess zu ermöglichen.

Zudem hat der EuGH die Überleitungsvorschrift des § 5 Abs. 1 UmwRG für europarechtswidrig erklärt. Das UmwRG muss damit auch Anwendung auf Verfahren finden, die bereits vor dem 25.6.2005 eingeleitet wurden.

3. *Die Auswirkungen auf das deutsche Recht*

Die Entscheidung des EuGH macht eine erneute Überarbeitung des Umwelt-Rechtsbehelfsgesetzes erforderlich. Die bisherige Regelung des § 4 UmwRG a.F. genügt nicht den Anforderungen des EuGH, es müssen nun auch Verfahrensfehler bei der Durchführung der Umweltverträglichkeitsprüfung zur Aufhebung der Entscheidung führen können. Der EuGH hat mit seinen Ausführungen zur dritten Vorlagefrage nicht nur den Gerichten, sondern auch dem Gesetzgeber eine Anwendungshilfe zur Schaffung einer europarechtskonformen Verfahrensfehlerlehre mit auf den Weg gegeben. Der Gesetzgeber ist nun gehalten, tätig zu werden. Dabei sollte er im Interesse der Schaffung einer einheitlichen Verfahrensfehlerlehre seine Umsetzungsmaßnahmen nicht auf ein Minimum beschränken. Ohne die Schaffung einer einheitlichen Verfahrensfehlerlehre auf der Basis eines Gesetzes wird in Zukunft erhebliche Rechtsunsicherheit in der Frage bestehen, welche Verfahrensfehler kausal für die Entscheidung waren und welche Verfahrensfehler so schwer wiegen, dass sie den Zugang der Öffentlichkeit zu Informationen und zur Beteiligung am Entscheidungsprozess verletzen. Der EuGH bezieht sich in seinem Urteil allgemein auf die betroffene Öffentlichkeit, die zugleich auch Adressatin der Rechte des Art. 9 Abs. 2 AK und des wortgleichen Art. 10a RL 2003/35/EG ist. Eine Differenzierung zwischen Individualklägern und klagenden Verbänden ist danach auch bei der Frage der gerichtlichen Kontrolldichte nicht zulässig. Durch ein gesetzgeberisches Tätigwerden kann zugleich verhindert werden, dass erneut die Diskussion um absolute und relative Verfahrensfehler geführt wird.

IV. Würdigung

Der EuGH hat mit seinen drei Urteilen zur Auslegung des Art. 10a der RL 2003/35/EG und der Art. 9 Abs. 2 und 3 AK deutlich gemacht, dass er die Anforderungen der RL 2003/35/EG und der Århus-Konvention ernst nimmt und eine Beschränkung hinsichtlich des Zugangs zu Gerichten und hinsichtlich der Reichweite des Überprüfungsverfahrens nicht hinnimmt. Er hat zumindest teilweise die gesetzgeberischen Fehlentscheidungen beim Erlass des UmwRG im

Jahr 2006 korrigiert. Er hat sich deutlich für einen weiten Zugang zu Gerichten und eine umfassende Überprüfung der angegriffenen Entscheidungen ausgesprochen. Der Gesetzgeber ist nun gehalten, entsprechende Nachbesserungen vorzunehmen.

D) Die Rechtsprechung deutscher Gerichte nach den Urteilen des EuGH vom 8.3.2011 und vom 12.5.2011

Das Trianel-Urteil des EuGH vom 12.5.2011 stellte eine bedeutende Zäsur in der Rechtsprechung der deutschen Gerichte vor allem im Hinblick auf die Klagebefugnis von Umweltvereinigungen dar. Auch das Urteil des EuGH vom 8.3.2011 zeigt nun erhebliche Auswirkungen auf die nationale Rechtsprechung, wie die Spruchpraxis der vergangenen zwei Jahre zeigt. Mittlerweile bejahen Gerichte eine Klagebefugnis unmittelbar aus Art. 9 Abs. 2 und 3 AK. Dies stellt eine erhebliche Wende in der Rechtsprechung der deutschen Gerichte dar, da – wie bereits ausgeführt – in den Jahren bis zum Urteil des EuGH vom 8.3.2011 eine unmittelbare Anwendung des Art. 9 Abs. 3 AK durch Gerichte mehrheitlich abgelehnt wurde.

I. Zur unmittelbaren Anwendbarkeit des Art. 10a RL 2003/35/EG

Der EuGH hat in seinem Urteil vom 12.5.2011 klargestellt, dass die Beschränkung des § 2 Abs. 1 UmwRG a.F. auf die Geltendmachung von Rechten Einzelner europarechtswidrig ist. Er hat weiter ausdrücklich in die Entscheidung aufgenommen, dass insoweit Art. 10a RL 2003/35/EG unmittelbar anwendbar sei. Die unmittelbare Anwendbarkeit des Art. 10a RL 2003/35/EG galt bis zur Änderung des UmwRG im Januar 2013. Bis zum Inkrafttreten des § 2 Abs. 1 UmwRG n.F. war Art. 10a RL 2003/35/EG unmittelbar anwendbar und verdrängte insoweit § 2 Abs. 1 UmwRG a.F. Da eine europarechtliche Auslegung des § 2 Abs. 1 UmwRG a.F. wegen des eindeutig entgegenstehenden Willens des deutschen Gesetzgebers nicht in Betracht kam, war § 42 Abs. 2 2. HS VwGO europarechtskonform auszulegen, so dass mithin eine europarechtliche „Aufladung" der nationalen Klagebefugnis durch Art. 10a RL 2003/35/EG erfolgte.[679] Mehrheitlich

679 A.a. *Berkemann*, Umweltverbandsklage, NuR 2011, 780; nach seiner Auffassung ist Art. 10a RL 2003/35/EG „Gesetz" im Sinne des § 42 Abs. 2 1. HS VwGO. Vgl. hierzu auch *Fellenberg/Schiller*, Rechtsbehelfe, URP 2011, 321, 322.

ist in der Rechtsprechung Art. 10a RL 2003/35/EG unter Bezugnahme auf das Urteil des EuGH vom 12.5.2011 unmittelbar angewendet worden.[680]

Problematisiert wurde in der Rechtsprechung auch die Frage, ob das Urteil des EuGH vom 12.5.2011 so zu verstehen ist, dass nur für die Zulässigkeit von Verbandsklagen nach dem Umwelt-Rechtsbehelfsgesetz die Rüge einer Verletzung aus dem Unionsrecht hervorgegangener umweltrechtlicher Vorschriften erforderlich ist, im Rahmen der Begründetheit dagegen die materiellrechtliche und verfahrensrechtliche Rechtmäßigkeit der streitgegenständlichen Entscheidung anhand des geltenden Umweltrechts vollumfänglich zu prüfen ist, ohne dass es noch darauf ankäme, ob das maßgebliche Umweltrecht sich auf unionsrechtliche oder auf nationale Vorgaben stützt. Das BVerwG hat dies offen gelassen.[681] Andere Gerichte haben dies verneint und eine Beschränkung der Begründetheitsprüfung auf die Verletzung unionsrechtlicher Umweltschutzvorschriften bejaht.[682]

II. Zur unmittelbaren Anwendbarkeit des Art. 9 Abs. 2 AK

In Folge der Rechtsprechung des EuGH vom 12.5.2011 mehren sich die Gerichte, die nunmehr eine Klagebefugnis von Verbänden direkt aus Art. 9 Abs. 2 AK bejahen. Das OVG Hamburg hält mittlerweile Art. 9 Abs. 2 AK für unmittelbar

---

680 OVG Mannheim, Urteil vom 20.7.2011 - 10 S 2102/09 - zitiert nach juris, Rn. 67; BVerwG, Urteil vom 29.9.11 - 7 C 21/09 - zitiert nach juris, Rn. 27; OVG Münster, Urteil vom 1.12.2011 - 8 D 58/08.K - zitiert nach juris, Rn. 109; BVerwG, Urteil vom 20.12.2011 - 9 A 31/10 - zitiert nach juris, Rn. 18; VG Osnabrück, Beschluss vom 21.12.2011 - 2 B 16/11 - zitiert nach juris, Rn. 46; OVG Münster, Urteil vom 20.1.2012 - 2 D 141/09.NE - zitiert nach juris, Rn. 27; VG München, Urteil vom 27.3.2012 - M 1 K 11.5898 - zitiert nach juris, Rn. 28; OVG Bautzen, Urteil vom 9.5.2012 - 1 C 20/08 - zitiert nach juris, Rn. 33; VGH Kassel, Beschluss vom 14.5.2012 - 9 B 1918/11 - zitiert nach juris, Rn. 23; VG Düsseldorf, Beschluss vom 3.7.2012 - 3 L 316/12 - zitiert nach juris, Rn. 16; VG Kassel, Beschluss vom 2.8.2012 - 4 L 81/12.KS - zitiert nach juris, Rn. 87; VG Halle, Urteil vom 28.8.2012 - 4 A 51/10 - zitiert nach juris, Rn. 312; VG Saarland, Urteil vom 12.9.2012 - 5 K 209/12 - zitiert nach juris, Rn. 123 f.; VG Hannover, Urteil vom 20.9.2012 - 12 A 5497/10 - zitiert nach juris, Rn. 24; OVG Münster, Urteil vom 18.1.2013 - 11 D 70/09.AK - zitiert nach juris, Rn. 52 f.; VG Weimar, Urteil vom 27.2.2013 - 7 K 224/11 - zitiert nach juris, Rn. 359.

681 BVerwG, Urteil vom 29.9.2011 - 7 C-21/09 - zitiert nach juris, Rn. 27.

682 VGH Mannheim, Urteil vom 20.7.2011 - 10 S 2102/09 - zitiert nach juris, Rn. 67; OVG Sachsen, Urteil vom 9.5.2012 - 1 C 20/08 - zitiert nach juris, Rn. 33; OVG Koblenz, Beschluss vom 31.1.2013 - 1 B 11201/12 - zitiert nach juris, Rn. 30.

anwendbar, ohne dass es einer Umsetzung in das nationale Recht bedürfe. Einer ergänzenden Anwendung des Art. 9 Abs. 2 Satz 2 bis 4 AK stünde im Rahmen des geltenden Umwelt-Rechtsbehelfsgesetzes nichts entgegen. Gegenstand des Verfahrens war eine wasserrechtliche Erlaubnis zur Gewässerbenutzung zum Zweck der Kühlung eines Kraftwerkes. Nach Auffassung des OVG Hamburg wird eine solche wasserrechtliche Erlaubnis auch von Art. 6 Abs. 1 lit a) AK erfasst, da mit dem dort verwendeten Begriff *Entscheidungen* ein sehr allgemeiner Ansatz gewählt worden sei, der nicht auf nationale verfahrensrechtliche Differenzierungen bei der Zulassung derartiger Anlagen abhebe, sondern alle Entscheidungen erfasse, die zur Errichtung und zum Betrieb des Kraftwerks in der geplanten Konfiguration erforderlich seien. Hierzu zähle, wenn das Kraftwerk technisch mit einer Durchlaufkühlung ausgestattet werden soll, auch eine erforderliche Erlaubnis zur Gewässerbenutzung.[683]

III. Zur unmittelbaren Anwendbarkeit des Art. 9 Abs. 3 AK

In der jüngeren Rechtsprechung der deutschen Gerichte hat insbesondere das Braunbären-Urteil des EuGH vom 8.3.2011 maßgeblichen Einfluss auf eine Änderung der Rechtsprechung gehabt. Vor dem Urteil vom 8.3.2011 gab es kaum Versuche, vor Gericht eine Klagebefugnis aus Art. 9 Abs. 3 AK in Verbindung mit § 42 Abs. 2 VwGO herzuleiten[684] Im Folgenden sollen kurz die Argumentationslinien der Gerichte aufgezeigt und bewertet werden.

1. Rechtsprechung

In der aktuellen Rechtsprechung wird nun seit dem Jahr 2011 in Fällen von (Leistungs-)klagen gegen Luftreinhaltepläne nach § 47 BImSchG von Gerichten eine Klagebefugnis von Umweltverbänden aus § 42 Abs. 2 VwGO (analog) i.V.m. Art. 9 Abs. 3 AK hergeleitet. Dies ist insoweit eine Besonderheit, als weder das Umwelt-Rechtsbehelfsgesetz noch das BNatSchG auf Luftreinhaltepläne Anwendung finden und eine Klagebefugnis der Verbände auch nicht aus einer Verletzung eigener subjektiver Rechte hergeleitet werden kann. Die ersten

683 OVG Hamburg, Urteil vom 18.1.2013 – 5 E 11/08 – zitiert nach juris, Rn.118 f.

684 Dies war insoweit erstaunlich, als dass seit 2008 ein Beschwerdeverfahren vor dem Århus Convention Compliance Committee (ACCC) anhängig ist, in dem einer der führenden deutschen Umweltverbände, der NABU, Beschwerdeführer ist und somit die gängigen Argumentationslinien bekannt waren.

Gerichte, die eine solche Klagebefugnis bejahten, waren das VG Wiesbaden und das VG München.[685] Das VG Wiesbaden führte hierzu aus:

> *„Das nationale Recht der Bundesrepublik kennt keine ausdrückliche Verbandsklagebefugnis bezogen auf die Luftreinhalteplanung. Dennoch ist auch der Kläger zu 2) klagebefugt. Hiervon geht das erkennende Gericht in Anerkennung der Leitfunktion der Entscheidung des Europäischen Gerichtshofs vom 8.3.2011 (C-240/09, NVwZ 2011, 673 ff.) auch unter Würdigung der Kritik des Beklagten an dieser Entscheidung aus. Nach den Vorgaben des EuGH muss das Gericht das nationale Verfahrensrecht in Bezug auf die Voraussetzungen für die Einleitung eines gerichtlichen Verfahrens so auslegen, dass es einer Umweltschutzvereinigung ermöglicht wird, eine Entscheidung, die möglicherweise im Widerspruch zu Umweltrecht der Union steht, vor einem Gericht anzufechten. Dieser Auslegungsentscheidung kommt zwar keine Allgemeinverbindlichkeit zu, wohl aber eine Leitfunktion (vgl. Schwarze, Europäisches Verwaltungsrecht, S. 62), denn mit einem Abweichen des EuGH von diesen einmal durch Urteil festgelegten Auslegungsgrundsätzen ist bei gleichen Sachverhalten nur dann zu rechnen, wenn sich die Rahmenbedingungen wesentlich geändert haben. So ist es vorliegend aber gerade nicht. Eine Änderung dieser gerade einmal ein halbes Jahr alten Rechtsprechung des EuGH zum effektiven Rechtsschutz für Umweltschutzvereinigungen bei möglicherweise im Widerspruch zu Unionsrecht stehenden Entscheidungen der nationalen Behörden ist nicht zu erwarten, da sich weder die rechtlichen Vorschriften noch die wirtschaftlichen oder sozialen Verhältnisse noch sonstige Erkenntnisse zwischenzeitlich geändert haben. Danach ist auch der Kläger zu 2) als nach § 3 UmwRG anerkannte und unter anderem auch für die Luftreinhaltung aktive Vereinigung klagebefugt wenn er – wie vorliegend – eine Verletzung der Vorgaben des europäischen Immissionsschutzrechts rügt, auch wenn diese Klagebefugnis im nationalen Verfahrensrecht (noch) nicht ausdrücklich vorgesehen ist.“*[686]

Etwa ein Jahr später bestätigte das VG Wiesbaden seine Rechtsauffassung.[687] Das VG Augsburg hat sich dieser Rechtsprechung im Bereich des Artenschutzrechtes angeschlossen.[688]

---

685 VG Wiesbaden, Urteil vom 10.10.2011 – 4 K 757/11.WI – zitiert nach juris, Rn. 57. Das Urteil ist nicht rechtskräftig geworden, es ist in 2. Instanz beim VGH Kassel anhängig – 9 A 2251/11 – und noch nicht entschieden. VG München, Urteil vom 9.10.2012 – M 1 K 12.1046 – zitiert nach juris, Rn. 20. Das Urteil ist nicht rechtskräftig geworden und in 2. Instanz beim VGH München anhängig – 22 BV 12.2450 – und noch nicht entschieden.

686 VG Wiesbaden, Urteil vom 10.10.2011 – 4 K 757/11.WI – zitiert nach juris, Rn. 57.

687 VG Wiesbaden, Urteil vom 16.8.2012 – 4 K 165/12.W – zitiert nach juris, Rn. 31.

688 VG Augsburg, Beschluss vom 13.2.2013 – Au 2 S 13.143 – zitiert nach juris, Rn. 21.

Bei den oberinstanzlichen Gerichten beschäftigten sich verschiedene Senate des VGH Kassel[689] und verschiedene Senate des OVG Koblenz mit der Frage, ob eine Klagebefugnis aus § 42 Abs. 2 VwGO i.V.m. Art. 9 Abs.3 AK herzuleiten sei. Die verschiedenen Senate kommen hierbei zu abweichenden Ergebnisse. Während der 9. Senat des VGH Kassel in einem Verfahren eines Umweltverbandes gegen eine Genehmigung für die Errichtung von Windenergieanlagen in einem EU-Vogelschutzgebiet innerhalb eines Regionalplangebietes eine Klagebefugnis aus Art. 9 Abs. 3 AK bejaht,[690] lehnt der 2. Senat des VGH Kassel eine solche ab. Er verwies in einem Verfahren eines Umweltverbandes gegen eine Erlaubnis zur Versenkung von Salzabwässern darauf, dass eine erweiternde Auslegung des § 64 BNatSchG im Lichte des Art. 9 Abs. 3 AK nicht geboten sei. Dieser setze die erforderlichen Rechtsschutzgarantien ausreichend um. Eine unmittelbare Anwendung des Art. 9 Abs. 3 AK scheide aus, da dieser weder nach dem Wortlaut noch Zweck oder Inhalt geeignet oder hinreichend bestimmt sei, um ohne weitere normative Ausfüllung innerstaatliche Wirkung zu entfalten.[691]

Auch der 1. und der 8. Senat des OVG Koblenz haben mit nur wenigen Tagen Abstand durch Beschlüsse vom 6. und 27.2.2013[692] über die Frage entschieden, ob sich aus Art. 9 Abs. 3 AK eine Klagebefugnis von Umweltvereinigungen ergibt. Der 1. Senat bejahte eine solche Klagebefugnis, der 8. Senat lehnte eine solche Klagebefugnis zugunsten von Individualklägern in einem baurechtlichen Verfahren ab. Auch der 8. Senat beruft sich darauf, dass Art. 9 Abs. 3 AK im nationalen Recht nicht unmittelbar anwendbar sei. Dies habe zur Folge, dass es sich bei Art. 9 Abs. 3 AK nicht um eine *„anderweitige gesetzliche Bestimmung“* i.S.v. § 42 Abs. 2, 1. Halbsatz VwGO, die abweichend vom Erfordernis der Geltendmachung einer subjektiven Rechtsverletzung eine Anfechtungsbefugnis gegen umweltbezogene Maßnahmen und Entscheidungen begründen könnte, handelt. Zudem habe der Bundesgesetzgeber zuletzt mit der Novellierung des Umwelt-Rechtsbehelfsgesetzes vom 21. Januar 2013 klar zu erkennen gegeben, dass er grundsätzlich am Erfordernis der Geltendmachung einer Verletzung in eigenen subjektiv-öffentlichen Rechten in § 42 Abs. 2 VwGO auch für den Bereich der Anfechtung umweltbezogener Verwaltungsakte festhalten und abweichende gesetzliche Bestimmungen lediglich punktuell zu Gunsten anerkannter

689 VGH Kassel, Beschluss vom 14.5.2012 – 9 B 1918/11 – zitiert nach juris; VGH Kassel, Beschluss vom 20.3.2013 -2 B 1716/12 – zitiert nach juris.

690 VGH Kassel, Beschluss vom 14.5.2012 – 9 B 1918/11 – zitiert nach juris, Rn. 35.

691 VGH Kassel, Beschluss vom 20.3.2013 – 2 B 1716/12 – zitiert nach juris, Rn. 77.

692 OVG Koblenz, Beschluss vom 6.2.2013 – 1 B 11266/12.OVG – zitiert nach juris; Beschluss vom 27.2.2013 – 8 B 10254/13 – zitiert nach juris.

Naturschutz- bzw. Umweltverbände zulassen will. Die Anerkennung einer umfassenden Anfechtungsbefugnis von jedermann oder auch nur von anerkannten Umweltverbänden gegen alle behördlichen Maßnahmen und Entscheidungen, die zumindest auch in Anwendung umweltbezogener Vorschriften des Unions- sowie ggf. auch des nationalen Rechts ergangen sind, würde dem erkennbaren Willen des deutschen Gesetzgebers widersprechen und die verfassungsrechtlichen Grenzen richterlicher Rechtsfortbildung überschreiten. Dabei könne offenbleiben, ob die Annahme des deutschen Gesetzgebers zutrifft, dass er mit dem aktuellen Regelungsbestand allen seinen Verpflichtungen aus Art. 9 Abs. 2 und Abs. 3 des Århus-Übereinkommens bereits hinreichend gerecht geworden sei, oder ob dies nicht zutrifft. Die Überprüfung, ob dies der Fall ist, müsse dem in Art. 15 des Århus-Übereinkommens dafür vorgesehenen Verfahren vorbehalten bleiben. Es sei nicht Aufgabe des nationalen Richters, dem Ergebnis eines solchen Verfahrens durch erweiternde Auslegung des innerstaatlichen Rechts vorzugreifen.[693]

Das Bundesverwaltungsgericht hat sich in einer jüngeren Entscheidung ebenfalls zur Klagebefugnis von Verbänden aus Art. 9 Abs. 3 AK geäußert und eine solche im Falle einer Klage gegen einen Luftreinhalteplan bejaht.[694] Es hat die Klagebefugnis nicht in § 42 Abs. 1 1. HS VwGO verortet, da Art. 9 Abs. 3 AK keine die Vorbehalts- bzw. Öffnungsklausel ausfüllende Norm darstellt. Vielmehr ergibt sich nach Auffassung des BVerwG die Klagebefugnis aus § 42 Abs. 2 2. HS VwGO. Das Unionsrecht gebiete eine erweiternde Auslegung der aus dem Luftqualitätsrecht folgenden subjektiven Rechtspositionen. Das BVerwG führt hierzu aus:

> *„(2) Zu den unmittelbar betroffenen juristischen Personen, denen durch § 47 Abs. 1 BImSchG ein Klagerecht eingeräumt ist, gehören auch die nach § 3 UmwRG anerkannten Umweltverbände.*
>
> *Eine Auslegung des § 47 Abs. 1 BImSchG dahingehend, dass neben unmittelbar betroffenen natürlichen Personen auch Umweltverbände das Recht haben, die Einhaltung der zwingenden Vorschriften des Luftqualitätsrechts zu verlangen, ist durch Art. 23 RL 2008/50/EG und Art. 9 Abs. 3 AK geboten. Der Gerichtshof der Europäischen Union hat in seinem Urteil vom 8. März 2011 in Bezug auf Sachverhalte, die – wie hier die Aufstellung von Luftreinhalteplänen – dem Unionsrecht unterliegen, für Umweltverbände einen weiten Zugang zu Gericht gefordert; er hat dies damit begründet, dass der „Schutz der den Einzelnen aus dem Unionsrecht erwachsenden Rechte“ gewährleistet werden müsse (a.a.O. Rn. 48, 51). Ausgehend hiervon müssen sich die Klagerechte, die der Gerichtshof in seinem*

693 OVG Koblenz, Beschluss vom 27.2.2013 – 8 B 10254/13 – zitiert nach juris, Rn. 7 ff.
694 BVerwG, Urteil vom 5.9.2013 – 7 C 21.12 – zitiert nach juris.

Urteil vom 25. Juli 2008 (a.a.O.) auf dem Gebiet der Luftreinhaltung anerkannt hat, auch auf Umweltverbände erstrecken. Eine grundsätzliche Verneinung derartiger Rechte von Umweltverbänden wäre zudem, wie oben dargelegt, unvereinbar mit der Spruchpraxis des Compliance Committee zu Art. 9 Abs. 3 AK.

Weder das Unionsrecht noch Art. 9 Abs. 3 AK verlangen jedoch, jedem Umweltverband ein Recht auf Einhaltung der zwingenden Vorschriften bei Aufstellung eines Luftreinhalteplans zu gewähren. Umweltverbände können – nicht anders als natürliche Personen – Träger von materiellen subjektiven Rechten nur sein, wenn sie Teil nicht nur der allgemeinen Öffentlichkeit, sondern der „betroffenen Öffentlichkeit" sind. Als „betroffene Öffentlichkeit" definieren Art. 2 Nr. 5 AK und – für die Umweltverträglichkeitsprüfung – inhaltlich entsprechend Art. 3 Nr. 1 RL 2003/35/EG die von umweltbezogenen Entscheidungsverfahren betroffene oder wahrscheinlich betroffene Öffentlichkeit oder die Öffentlichkeit mit einem Interesse daran; im Sinne dieser Begriffsbestimmung haben nichtstaatliche Organisationen, die sich für den Umweltschutz einsetzen und alle nach innerstaatlichem Recht geltenden Voraussetzungen erfüllen, ein Interesse (siehe auch Art. 2 Abs. 3 RL 2003/35/EG). Diese Vereinigungen sollen sich die öffentlichen Belange des Umweltschutzes zum eigenen Anliegen machen können.

Welche Voraussetzungen ein Umweltverband nach innerstaatlichem Recht erfüllen muss, um berechtigt zu sein, sich die Belange des Umweltschutzes bei Aufstellung eines Luftreinhalteplans zum eigenen Anliegen zu machen, ist nicht ausdrücklich geregelt. § 3 UmwRG regelt lediglich, welche Umweltverbände Rechtsbehelfe nach dem Umwelt-Rechtsbehelfsgesetz einlegen können. Dieser Vorschrift ist jedoch die Grund-entscheidung zu entnehmen, dass nur die nach dieser Vorschrift anerkannten Umweltverbände berechtigt sein sollen, vor Gericht geltend zu machen, dass dem Umweltschutz dienende Rechtsvorschriften verletzt worden seien. Auch die Mitwirkungsrechte und Rechtsbehelfsbefugnisse nach §§ 63, 64 BNatSchG sind an die Anerkennung nach § 3 UmwRG geknüpft. Ein normativer Anhaltspunkt dafür, dass bei Aufstellung von Luftreinhalteplänen das grundsätzlich auch Umweltverbänden eingeräumte Recht, die Einhaltung der zwingenden Vorschriften des Luftqualitätsrechts zu verlangen, an weitergehende Voraussetzungen geknüpft sein könnte, sind nicht ersichtlich."[695]

In allen zitierten Verfahren – bis auf die Entscheidung des 8. Senats des OVG Koblenz – waren die Kläger Umweltverbände und der Anwendungsbereich des Umwelt-Rechtsbehelfsgesetz und des Bundesnaturschutzgesetzes nicht eröffnet.

2. *Bewertung*

Das BVerwG macht mit diesem Urteil deutlich, dass auch in den Fällen, in denen der Anwendungsbereich des Umwelt-Rechtsbehelfsgesetzes und der naturschutzrechtlichen Verbandsklage nicht eröffnet ist, der Sachverhalt aber dem

695 BVerwG, a.a.O., Rn. 43 ff.

Unionsrecht unterliegt, eine Auslegung des nationalen Rechts unter Berücksichtigung des Art. 9 Abs. 3 AK erfolgen muss. Die Klagebefugnis leitet sich nach zutreffender Auffassung des BVerwG dogmatisch aus § 42 Abs. 2 2. HS VwGO ab. Dies stellt einen weiteren Meilenstein in der Entwicklung der Rechtsprechung der deutschen Gerichte dar und wird erhebliche Auswirkungen auf die Rechtsprechung unterinstanzlicher Gerichte zur Klagebefugnis von Verbänden in Fällen, die das UmwRG nicht erfasst, haben. Dies ist ein deutlicher Fingerzeig an den deutschen Gesetzgeber, seiner Umsetzungsverpflichtung aus Art. 9 Abs. 3 AK auch ohne eine vorangegangene europäische Umsetzung nachzukommen.

IV. Würdigung

In der Gesamtbetrachtung ist die aktuelle Entwicklung in der Rechtsprechung, insbesondere zu den Fragen der Europarechtskonformität des UmwRG sowie zur unmittelbaren Anwendbarkeit des Art. 10a RL 2003/35/EG und der Art. 9 Abs. 2 und 3 AK, erstaunlich. Erst nach dem Trianel-Urteil des EuGH vom 12.5.2011 haben die Gerichte eine umfassende Klagebefugnis der Verbände in unmittelbarer Anwendbarkeit des Art. 10a RL 2003/35/EG bejaht. Mittlerweile bejaht sogar das BVerwG eine unmittelbare Anwendbarkeit des Art. 9 Abs. 3 AK. Dies war bis zum Urteil des EuGH vom 8.11.2011 nahezu undenkbar in der deutschen Rechtsprechung.

E) Die Auslegung des Art. 9 Abs. 2 und 3 AK durch das Århus Convention Compliance Committee

Nach Art. 15 AK besteht die Möglichkeit der Vertragsparteien, ein Gremium einzurichten, dass die Einhaltung der Bestimmungen der Århus-Konvention nichtstreitig und außergerichtlich regeln soll. Hiervon haben die Vertragsparteien Gebrauch gemacht und das sogenannte Århus Convention Compliance Committee (ACCC) eingerichtet.[696] Durch die Arbeit des ACCC soll eine Auslegungshilfe zur AK geschaffen werden und das Abkommen für alle Vertragsparteien konturiert werden. Vor dem ACCC wird ein Beschwerdeverfahren durchgeführt. Jedermann kann dort die Verletzung der AK durch einen Vertragsstaat rügen. Das ACCC gibt am Ende eines solchen Beschwerdeverfahrens eine – unverbindliche – Empfehlung ab. Den darin geäußerten Rechtsansichten kommt gleichwohl ein hohes Gewicht zu. Bislang sind alle Feststellungen des ACCC über die

696 Siehe auch zur Arbeitsweise des ACCC *Stec/Casey-Lefkowitz*, Implementation Guide, S. 234.

Konventionswidrigkeit der Rechtslage in einem Vertragsstaat in den Zusammenkünften der Vertragsparteien gebilligt worden. Das Verfahren vor dem ACCC gewinnt zunehmend auch in der nationalen Rechtsprechung an Bedeutung. Zuletzt hat sich das Bundesverwaltungsgericht in einem jüngeren Verfahren im Rahmen seiner Würdigung auch mit der Auslegung des Art. 9 Abs. 2 und 3 AK durch das ACCC beschäftigt.[697] Im Folgenden sollen daher der Verlauf des Verfahrens und die wesentlichen Argumente der Verfahrensparteien kurz skizziert werden, auch wenn es sich hierbei nicht um Rechtsprechung handelt.

I. Verfahren gegen Deutschland

Zur Auslegung des Art. 9 Abs. 2 und 3 AK ist seit 2008 gegen Deutschland ein Beschwerdeverfahren auf Antrag des NABU gemeinsam mit der Umweltorganisation ClientEarth anhängig.[698] Eingeleitet wurde das Verfahren mit Antrag vom 1.12.2008. Die Beschwerdeführer rügen darin eine Verletzung von Art. 9 Abs. 2 und 3 AK durch die Bestimmungen des Umwelt-Rechtsbehelfsgesetzes und die Kausalitätsrechtsprechung des BVerwG zu § 46 VwVfG.[699] Insbesondere rügen die Beschwerdeführer zunächst die Umsetzung des Art. 9 Abs. 2 AK durch § 2 Abs. 1 UmwRG a.F., der die Rügebefugnis bekanntlich auf die Geltendmachung der Verletzung Rechte Einzelner beschränkte, die Anforderungen des § 3 UmwRG hinsichtlich der erforderlichen Anerkennung für rügeberechtigte Verbände, die eine Rügebefugnis für Bürgerinitiativen ausschließt, das Erfordernis des Berührtseins im satzungsmäßigen Aufgabenbereich, die Beschränkung der Rügebefugnis auf Vorschriften, die dem Umweltschutz dienen sowie die Umsetzung

697 BVerwG, Urteil vom 5.9.2013 – 7 C 21.12, zitiert nach juris.

698 Einen Überblick über das Beschwerdeverfahren gegen Deutschland nebst sämtlicher Verfahrensdokumente ist hier abrufbar: http://www.unece.org/env/pp/compliance/Compliancecommittee/31TableGermany.html, letzter Aufruf 17.1.2016. Die vorliegende Arbeit ist auf dem Stand 30.12.2013. Das Verfahren wurde mittlerweile abgeschlossen. Mit der Entscheidung V/9h der 5. Tagung der Århus-Vertragsparteien am 30.6. und 1.7.2014 in Maastricht (ECE/MP.PP/2014/2/Add.1) ist festgestellt worden, dass die Bundesrepublik gegen ihre Verpflichtungen aus Art. 9 Abs. 2 und 3 AK verstößt. Die Entscheidung ist abrufbar unter: http://www.unece.org/fileadmin/DAM/env/pp/mop5/Documents/Post_session_docs/ece_mp.pp_2014_2_add.1_eng.pdf, letzter Aufruf am 23.1.2016.

699 Die Antragsschrift ist hier abrufbar: http://www.unece.org/fileadmin/DAM/env/pp/compliance/C2008-31/communication/Communication.pdf, letzter Aufruf am 17.1.2016.

durch § 4 UmwRG. Ebenso rügen die Beschwerdeführer die mangelnde Umsetzung des Art. 9 Abs. 3 AK durch den deutschen Gesetzgeber.

In der Folge stellte das ACCC Anfang 2009 verschiedene Fragen zur Aufklärung an die Bundesrepublik: Unter anderem stellte das ACCC folgende Fragen: Was hat die Bundesrepublik unternommen, um die Anforderungen der Art. 9 Abs. 2, 3 und 4 AK umzusetzen (Frage 4)? Wie stellt die Bundesrepublik sicher, dass Umweltverbände die formelle Rechtmäßigkeit von Entscheidungen, Handlungen und Unterlassungen gemäß Art. 9 Abs. 2 AK anfechten können (Frage 5)? Wie stellt die Bundesrepublik sicher, dass Mitglieder der Öffentlichkeit gemäß Art. 9 Abs. 3 und Abs. 4 AK Zugang zu behördlichen oder gerichtlichen Verfahren haben, um Handlungen oder Unterlassungen Privater, die gegen das Umweltrecht verstoßen, anzufechten? (Frage 6)[700] Ohne die gestellten Fragen zu beantworten, beantragte die Bundesrepublik daraufhin unter Verweis auf den Vorlagebeschluss des OVG Münster vom 5.3.2009 die Aussetzung des Verfahrens.[701] Das ACCC beschloss daraufhin die Aussetzung des Verfahrens und setzte Deutschland eine Frist zur Erwiderung auf die gestellten Fragen binnen zweier Monate nach der Entscheidung des EuGH in dem Vorlageverfahren des OVG Münster (Trianel).[702]

Hierauf gab die Bundesrepublik am 25.7.2011 eine Stellungnahme ab, in der sie mehr oder weniger die Fragen des ACCC beantwortete, die Fragen 4 bis 7 wurden nicht explizit beantwortet, sondern lediglich auf die Beantwortung der vorangegangenen Fragen verwiesen. Die Bundesregierung bezog sich in ihrer Antwort zunächst auf den Wortlaut des Art. 9 Abs. 2 AK und die darin enthaltene Formulierung *„im Rahmen ihrer innerstaatlichen Rechtsvorschriften"* – nach Auffassung der Bundesregierung dürfe diese nicht außer Acht gelassen werden. Die Århus-Konvention verlange gerade nicht die Etablierung des gleichen Rechtsschutzsystems in allen Vertragsstaaten, sondern ermögliche die Umsetzung der AK unter Beibehaltung der jeweiligen Rechtsschutzsysteme. Dies hätten die Beschwerdeführer außer Acht gelassen. Im Folgenden rechtfertigt die Bundesregierung ausführlich die einschränkenden Voraussetzungen des § 2

---

700 Das Schreiben des ACCC vom 16.1.2009 ist hier abrufbar: http://www.unece.org/fileadmin/DAM/env/pp/compliance/C2008-31/correspondence/toGEre2008-31CCquestions.2009.01.16.pdf, letzter Aufruf am 17.01.2016.

701 Das Schreiben der Bundesrepublik ist hier abrufbar: http://www.unece.org/fileadmin/DAM/env/pp/compliance/C2008-31/correspondence/FrGEreC31ReSuspension.2009.03.27.pdf, letzter Aufruf am 17.1.2016.

702 Abrufbar hier: http://www.unece.org/fileadmin/DAM/env/pp/compliance/C2008-31/correspondence/toCommRe2008-31.2009.05.18.pdf, letzter Aufruf 17.1.2016.

Abs. 1 und Abs. 5 UmwRG und begründet diese damit, dass es sich hierbei um Voraussetzungen des nationalen Rechts handele. Die Bundesregierung führte zusammengefasst weiter aus, die Beschwerde sei hinsichtlich der Rügbarkeit von Verfahrensfehlern unbegründet, da nach dem nationalen Recht die Überprüfung der materiell-rechtlichen und verfahrensrechtlichen Rechtmäßigkeit von Entscheidungen bereits gewährleistet sei. Insbesondere verlange Art. 9 Abs. 2 AK nicht, dass jeder Verfahrensfehler zur Aufhebung der Entscheidung führen müsse. Hinsichtlich der Umsetzung des Art. 9 Abs. 3 AK führte die Bundesregierung aus, die Århus-Konvention erfordere keine aktive Umsetzungsakte und das nationale Zivil-, Verwaltungs- und Strafrechtsschutzsystem entspreche bereits den Vorgaben des Art. 9 Abs. 3 und Abs. 4 AK.[703]

Das ACCC setzte das Verfahren sodann fort, hörte die Parteien an und übersandte schließlich erneut einen Fragenkatalog an die Parteien.[704] Unter anderem bat das ACCC um Übersendung von Beispielen für die Umsetzung des Trianel-Urteils und für die weite Öffnung des Zugangs zu Überprüfungsverfahren für Umweltverbände aus der Rechtsprechung. Es bat um Erläuterung, auf welcher prozessualen Grundlage die nationalen Gerichte Entscheidungen aufheben, und um Benennung der Rechtsgrundlage für die Kausalitätsrechtsprechung des Bundesverwaltungsgerichts. Hierauf antwortete die Bundesregierung am 5.11.2012 und übersandte eine Rechtsprechungsübersicht, die die gestellten Fragen beantworten sollte.[705] Sie benannte 17 Entscheidungen, die seit dem Trianel-Urteil des EuGH vom 12.5.2011 bei deutschen Verwaltungsgerichten ergangen sind und die belegen sollen, dass in Deutschland der Zugang zu Gerichten für Umweltverbände unabhängig ist von der Geltendmachung Rechte Einzelner.[706] Sie verwies darauf,

703 Abrufbar unter http://www.unece.org/fileadmin/DAM/env/pp/compliance/C2008-33/correspondence/3document22082011.pdf, letzter Aufruf am 17.1.2016.

704 Abrufbar unter: http://www.unece.org/fileadmin/DAM/env/pp/compliance/C2008-31/correspondence/toPartiesC31_AfterDiscussionCC38.pdf, letzter Aufruf am 17.1.2016.

705 Nur am Rande sei angemerkt, dass die Urteile nicht in englischer Sprache übersandt wurden, obwohl die Verfahrenssprache englisch ist.

706 OVG Mannheim, Urteil vom 20.7.2011 – 10 S 2102/09 – zitiert nach juris; BVerwG, Urteil vom 29.9.11 – 7 C 21/09 – zitiert nach juris; VG Wiesbaden, Urteil vom 10.10.2011 – 4 K 757/11.Wi – zitiert nach juris; VG Ansbach, Urteil vom 19.10.2011 – AN 11 K 10.00643 – zitiert nach juris; OVG Münster, Urteil vom 1.12.2011 – 8 D 58/08.K – zitiert nach juris; BVerwG, Urteil vom 20.12.2011 – 9 A 31/10 – zitiert nach juris, VG Osnabrück, Beschluss vom 21.12.2011 – 2 B 16/11 – zitiert nach juris; OVG Münster, Urteil vom 20.1.2012 – 2 D 141/09.NE – zitiert nach juris; VG München, Urteil vom 27.3.2012 – M 1 K 11.5898 – zitiert nach juris; VGH Kassel, Beschluss

dass in keinem dieser Verfahren die Klagen als unzulässig wegen mangelnder Verletzungen Rechte Einzelner abgewiesen worden seien, dass in 13 Fällen Art. 10a RL 2003/35/EG und in zwei Fällen sogar Art. 9 Abs. 2 AK direkt angewandt worden seien.[707] In drei Fällen seien durch die Gerichte im Hinblick auf das Urteil des EuGH in der Rs. C-240/09 die Klagebefugnis von Umweltverbänden noch ausgeweitet worden.[708] Zugleich verwies die Bundesregierung auf das neue Umwelt-Rechtsbehelfsgesetz 2013, welches zu diesem Zeitpunkt das Gesetzgebungsverfahren durchlief.[709] Den Gesetzestext übersandte die Bundesregierung am 18.2.2013 mit dem Hinweis, dass den Umweltverbänden hierdurch nun Zugang zu Gerichten in ausreichender Weise verschafft worden sei.[710] Seitdem hat es keine neuen Verfahrensschritte gegeben. Es bleibt nun die Entscheidung des ACCC abzuwarten.[711]

II. Die Auslegung des Art. 9 AK durch das ACCC in anderen Verfahren

Das ACCC hat bereits in einigen Empfehlungen sein Verständnis der dritten Säule der AK, insbesondere hinsichtlich des Art. 9 Abs. 3 AK dargelegt. Insbesondere ist nach Auffassung des ACCC der Gestaltungsspielraum der Vertragsstaaten bei der Umsetzung des Art. 9 Abs. 3 AK, geringer als auch von der Bundesregierung

---

vom 14.5.2012 – 9 B 1918/11 – zitiert nach juris; OVG Münster, Urteil vom 12.6.12 – 8 D 38/08.AK – zitiert nach juris; VG Düsseldorf, Beschluss vom 3.7.2012 – 3 L 316/12 – zitiert nach juris; VG Kassel, Beschluss vom 2.8.2012 – 4 L 81/12.KS – zitiert nach juris; VG Halle, Urteil vom 28.8.2012 – 4 A 51/10 – zitiert nach juris; VG Hannover, Urteil vom 20.9.2012 – 12 A 5497/10 – zitiert nach juris; VG München, Urteil vom 9.10.2012 – M 1 K 12.1046 – zitiert nach juris; OVG Saarland, Beschluss vom 11.10.2012 – 2 B 276/12 – zitiert nach juris.

707 OVG Münster, Urteil vom 12.6.12 – 8 D 38/08.AK – zitiert nach juris, Rn. 172 f., Rn. 182 f.; 185 f.; VG Hannover, Urteil vom 20.9.2012 – 12 A 5497/10 – zitiert nach juris, Rn. 24.

708 VG Wiesbaden, Urteil vom 10.10.2011 – 4 K 757/11.Wi – zitiert nach juris, Rn. 57; VG München, Urteil vom 9.10.2012 – M 1 K 12.1046 – zitiert nach juris, Rn. 20 f.

709 Siehe hierzu 5. Kapitel A.

710 Abrufbar unter: http://www.unece.org/fileadmin/DAM/env/pp/compliance/C2008-31/correspondence/fr_GER_19Feb2013/CoverLetter19Feb2013.pdf, letzter Aufruf am 17.1.2016.

711 Siehe hierzu Fußnote 698.

angenommen. Das ACCC hat sich hierzu grundlegend in Verfahren gegen Belgien[712], Dänemark[713] und Österreich[714] geäußert.

Im Verfahren gegen Belgien hat das ACCC darauf hingewiesen, die Konvention ziele darauf ab, eine weite Spanne an Flexibilität bei der Definition, welche Umweltorganisationen Zugang zu Gerichten haben sollen, zu gewähren. Einerseits müssten die Vertragsparteien keine *actio popularis* in ihren innerstaatlichen Rechtsvorschriften vorsehen, was dazu führen würde, dass jedermann die Entscheidungen, Handlungen und Unterlassungen, die gegen das Umweltrecht verstoßen, anfechten könnte. Andererseits dürften die Vertragsparteien die Formulierung „*sofern sie etwaige in ihrem innerstaatlichen Recht festgelegte Kriterien erfüllen*“ nicht als Argument verwenden, um solch strenge Kriterien einzuführen, dass diese fast alle Umweltorganisationen effektiv davon ausschließen, Handlungen und Unterlassungen anzufechten, welche den innerstaatlichen Umweltrechtsvorschriften widersprechen. Zudem meint das ACCC, dass der Halbsatz „*etwaige in ihrem innerstaatlichen Recht festgelegte Kriterien*“ eine Selbstbeschränkung seitens der Vertragsparteien impliziere, nicht zu strenge Kriterien festzulegen. Daher solle der Zugang zu Verfahren die Annahme und nicht die Ausnahme sein.[715]

In dem Verfahren gegen Dänemark hat das ACCC darauf hingewiesen, dass im innerstaatlichen Recht festgelegten Kriterien nicht so streng sein dürften, dass sie im Prinzip allen oder fast allen Umweltorganisationen und/oder Mitgliedern der Öffentlichkeit die Anfechtung von Handlungen und Unterlassungen, welche innerstaatlichen Umweltrechtsvorschriften widersprechen würden, verwehrten.[716] Bei der Beurteilung, ob eine Vertragspartei sich an Art. 9 Abs. 3 AK hält, ist nach Auffassung des ACCC eine Gesamtbetrachtung der nationalen Rechtsvorschriften vorzunehmen, das heißt, es ist zu prüfen, inwiefern innerstaatliche Rechtsvorschriften den Zugang zu Gerichten für Mitglieder der Öffentlichkeit effektiv verhindern und ob es Rechtsmittel gibt, womit Handlungen und

712 ACCC/C/2005/11 vom 16.6.2006, abrufbar unter http://www.unece.org/env/pp/compliance/Compliancecommittee/11TableBelgium.html, letzter Aufruf am 17.1.2016.

713 ACCC/C/2006/18 vom 16.5.2007, abrufbar unter http://www.unece.org/fileadmin/DAM/env/documents/2008/pp/mop3/ece_mp_pp_2008_5_add_4_e.pdf, letzter Aufruf am 17.1.2016.

714 ACCC/C/2010/48 vom 16.12.2011, abrufbar unter http://www.unece.org/fileadmin/DAM/env/pp/compliance/C2010-48/Findings/ece_mp.pp_c.1_2012_4_eng.pdf, letzter Aufruf am 17.1.2016.

715 ACCC/C/2005/11 vom 16.6.2006, Rn. 35 ff.

716 ACCC/C/2006/18 vom 16.5.2007, a.a.O., Rn. 29.

Unterlassungen angefochten werden können. Art. 9 Abs. 3 AK ist gemeinsam mit Art. 1 und 3 AK und im Lichte der Zielsetzung der AK, der Öffentlichkeit Zugang zu wirkungsvollen gerichtlichen Mechanismen zu verschaffen, zu betrachten.[717]

In dem Verfahren gegen Österreich hat das ACCC ausgeführt, Art. 9 Abs. 3 AK sei auf ein breites Spektrum von Handlungen und Unterlassungen anwendbar und erlaube den Vertragsparteien mehr Flexibilität bei der Umsetzung als die Art. 9 Abs. 1 und 2 AK. So bestehe ein Gestaltungsspielraum der Mitgliedstaaten, Kriterien für den Zugang zu Überprüfungsverfahren aufzustellen. Diese Kriterien wiederum müssten jedoch mit den Zielen der Konvention, einen weiten Zugang zu Gerichten zu erlangen, im Einklang stehen.[718]

III. Würdigung

Das Verfahren gegen Deutschland vor dem ACCC läuft nun bereits seit fünf Jahren. Während dieser Zeit sind für die Auslegung der Art. 9 Abs. 2 und 3 AK maßgebliche Urteile des EuGH ergangen. Gleichwohl hat das Verfahren und die gerügten Verletzungen der Art. 9 Abs. 2 und 3 AK durch das deutsche Verwaltungsprozessrecht nicht an Brisanz verloren. Es belegt deutlich, dass der Bundesregierung die Problematiken hinsichtlich des Umwelt-Rechtsbehelfsgesetzes und die hierdurch mangelhafte Umsetzung des Art. 9 Abs. 2 AK bereits frühzeitig bekannt waren. Gleichwohl scheint die Bundesregierung trotz der zwischenzeitlich ergangenen EuGH-Rechtsprechung an ihrem bisherigen Kurs einer Minimal-Umsetzung festhalten zu wollen. Gleiches gilt hinsichtlich der Umsetzung des Art. 9 Abs. 3 AK. Die Bundesregierung vertritt nach wie vor die Auffassung, dass Art. 9 Abs. 3 AK bereits durch die geltende Rechtslage in Deutschland ausreichend umgesetzt sei.

717 ACCC/C/2006/18 vom 16.5.2007, a.a.O., Rn. 30.

718 Empfehlung in dem Verfahren ACCC/C/2010/48, a.a.O., Rn. 68.

5. Kapitel: Die Anpassung des Umwelt-Rechtsbehelfsgesetzes nach dem Trianel-Urteil vom 12.5.2011

Nach dem Trianel-Urteil des EuGH vom 12.5.2011 war die Anpassung des Umwelt-Rechtsbehelfsgesetzes an die Vorgaben der RL 2003/35/EG zwingend erforderlich. Wie bereits ausgeführt, hatte der EuGH in seiner Entscheidung die Rechte der Umweltverbände entscheidend gestärkt, indem er die Beschränkung der Klagemöglichkeiten von Umweltverbänden auf die Geltendmachung der Verletzung subjektive Rechte für unionsrechtswidrig erklärt hatte. Bis zum Inkrafttreten einer Gesetzesänderung war die Regelung des Art. 10a RL 2003/35/EG unmittelbar anwendbar. Dies hatte der EuGH in seinem Urteil ausdrücklich festgestellt.[719] Gleichwohl bestand die Umsetzungsverpflichtung des nationalen Gesetzgebers fort. Üblicherweise erwartet der EuGH das Tätigwerden des nationalen Gesetzgebers binnen eines Jahres, danach besteht die Gefahr der Einleitung eines Vertragsverletzungsverfahrens. Der deutsche Gesetzgeber ließ sich gleichwohl Zeit mit der erneuten Umsetzung der Vorgaben der RL 2003/35/EG. Die Bundesregierung legte erst am 30.5.2012 – mithin erst ein Jahr nach dem Urteil des EuGH – einen ministeriell erarbeiteten Gesetzesentwurf zur Anpassung des Umwelt-Rechtsbehelfsgesetzes vor,[720] der zunächst gemäß Art. 76 Abs. 2 GG dem Bundesrat zur Stellungnahme übersandt[721] und im Oktober 2012 in den Bundestag eingebracht wurde.[722]

---

719 Vgl. zum Urteil des EuGH *Berkemann*, Umweltverbandsklage, NuR 2011, 780, 781; *Berkemann*, Umweltverbandsklage, DVBl. 2011, 1253, 1260; *Bunge*, Klagemöglichkeiten, NuR 2011, 605, 609; *Meitz*, Entscheidung, NuR 2011, 420 f.; *Gassner*, Ermächtigung, NuR 2012, 37 f.; *Hellriegel*, Anmerkung, EuZW 2011, 512; *Schwerdtfeger*, Klagerechte, EuR 2012, 80 f.; *Appel*, Umweltverbände, NuR 2011, 414 f.; *Wegener*, Umweltverbandsklage, ZUR 2011, 363; *Durner/Paus*, Anmerkung, DVBl. 2011, 759; *Durner/Paus*, Klagerechte, NuR 2012, 325; *Müller*, Schutznormtheorie, EurUP 2011, 166.

720 Gesetzgebungsentwurf der Bundesregierung vom 30.5.2012, Datenblatt-Nr. 17/16071.

721 BR-Drs. 469/12 vom 10.8.2012.

722 BT-Drs. 17/10957 vom 10.10.2012.

Dem vorangegangen war ein Gesetzesvorschlag von BÜNDNIS 90/DIE GRÜNEN am 22.11.2011,[723] über den zwar bereits im Jahr 2011 der Bundestag beriet, der jedoch zeitgleich mit der Annahme des Regierungsentwurfs am 8.11.2012 abgelehnt wurde.[724] Beiden Gesetzesvorschlägen vorangegangen war ein Positionspapier des Bundesverbandes der Deutschen Industrie e.V. (BDI) vom 11.10.2011, in welchem Vorschläge zur Änderung des Umwelt-Rechtsbehelfsgesetzes mit dem Ziel, die Klagerechte einzuschränken, unterbreitet wurden.[725] Insbesondere sprach sich der BDI dafür aus, Präklusionsregelungen zu verschärfen, den richterlichen Untersuchungsgrundsatz und die Überprüfung von behördlichen Bewertungen einzuschränken und die Klagemöglichkeiten auf Umweltvorschriften mit unionsrechtlichem Hintergrund zu beschränken. Zudem sah der Entwurf die Einführung einer sechswöchigen Klagebegründungsfrist vor. Diese Vorschläge sind teilweise in das nun in Kraft getretene Umwelt-Rechtsbehelfsgesetz eingeflossen.

Parallel zur Änderung des UmwRG hat die Europäische Kommission im Jahr 2012 ein weiteres Vertragsverletzungsverfahren gegen Deutschland eingeleitet; in diesem Verfahren rügt die Europäische Kommission die Europarechtswidrigkeit der Präklusionsvorschriften des unverändert gebliebenen § 2 Abs. 3 UmwRG sowie die Vorschriften der §§ 4 und 5 UmwRG.[726] Die Bundesregierung hatte noch vor dem Urteil des EuGH vom 7.11.2013 zu erkennen gegeben, dass sie die gerügten Vorschriften für europarechtskonform hält.[727] Das Urteil des EuGH vom 7.11.2013 macht nun eine weitere Überarbeitung des Umwelt-Rechtsbehelfsgesetzes erforderlich. Der BDI hat bereits ein weiteres Positionspapier vorgelegt, in dem er seine Erwartungen an die aktuelle Bundesregierung

723 BT-Drs. 17/7888 vom 22.11.2011.

724 Plenarprotokoll 17/204 vom 8.11.2012.

725 Positionspapier zur Änderung des Umwelt-Rechtsbehelfsgesetzes vom 11.10.2011 des Bundesverbandes der Deutschen Industrie e.V.

726 Vertragsverletzungsnummer 2007/4267. Siehe hierzu auch *Stüer/Garbrock*, Verwaltungsgerichtstag, DVBl 2013, 1106; *Kremer*, Unionsrechtswidrigkeit, ZUR 2013, 89, 92. Die vorliegende Arbeit ist auf dem Stand 30.12.2013. Zwischenzeitlich wurde das Vertragsverletzungsverfahren beendet. Der EuGH hat am 15.10.2015 festgestellt, dass § 4 UmwRG gegen Art. 11 der RL 2011/92 verstößt und die deutschen Präklusionsvorschriften für europarechtswidrig erklärt. Für unionsrechtswidrig erklärt der EuGH auch die Übergangsvorschriften in § 5 UmwRG, EuGH, Urteil vom 15.10.2015 – C137/14, zitiert nach juris.

727 BT-Drs. 17/12304 vom 8.2.2013, S. 139.

formuliert.[728] Unter anderem fordert er, Zielkonflikte auf regulatorischer Ebene aufzulösen. Die Komplexität des Umweltrechts nähme ständig zu und verursache entsprechende Zielkonflikte. Die Gesetzgebung solle sich auf das Setzen von Zielen konzentrieren und deren Ausfüllung der Industrie und ihrer Kompetenz überlassen. Er fordert weiter dazu auf, das europäische Umweltrecht besser umzusetzen und anzuwenden. Aufgrund einer uneinheitlichen und inkonsequenten Umsetzung des europäischen Umweltrechts in den Mitgliedstaaten würden die umweltpolitischen Ziele der Union nicht vollständig erreicht, dies habe eine Benachteiligung des Standorts Deutschland zur Folge. Die vollständige Anwendung bestehenden Rechts in der Europäischen Union müsse Vorrang vor dem Erlass neuer Vorschriften haben. Insofern darf man bereit jetzt auf ein weiteres Gesetzgebungsverfahren zur Überarbeitung des Umwelt-Rechtsbehelfsgesetzes gespannt sein.

A) Der Verlauf des Gesetzgebungsverfahrens

Die Anpassung des Umwelt-Rechtsbehelfsgesetzes erfolgte im Rahmen einer umfassenden Gesetzesänderung durch ein Artikelgesetz, durch das neben dem UmwRG auch sechs weitere Umweltgesetze und vier umweltbezogene Verordnungen geändert wurden.[729] Im Folgenden sollen die Gesetzesentwürfe sowie der Verlauf des Gesetzgebungsverfahrens dargestellt werden.

---

728 Abrufbar unter:http://www.vdb-info.de/media/file/2907.BDI-Broschuere_Mittel standspolitische_Herausforderungen_20130820.pdf, letzter Aufruf am 17.1.2016.

729 Gesetz über ergänzende Vorschriften zu Umweltrechtsbehelfen in Umweltangelegenheiten nach der EG-RL 2003/35/EG vom 7.12.2006, zuletzt geändert durch Art. 1 des Gesetzes zur Änderung des Umwelt-Rechtsbehelfsgesetzes und anderer umweltrechtlicher Vorschriften vom 21.1.2013, BGBl. I, S. 95. Art. 1 ändert das Umwelt-Rechtsbehelfsgesetz, Art. 2: Änderungen des Gesetzes über die Umweltverträglichkeitsprüfung, Art. 3: Änderungen des Umweltauditgesetzes, Art. 4: Änderungen des Umweltschadensgesetzes, Art. 5: Änderungen des Strafgesetzbuches, Art. 6: Änderungen des Wasserhaushaltsgesetzes, Art. 7: Änderungen des Naturschutzgesetzes, Art. 8: Änderung der UAG-Gebührenverordnung, Art. 10: Änderung der Bundesartenschutzverordnung, Art. 11: Änderung der Seeanlagenverordnung, Art. 12: Bekanntmachungserlaubnis, Art. 13: Inkrafttreten.

I. Der Gesetzesentwurf der Fraktion BÜNDNIS 90/DIE GRÜNEN vom 22.11.2011

1. Inhalt

Die Fraktion BÜNDNIS 90/DIE GRÜNEN brachte am 22.11.2011 aufgrund des Untätigbleibens der Bundesregierung einen Gesetzesentwurf zur Anpassung des Umwelt-Rechtsbehelfsgesetzes sowohl an die Vorgaben der RL 2003/35/EG nach dem Urteil des EuGH vom 12.5.2011 als auch an die Vorgaben der Århus-Konvention in den Bundestag ein.[730] Die wichtigsten Änderungen zum UmwRG a.F. waren die Streichung der in § 2 Abs. 1 Nr. 1 und Abs. 5 UmwRG a.F. enthaltenen Beschränkung auf die Geltendmachung von Rechten Einzelner, die Anerkennung von Stiftungen als klageberechtigte Vereinigungen sowie eine Neufassung des § 4 Abs. 1 UmwRG. Der Gesetzesentwurf verfolgte im Hinblick auf die Rügebefugnis eine sogenannte „große Lösung", d.h., sämtliche umweltbezogenen Vorschriften sollten rüge- und kontrollfähig sein unabhängig davon, ob es sich um nationale oder europäische Regelungen handelt. Begründet wurde dies damit, dass eine Differenzierung zwischen „unionsbezogenen" und „rein innerstaatlichen" Vorschriften schwer praktikabel wäre. Zudem stünde eine Begrenzung im Widerspruch zu Art. 9 Abs. 2 AK.[731] Der Vorschlag sah vor, § 4 UmwRG in „Gerichtliche Kontrolldichte" umzubenennen, und übernahm teilweise den Wortlaut des ersten Entwurfs zum Umwelt-Rechtsbehelfsgesetz vom 4.9.2006. Der seinerzeitige Vorschlag sah die Verletzung wesentlicher Verfahrensvorschriften als entscheidungserheblich für das gerichtliche Verfahren an und stellte sicher, dass eine Verwaltungsentscheidung aufgehoben werden kann, wenn wesentliche Verfahrensvorschriften verletzt wurden. Die nun vorgeschlagene Formulierung sollte sicherstellen, dass die in § 4 Abs. 1 Satz 1 Nummer 1 und 2 UmwRG genannten Verfahrensfehler nur beispielhaft für die Verletzung von Verfahrensvorschriften genannt werden und auch andere Verstöße als wesentliche Verstöße im Sinne der Vorschrift angesehen werden können („*insbesondere*").[732] Zudem sollte sich die Regelung auch auf Fehler der Abwägung erstrecken, da europarechtlich eine strikte Trennung zwischen Abwägungsmängeln und Verfahrensfehlern ohnehin nicht möglich sei. Diesen Vorschlag griff der neue Gesetzesentwurf wieder auf.

---

730 BT-Drs. 17/7888 vom 22.11.2011.

731 Vgl. BT-Drs. 17/7888 vom 22.11.2011.

732 Vgl. BT-Drs. 17/7888, Begründung S. 6.

2. *Tabellarische Übersicht des Gesetzesentwurfes*

Kriterien	**Regelungsgehalt**
Statthafte Klagearten	keine Änderungen
Rügeberechtigte	**neu:** Stiftungen
Rügebefugnis	unabhängig von der Geltendmachung einer eigenen Rechtsverletzung; rügefähig sind Rechtsvorschriften, die dem Umweltschutz dienen
Rügegegenstand	keine Änderungen
Anerkennungsverfahren	Anerkennung auch von Stiftungen mit der Maßgabe, dass es für die Anerkennungsentscheidung auf den Mitgliederkreis nicht ankommt; § 3 Abs. 1 Satz 2 Nr. 5 UmWRG wird für Stiftungen für unanwendbar erklärt.
Betroffenheit im satzungsgemäßen Aufgabenbereich	keine Änderungen
Verwirkung/ Präklusion	keine Änderungen
Fristen	keine Änderungen
Prüfungsmaßstab	Prüfung sämtlicher umweltbezogener Rechtsvorschriften; kein satzungsrechtlicher Bezug der verletzten Umweltbelange erforderlich, dasselbe gilt bei Bebauungsplänen, die die Zulässigkeit eines UVP-pflichtigen Vorhabens begründen
Gerichtliche Kontrolldichte	Klarstellung, dass es sich bei den Verfahrensfehlern nach § 4 Abs. 1 UmwRG um eine Aufzählung handelt, die Aufhebung einer Entscheidung kann verlangt werden, wenn wesentliche Verfahrensvorschriften verletzt worden sind und der Verfahrensfehler nicht geheilt werden kann. Wesentliche Verfahrensfehler sind **insbesondere** verletzt, wenn: – eine erforderliche UVP – oder eine erforderliche Vorprüfung des Einzelfalles nicht durchgeführt worden sind. § 45 Abs. 2 VwVfG bleibt unberührt, ebenso die Möglichkeit der Aussetzung des Gerichtsverfahrens zur Heilung des Verfahrensfehlers. Gleiches soll für Mängel der Abwägung gelten; Vorschriften, die die gerichtliche Kontrolle auf offensichtliche Abwägungsmängel beschränken, die auf das Ergebnis von Einfluss gewesen sind, sind nicht anzuwenden; dies soll auch für Bebauungspläne gelten.
Verhältnis zur naturschutzrechtlichen Verbandsklage	keine Änderungen

3. *Begründung*

Die Begründung des Gesetzesentwurfes ist knapp gehalten und verweist lediglich darauf, dass der Gesetzesentwurf der Umsetzung der europäischen und völkerrechtlichen Vorgaben nach dem Urteil des EuGH vom 12.5.2011 dient und die Klagemöglichkeiten anerkannter Umweltverbände europa- und völkerrechtskonform angepasst werden sollen. Zudem soll der Gesetzesentwurf die effektive Durchsetzung umweltrechtlicher Standards gewährleisten. Ausführungen zum Rechtsinstitut der Verbandsklage enthält der Gesetzesvorschlag konsequenterweise nicht. Hinsichtlich der Streichung der Beschränkung der rüge- und kontrollfähigen Normen auf solche, die Rechte Einzelner begründen, wird ausgeführt, dass der EuGH das Erfordernis der umfassenden Überprüfungsmöglichkeiten aus Kompetenzgründen auf Normen, die aus dem Unionsrecht hervorgegangen sind, beschränkt habe. Der Gesetzesentwurf erstrecke sich jedoch auf jegliche dem Umweltrecht dienende Normen. Diese „zwingende" Maßgabe folge daraus, dass eine Differenzierung zwischen „unionsrechtlichen" und „rein nationalen" Vorschriften schwer praktikabel wäre. Darüber hinaus stünde eine entsprechende Begrenzung im Widerspruch zu Art. 9 Abs. 2 AK.[733] Im Hinblick auf den neu vorgeschlagenen § 4 UmwRG führt die Begründung aus, dass die Überschrift der bisherigen Fassung sich lediglich auf Fehler bei der Anwendung von Verfahrensvorschriften bezieht. Durch die Einbeziehung von Mängeln bei der Abwägung sei konsequenterweise auch die Überschrift zu ändern. Zudem solle der nun vorgeschlagene § 4 UmwRG nicht mehr nur die Folgen von Verfahrensfehlern, sondern insgesamt die gerichtliche Kontrolldichte regeln.

4. *Fazit*

Der Gesetzesentwurf von BÜNDNIS 90/DIE GRÜNEN greift im Wesentlichen den eigenen Gesetzesvorschlag aus dem Jahr 2006 auf und versucht, im Hinblick auf die vorgeschlagenen Regelungen in § 2 und § 4 UmwRG konsequent die Vorgaben der RL 2003/35/EG und der Århus-Konvention auch im Hinblick auf eine verfahrensrechtliche Kontrolle der Entscheidungen umzusetzen.

733 BT-Drs. 17/7888 vom 22.11.2011.

II. Der Gesetzesvorschlag der Bundesregierung

1. *Inhalt*

Die Bundesregierung legte schließlich am 30.5.2012 – ein Jahr nach dem Urteil des EuGH vom 12.5.2011 – einen im Bundesministerium für Umwelt, Naturschutz und Reaktorsicherheit erarbeiteten Gesetzesentwurf vor, den sie am 10.8.2012 in den Bundestag einbrachte.[734] Der Entwurf enthielt die Erstreckung des Anwendungsbereiches des Umwelt-Rechtsbehelfsgesetzes auf das Umwelt-Schadensgesetz (§ 1 Abs. 1 Nr. 3 UmwRG), eine Neuregelung des Verhältnisses von Umwelt-Rechtsbehelf und naturschutzrechtlicher Verbandsklage (§ 1 Abs. 3 UmwRG), die Streichung der Beschränkung der rüge- und kontrollfähigen Normen auf solche, die Rechte Einzelner begründen (§ 2 Abs. 1 Nr. 1 und Abs. 5 Satz 1 UmwRG), die Erweiterung der rügefähigen UVP-Verfahrensfehlertypen in § 4 UmwRG (§ 4 Abs. 1 Satz 2 UmwRG) und die Einführung neuer prozessualer Vorgaben für die Verbandsklage (§ 2a UmwRG) sowie die Anpassung der Überleitungsvorschrift (§ 5 UmwRG).[735]

2. *Tabellarische Übersicht des Gesetzesentwurfes*

Kriterien	**Änderungsvorschläge zum UmwRG 2006**
Statthafte Klagearten	keine Änderungen
Rügeberechtigte	keine Änderungen
Rügebefugnis	„Rechte Einzelner begründen“ wird gestrichen. Rügebefugnis ist damit unabhängig von der Geltendmachung einer eigenen Rechtsverletzung; rügefähig sind Rechtsvorschriften, die dem Umweltschutz dienen.
Rügegegenstand	Erstreckung auf Entscheidungen nach dem Umwelt-Schadensgesetz
Anerkennungsverfahren	keine Änderungen
Betroffenheit im satzungsgemäßen Aufgabenbereich	keine Änderungen
Verwirkung/ Präklusion	keine Änderungen; § 2 Abs. 3 UmwRG bleibt unverändert
Fristen	Keine Änderungen

734 Abrufbar unter: http://dipbt.bundestag.de/dip21/brd/2012/0469-12.pdf, letzter Aufruf am 17.1.2016.

735 BR-Drs. 469/12 vom 10.8.2012.

Kriterien	Änderungsvorschläge zum UmwRG 2006
Prozessuale Voraussetzungen	Einführung eines § 4a „Maßgaben zur Anwendung der Verwaltungsgerichtsordnung", der in Abs. 1 neue prozessuale Voraussetzungen regelt: - Einführung einer 6-wöchigen Klagebegründungsfrist, - Substantiierungserfordernis, - Anwendbarkeit des § 87b Abs. 3 Nr. 1 und 2 VwGO, - Anwendbarkeit des § 80 Abs. 5 VwGO, nur wenn ernsthafte Zweifel an der Rechtmäßigkeit des Verwaltungsaktes bestehen.
Prüfungsmaßstab	Keine Änderungen
Gerichtliche Kontrolldichte	Einschränkung des Untersuchungsgrundsatzes bei Beurteilungsermächtigungen, fehlerhafte UVP kann auch zur Aufhebung der Entscheidung führen
Verhältnis zur naturschutzrechtlichen Verbandsklage	keine parallele Anwendung bei UVP-pflichtigen Planfeststellungsverfahren

3. *Begründung*

Die Begründung verweist zunächst darauf, dass mit dem Gesetzesvorschlag die ohnehin nach dem Urteil des EuGH vom 12.5.2011 geltende Rechtslage nachvollzogen werden soll. Aus der Begründung lässt sich entnehmen, dass nicht davon ausgegangen wird, hierdurch werde ein zusätzlicher Arbeitsaufwand bei den Gerichten entstehen, dieser könne im Rahmen der vorhandenen Kapazitäten aufgefangen werden. Die Erfahrungen mit der umweltrechtlichen Verbandsklage im deutschen Recht und im internationalen Vergleich würden keine übermäßige Zunahme an Klagen erwarten lassen.[736] Hinsichtlich der Änderung des § 2 UmwRG verweist die Begründung darauf, dass es Ziel des Gesetzesentwurfes sei, eine lückenlose sogenannte Eins-zu-eins-Umsetzung von Art. 10a RL 2003/35/EG sowie von Art. 9 Abs. 2 AK vorzunehmen. Die Begründung führt im Weiteren auch unter Bezugnahme auf das gegen die Bundesrepublik Deutschland anhängige Verfahren vor dem ACCC aus, dass zu den Bestimmungen, deren Verletzung nach Art. 9 Abs. 2 AK gerügt werden kann, auch Vorschriften zählen, die zum originären nationalen Regelungsbestand zählen. Daher könne sich die Anpassung des UmwRG nicht darauf beschränken, anerkannten

736 Gesetzentwurf der Bundesregierung: Gesetz zur Änderung des Umwelt-Rechtsbehelfsgesetzes und anderer umweltrechtlicher Vorschriften – Stand 30.5.2012, S. 40.

Umweltverbänden den Zugang zu Gerichten nur in Bezug auf unionsbasierte Rechtsvorschriften zu ermöglichen.[737]

Der Gesetzgebungsvorschlag der Bundesregierung enthält konsequenterweise in der Begründung keine Ausführungen mehr zur grundsätzlichen Dogmatik und Zulässigkeit der umweltrechtlichen Verbandsklage im Gegensatz zu der Begründung aus dem Jahr 2006, in der noch recht umfänglich die Zulässigkeit der umweltrechtlichen Verbandsklage im Rechtsschutzsystem der VWGO diskutiert worden war.

III. Der Verlauf des Gesetzgebungsverfahrens

Der Gesetzesentwurf von BÜNDNIS 90/DIE GRÜNEN vom 22.11.2011 konnte sich im Gesetzgebungsverfahren nicht durchsetzen. Dies wurde bereits in der ersten Bundestagsdebatte deutlich. Die CDU/CSU-Fraktion und die FDP-Fraktion wiesen darauf hin, dass auch die Koalitionsfraktionen bereits einen Gesetzesentwurf erarbeiten würden und dass zwar einerseits die Vorgaben des europäischen Rechts umgesetzt werden müssten, andererseits bei der konkreten Ausgestaltung auch zu beachten sei, dass sich die Rahmenbedingungen bei Vorhaben wie Infrastrukturprojekten im Energie- oder Verkehrsbereich nicht so verändern, dass diese kaum noch durchsetzbar sein.[738] Die FDP-Fraktion lehnte den Gesetzesvorschlag mit der Begründung ab, dass dieser deutlich über die durch den EuGH vorgegebenen Anpassungsnotwendigkeiten hinausgehe und die Klagemöglichkeiten hierdurch unnötigerweise ausgeweitet würden. Dies führe zu einer Zunahme der Genehmigungsdauer für Projekte und hätte eine Kostensteigerung und Wettbewerbsnachteile zur Folge.[739] Die SPD-Fraktion verwies zunächst auf das Gesetzgebungsverfahren zum UmwRG im Jahr 2006, in dem die SPD-Fraktion dem Gesetzesentwurf nur wegen des bereits anhängigen Vertragsverletzungsverfahrens zugestimmt hatte. Sie machte für die mangelhafte Umsetzung der europarechtlichen Vorgaben, die Angst vor dem (Wut-) Bürger in der Union und in den unionsgeführten Bundesländern und Ministerien sowie den Lobbyismus der Wirtschaftsverbände verantwortlich. Sie sprach sich für eine umfassende, transparente und frühzeitige Bürgerbeteiligung aus. Dies werde auch nicht zu einer Klageflut, sondern zu einer Verkürzung von Verfahren

737 Ebenda, S. 52.

738 Vgl. BT-Prot. 17/149, *Dr. Thomas Gebhardt.*

739 Vgl. BT-Prot. 17/149, *Judith Skudelny.*

führen, weil es aufgrund der Beteiligung zu weniger Klagen gegen die Entscheidung kommen würde.[740]

Der Gesetzesentwurf wurde federführend an den Ausschuss für Umwelt, Naturschutz und Reaktorsicherheit und an den Rechtsausschuss überwiesen. Im März 2012 gab der Ausschuss für Umwelt, Naturschutz und Reaktorsicherheit mit den Stimmen der Fraktionen der CDU/CSU und FDP gegen die Stimmen der Fraktionen SPD, DIE LINKE und BÜNDNIS90/ DIE GRÜNEN die Empfehlung ab, den Gesetzesentwurf abzulehnen.[741]

Zwischenzeitlich hatte die Bundesregierung am 30.5.2013 ihren eigenen Gesetzesentwurf vorgelegt, den sie am 10.8.2012 in den Bundestag einbrachte und dem Bundesrat zur Stellungnahme übersandte.[742]

Dieser Gesetzesentwurf wurde bereits frühzeitig in der Öffentlichkeit stark kritisiert. Dies betraf vor allem die Regelungen des jetzigen § 4a UmwRG.[743] Die neue deutsche Richtervereinigung nahm unmittelbar nach Veröffentlichung des ministeriellen Gesetzesentwurfes vom 30.5.2012 Stellung und begrüßte einerseits die Streichung der Beschränkung der Rügebefugnis und des Prüfungsmaßstabes auf Vorschriften, die Rechte Einzelner begründen. Sie kritisierte andererseits jedoch die Einführung des jetzigen § 4a UmwRG und verwies darauf, dass kein sachlicher Grund für dessen Einführung erkennbar sei. Vielmehr lasse die Begründung die fortbestehende Abneigung gegen die – europarechtlich vorgegebene – Verbandsklage und das Misstrauen gegenüber Verbänden erkennen.[744] Ebenso kritisiert wurde die Modifizierung des richterlichen Untersuchungsgrundsatzes durch die Modifizierung des § 86 Abs. 1 VwGO.[745]

Ebenfalls ausgesprochen kritisch äußerte sich der Bundesrat zu dem übersandten Gesetzesentwurf.[746] Er empfahl, die Kollisionsregelung zur naturschutzrechtlichen Verbandsklage in § 1 Abs. 3 UmwRG n.F. zu streichen und § 4 UmwRG neu zu fassen und die Beachtlichkeit von wesentlichen Verfahrensfehlern ähnlich dem Vorschlag von BÜNDNIS 90/DIE GRÜNEN zu regeln. Er verwies in seiner Begründung darauf, dass im Verwaltungsvollzug und in der

740 Vgl. BT-Prot. 17/149, *Dr. Matthias Miersch.*

741 BT-Drs. 17/8876 vom 6.3.2012.

742 BR-Drs. 469/12 vom 10.8.2012.

743 Im Entwurf vom 30.5.2012 noch § 2a UmwRG.

744 Stellungnahme der Neuen Richtervereinigung vom 20.06.2012, abrufbar unter: https://www.neuerichter.de/details/artikel/article/aenderung-des-umwelt-rechtsbehelfsgesetzes-79.html, letzter Aufruf am 17.1.2016.

745 Ebenda.

746 BR-Drs. 469/12 vom 21.9.2012.

Rechtsprechung erhebliche Rechtsunsicherheiten bei der Anwendung des § 4 UmwRG bestünden, insbesondere bestehe Unklarheit darüber, ob allein der „Totalausfall", d.h. die Nichtdurchführung einer Umweltverträglichkeitsprüfung oder UVP-Vorprüfung klagefähig sei oder ob auch die mangelhaft durchgeführte UVP gerichtlich überprüft werden könne. Nach Auffassung des Bundesrates war eine gesetzliche Klarstellung zur Vermeidung weiterer Gerichtsverfahren und Rechtsunsicherheiten dringend geboten.[747] Er empfahl zudem die Streichung des neuen § 4a UmwRG. Dieser begegne grundlegenden Bedenken. Die Verschärfung der prozessualen Anforderungen an Umwelt-Rechtsbehelfe sei nicht erforderlich und weise Konfliktpotential mit Art. 19 Abs. 4 GG und dem Unionsrecht und der Århus-Konvention auf. Insbesondere kritisierte der Bundesrat, dass die europarechtlich und völkerrechtlich gebotene Ausweitung des Verbandsklagerechts zum Anlass genommen werde, nicht nur das Verbandsklagerecht, sondern auch den Individualrechtsschutz einzuschränken. Zudem seien die Bestimmungen nicht erforderlich; das damit bezweckte Ziel der effektiven Verfahrensbeschleunigung lasse sich bereits auf der Grundlage des geltenden Rechts und durch Orientierung an der gefestigten Rechtsprechung des Bundesverwaltungsgerichts erreichen.[748]

Die Bundesregierung griff keinen der vom Bundesrat kritisierten Punkte auf und brachte den Gesetzesentwurf unverändert in das Gesetzgebungsverfahren ein.[749] Aus der Gegenäußerung der Bundesregierung lässt sich entnehmen, dass nach Auffassung der Bundesregierung eine Änderung des § 4 UmwRG, wie von der Fraktion BÜNDNIS90/DIE GRÜNEN und dem Bundesrat vorgeschlagen, erheblich über die Vorgaben des Europarechts hinausgehen würde und zunächst die Entscheidung des Europäischen Gerichtshofes zum Vorabentscheidungsersuchen des Bundesverwaltungsgerichts[750] abgewartet werden solle, bevor weitere Rechtsänderungen ins Auge gefasst würden.[751]

Während des Gesetzgebungsverfahrens fand eine Sachverständigenanhörung im Bundestag statt. Es wurden Verbändevertreter, Rechtsanwälte und eine

747 Der Bundesrat verwies an dieser Stelle auf den ersten Entwurf des UmwRG, BT-Drs. 16/2495, der das Gewollte deutlich zum Ausdruck gebracht habe, ganz im Gegensatz zur später verabschiedeten Gesetzesfassung.

748 BR-Drs. 469/12 vom 21.9.2012, S. 4.

749 BT-Drs. 17/10957 vom 10.10.2012.

750 Siehe hierzu im 4. Kapitel B. III. 3.

751 BT-Drs. 17/10957 vom 10.10.2012, Anlage 4.

Hochschulprofessorin angehört.[752] Die Meinungen zu den vorgeschlagenen Änderungen des Umwelt-Rechtsbehelfsgesetzes gingen hierbei (erwartungsgemäß) stark auseinander. Der Bundesverband der Energie. und Wasserwirtschaft (BDEW) hielt den Gesetzesvorschlag nicht für weitgehend genug und setzte sich für eine Ergänzung im Hinblick auf stringentere Verfahrensvorschriften ein. Insbesondere warb er für die Einführung von verschärften Präklusionsvorschriften. Begründet wurde dies mit der hohen Fachkompetenz von Umweltverbänden, die es rechtfertigen würde, dass diese bereits in einem frühen Stadium explizit die tragenden Gründe für ihre Einwände darzulegen hätten. Gleiches gelte im Hinblick auf eine Einschränkung des richterlichen Untersuchungsgrundsatzes. Dieser solle daher wie im Zivilprozess auf den von den Parteien vorgetragenen Sachvortrag begrenzt werden. Ebenso sprach sich der BDEW für eine weitergehende Einschränkung des Prüfungsmaßstabes bei behördlichen Entscheidungen aus. Aufgrund der komplexen und aufwändigen Bewertung von Vorhaben im Umweltrecht und der Anfertigung von Prognosen sei die Einräumung eines Beurteilungsspielraumes der Verwaltung erforderlich und eine Überprüfung durch die Gerichte solle nur im Hinblick darauf erfolgen, ob das für die Prognose und die Bewertung vorgeschriebene Verfahren eingehalten worden und die Prognose bzw. die Bewertung nachvollziehbar sei. Zudem sprach sich der BDEW für die Einführung einer Heilungsmöglichkeit bei heilbaren Mängeln im Rahmen des § 113 VwGO aus. Danach sollten nur erhebliche Fehler, die auch durch ein ergänzendes Verfahren nicht behoben werden können, zur Aufhebung einer Entscheidung führen.[753]

Ablehnend zu dem Gesetzesentwurf äußerten sich *Schlacke* und *Kremer*. *Schlacke* hob zwar positiv hervor, dass der Gesetzesvorschlag im Rahmen der Klagebefugnis die sogenannte „große Lösung“ verfolge, in dem er eine Rügebefugnis zur Geltendmachung jeglicher Verstöße gegen objektive Umweltvorschriften eröffne, unabhängig davon, ob die gerügten Vorschriften dem nationalen oder europäischen Recht entstammen. Sie wies jedoch auch darauf hin, dass die Änderung des § 4 UmwRG nicht den europäischen Vorgaben genügen werde, die Erweiterung der Verfahrensfehlertypen sei an europäischen

752 RA *Andreas Gentzsch* für den BDEW; *Peter Rottner* für den NABU e.V.; Rechtsanwältin Prof. Dr. *Andrea Versteyl*; Rechtsanwalt *Peter Kremer*, Rechtsanwalt Dr. *Frank Fellenberg* und Prof. Dr. *Sabine Schlacke*. Die Stellungnahmen sind abrufbar unter: http://www.bundestag.de/dokumente/textarchiv/2012/40956512_kw43_pa_umwelt/209652, , letzter Aufruf am 17.1.2016.

753 Vgl. zum Vorstehenden insgesamt: *Andreas Gentzsch* für den BDEW, Ausschussdrucksache 17 (16) 580-A vom 18.10.2012.

Maßstäben gemessen nicht ausreichend. Sie wies weiter darauf hin, dass der neu vorgeschlagene § 4a UmwRG nicht europarechtlich bedingt sei, und stellte seine Zweckmäßigkeit unter dogmatischen und rechtspolitischen Gesichtspunkten in Frage. Die Gesetzesbegründung für ein Bedürfnis nach § 4a UmwRG überzeuge nicht und aus europarechtlicher Perspektive sei im Hinblick auf das Äquivalenzgebot eine Verringerung der gerichtlichen Kontrolldichte lediglich für Umwelt-Rechtsbehelfe zweifelhaft.[754]

Kremer kritisierte insbesondere, der Gesetzesentwurf enthalte keine Umsetzung des Art. 9 Abs. 3 AK sowie die Einführung des neuen § 4a UmwRG. Er wies daraufhin, dass die sechswöchige Klagebegründungfrist nicht zur Beschleunigung des Verfahrens beitragen würde und die Regelung auch nicht – wie in der Gesetzesbegründung behauptet – dem Ausgleich zwischen der umweltschützenden Zielsetzung von Verbandsklagen einerseits und den Belangen der von der Verbandsklage Betroffenen andererseits diene. Zudem würden hierdurch auch noch ohne sachliche Begründung die Rechte privater Kläger eingeschränkt. *Kremer* kritisierte ebenfalls die Regelungen des vorgeschlagenen § 4a Abs. 2 und 3 UmwRG. Da § 4a Abs. 2 UmwRG ausweislich der Gesetzesbegründung nicht mit einer Änderung der Rechtslage verbunden sein solle und sich schlicht auf eine Wiederholung der geltenden Rechtslage bei Beurteilungsermächtigungen beschränke, bestehe für eine solche Regelung kein Grund. Hinsichtlich des neuen eingeschränkten Prüfungsmaßstabs bei Eilverfahren wies *Kremer* darauf hin, dass hierdurch der Zugang zu Eilrechtsschutz erschwert würde. Zur Regelung des § 4 UmwRG merkte er an, dass nach wie vor unklar bleibe, ob diese Rügebefugnis auch für Privatkläger ohne subjektive Rechtsbetroffenheit gelten soll. Darüber hinaus setze die Vorschrift ebenso wie der alte § 4 UmwRG die europäischen Vorgaben, wonach die komplette verfahrensrechtliche Überprüfbarkeit der Entscheidung gegeben sein müsse, nicht ausreichend um. Ebenso kritisierte er, der Gesetzesvorschlag ändere nichts an der Präklusionsvorschrift des § 2 Abs. 3 UmwRG. Die Rechtsschutzmöglichkeiten von Verbänden würden durch eine zunehmend restriktive Anwendung der Präklusionsvorschriften durch die Gerichte immer weiter zurückgedrängt. Die Handhabung der Präklusionsvorschriften durch das Bundesverwaltungsgericht mache hieraus Strafvorschriften.[755]

---

754 Vgl. Stellungnahme Prof. Dr. *Sabine Schlacke* Ausschussdrucksache 17 (16) 580 B vom 18.10.2012.

755 Vgl. Stellungnahme RA *Peter Kremer*, Ausschussdrucksache 17 (16) 580-C vom 19.10.2012.

Positiv zu dem Gesetzesvorschlag äußerte sich Rechtsanwalt *Fellenberg*. Seiner Ansicht nach sind insbesondere die vorgeschlagenen Regelungen des § 4a UmwRG unions- und verfassungsrechtlich unbedenklich. Die Erstreckung der Rügebefugnis auf die Geltendmachung sämtlichen objektiven Umweltrechts hält er unionsrechtlich nicht für geboten, jedoch für begrüßenswert. Den Erhalt der Präklusionsvorschriften bewertete er vor dem Hintergrund eines anhängigen Vertragsverletzungsverfahrens[756] ebenfalls positiv; es sei richtig, zunächst die weitere Entwicklung auf europäischer Ebene abzuwarten. Hinsichtlich des § 4 UmwRG vertrat *Fellenberg* die Auffassung, dass dieser bereits in der Fassung des UmwRG aus dem Jahr 2006 keine abschließende Regelung zur Beachtlichkeit von Fehlern bei der Durchführung der UVP darstelle, dies ergebe sich bereits aus den Gesetzesmaterialen[757], da es bei sonstigen Fehlern bei der Regelung des § 46 VwVfG verbleibe. Er empfahl, insofern eine Klarstellung aufzunehmen. Die vorgeschlagene Regelung des § 4a UmwRG bewertete er als europarechtskonform, die Einführung einer Klagebegründungsfrist sei von der Verfahrensautonomie der Mitgliedstaaten gedeckt. Gleiches gelte hinsichtlich der Einschränkung der Kontrolldichte bei Beurteilungsermächtigungen. Er stellte allerdings die Notwendigkeit einer solchen rein wiederholenden Regelung auch im Rahmen des UmwRG in Frage. Für ebenfalls unbedenklich und europarechtskonform hielt *Fellenberg* die Einschränkung des Prüfungsmaßstabes bei Eilrechtsverfahren; die beabsichtigte Modifizierung des Prüfungsmaßstabes halte sich in Grenzen und ändere nichts an der Struktur der gerichtlichen Ermessensentscheidung.[758]

Der BUND und der NABU lehnten den Gesetzesvorschlag ab. Dieser genüge nicht den Verpflichtungen, die sich für Deutschland aus der Århus-Konvention und der RL 2003/35/EG ergäben. Insbesondere wurde gerügt, dass der Gesetzgebungsvorschlag nicht die notwendige Streichung der Präklusionsvorschrift des § 2 Abs. 3 UmwRG enthielt, er Restriktionen der Rügebefugnis enthält und über den § 4a UmwRG die Möglichkeiten, effektiven Rechtsschutz gegenüber umweltrelevanten Verwaltungshandeln zu erlangen, erheblich verschlechtert. BUND und NABU wiesen in ihrer Stellungnahme mehrfach darauf hin, dass die Verbandsklage lediglich die Beachtung des geltenden Umweltrechts durchsetzt. Sie wiesen weiter darauf hin, dass bei Verabschiedung des Gesetzesentwurfes in

756 Vertragsverletzungsverfahren Nr. 2007/4267, siehe hierzu auch Ausschussdrucksache 17 (16) 636, Fragen Nr. 185, 185 http://dipbt.bundestag.de/extrakt/ba/WP17/510/51087.html, letzter Aufruf am 17.1.2016.

757 *Fellenberg* verwies hier auf die BT-Drs. 16/2495, S. 14.

758 Vgl. Stellungnahme RA Dr. *Frank Fellenberg*, Ausschussdrucksache 17 (16) 580-D vom 19.10.2012.

der geltenden Fassung eine weitere Verurteilung Deutschlands vor dem EuGH drohe. Insbesondere forderten sie die Aufhebung der Beschränkung der Rügebefugnis und des Prüfungsmaßstabes auf die Geltendmachung der Verletzung von Vorschriften, die dem Umweltschutz dienen. Es könne nicht darauf ankommen, ob ein Vorhaben gegen dem Umweltschutz dienende Vorschriften verstoße oder aus anderen Gründen rechtswidrig sei. BUND und NABU lehnten die beabsichtigte Regelung des neuen § 4a UmwRG vollständig ab, die damit beabsichtigte Restriktion sei nicht begründbar und verstoße gegen völker- und europarechtliche Vorgaben. Insbesondere die Einführung der sechswöchigen Klagebegründungsfrist sei unter keinem Gesichtspunkt gerechtfertigt. Gleiches gelte hinsichtlich der Beurteilungsermächtigung von Behörden. Abgelehnt wurde ebenfalls die vorgeschlagene Regelung des § 4a Abs. 3 UmwRG, dieser diene ersichtlich der Erschwerung einstweiligen Rechtsschutzes. Begrüßt wurde die Klarstellung in § 4 Abs. 1 UmwRG, wonach nun auch ein Rügerecht bestehen soll, wenn die erforderliche UVP-Vorprüfung fehlerhaft durchgeführt worden ist und zu einem fehlerhaften Ergebnis geführt hat. Allerdings fehle es an einer entsprechenden Klarstellung hinsichtlich der fehlerhaft durchgeführten Umweltverträglichkeitsprüfung. Zudem solle Maßstab nicht § 3a Satz 4 UVPG, sondern das UVPG insgesamt sein. Darüber hinaus forderten der BUND und der NABU Regelungen hinsichtlich des Zugangs zu Informationen über Genehmigungsverfahren, der Zurverfügungstellung von Unterlagen und der Verfahrenskosten.[759]

Positiv zu dem Gesetzesentwurf äußerte sich auch *Versteyl*. Ihrer Einschätzung nach geht der Entwurf nicht über die europarechtlichen Vorgaben hinaus und kommt den Anforderungen, die sich aus dem Trianel-Urteil des EuGH vom 12.5.2011 ergeben, im notwendigen Umfang nach. Insbesondere hielt sie die neu eingeführten Verfahrensregelungen für sinnvoll, notwendig und europarechtlich nicht zu beanstanden. Weitergehende Prüfungsmaßstäbe, die Abschaffung von Heilungsvorschriften, d.h. die Einschränkung des verwaltungsgerichtlichen Grundsatzes des Planerhalts, hielt sie nicht für europarechtlich gefordert und auch nicht für notwendig, um Zulassungsentscheidungen zu Lasten der Umwelt zu verhindern.[760]

Die zweite und dritte Beratung des Gesetzesentwurfes von BÜNDNIS 90/ DIE GRÜNEN erfolgte gemeinsam mit der Beratung des von der Bundesregierung eingebrachten Gesetzesentwurfes am 8.11.2012. Der Gesetzesentwurf der

759 Vgl. Stellungnahme des BUND und NABU durch *Peter Rottner* und *Dirk Teßmer*, Ausschussdrucksache 17 (16) 580-E vom 18.10.2012.

760 Vgl. Stellungnahme RA Prof. Dr. Versteyl, Ausschussdrucksache 17(16)580 – F vom 23.10.2012.

Fraktion BÜNDNIS 90/DIE GRÜNEN wurde vom Bundestag abgelehnt.[761] Zeitgleich wurde der Gesetzesentwurf der Bundesregierung mit lediglich redaktionellen Änderungen mit den Stimmen der Fraktionen der Regierungskoalition[762] gegen die Stimmen der drei Oppositionsfraktionen[763] angenommen.[764] Inhaltliche Änderungen erfolgten trotz der von den Sachverständigen in der Anhörung geäußerten zahlreichen Bedenken nicht mehr. Im Bundesrat hat der Ausschuss für Umwelt, Naturschutz und Reaktorsicherheit in seiner Sitzung am 3.12.2012 dem Bundesrat empfohlen, den Vermittlungsausschuss anzurufen. Er verwies darauf, dass durch die Einführung des neuen § 1 Abs. 3 UmwRG der Umfang und die Reichweite der naturschutzrechtlichen Vereinsklage erheblich zurückgeführt würden; der neue § 4a UmwRG sei zu streichen, da dessen Einführung grundlegenden Bedenken begegne, die Verschärfung der prozessualen Anforderungen an UmweltRechtsbehelfe sei nicht erforderlich und weise Konfliktpotenzial mit Art. 19 Abs. 4 GG, Unionsrecht und Völkerrecht auf.[765] Der Bundesrat verzichtete gleichwohl auf die Anrufung des Vermittlungsausschusses.[766] Das Gesetz zur Änderung des Umwelt-Rechtsbehelfsgesetzes und anderer umweltrechtlicher Vorschriften trat am 29.1.2013 in Kraft.[767]

761 BT-Prot. 17/204 vom 8.11.2012, TOP 26.

762 CDU/CSU und FDP.

763 BÜNDNIS90/DIE GRÜNEN; DIE LINKE und SPD.

764 BT-Prot. 17/204 vom 8.11.2012.

765 BR-Drs. 707/1/12 vom 3.12.2012.

766 BR-Prot. 904 der Sitzung am 14.12.2012, TOP 18. Der Verzicht auf die Anrufung des Vermittlungsausschusses ist wohl auf die damals kurz bevorstehende Landtagswahl in Niedersachsen am 20.1.2013 zurückzuführen. Niedersachsen wurde bis dahin durch eine Koalition von CDU/CSU und FDP regiert. Bei der Landtagswahl am 20.1.2013 änderten sich die Mehrheitsverhältnisse zugunsten einer Regierungskoalition der SPD und BÜNDNIS90/DIE GRÜNEN. Dies wiederum hatte eine Änderung der Sitzverteilung im Bundesrat zur Folge. Die bis dahin bestehende Mehrheit von CDU/CSU und FDP wurde dadurch abgelöst. Es ist zu vermuten, dass der Gesetzesvorschlag noch vor Änderung der Mehrheitsverhältnisse im Bundesrat beschlossen werden sollte und deshalb der Vermittlungsausschuss nicht angerufen wurde.

767 Gesetz über ergänzende Vorschriften zu Rechtsbehelfen in Umweltangelegenheiten nach der EG-RL 2003/35/EG vom 7.12.2006, BGBl. I S. 2816, zuletzt geändert durch Art. 1 des Gesetzes zur Änderung des Umwelt-Rechtsbehelfsgesetzes und anderer umweltrechtlicher Vorschriften vom 21.1.2013, BGBl. I S. 95 f.

IV. Würdigung

Das Gesetzgebungsverfahren zur Änderung des Umwelt-Rechtsbehelfsgesetzes verlief innerhalb kürzester Zeit, diesmal unter erheblichem Anpassungsdruck an das Urteil des EuGH vom 12.5.2011 sowie erneut vor dem Hintergrund eines eingeleiteten Vertragsverletzungsverfahrens. Der Gesetzgebungsvorschlag von BÜNDNIS 90/DIE GRÜNEN konnte sich erneut nicht durchsetzen, obwohl er in § 4 UmwRG einen durchdachten Vorschlag zur Schaffung einer europarechtskonformen Fehlerfolgenregelung enthielt. Ansonsten sah er lediglich Änderungen in § 2 UmwRG a.F. an die Vorgaben des EuGH vom 12.5.2011 sowie eine Erweiterung des Kreises der Rügeberechtigten auf umweltrechtliche Stiftungen vor.

Durchgesetzt hat sich im Gesetzgebungsverfahren der Gesetzesvorschlag der Bundesregierung. Dieser stellt abschließend betrachtet lediglich eine Minimalumsetzung im Hinblick auf die Vorgaben des EuGH zur Rügebefugnis dar und führt darüber hinaus weitere prozessuale Restriktionen ein. Begrüßenswert ist, dass der Gesetzgeber auf eine Differenzierung im Hinblick auf die rügefähigen Vorschriften verzichtet hat. In der Folge sind künftig sämtliche umweltrechtsbezogenen Vorschriften, gleich welchen Ursprungs, rügefähig. Weitere europarechtswidrige Vorschriften wie die §§ 4 und 5 UmwRG a.F. hat der Gesetzgeber gleichwohl unverändert gelassen. Er hat sogar zum Ausdruck gebracht, zu § 4 UmwRG die Entscheidung des EuGH – am 7.11.2013 schließlich ergangen – abwarten zu wollen. Eine mögliche Europarechtswidrigkeit der Überleitungsvorschrift des § 5 UmwRG ist im Rahmen des Gesetzgebungsverfahrens nicht thematisiert worden. Erstaunlich, gleichwohl folgerichtig im Hinblick auf die ablehnende Haltung des Gesetzgebers zur umweltrechtlichen Verbandsklage ist, dass der Gesetzgeber das Gesetzgebungsverfahren dazu genutzt hat, neue prozessuale Restriktionen des Zugangs zu Gerichten für Umweltverbände in das UmwRG einzufügen. Der Gesetzgeber hat sich im Rahmen des Gesetzgebungsverfahrens von externen Sachverständigen, Praktikern und Wissenschaftlern beraten lassen. Im Rahmen der Sachverständigenanhörung waren die neuen prozessualen Restriktionen sehr umstritten. Der Gesetzgeber hat nach der Sachverständigenanhörung keine inhaltlichen Änderungen an dem Gesetzesentwurf mehr vorgenommen. Insofern hat er sich zwar sachverständig beraten lassen, aber im Ergebnis an seinem bereits eingeschlagenen Weg festgehalten.

B) Zu den neuen Regelungen im Umwelt-Rechtsbehelfsgesetz

Im Folgenden soll der Regelungsgehalt der neuen Vorschriften des UmwRG dargestellt und bewertet werden. Im Anschluss hieran erfolgt eine Bewertung der Europarechtskonformität der einzelnen Regelungen des UmwRG.

I. Zu den Änderungen im Anwendungsbereich § 1 Abs. 1 Nr. 3 UmwRG

Im Rahmen der Änderung des UmwRG sind auch Änderungen den Anwendungsbereich des Gesetzes und das Verhältnis zur naturschutzrechtlichen Verbandsklage betreffend eingefügt worden.

1. Erstreckung auf das Umweltschadensrecht

a. Regelungsgehalt

Es wurde ein neuer Abs. 3 in § 1 UmwRG eingefügt, der den Anwendungsbereich des Umwelt-Rechtsbehelfsgesetzes auf Entscheidungen nach dem Umwelt-Schadensgesetz erstreckt. Die Regelung entstammt dem Gesetzesentwurf der Bundesregierung[768] und wurde im Wesentlichen mit rechtstechnischen und systematischen Erwägungen begründet. Die bisher in § 11 Abs. 2 USchadG enthaltene Regelung zu Rechtsbehelfen von Vereinigungen wird durch die Neureglung in das UmwRG überführt. Damit gelten die Regelungen des UmwRG nunmehr unmittelbar, während bislang das USchadG lediglich eine entsprechende Anwendung anordnete.[769]

b. Bewertung

Die Regelung ist im Rahmen des Gesetzgebungsverfahrens relativ unbeachtet geblieben. Allein der BUND hat im Rahmen seiner Stellungnahme angeregt, es bei der bisherigen Regelung zu belassen, da eine Verzahnung mit den Sachverhalten des Umwelt-Schadensgesetzes im Umwelt-Rechtsbehelfsgesetz nicht angelegt sei. Für den Rechtsanwender werde hierdurch die Rechtslage unübersichtlicher.[770] Die Bedenken des BUND greifen nicht. Das Umwelt-Rechtsbehelfsgesetz ist als prozessuales Sonderrecht für Rechtsbehelfe von Umweltvereinigungen angelegt. Der Gesetzgeber hat sich bereits im Jahr 2006 dafür entschieden, für

768 Gesetzesentwurf der Bundesregierung vom 10.8.2012, BR-Drs. 469/12.
769 Gesetzesentwurf der Bundesregierung vom 10.8.2012, BR-Drs. 469/12, S. 34.
770 Stellungnahme des BUND und NABU durch *Peter Rottner* und *Dirk Teßmer*, Ausschussdrucksache 17 (16) 580-E vom 18.10.2012, S. 4.

Rechtsbehelfe von Umweltvereinigungen ein gesondertes Gesetz zu erlassen, anstelle von Regelungen in der VwGO und den entsprechenden Fachgesetzen. Insofern ist die nun umgesetzte Regelung konsequent und folgerichtig. Die befürchtete Unübersichtlichkeit ist nicht zu besorgen. Vielmehr ist das Gegenteil der Fall. Die Bündelung der Anwendungsbereiche in einem Gesetz gewährleistet eine höhere Praktikabilität und ist auch aus systematischen Gründen vorzugswürdig. Bedenken im Hinblick auf die europarechtlichen Vorgaben bestehen nicht.

2. *Kollisionsregel zur naturschutzrechtlichen Verbandsklage in § 1 Abs. 3 UmwRG*

a. *Regelungsgehalt*

Das Gesetz enthält nun in § 1 Abs. 3 UmwRG eine Kollissionsregel zur naturschutzrechtlichen Verbandsklage. Nach der bisherigen Rechtslage waren gemäß § 64 Abs. 1 BNatSchG a.F. ein Umwelt-Rechtsbehelf und eine Verbandsklage nach dem Naturschutzrecht nebenein-ander anwendbar.[771] Hiervon wird nun abgewichen. Nach der neuen Regelung finden für Planfeststellungsverfahren, die § 1 Abs. 1 Satz 1 und 2 UmwRG unterfallen, ausschließlich Rechtsbehelfe nach dem Umwelt-Rechtsbehelfsgesetz Anwendung. Auf die Aufhebung von Planfeststellungsbeschlüssen gerichtete naturschutzrechtliche Verbandsklagen, die mit Eingriffen in Natur und Landschaft verbunden sind, sind unzulässig, wenn es sich um UVP-pflichtige Planfeststellungsverfahren oder Planfeststellungsverfahren nach § 35 Abs. 2 des Kreislaufwirtschaftsgesetzes handelt.

b. *Bewertung*

Diese Vorschrift ist im Laufe des Gesetzgebungsverfahrens überwiegend auf Ablehnung gestoßen.[772] Einer der am häufigsten vorgebrachten Kritikpunkte war, dass dann für diese Fälle auch die Vorschrift des § 4a UmwRG Anwendung

---

771 Siehe hierzu 3. Kapitel B. IV.

772 Vgl. Stellungnahme des Bundesrats, BT-Drs. 17/10957, Anlage 3, S. 24; *Schlacke*, Ausschussdrucksache 17 (16) 580-B vom 19.10.2012, S. 6; *Kremer*, Ausschussdrucksache 17 (16) 580-C vom 19.10.2012, S. 13; *Rottner/Teßmer*, Ausschussdrucksache 17 (16) 580-E vom 19.10.2012, S. 5. Zustimmend haben sich lediglich: *Versteyl*, Ausschussdrucksache 17(16)580 – F vom 23.10.2012, S. 3 und *Fellenberg*, Ausschussdrucksache 17 (16) 580-D vom 19.10.2012, S. 3 geäußert.

finden wird.[773] Der Bundesrat wies darauf hin, dass damit für Klagen von Naturschutzvereinen in letzter Konsequenz zwei unterschiedliche Rechtsmaterien anwendbar sind. Es gibt dann künftig für Klagen von Naturschutzvereinen Verfahren nach § 1 Abs. 3 UmwRG und zudem Verfahren für Befreiungen nach § 63 Abs. 1 Nr. 2 BNatSchG (Bundesrecht) und § 63 Abs. 2 Nr. 5 (Landesrecht) sowie für Plangenehmigungen nach § 63 Abs. 1 Nr. 4 BNatSchG (Bundesrecht) und nach § 63 Abs. 2 Nr. 7 BNatSchG (Landesrecht) sowie nach Landesrecht zusätzlich dem § 64 BNatSchG unterfallende Klagemöglichkeiten. Eine solche Differenzierung sei nicht nachvollziehbar und führe zu Ungleichheiten innerhalb der naturschutzrechtlichen Vereinsklage.[774] Die Bundesregierung ist dem nicht gefolgt; sie hält eine solche Abgrenzung für die Fälle für geboten, in denen ein Rechtsbehelf sowohl auf das Umwelt-Rechtsbehelfsgesetz als auch auf das Bundesnaturschutzgesetz gestützt werden könnte.[775] Dies ist immer dann der Fall, wenn eine erteilte naturschutzrechtliche Befreiung ausnahmsweise nicht bereits in die Zulassungsentscheidung für ein UVP-pflichtiges Verfahren integriert ist, aber gegen beide Entscheidungen Rechtsbehelfe eingelegt werden sollen.[776] Der naturschutzrechtliche Rechtsbehelf gegen Planfeststellungsverfahren nach Bundes- oder Landesrecht gelangt dann zur Anwendung, wenn für das festzustellende Vorhaben keine UVP-Pflicht besteht. Damit sind nur nach § 3 Abs. 1 UmwRG anerkannte Vereinigungen befugt, künftig Rechtsbehelfe gegen UVP-pflichtige Planfeststellungsverfahren zu erheben. Nachteile können bei solchen Naturschutzverbänden entstehen, die keine Anerkennung zur Erhebung von Umwelt-Rechtsbehelfen haben.[777] Diese Schlechterstellung dürfte allerdings von geringer Relevanz sein, da die überwiegende Anzahl der Verbände über eine sogenannte Sockelanerkennung als Umweltvereinigung nach dem UmwRG verfügt.[778] Richtig ist, dass für diese Rechtsbehelfe künftig auch § 4a

773 Vgl. *Schlacke*, Ausschussdrucksache 17 (16) 580-B vom 19.10.2012, S. 6; *Kremer*, Ausschussdrucksache 17 (16) 580-C vom 19.10.2012, S. 13; *Rottner/Teßmer*, Ausschussdrucksache 17 (16) 580-E vom 19.10.2012, S. 5.

774 Stellungnahme des Bundesrats, BT-Drs. 17/10957, Anlage 3, S. 24.

775 Gegenäußerung der Bundesregierung, BT-Drs. 17/10957, Anlage 4, S. 30.

776 BR-Drs. 469/12 vom 10.8.2012, S. 35.

777 *Schlacke*, Novelle, ZUR 2013, 195197.

778 *Schlacke*, Novelle, ZUR 2013, 195, 198, unter Verweis auf die Liste der vom Bund anerkannten Umwelt- und Naturschutzvereinigungen, abrufbar unter: http://www.umweltbundesamt.de/sites/default/files/medien/2378/dokumente/anerkannte_umwelt-_und_naturschutzvereinigungen.pdf, zuletzt abgerufen am 17.1.2016.

UmwRG Anwendung findet. Damit sind erhebliche prozessuale Behinderungen und Rechtsunsicherheiten verbunden.[779]

II. Zu den Änderungen in § 2 UmwRG

1. Regelungsgehalt

Mit der Änderung des § 2 UmwRG hat der deutsche Gesetzgeber die erforderlichen Konsequenz aus dem Urteil des EuGH vom 12.5.2011 in der Rechtsache C-115/09 gezogen. In der deutschen verwaltungsrechtswissenschaftlichen Literatur ist das Urteil des EuGH überwiegend – nahezu euphorisch – begrüßt worden.[780] Nur einige wenige Stimmen befürchten aufgrund des EuGH-Urteils eine „Schieflage" zwischen Verbandsklagerechten und dem Individualrechtsschutz.[781] Mit der ersatzlosen Streichung der Wörter „*Rechte Einzelner begründen*" wird die Begrenzung der Rügebefugnis anerkannter Umweltvereine auf die Geltendmachung drittschützender Normen beseitigt und sämtliches objektives Umweltrecht rügefähig gemacht. Konsequent ist auch die (Folge-) Änderung des § 2 Abs. 5 Satz 1 UmwRG, in dem nun der Prüfungsmaßstab auf sämtliches objektives Umweltrecht erstreckt wird.

2. Zur Vereinbarkeit mit dem Europarecht

Nach der nun geltenden Fassung des § 2 UmwRG können Umweltverbände im Rahmen eines Umwelt-Rechtsbehelfes die Verletzung von Vorschriften rügen, die dem Umweltschutz dienen und für die Entscheidung von Bedeutung sind. Die Streichung der Voraussetzung „*die Rechte Einzelner begründen*" war nach dem Trianel-Urteil des EuGH zwingend erforderlich und insoweit alternativlos.

---

779 Siehe hierzu sogleich unter IV.

780 *Appel*, Umweltverbände, NuR 2011, 414; *Berkemann*, Umweltverbandsklage, DVBl. 2011, 1253; *Berkemann*, Umweltverbandsklage, NuR 2011, 780; *Breuer*, Klagebefugnis, DV 2012, 170; *Bunge*, Klagemöglichkeiten, NuR 2011, 605; *Durner/Paus*, Anmerkung, DVBl. 2011, 759; *Durner/Paus*, Klagerechte, NuR 2012, 325; *Ekardt*, Umweltrechtsbehelfsgesetz, NVwZ 2012, 530; *Fellenberg/Schiller*, Rechtsbehelfe, URP 2011, 321; *Gassner*, Ermächtigung, NuR 2012, 37; *Hellriegel*, Anmerkung, EuZW 2011, 512; *Meitz*, Entscheidung, NuR 2011, 420; *Murswiek*, Verbandsklage, JuS 2011, 1147; *Müller*, Schutznormtheorie, EurUP 2011, 166; *Marty*, Erweiterung, ZUR 2009, 115;*Paulus*, Regelungslücken, NJW 2011, 3686; *Schlacke*, Anmerkung, NVwZ 2011, 804; *Schmidt*, Klagebefugnisse, ZUR 2012, 210; *Schwerdtfeger*, Klagerechte, EuR 2012, 80; *Wegener*, Anmerkung, ZUR 2011, 84; *Wegener*, Umweltverbandsklage, ZUR 2011, 363.

781 *Leidinger*, Verbandsklagerecht, NVwZ 2011, 1345, 1346.

Europarechtlich problematisch bleibt jedoch die Voraussetzung „*Rechtsvorschriften, die dem Umweltschutz dienen*". Diese Voraussetzung war auch im Rahmen des Gesetzgebungsverfahrens zur Änderung des Umwelt-Rechtsbehelfsgesetzes umstritten. Nach einer Auffassung ist diese Voraussetzung nicht mit den Vorgaben von Art. 9 Abs. 2 AK und Art. 10a RL 2003/35/EG vereinbar, da diese eine europarechtswidrige Restriktion darstelle. Art. 9 Abs. 2 AK und Art. 10a RL 2003/35/EG enthielten gerade keine Beschränkung auf die Beachtung von Normen, die dem Umweltschutz dienen. Vielmehr sei entscheidend, dass sich der Rechtbehelf gegen ein Handeln oder Unterlassen richtet, welches relevante Auswirkungen auf die Umwelt haben kann. Im Rahmen einer gerichtlichen Überprüfung einer solchen Zulassungsentscheidung könne es keine Rolle spielen, ob eine etwaige Rechtswidrigkeit des Genehmigungsbescheides aus einem Verstoß gegen auch dem Schutz der Umwelt dienenden Rechtsvorschriften resultiert oder aus anderen Gründen rechtswidrig ist. Zudem ergäben sich im Rahmen eines Gerichtsverfahrens schwierige Abgrenzungsfragen, da die Gerichte zunächst zu prüfen hätten, ob die Vorschriften im Einzelnen dem Umweltschutz dienen oder nicht.[782] Nach Auffassung von *Bunge* ist eine Begrenzung der gerichtlichen Überprüfung auf umweltschützende Vorschriften nicht mit dem umfassenden Zweck und dem weiten Anwendungsbereich der UVP-Richtlinie in Einklang zu bringen. Eine weite gerichtliche Überprüfung sei auch zweckmäßig, denn ein Vorhaben beeinträchtige die Umwelt in rechtswidriger Weise nicht allein, wenn es unter Verletzung umweltschützender Normen zugelassen worden sei, sondern ebenso, wenn die Zulassung in Widerspruch zu anderen Rechtsvorschriften stehe.[783] Im Verfahren vor dem ACCC haben die Beschwerdeführer vorgebracht, der Begriff der „*Rechtsvorschriften, die dem Umweltschutz dienen*" sei nicht gleichzusetzen mit dem Begriff „*Umweltvorschriften*" wie ihn die Århus-Konvention verwendet. Sie befürchten, dass durch die Begrenzung auf umweltschützende Vorschriften weitere Restriktionen geschaffen werden, die den Zugang zu Gerichten einengen.[784]

Dem kann nicht gefolgt werden. Nach Art. 10a RL 2003/35/EG und Art. 9 Abs. 2 AK ist der Zugang zu Gerichten im Anwendungsbereich der RL 2003/35/

782 Vgl. Stellungnahme des BUND und NABU durch *Peter Rottner* und *Dirk Teßmer*, Ausschussdrucksache 17 (16) 580-E vom 18.10.2012; so auch *Bunge*, UmwRG, § 2 Rn. 14.

783 *Bunge*, UmwRG, § 2 Rn. 14.

784 Stellungnahme der Beschwerdeführer vom 22.2.2013, Rn. 13. Abrufbar unter: http://www.unece.org/env/pp/compliance/Compliancecommittee/31TableGermany.html, letzter Aufruf am 17.1.2016.

EG zu ermöglichen, um die „*materiellrechtliche und verfahrensrechtliche Rechtmäßigkeit von Entscheidungen, Handlungen und Unterlassungen anzufechten*". Dem Wortlaut nach enthalten diese Vorschriften keine ausdrückliche Beschränkung auf die Geltendmachung allein umweltschützender Vorschriften. Gleichwohl ist eine solche Beschränkung mit der RL 2003/35/EG und den Vorgaben der Århus-Konvention vereinbar. Dies ergibt sich unter Berücksichtigung des Zwecks der Århus-Konvention, ihrer Entstehungsgeschichte und dem systematischen Zusammenhang. Anlass und Zielrichtung der Århus-Konvention ist der Schutz der Umwelt, dies ergibt sich zum einen aus dem Titel der Århus-Konvention und zum anderen auch aus den Erwägungsgründen, die vielfach Bezug auf den Schutz der Umwelt nehmen. Dies wird auch durch rechtsystematische Erwägungen gestützt. Die RL 2003/35/EG dient allein dem Schutz der Umwelt. Das Argument, dass sich die gerichtliche Kontrolle auf alle im konkreten Fall anzuwendenden Rechtsvorschriften beziehen muss, um eine umfassende, thematisch nicht begrenzte Überprüfung zu ermöglichen, überzeugt nicht. Ziel der Århus-Konvention und der RL 2003/35/EG ist unter anderem die Stärkung des Rechtsschutzes in Umweltangelegenheiten. Die Århus-Konvention ist dabei nicht auf eine grenzenlose Vollkontrolle angelegt, vielmehr soll der Schutz der Umwelt durch die Stärkung von Informations- und Beteiligungsrechten und damit korrespondierend durch einen weiten Zugang zu Gerichten gewährleistet werden. Auch der EuGH hat in seiner Trianel-Entscheidung ausdrücklich auf die umweltschützende Zweckbestimmung der in Rede stehenden Rechtsvorschriften abgestellt.[785] Abgesehen davon, begegnet die Auffassung, die eine uneingeschränkte Vollkontrolle sämtlicher Rechtsvorschriften fordert, kompetenzrechtlichen Bedenken im Hinblick die Kompetenz der Europäischen Union nach Art. 191, 192 AEUV.

Ausweislich der amtlichen Begründung zu § 2 Abs. 1 UmwRG sollen von dem Begriff „*Rechtsvorschriften, die dem Umweltschutz dienen*" auch Rechtsvorschriften erfasst sein, die nicht ausschließlich Zielen des Umweltschutzes dienen, sondern die beispielsweise sowohl dem Umweltschutz als auch dem Arbeitsschutz dienen.[786] Bei solchen Vorschriften soll sich die gerichtliche Kontrolle in einem Umwelt-Rechtsbehelfsverfahren auf den umweltrechtsbezogenen Teil beschränken.[787] Hieraus wird deutlich, dass der Begriff der „*Rechtsvorschriften, die dem Umweltschutz dienen*" auch nach dem Verständnis des Gesetzgebers weit

---

785 EuGH, Urteil vom 12.5.2011 – C-115/09, Slg. 2011, I-3673, Rn. 48.

786 BT-Drs. 16/2495, S. 12.

787 *Kerkmann*, Umwelt-Rechtsbehelfsgesetz, BauR 2007, 1527, 1532; *Ewer*, Rechtsanwendungsfragen, NVwZ 2007, 267, 272.

auszulegen ist. Die Begrenzung des Kreises der rügefähigen Vorschriften auf umweltschützende Vorschriften begegnet keinen europarechtlichen Bedenken.[788]

3. *Bewertung*

Positiv hervorzuheben ist, dass das Gesetz nicht zwischen der Rügefähigkeit nationaler Vorschriften und europäischer Umweltrechtsnormen differenziert, wie von einigen gefordert.[789] Die Bundesregierung weist in der Begründung des Gesetzesvorschlags richtigerweise darauf hin, dass der EuGH zwar nur eine Aussage zu Rechtsvorschriften, die auf dem Unionsrecht basieren, getroffen habe, dies sei jedoch Ausdruck der eingeschränkten Gerichtsbarkeit des Europäischen Gerichtshofes. In den sachverständigen Stellungnahmen wurde darauf hingewiesen, dass der Bundesgesetzgeber damit eine sogenannte „große Lösung" verfolgen würde, die über eine Eins-zu-eins-Umsetzung der Trianel-Entscheidung des EuGH hinausgehe.[790]

Hierzu ist festzuhalten, dass der Bundesgesetzgeber zwar einerseits nach dem Urteil des EuGH verpflichtet ist, das UmwRG entsprechend den Vorgaben der RL 2003/35/EG anzupassen, andererseits ist aber auch zu berücksichtigen, dass die Bundesrepublik Deutschland Vertragspartei des Århus-Übereinkommens ist und damit auch den Verpflichtungen dieses Abkommens unterliegt.[791] Damit ist gemäß Art. 9 Abs. 2 und 3 AK und Art. 10a RL 2003/35/EG jede Umweltrechtsnorm ohne Differenzierung nach ihrem Ursprung rügefähig. Die gewählte Umsetzung ist auch deshalb zu begrüßen, da auf diese Weise eine Zweigleisigkeit von rügefähigen, auf Unionsrecht beruhenden Vorschriften und nicht rügefähigen nationalen Umweltrechtsvorschriften vermieden wird und Schwierigkeiten bei der Auslegung und Anwendung durch die Gerichte verhindert werden.[792] Europarechtlich bestehen keine Bedenken im Hinblick auf die Begrenzung der rügefähigen Vorschriften auf Vorschriften, die Rechte Einzelner begründen.

---

788 So auch VGH Mannheim, Urteil vom 20.7.2011 – 10 S 2102/09 – zitiert nach juris, Rn. 69; *Alleweldt*, Verbandsklage, DÖV 2006, 621, 626; *Gellermann*, Klagerechte, NVwZ 2006, 7, 9; *Schlacke*, Umwelt-Rechtsbehelfsgesetz, NuR 2007, 8, 14; *Radespiel*, Entwicklungen, EurUP 2007, 118, 120.

789 Vgl. Stellungnahme des Ausschusses für Umwelt, Naturschutz und Reaktorsicherheit im Bundesrat, Br-Drs. 469/1/12 vom 10.9.12, S. 3, Positionspapier zur Änderung des Umweltrechtsbehelfsgesetzes vom 11.10.2011 des Bundesverbandes der Deutschen Industrie e.V.

790 So namentlich *Schlacke*, a.a.O., S. 7.

791 BT-Drs. 17/10957, S. 16.

792 Vgl. *Schlacke*, Ausschussdrucksache 17 (16) 580-B vom 19.10.2012, S. 7.

III. Zu den Änderungen in § 4 UmwRG

1. *Regelungsgehalt*

§ 4 UmwRG wird nun in Abs. 1 Satz 2 dahingehend ergänzt, dass nicht nur die fehlerhaft unterbliebene Durchführung einer erforderlichen UVP oder einer erforderlichen UVP-Vorprüfung rügefähig ist, sondern auch die durchgeführte Vorprüfung des Einzelfalles über die UVP-Pflichtigkeit hinaus, wenn diese nicht dem Maßstab von § 3a Satz 4 UVPG genügt. Damit können nun auch Fehler bei der Durchführung einer UVP-Vorprüfung geltend gemacht werden. Dies war nach dem bisherigen Wortlaut nicht der Fall.[793] Allerdings führt nun auch nicht jeder Fehler bei der Durchführung einer UVP-Vorprüfung zur Aufhebung der Entscheidung. Maßstab der Überprüfung ist § 3a Satz 4 UVPG, der die gerichtliche Kontrolle auf eine Plausibilitätskontrolle beschränkt.[794]

2. *Zur Vereinbarkeit mit dem Europarecht*

Der EuGH hat mit Urteil vom 7.11.2013 entschieden, dass die Beschränkung auf die Kontrolle der Nichtdurchführung von UVP und UVP-Vorprüfung und von Fehlern, die zur Ablehnung einer UVP-Vorprüfung geführt haben, wie sie in § 4 UmwRG a.F. enthalten war, den europa- und völkerrechtlichen Anforderungen nicht genügt. Im Rahmen der Änderung des Umwelt-Rechtsbehelfsgesetzes hat der Gesetzgeber § 4 UmwRG dahingehend ergänzt, dass nicht nur die fehlerhaft unterbliebene Durchführung einer erforderlichen UVP oder einer erforderlichen UVP-Vorprüfung rügefähig sind, sondern dies auch gilt, wenn eine durchgeführte Vorprüfung des Einzelfalles über die UVP-Pflichtigkeit hinaus nicht dem Maßstab von § 3 a Satz 4 UVPG genügt. Damit können nun auch Fehler bei der Durchführung einer UVP-Vorprüfung geltend gemacht werden. Allerdings führt nicht jeder Fehler bei der Durchführung einer UVP-Vorprüfung zur Aufhebung der Entscheidung. Maßstab der Überprüfung ist nun wiederum § 3a Satz 4 UVPG, der die gerichtliche Kontrolle auf eine Plausibilitätskontrolle beschränkt.[795] Zweifelhaft ist, ob dies den europarechtlichen Anforderungen

793 VGH Kassel, Urteil vom 24.9.2008 – 6 C 1600/07.Z – zitiert nach juris, VGH Kassel, Urteil vom 16.9.2009 – 6 C 1005/08.T – zitiert nach juris; siehe hierzu auch das 4. Kapitel.

794 *Schlacke*, Novelle, ZUR 2013, 195, 198.

795 *Schlacke*, Novelle, ZUR 2013, 195, 198.

genügt.[796] Der EuGH hatte, wie bereits ausgeführt, festgestellt, dass die Beschränkung der rügefähigen Fehler auf die Nichtdurchführung der UVP bzw. der erforderlichen Vorprüfung europarechtswidrig ist. Auch die Erweiterung der rügefähigen Fehlertypen auf Fehler, die zur Ablehnung einer UVP-Vorprüfung geführt haben, genügt insoweit den europarechtlichen Anforderungen nicht. Der EuGH hat klargestellt, dass auch Fehler bei der Durchführung der Umweltverträglichkeitsprüfung zur Aufhebung der Entscheidung führen können müssen. Er hat weiter klargestellt, dass die Beweislast über die Frage, ob ein solcher Fehler kausal für die Entscheidung gewesen ist, nicht dem Rechtsbehelfsführer aufgebürdet werden darf, sondern dies durch die Gerichte zu beurteilen ist.[797]

Der nationale Gesetzgeber hat im Rahmen der Änderung des Umwelt-Rechtsbehelfsgesetzes die Chance verpasst, eine eigene europarechtskonforme Verfahrensfehlerlehre zu entwickeln. Vorzugswürdig wäre eine Gesetzesänderung, wie von BÜNDNIS 90/DIE GRÜNEN vorgeschlagen und vom Bundesrat unterstützt, gewesen. Der Vorschlag sah die Verletzung wesentlicher Verfahrensvorschriften als entscheidungserheblich für das gerichtliche Verfahren an und stellte sicher, dass eine Verwaltungsentscheidung vom Gericht aufgehoben werden kann, wenn wesentliche Verfahrensvorschriften verletzt wurden. Beispielhaft für das Vorliegen eines wesentlichen Verfahrensfehlers wurde die unterbliebene UVP-Vorprüfung und unterbliebene UVP genannt. Dies sollte stets eine Verletzung wesentlicher Verfahrensvorschriften darstellen. Durch die Einfügung des Wortes „*insbesondere*" sollte zum Ausdruck gebracht werden, dass die aufgeführten Verstöße nur exemplarisch sind und auch andere Verfahrensfehler als wesentlich angesehen werden können. Auf diese Weise sollte sichergestellt werden, dass die gerichtlichen Kontrollmöglichkeiten nicht auf bestimmte Verfahrensverstöße beschränkt sind.[798] Dieser Gesetzesvorschlag hätte die bestehenden

---

796 Die vorliegende Arbeit ist auf dem Stand 30.12.2013. Zwischenzeitlich wurde das Vertragsverletzungsverfahren beendet. Der EuGH hat am 15.10.2015 festgestellt, dass § 4 UmwRG gegen Art. 11 der RL 2011/92 verstößt. Neben dem Fehlen einer Umweltverträglichkeitsprüfung oder Vorprüfung müssten auch weitere Fehler bei der Durchführung dieser Prüfungen gerichtlich angreifbar sein. Die Darlegungslast für die Kausalität von Verfahrensfehlern (§ 46 VwVfG) bei einer Verwaltungsentscheidung dürfe nicht dem Kläger auferlegt werden. Vielmehr müsse sich die fehlende Kausalität aus dem Vortrag von Verwaltung, Vorhabenträger oder aus den Akten ergeben. EuGH, Urteil vom 15.10.2015 – C137/14, zitiert nach juris. Vgl. EuGH, Urteil vom 15.10.2015 – C137/14, zitiert nach juris.

797 Siehe hierzu 4. Kapitel C. III.

798 Gesetzesentwurf von BÜNDNIS 90/DIE GRÜNEN vom 22.11.2011, BT-DRs. 17/7888.

Unsicherheiten und Unklarheiten bei der Rechtsanwendung beseitigt, da der Wortlaut eindeutig klarstellte, dass es sich bei den genannten Verfahrensfehlern nur um beispielhafte Aufzählungen handeln sollte. Zum anderen bot die Formulierung für die Rechtsprechung die Chance einer unionsrechtskonformen Auslegung.[799]

3. *Bewertung*

Die Vorschrift des § 4 UmwRG war im Gesetzgebungsverfahren stark umstritten. Insbesondere der Bundesrat und die Fraktion BÜNDNIS 90/DIE GRÜNEN hatten sich für eine Änderung des § 4 UmwRG eingesetzt, mit Verweis darauf, dass sowohl im Verwaltungsvollzug als auch in der Rechtsprechung erhebliche Rechtsunsicherheiten bei der Anwendung des § 4 UmwRG a.F. bestanden, insbesondere darüber, ob allein der „Totalausfall", d.h. die Nichtdurchführung einer Umweltverträglichkeitsprüfung oder UVP-Vorprüfung klagefähig ist oder ob auch die mangelhaft durchgeführte UVP gerichtlich überprüft werden kann.[800] Aus der Gegenäußerung der Bundesregierung lässt sich entnehmen, dass nach Auffassung der Bundesregierung eine Änderung des § 4 UmwRG a.F., wie von der Fraktion BÜNDNIS 90/DIE GRÜNEN und dem Bundesrat vorgeschlagen, erheblich über die Vorgaben des Europarechts hinausgehen würde und zunächst die Entscheidung des Europäischen Gerichtshofes zum Vorabentscheidungsersuchen des Bundesverwaltungsgerichts[801] abgewartet werden solle, bevor weitere Rechtsänderungen ins Auge gefasst würden.[802] Dies hat sich mittlerweile als Fehlentscheidung herausgestellt.

Der Gesetzgeber ist nun gehalten, aufgrund des Urteils des EuGH vom 7.11.2013 entsprechende Nachbesserungen vorzunehmen. Hierbei ist zu beachten, dass weder die Århus-Konvention noch die RL 2003/35/EG zwischen wesentlichen und unwesentlichen Verfahrensfehlern unterscheidet. Auch nach der Rechtsprechung des EuGH führen nicht sämtliche Verfahrensfehler zur Aufhebung einer Sachentscheidung. So hat der EuGH in seinem Urteil vom 7.11.2013 in Sachen Polder Altrip bekräftigt, dass nicht jeder Verfahrensfehler zwangsläufig Folgen hat, die sich auf den Inhalt einer Entscheidung auswirken können, sodass ein Fehler, bei dem dies nicht der Fall ist, denjenigen, der ihn geltend macht, nicht in seinen Rechten verletzt. In einem solchen Fall erscheine das Ziel der

---

799 *Schlacke*, Novelle, ZUR 2013, 195199.

800 Stellungnahme des BR, Anlage 3 zu BT-Drs. 17/10957.

801 Siehe hierzu 4. Kapitel B. III. 3.

802 BT-Drs. 17/10957 vom 10.10.2012, Anlage 4.

Richtlinie 85/337/EWG, der betroffenen Öffentlichkeit einen weiten Zugang zu Gerichten zu gewähren, nicht gefährdet, wenn nach dem Recht eines Mitgliedstaats ein Rechtsbehelfsführer, der sich auf einen derartigen Fehler stützt, nicht in seinen Rechten verletzt wird und infolgedessen nicht zur Anfechtung einer solchen Entscheidung befugt ist.[803] Er hat weiter festgestellt, es sei unter solchen Umständen zulässig, dass nach dem nationalen Recht keine Rechtsverletzung im Sinne von Art. 10a RL 2003/35/EG vorliegt, wenn nach den Umständen des konkreten Falls nachweislich die Möglichkeit besteht, dass die angegriffene Entscheidung ohne den geltend gemachten Verfahrensfehler nicht anders ausgefallen wäre. Eine Rechtsverletzung könne jedoch nur dann verneint werden, wenn das Gericht in Bezug auf das Kausalitätskriterium – ohne dem Rechtsbehelfsführer in irgendeiner Form die Beweislast aufzubürden – zu der Feststellung in der Lage ist, dass die angegriffene Entscheidung ohne den vom Rechtsbehelfsführer geltend gemachten Verfahrensfehler nicht anders ausgefallen wäre. Hierbei sei es Sache des erkennenden Gerichts, den Grad der Schwere des geltend gemachten Fehlers zu berücksichtigen und dabei insbesondere zu prüfen, ob dieser Fehler der betroffenen Öffentlichkeit eine der Garantien genommen hat, die geschaffen wurden, um ihr im Einklang mit den Zielen der RL 2003/35/EG Zugang zu Informationen und die Beteiligung am Entscheidungsprozess zu ermöglichen.[804]

Damit hat der EuGH dem Gesetzgeber eine Hilfe zur Entwicklung einer europarechtskonformen Verfahrensfehlerlehre an die Hand gegeben. Der Gesetzesentwurf vom 21.2.2005 im Rahmen des Gesetzgebungsverfahrens zum UmwRG enthielt bereits gute und europarechtskonforme Ansätze zur Entwicklung einer Verfahrensfehlerlehre. Danach sollten bestimmte schwerwiegende Verfahrensfehler bei zukünftigen Zulassungsentscheidungen zur Aufhebung der Entscheidung führen, sofern die entsprechenden Verfahrensschritte nicht nachgeholt und die Verfahrensfehler nicht geheilt werden können. Die vollständige Nichtdurchführung einer rechtlich vorgeschriebenen Umweltverträglichkeitsprüfung oder Vorprüfung des Einzelfalles sollte beispielhaft einen solch wesentlichen Verfahrensfehler darstellen. Zudem sollten wesentliche Verfahrensfehler vorliegen, wenn einzelne Verfahrensschritte der UVP, die nach den für das jeweilige Vorhaben einschlägigen UVP-Vorschriften vorgesehen sind, im konkreten Einzelfall vollständig unterblieben sind. Das bezog sich auf die Vorlage der vorgeschriebenen Unterlagen über die Umweltauswirkungen des Vorhabens (§ 6 UVPG), auf die vorgeschriebene Behördenbeteiligung (§ 7 UVPG), auf die

803 EuGH, Urteil vom 7.11.2013 – C 72/12, Rn. 49.

804 EuGH, a.a.O., Rn. 51 f.

möglicherweise erforderliche grenzüberschreitende Behörden- und Öffentlichkeitsbeteiligung (bspw. §§ 8, 9a UVPG), auf die Beteiligung der inländischen Öffentlichkeit (§ 9 UVPG) sowie auf die Bewertung der Umweltauswirkungen des Vorhabens (§ 12 UVPG). Der Entwurf sah ausdrücklich auch eine Möglichkeit der Heilung durch Nachholung der aufgetretenen Verletzung vor. Für leichtere Verfahrensfehler sollte es bei der Anwendung des § 46 VwVfG verbleiben. Mit diesem Gesetzesentwurf könnten die Vorgaben aus dem Urteil des EuGH vom 7.11.2013 europarechtskonform umgesetzt werden.

IV. Maßgaben zur Anwendung der VwGO in § 4a UmwRG

1. Regelungsgehalt

Neu eingefügt hat der Gesetzgeber nunmehr einen § 4a in das UmwRG. Dieser ist überschrieben mit „*Maßgaben zur Anwendung der Verwaltungsgerichtsordnung*". Ausweislich der Gesetzesbegründung wurde § 4a UmwRG eingefügt, um einen Ausgleich zwischen der umweltrechtsschützenden Zielsetzung von Verbandsklagen einerseits und den Belangen der von Verbandsklagen Betroffenen andererseits herzustellen.[805] § 4a UmwRG geht zumindest teilweise auf einen Vorschlag des BDI zurück.[806] Der BDI hatte sich in seinem Positionspapier vom 11.10.2011 dafür ausgesprochen, die Präklusionsregeln zu verschärfen, den richterlichen Untersuchungsgrundsatz zu beschränken, die Klagemöglichkeiten auf europäische Umweltvorschriften zu beschränken und die Überprüfung von behördlichen Bewertungen einzuschränken. Hierzu hatte er diverse Änderungen des Umwelt-Rechtsbehelfsgesetzes vorgeschlagen, unter anderem auch die Einführung einer begrenzt verlängerbaren Klagebegründungs- und Verspätungsfrist.[807]

Der neu eingeführte § 4a UmwRG modifiziert die allgemeinen Regelungen der VwGO für die vom Umwelt-Rechtsbehelfsgesetz erfassten Fälle. Die Maßgaben zur Anwendung der Verwaltungsgerichtsordnung beinhalten eine sechswöchige Klagebegründungsfrist mit einer Verwirkungskontrolle (Abs. 1), eine Begrenzung der gerichtlichen Kontrolle bei Beurteilungsermächtigungen (Abs. 2), eine Anwendung des § 80 Abs. 5 VwGO, wenn ernstliche Zweifel an der Rechtmäßigkeit des Verwaltungsaktes bestehen (Abs. 3), und die Anordnung, dass die Abs. 1 bis 3 auch für Beteiligte im Sinne von § 61 Nr. 2 und 2 VwGO

805 So BR-Drs. 469/12 vom 10.8.2012, S. 40.

806 Positionspapier zur Änderung des Umweltrechtsbehelfsgesetzes vom 11.10.2011 des Bundesverbandes der Deutschen Industrie e.V.

807 Ebenda, S. 11.

Anwendung finden (Abs. 4). Damit erfasst der Geltungsbereich der Vorschrift nicht nur die Klagen anerkannter Umweltverbände, sondern auch solche von Individuen, die gemäß § 4 Abs. 3 i.V.m. Abs. 1 UmwRG die Nichtdurchführung einer erforderlichen UVP oder UVP-Vorprüfung rügen.[808]

a. Die Klagebegründungsfrist des § 4a Abs. 1 UmwRG

Der neu eingefügte § 4a Abs. 1 UmwRG sieht nun eine zwingende sechswöchige Begründungsfrist für Klagen nach dem UmwRG vor. Vorbild für diese Regelung sind die bekannten Klagebegründungsfristen des Fachplanungsrechts, wie in § 17e Abs. 5 FStrG, § 18e Abs. 5 AEG, § 43 Abs. 3 EnWG, § 10 Abs. 7 LuftVG und § 14e Abs. 5 WaStrG.[809] Der Fristlauf beginnt nach der Rechtsprechung des BVerwG zu diesen Vorschriften mit der Klageerhebung.[810] Die Klagebegründungsfrist des § 4a Abs. 1 UmwRG kann auf Antrag durch das Gericht verlängert werden. Damit korrespondierend sieht § 4a Abs. 1 Satz 2 UmwRG die gerichtliche Zurückweisungsmöglichkeit von Erklärungen und Beweismitteln entsprechend § 87b Abs. 3 VwGO vor. Danach kann das Gericht Erklärungen und Beweismittel, die erst nach Ablauf der sechswöchigen Klagebegründungsfrist vorgebracht werden, zurückweisen und ohne weitere Sachverhaltsaufklärung entscheiden, wenn (1) ihre Zulassung nach der freien Überzeugung des Gerichts die Erledigung des Rechtsstreits verzögern würde, (2) der Beteiligte die Verspätung nicht genügend entschuldigt und (3) der Beteiligte über die Folgen einer Fristversäumnis belehrt worden ist. Eine Belehrung über diese Zurückweisungsmöglichkeit ist nicht erforderlich, da es sich nicht um eine durch das Gericht gesetzte Frist, sondern um eine gesetzliche Frist handelt.[811] Die neu eingeführte Klagebegründungsfrist gilt nicht nur für Verbandsklagen, sondern auch für Individualklagen. Der Gesetzgeber hält dies für mit Art. 19 Abs. 4 GG vereinbar, da eine Kommunikation zwischen dem Gericht und dem Kläger gemäß § 86 Abs. 3 VwGO auch während der Sechs-Wochen-Frist möglich bleibt und das Gericht nach wie vor darauf hinwirken muss, dass unerfahrene oder nicht fach- und rechtskundige Individualkläger sachdienliche Tatsachen und Beweise vortragen.[812]

---

808 *Wienhues*, Neufassung, NordÖR 2013, 185, 187; *Schlacke*, Novelle, ZUR 2013, 195, 199.

809 BT-Drs. 17/10957, S. 17.

810 BVerwG, Urteil vom 20.8.1993 – 7 A 14.93, NVwZ, 1994, 371.

811 BT-Drs. 17/10957, S. 17.

812 Ebenda.

Ziel der Klagebegründungsfrist soll ausweislich der Gesetzesbegründung die Verfahrensbeschleunigung und der Ausgleich zwischen der umweltrechtsschützenden Zielsetzung von Verbandsklagen einerseits und den Belangen der von Verbandsklagen Betroffenen andererseits sein.[813] Während des Gesetzgebungsverfahrens ist die Einführung einer solchen Klagebegründungsfrist überwiegend abgelehnt worden. Scharf kritisiert wurde die Regelung seitens des Bundesrates, der grundsätzliche Bedenken zur Einfügung des § 4a UmwRG hatte. Seiner Ansicht nach ist die Verschärfung prozessualer Anforderungen an Umwelt-Rechtsbehelfe nicht erforderlich und weist erhebliches Konfliktpotential mit Art. 19 Abs. 4 GG sowie der RL 2003/35/EG und der Århus-Konvention auf. Er kritisierte insbesondere, dass die europarechtlich und völkerrechtlich gebotene Ausweitung des Verbandsklagerechts zum Anlass genommen wird, durch „flankierende Regelungen“ auch den Individualrechtschutz einzuschränken.[814]

Ebenso kritisch äußerten sich *Schlacke*, *Kremer*, *Rottner* und *Tessmer* im Rahmen der Sachverständigenanhörung. Es wurde mehrfach daraufhin gewiesen, dass die vorhandenen Instrumentarien der VwGO ausreichend seien, um den Verfahrensfortgang zu lenken. Dies sei hinreichend durch den bestehenden § 87b VwGO gewährleistet.[815] Zudem sei die sechswöchige Klagefrist zu kurz bemessen, dies gelte gerade bei immer umfangreicher werdenden und komplexeren Genehmigungsverfahren. Es stelle eine erhebliche Beschränkung der Möglichkeiten von Rechtsschutzsuchenden dar, binnen sechs Wochen nach Entscheidung über die Klageeinreichung abschließend zur Klagebegründung vorzutragen.[816] Zudem könne der maßgeblich verfolgte Gesetzeszweck der Verfahrensbeschleunigung durch die Einführung einer solchen Klagebegründungsfrist nicht erreicht werden.[817] Zum einen bestehe kein Bedürfnis nach einem vermeintlichen Ausgleich zwischen der umweltschützenden Zielsetzung von Verbandsklagen und den Belangen der von Verbandsklagen Betroffenen, da die Verbandsklage lediglich der Einhaltung der geltenden Gesetze diene. Zum anderen gebe es keine empirische Erkenntnis zu Verfahrensverzögerungen durch

---

813 Ebenda.

814 Ebenda, S. 26.

815 Stellungnahme des BUND und NABU durch *Peter Rottner* und *Dirk Teßmer*, Ausschussdrucksache 17 (16) 580-E vom 18.10.2012, S. 10, *Kremer*, Ausschussdrucksache 17 (16) 580-C vom 19.10.2012, S. 6

816 BT-Drs. 17/10957, S. 27; Stellungnahme des BUND und NABU durch *Peter Rottner* und *Dirk Teßmer*, Ausschussdrucksache 17 (16) 580-E vom 18.10.2012, S. 10.

817 Vgl. Stellungnahme des Bundesrats, BT-Drs. 17/10957, Anlage 3, S. 24; *Kremer*, Ausschussdrucksache 17 (16) 580-C vom 19.10.2012, S. 6;

nicht ausreichende Klagebegründungen.[818] Die mit der Einführung der Klagebegründungsfrist verfolgten gesetzgeberischen Ziele seien weder empirisch belegt noch verfahrensrechtlich notwendig.[819] *Schlacke* weist zutreffend darauf hin, dass § 4a Abs. 1 UmwRG formal die Anforderungen an die Begründung von Umwelt-Rechtsbehelfen verschärft. Ob sich dies in der Praxis auch tatsächlich als Hürde herausstellt, wird maßgeblich von der Handhabung dieser Vorschrift durch die Gerichte abhängen, die darüber entscheiden, ob ein Nachschieben von Gründen nach Fristablauf lediglich als Nachbesserung des fristgerechten Klagvortrags zu werten oder als nicht mehr fristgerechter erstmaliger Vortrag zurückzuweisen ist.[820] Zustimmend äußerten sich im Rahmen des Gesetzgebungsverfahrens lediglich *Fellenberg* und *Versteyl*. Sie verwiesen insbesondere darauf, dass sich die sechswöchige Klagebegründungsfrist an dem bereits bestehenden fachgesetzlichen Klagebegründungsfristen orientiert und damit weder unangemessen kurz sei noch Individualkläger benachteilige.[821] Eine Einschränkung des Zugangs zu Gerichten sei hiermit nicht verbunden, da die Frist verlängert werden könne und die Zurückweisung verspäteten Vorbringens nach wie vor in das Ermessen des Gerichts gestellt sei.[822]

Mit der Einführung einer sechswöchigen Klagebegründungfrist werden die prozessualen Anforderungen im Rahmen des Umwelt-Rechtsbehelfsgesetzes sowohl für Verbände als auch für Individualkläger verschärft. Diese Fristen sind im Fachplanungsrecht bereits seit langem Standard. Die Einführung der Klagebegründungsfrist und die gesetzgeberische Begründung belegen einmal mehr überdeutlich das gesetzgeberische Fehlverständnis der Zielrichtung der Verbandsklage. Die Verbandsklage als Institut der objektiven Rechtskontrolle führt per se nicht zu einer Schieflage zwischen dem Individualrechtsschutz und der objektiven Rechtskontrolle, da die Zielrichtung beider Rechtsinstitute unterschiedlich ist. Ziel des Individualrechtsschutzes ist die Abwehr subjektiver Rechtsverletzung. Eine objektive Rechtskontrolle zielt jedoch allein auf die Kontrolle der Einhaltung des objektiven Gesetzesrechts ab. Ob sich in der Praxis die Einführung einer solchen Klagebegründungsfrist als tatsächliche Erschwernis

818 Stellungnahme des BUND und NABU durch *Peter Rottner* und *Dirk Teßmer*, Ausschussdrucksache 17 (16) 580-E vom 18.10.2012, S. 10; *Kremer*, Ausschussdrucksache 17 (16) 580-C vom 19.10.2012, S. 6.
819 *Schlacke*, Ausschussdrucksache 17 (16) 580-B vom 19.10.2012, S. 11.
820 *Schlacke*, Ausschussdrucksache 17 (16) 580-B vom 19.10.2012, S. 11.
821 *Versteyl*, Ausschussdrucksache 17(16)580 – F vom 23.10.2012, S. 3.
822 *Fellenberg*, Ausschussdrucksache 17 (16) 580-D vom 19.10.2012, S. 5.

für die Erlangung des Rechtsschutzes erweist, bleibt abzuwarten. Maßgeblich wird dabei sein, wie die Gerichte diese Vorschrift anwenden.

b. *Die Beschränkung der gerichtlichen Kontrolle bei Beurteilungsermächtigungen*

§ 4a Abs. 2 UmwRG normiert nun die Beschränkung der gerichtlichen Kontrolldichte bei Beurteilungsermächtigungen und begrenzt diese auf eine Plausibilitätskontrolle. Ausweislich der Gesetzesbegründung soll hiermit keine sachliche Abweichung von dem in Rechtsprechung und Literatur bereits verwandten Begriff des Beurteilungsspielraumes verbunden sein. Die Regelung solle vielmehr entsprechend der bereits praktizierten Rechtsprechung festschreiben, dass nur eine eingeschränkte gerichtliche Kontrolle stattfindet, sofern der Behörde im materiellen Recht auf Tatbestandsseite eine Beurteilungsermächtigung eingeräumt ist.[823] Ausdrücklich nicht erfasst sollen auf der Rechtsfolgenseite eingeräumte Ermessensspielräume sein.[824]

Im Gesetzgebungsverfahren war diese Regelung umstritten. Der Bundesrat lehnte die Einführung dieser Vorschrift zunächst ab. Seiner Ansicht nach ist die Bestimmung überflüssig, gesetzessystematisch falsch positioniert und missverständlich. Das Ziel der Neuregelung sei nicht ersichtlich; wenn nur die bestehende Rechtslage kodifiziert werden sollte, so stelle sich die Frage nach der Notwendigkeit einer solchen Kodifikation. Zudem sei nicht nachvollziehbar, dass diese Regelung speziell für Klagen nach dem UmwRG gesetzlich normiert werden soll. Wenn man die bereits praktizierte Rechtsprechung allgemeingültig gesetzlich fixieren wolle, dann käme nur eine für alle Klagen geltende Regelung in der VwGO in Betracht. Anderenfalls würde Rechtsstreitigkeiten darüber provoziert, ob mit der Regelung eine Modifikation der ständigen Rechtsprechung zur Überprüfbarkeit von Entscheidungen mit Beurteilungsspielraum speziell für umweltrechtliche Klagen bezweckt sei und ob die Gerichte die Vorschrift zutreffend angewandt haben.[825] Im Rahmen der Sachverständigenanhörung ist ebenfalls mehrfach darauf hingewiesen worden, dass für die Aufnahme dieser Regelung kein Bedürfnis besteht.[826] Fraglich sei, ob das Umwelt-Rechtsbehelfsgesetz für

---

823 BT-Drs. 17/10957, S. 18.

824 Ebenda.

825 Stellungnahme des Bundesrats, BT-Drs. 17/10957, Anlage 3, S. 27.

826 *Kremer*, Ausschussdrucksache 17 (16) 580-C vom 19.10.2012, S. 11.

eine solche Regelung überhaupt der richtige Standort sei[827] und es sich letztlich nur um einen Verweis auf die bestehende Rechtsprechung handelt.[828]

Die Normierung der Beschränkung der gerichtlichen Kontrolldichte bei Beurteilungsermächtigungen ist überflüssig und wird im Weiteren Fragen aufwerfen. Dies wird bereits aus den ersten Stimmen in der rechtswissenschaftlichen Literatur deutlich. Nach Ansicht von *Schlacke* beinhaltet die Vorschrift lediglich einen Verweis auf die bestehende Rechtsprechung. § 4a Abs. 2 UmwRG kommt ihrer Ansicht nach keine über das geltende Recht und die einschlägige Rechtsprechung hinausgehende Bedeutung zu.[829] *Wienhues* hingegen ist der Auffassung, dass der Gesetzgeber mit dieser Kodifikation für den Bereich des Umwelt-Rechtsbehelfsgesetzes eine abschließende gesetzgeberische Entscheidung getroffen hat und weitere Modifikationen und Fortschreibungen der Grundsätze über die Kontrolldichte beim Bestehen einer Beurteilungsermächtigung durch die Rechtsprechung nun nicht mehr möglich sind.[830] *Wienhues* geht fehl. Ausweislich der Gesetzesbegründung ist davon auszugehen, dass es sich bei der Vorschrift lediglich um eine Kodifikation der bestehenden Rechtsprechung zur gerichtlichen Kontrolldichte bei Beurteilungsermächtigungen handelt, da mit der Vorschrift keine Änderung der anerkannten Grundsätze über die gerichtliche Prüftiefe bei Bestehen eines Beurteilungsspielraums verbunden sein soll. Zudem wiederholt der Gesetzgeber lediglich vollständig die in der Rechtsprechung aufgestellten Voraussetzungen.[831]

c. *Der modifizierte Beurteilungsmaßstab bei Anträgen gemäß §§ 80 a, 80 Abs. 5 VwGO*

§ 4a Abs. 3 UmwRG enthält eine Modifizierung des Prüfungsmaßstabes für die Beurteilung eines Antrages auf Anordnung oder Wiederherstellung der aufschiebenden Wirkung einer verwaltungsbehördlichen Maßnahme im Sinne der §§ 80a, 80 Abs. 5 VwGO. Nach § 80 Abs. 5 VwGO muss bei Anträgen auf Anordnung oder Wiederherstellung der aufschiebenden Wirkung stets zwischen Vollzugs- und Suspensivinteresse des Betroffenen abgewogen werden. Dabei kommt es auch darauf an, welche Erfolgsaussichten die jeweilige Klage nach summarischer Prüfung hat. Die neue Regelung modifiziert diesen

---

827 *Fellenberg*, Ausschussdrucksache 17 (16) 580-D vom 19.10.2012, S. 6.

828 *Schlacke*, Ausschussdrucksache 17 (16) 580-B vom 19.10.2012, S. 12.

829 *Schlacke*, Novelle, ZUR 2013, 195, 200.

830 *Wienhues*, Neufassung, NordÖR 2013, 185, 188.

831 So auch *Bunge*, UmwRG, § 4a Rn. 38.

Prüfungsmaßstab: Im Rahmen der Gesamtabwägung müssen nun die Zweifel an der Rechtmäßigkeit der angegriffenen Maßnahme bei einer summarischen Prüfung *„ernstliche"* sein.[832] Ziel dieser Modifikation soll ausweislich der Gesetzesbegründung auch hier wieder der Ausgleich zwischen der umweltrechtsschützenden Zielsetzung von Verbandsklagen einerseits und den Belangen der von Verbandsklagen Betroffenen andererseits sein.[833] Der Bundesrat verwies in seiner Stellungnahme darauf, dass diese Modifizierung des Prüfungsmaßstabes zumindest Auslegungsprobleme verursachen werde. Die Formulierung lege nahe, dass für die Anordnung oder Wiederherstellung der aufschiebenden Wirkung nur noch die Erfolgsaussichten der Klage entscheidend sind, nicht jedoch die Vollzugsfolgen.[834] Im Rahmen der Sachverständigenanhörung ist diese Regelung ebenfalls kontrovers betrachtet worden. Nach Ansicht des BUND wird hierdurch die Erlangung einstweiligen Rechtsschutzes erschwert, da nunmehr die aufschiebende Wirkung einer Klage nicht – wie sonst – bei *„Zweifeln an der Rechtmäßigkeit eines Verwaltungsaktes"* hergestellt werden kann, sondern nur bei *„erheblichen Zweifeln"*. Dies habe zur Folge, dass die Vorhabenrealisierung erleichtert und auch in Fällen ermöglicht werde, in denen Gerichte „Zweifel" an der Rechtmäßigkeit der Genehmigungsentscheidung haben. Dies könne irreversible Schädigungen an Umweltgütern zur Folge haben.[835] *Schlacke* wies darauf hin, dass die Vorschrift erhebliche Entscheidungsunsicherheiten auslösen werde, da oftmals nicht alle Tatsachen vorlägen, die es dem Gericht erlauben, eine umfassende rechtliche Überprüfung der behördlichen Entscheidung vorzunehmen, und Gerichte insoweit nicht zu der Einschätzung gelangen können, ob ernstliche rechtliche Zweifel bestehen. Dies erzeuge keine Rechtssicherheit, auch nicht für den Vorhabenträger.[836] *Versteyl* sieht in dieser Regelung keine Erschwerung der Vereinsklagerechte. Sie weist daraufhin, dass angesichts des Beschlusses des BVerwG zur Elbvertiefung[837] eine solche Korrektur zwingend notwendig sei.[838] Eilentscheidungen, die auf vollständig offenen Erfolgsaussichten in der Hauptsache verweisen und auf Grundlage

832 BT-Drs. 17/10957, S. 18.

833 Ebenda.

834 Stellungnahme des Bundesrats, BT-Drs. 17/10957, Anlage 3, S. 28.

835 Stellungnahme des BUND und NABU durch *Peter Rottner* und *Dirk Teßmer*, Ausschussdrucksache 17 (16) 580-E vom 18.10.2012, S. 13.

836 *Schlacke*, Ausschussdrucksache 17 (16) 580-B vom 19.10.2012, S. 12.

837 BVerwG, Beschluss vom 16.10.2012 – 7 VR 7.12, zitiert nach juris.

838 *Versteyl*, Ausschussdrucksache 17(16)580 – F vom 23.10.2012, S. 2.

einer reinen Interessen- und Folgenabwägung die Aussetzung des Vollzuges anordnen, wären künftig im Regelfall ausgeschlossen.[839]

Mit der Einführung dieser Regelung sind erhebliche Unsicherheiten verbunden. Zum einen wird damit die bewährte Prüfungspraxis im Eilrechtsschutz aufgegeben. Bislang wird im Rahmen eines Eilverfahrens zunächst geprüft, ob der angegriffene Verwaltungsakt offensichtlich rechtmäßig oder offensichtlich rechtswidrig ist. Ist er offensichtlich rechtmäßig, wird der Antrag abgelehnt. Ist dies nicht der Fall oder lässt sich dies im Eilverfahren nicht feststellen, so trifft das Gericht eine Folgenabwägung. Es wägt hierbei die Folgen der Ausnutzung der Genehmigung gegenüber den Folgen des Abwartens auf die Entscheidung im Hauptsacheverfahren ab. Die Neuregelung lässt eine solche Abwägung nicht mehr zu. Nur noch bei ernsthaften Zweifeln an der Rechtmäßigkeit des zu überprüfenden Verwaltungsaktes überwiegen künftig die Interessen des Antragstellers an der Anordnung oder Wiederherstellung der aufschiebenden Wirkung. Dies kann in der Praxis zum einen zu einer Verlagerung der Rechtstreitigkeiten in den Eilrechtsschutz führen und zum anderen vielfach zu einer Versagung des Antrages auf Anordnung oder Wiederherstellung der aufschiebenden Wirkung des Umwelt-Rechtsbehelfs. Dies bedeutet für beide Seiten keine ausreichende Rechtssicherheit. Der Anlagenbetreiber wird auch das Hauptsacheverfahren abwarten müssen, um Rechtssicherheit für seine Investitionen zu erlangen.[840] Eine Beschleunigung wird durch diese Neuregelung nicht erreicht werden.[841]

d. Die Gleichstellung von Individual- und Verbandsklägern

Nach § 4a Abs. 4 UmwRG gelten die Absätze 1 bis 3 auch für gerichtliche Rechtsbehelfe von Individualklägern. Diese Vorschrift ist im Rahmen des Gesetzgebungsverfahrens relativ unbeachtet geblieben. Der Bundesrat hatte sich insgesamt gegen die Einführung des § 4a UmwRG ausgesprochen und darauf hingewiesen, dass die Regelung des § 4a Abs. 4 UmwRG zur Folge hat, dass für Individualklagen in immissionsschutzrechtlichen Genehmigungsverfahren mit Öffentlichkeitsbeteiligung nun strengere prozessuale Regelungen gelten als bei Individualklagen gegen Genehmigungsentscheidungen in formlosen Verfahren.[842] Auch *Schlacke* sieht hierin eine Schlechterstellung im Vergleich zu übrigen

839 So auch *Fellenberg*, Ausschussdrucksache 17 (16) 580-D vom 19.10.2012, S. 8.

840 Vgl. auch *Schlacke*, Novelle, ZUR 2013, 195, 201.

841 Denkbar wäre auch der Erlass eines sogenannten Hängebeschlusses, bis der Sachverhalt soweit geklärt ist, dass geprüft werden kann, ob ernsthafte Zweifel vorliegen. Dies verlagert jedoch im Grunde die Hauptsacheprüfung in das Vorverfahren.

842 Stellungnahme des Bundesrats, BT-Drs. 17/10957, Anlage 3, S. 26.

Individualklägern.[843] *Fellenberg* weist darauf hin, ein solcher Gleichlauf zwischen Verbandsklagen und Individualklagen beruhe auf der Annahme, die Vorgaben des Unionsrechts und der Århus-Konvention stünden nachteiligen Sonderregelungen für Umweltvereinigungen entgegen. Seiner Ansicht nach ist ein solcher Gleichlauf nicht zwingend erforderlich, sei jedoch völker- und unionsrechtskonform.[844] Die Regelung ist abzulehnen, da sie mit einer Schlechterstellung von Individualklägern verbunden ist, die allein auf der durchgeführten Verfahrensart beruht. In Fällen, in denen ein förmliches BImSch-Genehmigungsverfahren auf Antrag des Vorhabenträgers gemäß § 19 Abs. 3 BImSchG durchgeführt wird, hat es im Grunde der Vorhabenträger in der Hand, zu entscheiden, ob § 4a UmwRG Anwendung finden wird. Es ist kein sachlicher Grund für eine prozessuale Ungleichbehandlung von Individualklägern erkennbar, abhängig von der gewählten Verfahrensart.

2. *Zur Vereinbarkeit mit dem Europarecht*

Der nun neu eingefügte § 4a UmwRG ist weder europarechtlich noch völkerrechtlich bedingt und findet keine Entsprechung in der RL 2003/35/EG oder Art. 9 AK. Er verschärft die prozessualen Anforderungen an Umwelt-Rechtsbehelfe und erschwert damit faktisch den Zugang zu Gerichten. Damit bestehen erhebliche Bedenken im Hinblick auf das Äquivalenz- und Effektivitätsprinzip. Hiernach darf die nationale gerichtliche Kontrolle bei der Anwendung des Unionsrechts nicht strenger sein als bei der Anwendung nationalen Rechts in vergleichbaren Fällen. Innerstaatliche Verfahrensvorschriften dürfen die Ausübung des Unionsrechts nicht unmöglich machen oder übermäßig erschweren. Es bestehen erhebliche Bedenken im Hinblick auf das Äquivalenzprinzip.[845] Dies insbesondere vor dem Hintergrund, dass § 4a UmwRG aufgrund des Absatzes 4 auch für Individualkläger gilt. Dies hat letztlich zur Folge, dass der Rechtsschutz für Individualkläger in umweltrechtlichen Angelegenheiten tendenziell ungünstiger ist als in anderen Rechtsgebieten.[846] Ein sachlicher Grund für die Einführung des § 4a UmwRG ist nicht ersichtlich.

843 *Schlacke*, Ausschussdrucksache 17 (16) 580-B vom 19.10.2012, S. 13.
844 *Fellenberg*, Ausschussdrucksache 17 (16) 580-D vom 19.10.2012, S. 9.
845 Vgl. Stellungnahme *Schlacke* Ausschussdrucksache 17 (16) 580 B vom 18.10.2012.
846 *Seibert*, Verbandsklagen, NVwZ 2013, 1040, 1045; *Schlacke*, Novelle, ZUR 2013, 195, 202.

3. Bewertung

Ausweislich der Gesetzesbegründung soll § 4a UmwRG einen Ausgleich zwischen den umweltschützenden Zielsetzungen von Verbandsklagen einerseits und den Belangen der von Verbandsklagen Betroffenen andererseits herstellen. Insbesondere soll verhindert werden, dass das Instrument der Verbandsklage in der Praxis zu sachlich nicht gerechtfertigten Verzögerungen von Vorhaben instrumentalisiert wird.[847] Der Begründung lässt sich entnehmen, dass die Befürchtung besteht, es könne durch die Verbandsklage zu Vorhabenverzögerungen kommen bzw. das Institut der Verbandsklage würde missbraucht, um Vorhaben zu verzögern bzw. gar zu verhindern. Diese Befürchtungen sind empirisch nicht belegt, sie sind nachgewiesenermaßen sogar falsch.[848] Studien, die zum Institut der Verbandsklage durchgeführt wurden, haben ergeben, dass Verbandsklagen durch die Einführung des UmwRG nicht zugenommen haben und eine hohe Erfolgsquote aufweisen.[849] Umso mehr erstaunt es, dass der Gesetzgeber sich erneut auf dieses längst widerlegte Argument zurückzieht. Dies ist im Grunde rational nicht erklärbar. § 4a UmwRG ist wohl im Wesentlichen auf die erfolgreiche Lobbyarbeit des Bundesverbandes der Deutschen Industrie e.V. (BDI) zurückzuführen, der am 11.10.2011 ein Positionspapier veröffentlich hat, in dem er ausformulierte Vorschläge zur Änderung des Umwelt-Rechtsbehelfsgesetzes anlässlich des Trianel-Urteiles anbrachte.[850] Insgesamt sprach sich der BDI für eine Verschärfung der Präklusionsregelungen, eine Begrenzung des gerichtlichen Untersuchungsgrundsatzes, eine Einschränkung der Überprüfung von behördlichen Bewertungen sowie eine Begrenzung der Klagemöglichkeiten auf Umweltvorschriften mit unionsrechtlichem Hintergrund aus.[851] Erfolgreich war der BDI im Hinblick auf die Einführung der sechswöchigen Klagebegründungsfrist sowie die Einschränkung des Untersuchungsgrundsatzes bei Beurteilungsermächtigungen. Der Begründung lässt sich im Weiteren entnehmen, dass der Gesetzgeber die Entstehung einer Schieflage gegenüber dem Individualrechtsschutz durch die Ausweitung des Verbandsklagerechts befürchtet. Wie bereits ausgeführt, verdeutlicht diese Argumentation einmal mehr das Fehlverständnis

---

847 BT-Drs. 17/10957, S. 17.

848 Vgl. hierzu *Schmidt*, Klagebefugnisse, ZUR 2012, 210, 216; *Schmidt*, Wahrnehmung, ZUR 2011, 296 f.;

849 *Schmidt*, Klagebefugnisse, ZUR 2012, 210, 216.

850 Positionspapier zur Änderung des Umweltrechtsbehelfsgesetzes vom 11.10.2011 des Bundesverbandes der Deutschen Industrie e.V.

851 Ebenda.

der Verbandsklage. Eine solche Schieflage besteht bereits aufgrund der unterschiedlichen Zielrichtungen des Individualschutzes und der objektiven Rechtskontrolle nicht. Vielmehr erfolgt durch die Ausweitung der Verbandsklagerechte eine Stärkung der Instrumente der objektiven Rechtskontrolle, deren Ziel die Gewährleistung der Einhaltung des geltenden Gesetzesrechts ist. Durch die Ausweitung der Verbandsklagerechte wird keine Schieflage erzeugt, vielmehr stellt sie ein Gleichgewicht zwischen Umweltinteressen und den Interessen der Umweltnutzer her, denen die Durchsetzung ihrer materiellen Rechtspositionen durch das Individualrechtsschutzsystem ermöglicht wird.[852] Insoweit überzeugt die Gesetzesbegründung nicht.

V. Zu den Änderungen des § 5 Abs. 4 UmwRG

1. *Regelungsgehalt*

Es wurde ein neuer § 5 Abs. 4 UmwRG eingeführt, der die Übergangsregelungen neu regelt. Die neuen Regelungen sollen für alle Verfahren gelten, die am 12.5.2011 anhängig waren, nach diesem Tag eingeleitet worden sind und die zum Zeitpunkt des Inkrafttretens noch nicht rechtskräftig entschieden waren. Eine Ausnahme statuiert § 5 Abs. 4 Satz 2 UmwRG hinsichtlich der Klagebegründungsfrist des § 4a Abs. 1 UmwRG. Diese findet nur auf Verfahren Anwendung, die nach dem Inkrafttreten eingeleitet werden. Die übrigen Vorschriften des § 4a UmwRG entfalten rückwirkend Geltung.

2. *Zur Vereinbarkeit mit dem Europarecht*

Europarechtlich problematisch erscheint, dass der Gesetzgeber als Stichtagsregelung den 12.5.2011, den Tag der Entscheidung des EuGH in Sachen Trianel, gewählt hat. Das Trianel-Urteil betrifft nicht die grundsätzliche Anwendung der RL 2003/35/EG, sondern ihre Auslegung durch den EuGH. Richtigerweise hätte der Gesetzgeber auch hier den Ablauf der Umsetzungsfrist der RL 2003/35/EG, den 25.5.2005, als Stichtag ansetzen müssen.[853] Dies wird durch den EuGH in seiner Entscheidung vom 7.11.2013 auch so bestätigt. Das UmwRG muss insgesamt auch auf Verfahren Anwendung finden, die vor dem 25.5.2005 eingeleitet worden sind.[854]

---

852 So auch *Schlacke*, Novelle, ZUR 2013, 195, 201.

853 So auch *Bunge*, UmwRG, § 5 Rn. 20.

854 Die vorliegende Arbeit ist auf dem Stand 30.12.2013. Der EuGH hat mit Urteil vom 15.10.2015 festgestellt, dass die Übergangsvorschrift in § 5 Abs. 4 UmwRG

3. *Bewertung*

Der neue § 5 Abs. 4 UmwRG erstreckt die Geltung des geänderten UmwRG rückwirkend auch auf Verfahren, die zum 12.5.2011 anhängig waren oder später eingeleitet wurden. Damit hat der Gesetzgeber die unmittelbare Anwendbarkeit des Art. 10a RL 2003/35/EG wieder aufgehoben. Die Übergangsregelung des § 5 Abs. 1 und Abs. 4 UmwRG bedarf insgesamt einer Überarbeitung durch den Gesetzgeber. Der maßgebliche Stichtag ist der 25.5.2005.

VI. Würdigung

Der Gesetzgeber hat mit dem Gesetz zur Änderung des Umwelt-Rechtsbehelfsgesetzes dieses nur minimal und erkennbar nur unter dem Druck des Europarechts an die Vorgaben des Art. 10a RL 2003/35/EG und des Art. 9 Abs. 2 AK angepasst. In der Literatur wird positiv hervorgehoben, dass der Gesetzgeber darauf verzichtet hat, zwischen Umweltvorschriften nationalen und europarechtlichen Ursprungs zu differenzieren.[855] Letztlich bleibt jedoch zu konstatieren, dass er damit lediglich seiner Umsetzungsverpflichtung aus Art. 9 Abs. 2 AK nachgekommen ist, der auch nicht zwischen unionsrechtlichen und nationalen Umweltvorschriften differenziert. Vielmehr ist hervorzuheben, dass der Gesetzgeber die zwingend erforderliche Anpassung an das Europarecht dazu genutzt hat, prozessuale Sonderregelungen für Verbandsklagen nach dem UmwRG einzuführen. Er hat zudem die Chance ungenutzt verstreichen lassen, ohne eine weitere Verurteilung durch den EuGH – entweder in einem Vorlageverfahren oder im Rahmen eines Vertragsverletzungsverfahrens – das UmwRG entsprechend den völker- und europarechtlichen Vorgaben anzupassen. Die Europarechtskonformität der unverändert weiter bestehenden Regelungen des UmwRG werden im folgenden Unterkapitel erörtert.

C) Die Vereinbarkeit der unverändert gebliebenen Vorschriften des Umwelt-Rechtsbehelfsgesetzes mit den Vorgaben der RL 2003/35/EG und des Art. 9 Abs. 2 AK

Es bestehen ebenfalls erhebliche Zweifel daran, ob die nicht geänderten Vorschriften des UmwRG zur Anerkennung von Verbänden, zur Einwendungspräklusion nach § 2 Abs. 3 UmwRG und das Erfordernis der Betroffenheit im

---

europarechtswidrig ist, soweit sie Verwaltungsverfahren, die vor dem 25.5.2005 eingeleitet wurden, vom Geltungsbereich des UmwRG ausnimmt, EuGH, Urteil vom 15.10.2015 – C137/14, zitiert nach juris.

855 *Schlacke*, Novelle, ZUR 2013, 195, 202.

satzungsgemäßen Aufgabenbereich nach § 2 Abs. 1 und Abs. 5 UmwRG den europa- und völkerrechtlichen Vorgaben genügen.

I. Das Anerkennungsverfahren nach § 3 UmwRG

Keine Änderungen hat es bei den Regelungen zum Anerkennungsverfahren gegeben. Europarechtlich bedenklich scheinen die Voraussetzung des mindestens dreijährigen Bestehens für eine Anerkennung und der Ausschluss von Umweltstiftungen. Grundsätzlich besteht jedoch ein innerstaatlicher Gestaltungsspielraum der Mitgliedstaaten, den Kreis der rügeberechtigten Vereinigungen einzugrenzen.[856] Das innerstaatliche Recht muss dabei jedoch einen weiten Zugang zu Gerichten sicherstellen. Dies erfordert, dass es sich bei den Einschränkungen des Zugangs um sachlich notwendige Voraussetzungen handeln muss. Das Erfordernis des mindestens dreijährigen Bestehens soll sicherstellen, dass rügeberechtigt nur Verbände sind, die Umweltschutzziele verfolgen und über genügend Fachkunde und Erfahrung verfügen. Dies wird von dem innerstaatlichen Gestaltungsspielraum der Vertragsparteien gedeckt. Der Ausschluss von Umweltstiftungen erscheint allerdings nicht sachgerecht. Der Gesetzesvorschlag von BÜNDNIS 90/DIE GRÜNEN vom 20.11.2011 sah die Einbeziehung von Umweltstiftungen in den Kreis der anerkennungsfähigen Vereinigungen vor. Dieser Vorschlag konnte sich nicht durchsetzen. Der Entwurf der Bundesregierung vom 30.5.2011 sah eine solche Einbeziehung von Umweltstiftungen nicht vor. Ein sachlicher Grund für eine Nichteinbeziehung ist nicht ersichtlich.

II. Zur Präklusion nach § 2 Abs. 3 UmwRG

Im Rahmen der Beurteilung, ob die Vorschrift des § 2 Abs. 3 UmwRG europarechtskonform ist,[857] treffen verschiedene Problemkreise aufeinander. Es stehen sich die Fragen der grundsätzlichen Europarechtskonformität von Präklusionsvorschriften und der Beteiligungspflicht im vorangegangenen Verwaltungsverfahren und das Maß der Substantiierung der im Verwaltungsverfahren vorzubringenden Einwendungen gegenüber. § 2 Abs. 1 Nr. 3 UmwRG macht die Zulässigkeit des Umwelt-Rechtsbehelfes von der vorangegangenen Mitwirkung im Verwaltungsverfahren abhängig. Hiermit korrespondiert die

856 Art. 2 Abs. 5 AK: „*... und alle nach innerstaatlichem Recht geltenden Voraussetzungen erfüllen*". Siehe auch Art. 3 Nr. 1 Abs. 2 RL 2003/35/EG.

857 Die vorliegende Arbeit ist auf dem Stand 30.12.2013. Der EuGH hat mittlerweile mit Urteil vom 15.10.2015 – C137/14 – zitiert nach juris, entschieden, dass die deutschen Vorschriften zur Einwendungspräklusion gegen das Europarecht verstoßen.

Präklusionsvorschrift des § 2 Abs. 3 UmwRG. Nach ständiger Rechtsprechung des Bundesverwaltungsgerichts steht die Präklusionsvorschrift des § 2 Abs. 3 UmwRG mit dem Unionsrecht im Einklang.[858] Durchgreifende europarechtliche Bedenken gegenüber dem Verlust der Rügebefugnis durch materielle Präklusion bestünden weder mit Blick auf Art. 10a der RL 2003/35/EG noch mit Blick auf den gemeinschaftsrechtlichen Effektivitätsgrundsatz des Art. 10 Abs. 1 des Vertrags zur Gründung der Europäischen Gemeinschaften (jetzt Art. 4 Abs. 3 EUV), wonach die Mitgliedstaaten alle geeigneten Maßnahmen allgemeiner oder besonderer Art zur Erfüllung der Verpflichtungen, die sich aus diesem Vertrag oder aus Handlungen der Organe der Gemeinschaft ergeben, treffen. Art. 10a Abs. 1 UVP-RL verlange, dass die Mitgliedstaaten im Rahmen ihrer innerstaatlichen Rechtsvorschriften sicherstellen, dass Mitglieder der betroffenen Öffentlichkeit Zugang zu einem Überprüfungsverfahren vor einem Gericht oder einer anderen auf gesetzlicher Grundlage geschaffenen unabhängigen und unparteiischen Stelle haben, um die materiell- und verfahrensrechtliche Rechtmäßigkeit von Entscheidungen, Handlungen oder Unterlassungen anzufechten, für die die Bestimmungen dieser Richtlinie über die Öffentlichkeitsbeteiligung gelten. Art. 10a Abs. 1 UVP-RL überlasse es – wie die Wendung *„im Rahmen ihrer innerstaatlichen Rechtsvorschriften"* zeigt – dabei den Mitgliedstaaten, das Verfahren als Ausdruck ihrer Verfahrensautonomie auszugestalten und dabei auch Präklusionsvorschriften einzuführen. Die Regelung des § 2 Abs. 3 UmwRG überschreite nicht die der mitgliedstaatlichen Verfahrensautonomie gesetzten Grenzen.[859]

Nach einer in der Literatur vertretenen Auffassung ist § 2 Abs. 3 UmwRG europarechtswidrig, da § 2 Abs. 3 UmwRG eine gerichtliche Überprüfung all jener Einwendungen ausschließt, die ein Verein im Verwaltungsverfahren nicht geltend gemacht hat, obwohl er hierzu im Stande gewesen wäre.[860] Dadurch werden

---

858 BVerwG, Beschluss vom 11.11.2009 – 4 B 57/09, zitiert nach juris, Rn. 6; Beschluss vom 14.4.2010 – 9 A 5.08, zitiert nach juris, Rn. 107; Beschluss vom 14.9.2010 – 7 B 15/10, zitiert nach juris, Rn. 8; Beschluss vom 17.6.2011 – 7 B 79/10, zitiert nach juris, Rn. 10; Urteil vom 14.7.2011 – 9 A 14/10, zitiert nach juris, Rn. 23; Urteil vom 29.9.2011 – 7 C 21/09, zitiert nach juris, Rn. 31.

859 OVG Münster, Urteil vom 9.12.2009 – 8 D 10/08.AK, zitiert nach juris, Rn. 75 f.

860 *Schink*, Umweltrecht, EurUP 2003, 27, 35; *Louis*, Übergangsregelungen, NuR 2004, 287, 290; *Schlacke*, Rechtsschutz, NuR 2004, 629, 631; *Schlacke*, Rechtsbehelfe, in: *Schlacke/Schrader/Bunge*, Informationsrechte, Öffentlichkeitsbeteiligung und Rechtsschutz im Umweltrecht, 377; *Schlacke*, Rechtsbehelfe, in: *Schlacke/Schrader/Bunge*, Rechtsbehelfe im Umweltrecht, S. 444 f; *Bunge*, Zugang, ZUR 2010, 20 f.; *Ekardt*, Umweltrechtsbehelfsgesetz, NVwZ 2012, 530, 532. Vgl. Stellungnahme des BUND

auch Rügen, die eine Verletzung des Unionsrechts beinhalten, ausgeschlossen. Dies wiederum könne mit der durch Art. 10a RL 2003/35/EG angeordneten umfassenden Überprüfungsbefugnis konfligieren und damit dem Effektivitätsgrundsatz widersprechen.[861]

Nach anderer Auffassung genügt § 2 Abs. 3 UmwRG den Anforderungen des Unionsrechts, der deutsche Gesetzgeber habe hierdurch seinen Gestaltungsspielraum nicht überschritten.[862] Die auf der Grundlage der RL 2003/35/EG erweiterten Beteiligungsrechte sollen die Gewähr dafür bieten, dass die Vereinigungen ihren Sachverstand möglichst frühzeitig einbringen. Würden sie hiervon keinen Gebrauch machen, so ließe sich nicht beanstanden, sie mit verspätetem Vorbringen zu präkludieren.[863]

Art. 10a RL 2003/35/EG und Art. 9 Abs. 2 AK sehen dem Wortlaut nach keine Regelung zur Einwendungspräklusion vor. Die Zweifel an der Europarechtskonformität des § 2 Abs. 3 UmwRG sind jedoch durch das Urteil des EuGH vom 15.10.2009 in der Sache Djurgården verstärkt worden.[864] Der EuGH hatte in diesem Verfahren ausgeführt, den Mitgliedern der Öffentlichkeit müsse bei der Zulassung UVP-pflichtiger Vorhaben der Zugang zu Gerichten offenstehen, unabhängig davon, welche Rolle sie im Verfahren über den Genehmigungsantrag durch ihre Beteiligung an und ihre Äußerungen in diesem Verfahren spielen konnten.[865] Die Generalanwältin *Sharpston* hatte in ihren Schlussanträgen darauf hingewiesen, dass die Klagebefugnis eines Verbandes nur davon abhänge, ob er die begrifflichen Voraussetzungen des Art. 1 Abs. 2 RL 2003/35/EG erfülle, nicht aber davon, ob er sich an dem vorausgehenden Vorhabenzulassungsverfahren

---

und NABU durch *Peter Rottner* und *Dirk Teßmer*, Ausschussdrucksache 17 (16) 580-E vom 18.10.2012.

861 *Schlacke*, Umwelt-Rechtsbehelfsgesetz, NuR 2007, 8, 14 f.

862 *Brauhardt*, Einschränkung, UPR 2010, 296, 298 f.; *Durner*, Spielräume, in: *Durner/Walter*, Rechtspolitische Spielräume bei der Umsetzung der Århus-Konvention, 64, *Durner*, Spielräume, in: *Durner/Walter*, Rechtspolitische Spielräume im Bereich der dritten Säule: Prüfungsumfang, Kontrolldichte, prozessuale Ausgestaltung und Fehlerfolgen, S. 87 f; *Kment*, Umwelt-Rechtsbehelfsgesetz, NVwZ 2007, 274, 278.

863 *Halama*, Öffentlichkeitsbeteiligung in: *Berkemann/Halama*, Handbuch zum Recht der Bau- und Umweltrichtlinien der EG, 770, 766 f.

864 Siehe hierzu auch *Fellenberg/Schiller*, UmwRG, in: *Landmann/Rohmer*, Umweltrecht, § 2 Rn. 54, offen gelassen. Kritisch *Bunge*, Zugang, ZUR 2010, 20, 23 f.

865 EuGH, Urteil vom 15.10.2009 – C-263/08, Slg. 2009, I-9967. Siehe hierzu auch *Bunge*, Zugang, ZUR 2010, 20 f.

beteiligt habe. Sie wies weiter darauf hin, dass der Zugang zu Gerichten nicht die Folge einer vorhergehenden Beteiligung am Verwaltungsverfahren sei, und differenzierte hierbei zwischen Verbänden und natürlichen und juristischen Personen. Während letztere eine Rechtsverletzung oder aber ein ausreichendes Interesse geltend machen müssten, habe ein Umweltverband „automatisch" Zugang zu Gerichten, wenn er sich für den Umweltschutz einsetze und die innerstaatlichen Voraussetzungen erfülle.[866] Dieser Fall betraf allerdings keine Präklusionsvorschriften. Die Generalanwältin stellt in ihrer Argumentation maßgeblich auf die Rechtsposition ab, die Art. 10a RL 2003/35/EG den Umweltverbänden gewährt. Sie verweist darauf, dass die Wendung *„im Rahmen der innerstaatlichen Rechtsvorschriften"* den Mitgliedstaaten bei der Umsetzung der Bestimmung keine zusätzlichen Befugnisse einräumt, sondern dass die Bestimmungen über den Zugang zu den Gerichten im prozessualen Rahmen eines jeden Mitgliedstaats anzuwenden sind. Dies bedeute, dass natürliche oder juristische Personen und Umweltorganisationen neben den Rechten, die ihnen Art. 10a RL zuweist, den Vorschriften über die nationale gerichtliche Zuständigkeit, Fristen, Prozessfähigkeit usw. unterliegen, die das nationale Prozessrecht vorsieht.[867] Vom Standpunkt der Generalanwältin ausgehend, ist es unzulässig, die Klagebefugnis von Umweltverbänden im nationalen Recht davon abhängig zu machen, dass diese sich zuvor am Verwaltungsverfahren beteiligt haben. Es handelt sich bei der Vorschrift zur materiellen Präklusion weder um eine allgemeine Regelung über die gerichtlichen Zuständigkeiten, Fristen, Prozessfähigkeit oder ähnliches.[868]

Das Bundesverwaltungsgericht hingegen stellt darauf ab, dass Präklusionsvorschriften der Rechtssicherheit und dem gesteigerten Bedürfnis des Vorhabenträgers nach Schutz und Beständigkeit der unter Drittbeteiligung zustande gekommenen Zulassungsentscheidung dienen.[869] Nach Auffassung des BVerwG stellt die europarechtliche Einschränkung, dass das Recht auf Zugang zu Gerichten *„im Rahmen innerstaatlicher Rechtsvorschriften"* verliehen werde, klar, dass die Ausgestaltung des Verfahrens, das den Schutz der dem Bürger aus der unmittelbaren Wirkung des Gemeinschaftsrechts erwachsenden Rechte gewährleisten solle, Sache der innerstaatlichen Rechtsordnung der einzelnen Mitgliedstaaten sei. Die Mitgliedstaaten seien bei der Ausgestaltung ihrer *„innerstaatlichen*

866 Schlussanträge der Generalanwältin *Sharpston* in der Rechtssache C-263/08, Rn. 42 f., 52; *Bunge*, UmwRG, § 2 Rn. 18.

867 Schlussanträge der Generalanwältin *Sharpston* in der Rechtssache C-263/08, Rn. 45 f.

868 *Bunge*, Zugang, ZUR 2010, 20, 23.

869 BVerwG, Urteil vom 11.11.2009 – 4 B 57/09, zitiert nach juris, Rn. 3.

Rechtsvorschriften“ allerdings nicht völlig frei. Nach ständiger Rechtsprechung des EuGH dürfe das nationale Verfahrens- und Prozessrecht nicht ungünstiger gestaltet sein als bei entsprechenden Klagen, die nur innerstaatliches Recht betreffen, und sie dürften – was hier allein in Rede stehe – die Ausübung der durch die Gemeinschaftsrechtsordnung verliehenen Rechte nicht praktisch unmöglich machen oder übermäßig erschweren.[870] Nach der Entscheidungspraxis des EuGH sei für die Anwendung des Effektivitätsgebots jeder Fall, in dem sich die Frage stelle, ob eine nationale Verfahrensvorschrift die Anwendung des Gemeinschaftsrechts unmöglich mache oder übermäßig erschwere, unter Berücksichtigung der Stellung dieser Vorschrift im gesamten Verfahren, des Verfahrensablaufs und der Besonderheiten des Verfahrens zu prüfen.[871] Das Bundesverwaltungsgericht hat bei der Anwendung dieser Maßstäbe keinen Zweifel daran, dass die Präklusion des § 2 Abs. 3 Alt. 1 UmwRG „angemessen“ begrenzt sei. Zwar trete im Gegensatz zu Klagefristen, von deren Einhaltung der nationale Gesetzgeber den Zugang zu den Gerichten abhängig machen dürfe, der Ausschluss verfahrensrelevanten Vorbringens bereits vor einem anfechtbaren Rechtsakt ein. Dies sei aber ohne Bedeutung, weil das Einwendungsrecht als Anknüpfungspunkt für die Präklusion einem vorgezogenen Rechtsschutz gleichkomme.[872] Dieser Rechtsschutz sei nicht unzureichend, denn er liege auch im wohlverstandenen Interesse der Einwendungsberechtigten, weil sie durch ihr Vorbringen die Chance der Einflussnahme wahren könnten, bevor eine Art planerische Verfestigung eingetreten sei.[873]

Grundsätzlich ist anzumerken, dass der Rechtsprechung des EuGH[874] zu nationalen Präklusionsnormen keine verallgemeinernden Maßstäbe entnommen werden können, sondern die jeweiligen Urteile den Umständen des Einzelfalles geschuldet sind.[875] Zweck der materiellen Präklusion ist es, die Bestandskraft der behördlichen Entscheidung zu stärken; sie dient damit auch dem gemeinschaftsrechtlich anerkannten Grundsatz der Rechtssicherheit. Problematisch ist

---

870 EuGH, Urteil vom 16.12.1976 – 33/76, Slg. 1976, 1989; Urteil vom 14.12.1995 – C-312/93, Slg. 1995, I- 4599, Rn. 17 und Urteil vom 14.12.1995 – C-430/93 und 431/93, Slg. 1995, I-4705.

871 EuGH, Urteil v. 27.2.2003 – C-327/00, Slg. 2003, I-1877, Rn. 56.

872 BVerwG, Urteil vom 17.7.1980 – 7 C 101.78, zitiert nach juris.

873 *Gatz*, Vereinbarkeit, jurisPR-BVerwG 2010, Rn. 3.

874 EuGH, Urteil vom 14.12.1995 – C-312/93, Slg. 1995, S. I-4599 Rn.15 f.; EuGH, Urteil vom 27.2.2003 – C-327/00, Slg. 2003, S. I-1907, Rn. 54 ff.

875 *Schlacke*, Umwelt-Rechtsbehelfsgesetz, NuR 2007, 8, 15; *Gellermann*, Klagerechte, NVwZ 2006, 7, 11.

vorliegend die Anbindung der Ausschlusswirkung des § 2 Abs. 3 UmwRG an die engen Einwendungsfristen des Fachplanungs- und Immissionsschutzrechtes. Die materielle Präklusion kann dazu führen, dass die Effektivität der Verbandsklagebefugnisse ins Leere läuft.[876] Letztlich dürfen daher die einzelnen Voraussetzungen der Einwendungspräklusion nicht losgelöst voneinander betrachtet werden. In der Praxis sehen sich oftmals auch ehrenamtlich arbeitende Verbände überaus umfänglichen Antragsunterlagen gegenüber, zu denen innerhalb der Einwendungsfrist ausführlich Stellung zu nehmen ist. Die Antragsunterlagen liegen unabhängig von der Komplexität, dem Umfang einer Planung und dem damit verbundenen Konfliktpotential einen Monat lang aus. Innerhalb von weiteren zwei Wochen ist sodann schriftlich zu den ausgelegten Unterlagen Stellung zu nehmen.[877] Innerhalb dieser Zeit ist eine Stellungnahme zu fertigen, die sämtliche Angriffspunkte gegen eine Planung substantiiert vorbringt. Die Rechtsprechung stellt hohe Anforderungen an die von Verbänden vorgebrachten Einwendungen und legt einen hohen Maßstab hinsichtlich der erforderlichen Substantiierung an.[878]

Problematisch hieran erscheint, dass es bislang lediglich richterlich festgeschriebene Anforderungen an die Darlegungslast der Verbände gibt. Es besteht ein Trend der Gerichte, die Darlegungslast der Verbände mit dem Argument zu erhöhen, Verbänden seien die Mitwirkungsrechte aufgrund ihrer besonderen Sachkunde zugesprochen worden, deshalb müssten sie sich besonders intensiv mit den Antragsunterlagen auseinandersetzen. Insbesondere die Rechtsprechung des Bundesverwaltungsgerichts, je umfangreicher die Planungsunterlagen seien, umso umfangreicher habe sich der Einwendungen erhebende Verband hiermit auseinander zu setzen,[879] ist kritisch zu betrachten. Das Bundesverwaltungsgericht setzt sich im Rahmen dieser Rechtsprechung nicht mit der Frage auseinander, über welche personellen und finanziellen Ressourcen Verbände verfügen. Es verweist sogar noch zusätzlich darauf, dass sie nach den gesetzlichen Voraussetzungen für die Anerkennung eine sachgerechte Aufgabenerfüllung gewährleisten müssen und bereits deshalb eine substantiierte Auseinandersetzung mit den Antragsunterlagen von ihnen erwartet werden kann.[880] Allerdings dürfte es einem durchschnittlich ausgestatteten Verband gerade in umfangreichen

876 *Schlacke*, Umwelt-Rechtsbehelfsgesetz, NuR 2007, 8, 15.
877 Vgl. § 10 Abs. 3 Satz 4 BImSchG; § 73 Abs. 4 Satz 1 VwVfG; § 17a Nr. 3 FStrG.
878 Siehe hierzu 4. Kapitel B. I. 2.
879 BVerwG, Beschluss vom 9.8.2010 – 9 B 10/10, zitiert nach juris, Rn. 8.
880 *Schmidt*, Klagebefugnisse, ZUR 2012, 210, 218.

Verfahren nicht möglich sein, innerhalb der kurz bemessenen Einwendungsfrist entsprechende Einwendungen zu substantiieren.[881]

Legt man hieran die oben genannten Maßstäbe des EuGH an, wonach eine nationale Verfahrensvorschrift die Anwendung des Gemeinschaftsrechts nicht unmöglich machen oder übermäßig erschweren darf und dies unter Berücksichtigung der Stellung dieser Vorschrift im gesamten Verfahren, des Verfahrensablaufs und der Besonderheiten des Verfahrens zu prüfen ist, so kommt man zu dem Ergebnis, dass ein vollständiger Einwendungsausschluss, wie er in § 2 Abs. 3 UmwRG vorgesehen ist, im Zusammenspiel mit den kurzen Einwendungsfristen des Fachplanungsrechts unangemessen ist.[882] Gerade die erhöhten Substantiierungserfordernisse, die die Gerichte an die Einwendungen von Verbänden stellen, verstoßen in Verbindung mit den kurzen Einwendungsfristen gegen das Effektivitätsgebot. Zudem verkennt eine vollständige Einwendungspräklusion die Zielrichtung der umweltrechtlichen Verbandsklage. Ziel der umweltrechtlichen Verbandsklage nach der Århus-Konvention ist der Schutz der Umwelt unter anderem durch eine Stärkung von Informations- und Beteiligungsrechten, die wiederum zu einem besseren Vollzug der Gesetze im Bereich des Umweltrechts führen sollen. Unter Berücksichtigung dessen muss es auch im gerichtlichen Verfahren noch möglich sein, neue Einwendungen gegen ein Vorhaben vorbringen zu können. Die derzeitige Ausgestaltung der Präklusionsvorschriften und ihre Anwendung durch die Gerichte sind nicht europarechtskonform, da sie den Zugang zu Gerichten erschweren. Der Gesetzgeber ist hier dringend gehalten, Nachbesserungen vorzunehmen. Im Gesetzgebungsverfahren zur Änderung des UmwRG ist die vollständige Abschaffung der Präklusionsvorschriften gefordert worden.[883] Dies ist nicht erforderlich, wenn die Verfahrensmodalitäten in einer Weise angepasst würden, dass die Anwendung der Präklusionsvorschriften nicht den Zugang zu Gerichten erschwert. Dies kann durch eine Änderung im Verfahrensrecht, beispielsweise durch eine Verlängerung der Einwendungsfristen und durch eine frühzeitige Information und Einbeziehung der Öffentlichkeit, erreicht werden.

---

881 *Schmidt* führt dies auch darauf zurück, dass es Verbänden in der Praxis nicht möglich ist, flächendeckend die ortsüblichen Bekanntmachungen zu beobachten, a.a.O.

882 *Seibert*, Verbandsklagen, NVwZ 2013, 1040, 1045; *Schmidt*, Klagebefugnisse, ZUR 2012, 210, 217.

883 Vgl. Stellungnahme des BUND und NABU durch *Peter Rottner* und *Dirk Teßmer*, Ausschussdrucksache 17 (16) 580-E vom 18.10.2012.

III. Das Erfordernis der Betroffenheit im satzungsgemäßen Aufgabenbereich nach § 2 Abs. 5 UmwRG

Europarechtlich problematisch ist auch das Erfordernis der Betroffenheit im satzungsgemäßen Aufgabenbereich nach § 2 Abs. 5 UmwRG. Hiernach ist der Rechtsbehelf eines Verbandes nur begründet, wenn die vom Gericht festgestellte Verletzung von Vorschriften auch Belange berührt, die zu den satzungsmäßigen Verbandszielen gehören. Bereits im Gesetzgebungsverfahren ist darauf hingewiesen worden, dass diese Voraussetzung zu dem Ergebnis führen kann, dass eine Rechtsverletzung zwar festgestellt wird, aber aufgrund der satzungsmäßigen Beschränkung nicht zur Aufhebung der Entscheidung führt.[884] Dies ist mit den Vorgaben von Art. 9 Abs. 2 AK nicht vereinbar. Dieser sieht vor, dass die *„materiellrechtliche und die verfahrensrechtliche Rechtmäßigkeit"* von behördlichen Entscheidungen, Handlungen und Unterlassungen überprüft werden soll. Eine Beschränkung, wie sie hier der nationale Gesetzgeber vorgenommen hat, ist nicht vorgesehen.[885] Diese Voraussetzung zeigt nach wie vor ein erhebliches Fehlverständnis des Zweckes der umweltrechtlichen Verbandsklage sowie der Ziele der Århus-Konvention. Die Voraussetzung des Betroffenseins im satzungsrechtlichen Aufgabenbereich knüpft indirekt an dem schutznormorientierten Verständnis der Verbandsklage an. Es geht jedoch im Rahmen der Verbandsklage nicht um Rechte oder Aufgabenbereiche der Verbände. Vielmehr ist Ziel der Verbandsklage die Überwachung des Vollzuges der Gesetze im Umweltrecht, mithin eine objektive Rechtskontrolle. Im Rahmen einer objektiven Rechtskontrolle kann es jedoch nicht auf den satzungsmäßigen Aufgabenbereich des „kontrollierenden" Umweltverbandes ankommen. Dieser kann allein im Rahmen der sogenannten Sachverstandspartizipation von Bedeutung sein.

D) Würdigung

Dem Gesetzgeber ist es mit dem Gesetz zur Änderung des Umwelt-Rechtsbehelfsgesetzes nur teilweise gelungen, das Umwelt-Rechtsbehelfsgesetz an die völker- und europarechtlichen Vorgaben anzupassen. Dies ist umso erstaunlicher, als europarechtskonforme Gesetzgebungsentwürfe vorlagen und sich der Gesetzgeber im Gesetzgebungsverfahren sachverständig beraten lassen hat. Eine Übersicht der Regelungsvorschläge der Gesetzgebungsentwürfe im Vergleich zu Art. 9 Abs. 2 AK enthält Anlage 3. Hervorzuheben ist, dass der Gesetzgeber nun

884 Vgl. BT-Drs. 16/3312, S. 11.
885 So auch *Bunge*, UmwRG, § 2 Rn. 20.

mit dem Umwelt-Rechtsbehelfsgesetz sämtliches Umweltrecht, gleich welchen Ursprungs, beklagbar macht. Allerdings bestehen nach wie vor erhebliche Bedenken im Hinblick auf die Europarechtskonformität einzelner Regelungen.

So enthält § 2 Abs. 5 nach wie vor das Erfordernis, dass der klagende Umweltverband in seinen satzungsmäßigen Aufgabenbereich durch die als verletzt gerügte Vorschrift betroffen sein muss. Dies schränkt die Reichweite seines Klagerechts erheblich ein und kann dazu führen, dass rechtswidrige Entscheidungen aufgrund des fehlenden Satzungsbezugs nicht aufgehoben werden. Dies ist Ausdruck des nach wie vor vorhandenen gesetzgeberischen Fehlverständnisses der Verbandsklage als Instrument der objektiven Rechtskontrolle und der Gewährleistung des Vollzuges der Gesetze im Umweltrecht.

Nachbesserungen sind ebenfalls im Hinblick auf die Präklusionsvorschrift des § 2 Abs. 3 UmwRG erforderlich. Die jetzige Ausgestaltung der Einwendungspräklusion führt zum einen zu einer Beteiligungspflicht der Verbände im Verwaltungsverfahren und erschwert den Zugang zu Gerichten aufgrund der kurzen Fristen im Rahmen der Öffentlichkeitsbeteiligung und den überaus hohen Substantiierungserfordernissen, die von Gerichten an die Einwendungen von Verbänden gestellt werden. Dieser Erschwerung des Zugangs zu Gerichten kann im Grunde nur im Rahmen einer Verlängerung der Einwendungsfristen, gekoppelt mit Änderungen im Rahmen der Öffentlichkeitsbeteiligung, durch eine umfassendere Bekanntmachung begegnet werden.

Ebenfalls erforderlich ist aufgrund der jüngsten Rechtsprechung des EuGH eine Überarbeitung des § 4 UmwRG.[886] Dieser genügt nach wie vor nicht den

---

886 Die vorliegende Arbeit ist auf dem Stand 30.12.2013. Mittlerweile liegt ein Referentenentwurf des Bundesministeriums für Umwelt, Naturschutz, Bau und Reaktorsicherheit – Entwurf eines Gesetzes zur Änderung des Umwelt-Rechtsbehelfsgesetzes zur Umsetzung des Urteils des Europäischen Gerichtshofs vom 7.November 2013 in der Rechtssache C-72/12, Aktenzeichen: G I 2 – 42120-11/10 vor. Dort ist eine sogenannte 1:1 Umsetzung der europarechtlichen Vorgaben aus dem genannten Urteil beabsichtigt. Der Entwurf sieht lediglich eine Änderung des § 4 UmwRG und die Streichung des § 5 Abs. 1 UmwRG vor. Der bisherige § 4 Abs.1 UmwRG soll durch drei neue Absätze (§ 4 Abs.1 bis 1b E-UmwRG) abgelöst werden. Es soll künftig zwischen sog. absoluten (Abs.1) und relativen (Abs. 1a) Verfahrensfehlern unterschieden werden. Ein absoluter Verfahrensfehler kann im Unterschied zu einem relativen Verfahrensfehler zur Aufhebung einer behördlichen Entscheidung führen, ohne dass es auf die Ursächlichkeit des Verfahrensfehlers für das konkrete Entscheidungsergebnis ankommt. Abs. 1 definiert dabei die absoluten Verfahrensfehler. Die bereit jetzt in § 4 Abs. 1 S. 1 Nr. 1 UmwRG geregelten absoluten Verfahrensfehler einer weder durchgeführten noch nachgeholten UVP (Nr. 1. a)) und UVP-Vorprüfung

völker- und europarechtlichen Vorgaben. Der Gesetzgeber hat nun die Chance, ggfs. auf der Basis der bereits vorhandenen Gesetzgebungsentwürfe eine kodifizierte, europarechtskonforme Verfahrensfehlerlehre zu entwickeln. Die neuen prozessualen Anforderungen, die § 4a UmwRG enthält, sind europarechtlich bedenklich, dies resultiert zum einen aus dem prozessualen Sonderweg, den § 4a UmwRG für Verbandsklagen und Individualklagen im Umweltrecht beschreitet. Insbesondere Individualkläger sind hierdurch im Vergleich zu anderen Rechtsgebieten benachteiligt. Ebenso ist eine Überarbeitung der Überleitungsvorschrift des § 5 UmwRG erforderlich.

Der Gesetzgeber hat es auch mit der Überarbeitung des UmwRG versäumt, dieses europarechtskonform auszugestalten. Der EuGH hat mit seinem Urteil vom 7.11.2013 dem deutschen Gesetzgeber erneut eine klare Vorgabe zur Ausgestaltung des UmwRG gemacht und zwingt diesen damit erneut zu einer Überarbeitung des UmwRG.

E) Exkurs: Folgerungen im Hinblick auf Art. 9 Abs. 3 AK

Bislang hat der Gesetzgeber noch keine Maßnahmen zur Umsetzung des Art. 9 Abs. 3 AK ergriffen. Nach Auffassung des Gesetzgebers setzt die bestehende Rechtslage Art. 9 Abs. 3 AK hinreichend und europarechtskonform um. Er hat im Rahmen des Vertragsgesetzes zur Århus-Konvention in einer sogenannten Denkschrift konstatiert, dass Art. 9 Abs. 3 AK bereits vollständig durch europäisches und nationales Recht umgesetzt sei. Im Rahmen des Verfahrens vor dem ACCC hat er hieran festgehalten.

Er hat nun im Rahmen des Berichts zur Vorbereitung der nächsten Vertragsstaatenkonferenz zur Århus-Konvention im Jahr 2014 mitgeteilt, dass

---

(Nr. 1 b)) bleiben bestehen. Gem. § 4 Abs. 1 S. 1 Nr. 2 des Entwurfes soll nun auch ein Unterbleiben der Öffentlichkeitsbeteiligung, einschließlich der erforderlichen Bekanntmachung des Vorhabens, einen absoluten Verfahrensfehler darstellen. Die fehlerhafte UVP(Vorprüfung) soll weiterhin nicht grundsätzlich als „absoluter“ Verfahrensfehler ohne weiteres zur Aufhebung einer Genehmigung führen können, sie könnte nun jedoch unter den in § 4 Abs. 1 S. 1 Nr. 3 des Entwurfes vorgesehenen Auffangtatbestand fallen: Es müssten dann aber Verfahrensfehler vorliegen, die den in Nr.1 und 2 genannten Fällen vergleichbar sind und die verletzten Verfahrensvorschriften der Öffentlichkeit die Beteiligung am Entscheidungsprozess sichern sollen. Welche Verfahrensfehler hiervon umfasst werden, wird nicht definiert. Die Darlegungs- und Beweislast dafür, dass ein relativer Verfahrensfehler keinen Einfluss auf die Entscheidung gehabt hat, soll künftig nach Abs. 1a der Verwaltungsbehörde obliegen.

Deutschland im Einklang mit Art. 9 Abs. 3 AK über ein ganzes Bündel von effektiven zivil-, straf- und verwaltungsrechtlichen Regelungen verfüge, mit denen der Einzelne oder eine Personenvereinigung die Einhaltung umweltbezogener Bestimmungen des deutschen Rechts erzwingen und Verstöße gegen solche Bestimmungen durch Behörden oder Privatpersonen abwehren könne. Das Zivilrecht eröffne zudem vor den Zivilgerichten geltend zu machende Abwehr-, Unterlassungs- und Schadensersatzansprüche gegen Dritte, die unter Verletzung auch den Betroffenen schützender umweltrechtlicher Bestimmungen absolut geschützte Rechtsgüter Dritter beeinträchtigen. Das deutsche Strafrecht enthalte zum Schutz der Umwelt eine Reihe von Bestimmungen, die eine Beeinträchtigung der Umweltmedien (Wasser, Boden, Luft sowie Tier- und Pflanzenwelt) unter Strafe stellen. Gegen behördliche Entscheidungen oder das Unterlassen behördlicher Maßnahmen könne jede Person, die geltend machen kann, in ihren Rechten verletzt zu sein (was im Einzelfall auch Vereinigungen einschließen kann), verwaltungsgerichtliche Rechtsbehelfe einlegen. Dies gelte auch dann, wenn eine Behörde es unterlässt, Maßnahmen gegen Dritte zu ergreifen, die umweltrechtliche Vorschriften verletzen. Im Rahmen des Individualrechtsschutzes könne in Deutschland die Verletzung aller Vorschriften gerügt werden, die entweder ausschließlich oder – neben dem verfolgten allgemeinen Interesse – zumindest auch dem Schutz von Individualinteressen zu dienen bestimmt sind. So könnten beispielsweise im Immissionsschutzrecht diejenigen, die gesundheitlich von schädlichen Umwelteinwirkungen einer Anlage betroffen sind, die Verletzung der Vorschriften geltend machen, die zu ihrem Schutz bestimmt sind. Für Verbände würden darüber hinaus weitergehende Klagemöglichkeiten existieren, die eine Geltendmachung der Verletzung in eigenen Rechten nicht erfordern würden, so etwa im Anwendungsbereich des Art. 9 Abs. 3 AK auf den Gebieten des Naturschutzes sowie bei der Sanierung von Umweltschäden im Sinne der Richtlinie 2004/35/EG. Im Übrigen habe jede Person die Möglichkeit, die Umweltbehörden auf Verstöße Privater gegen das Umweltrecht hinzuweisen; nach den Bestimmungen des deutschen Verwaltungsverfahrensrechts müssten die Umweltbehörden dann von Amts wegen über weitere Maßnahmen entscheiden. Schließlich stelle das in Art. 17 GG garantierte Petitionsrecht sicher, dass sich jede Person jederzeit schriftlich mit Bitten oder Beschwerden an die zuständigen Stellen und an die Volksvertretung wenden könne. Darüber hinaus habe in Deutschland – wie in allen anderen Mitgliedstaaten der EU – jede Person und jeder Umwelt-/ Naturschutzverband die Möglichkeit, sich beschwerdeführend an die Europäische Kommission in ihrer Rolle als Wächterin über die Einhaltung des europäischen Rechts zu wenden, wenn sie der Ansicht sind, dass Behörden eines Mitgliedstaates gegen Vorschriften des – weitgehend EU-rechtlich geprägten – Umweltrechts verstoßen haben.[887]

Hieraus wird deutlich, dass der Gesetzgeber nach wie vor davon ausgeht, dass eine gesonderte Umsetzung des Art. 9 Abs. 3 AK nicht erforderlich ist. Dies ist ein Fehlverständnis der Vorgaben des Art. 9 Abs. 3 AK, der grundsätzlich die Einführung solcher umweltrechtlicher Überprüfungsverfahren fordert und lediglich die Ausgestaltung des innerstaatlichen Gestaltungsspielraumes den Vertragsparteien in den Grenzen der Århus-Konvention überlässt. Dies wird auch eindrücklich durch die Entwicklungen in der Rechtsprechung der nationalen Gerichte, insbesondere durch die jüngste Rechtsprechung des Bundesverwaltungsgerichtes im Rahmen von Klagen gegen Luftreinhaltepläne, belegt. Wäre Art. 9 Abs. 3 AK bereits hinreichend in das nationale Recht umgesetzt, käme eine unmittelbare Anwendbarkeit nicht in Betracht. Es bleibt abzuwarten, ob diese Änderung in der Rechtsprechung der nationalen Gerichte eine Änderung der Sichtweise des Gesetzgebers bewirkt.

887 Nationaler Umsetzungsbericht der Århus-Konvention für Deutschland, S. 43 f. Abrufbar unter: http://www.bmub.bund.de/themen/umweltinformation-bildung/umweltinformation/umweltinformation-download/artikel/nationale-umsetzungsberichte-der-aarhus-konvention-fuer-deutschland/, letzter Aufruf am 17.1.2016.

Zusammenfassung

1. Es gibt seit langem Ansätze, die umweltrechtliche Verbandsklage dogmatisch zu begründen und tragfähige Konzepte zur Implementierung der Verbandsklage in das deutsche System des Verwaltungsrechtsschutzes zu entwickeln. Diese reichten von einer vollständigen Loslösung von dem individualschützend ausgerichteten Verwaltungsrechtsschutzsystem zugunsten einer objektiven Rechtskontrolle über eine Einbettung in das geltende individualschützend ausgerichtete System des verwaltungsgerichtlichen Rechtsschutzes. Basis der verwaltungsrechtswissenschaftlichen Konzepte ist die Erkenntnis, dass im Umweltrecht das System des Individualrechtsschutzes nicht genügt und eine objektive Rechtskontrolle zum besseren Vollzug des Umweltrechts erforderlich ist.
2. Auf der Ebene der Gesetzgebung entwickelte das Sachverständigengutachten zum Umweltgesetzbuch ein tragfähiges Konzept. Gleichwohl kam es – aus politischen Gründen – nicht in das Gesetzgebungsverfahren. Die Entwicklung der Verbandsklage auf Ebene der Gesetzgebung ist eng verknüpft mit der politischen Ausrichtung des Gesetzgebers. Bei den jeweiligen Regierungswechseln änderten sich naturgemäß auch die jeweiligen Schwerpunktsetzungen. Dies hatte mehrfach ein Scheitern des Umweltgesetzbuches und damit auch der Einführung einer umweltrechtlichen Verbandsklage zur Folge.
3. Neue Impulse enthielt die im Jahr 1998 unterzeichnete und im Jahr 2007 durch den nationalen Gesetzgeber ratifizierte Århus-Konvention. Die Art. 9 Abs. 2 und 3 AK enthalten dabei voneinander unabhängige Rechtsschutzgewährleistungen mit unterschiedlicher Reichweite und sind jeweils durch den nationalen Gesetzgeber aufgrund der eingegangenen völkerrechtlichen Verpflichtung umzusetzen. Die Umsetzung durch den europäischen Gesetzgeber in Form der RL 2003/35/EG führte zu einem erheblichen Umsetzungsdruck auf den nationalen Gesetzgeber.
4. Zur Umsetzung der völker- und europarechtlichen Vorgaben wurde im Jahr 2006 das Umwelt-Rechtsbehelfsgesetz in einem kurzen Gesetzgebungsverfahren erlassen. Dieses stellt eine Minimalumsetzung dar. Das war dem Gesetzgeber ausweislich der Protokolle zum Gesetzgebungsverfahren auch bekannt. Er hat die Europarechtswidrigkeit einzelner Vorschriften in Kauf genommen und bewusst den völker- und europarechtlich gebotenen

Rechtsschutz von Verbänden verkürzt, obgleich Gesetzesentwürfe vorlagen, die eine europarechtskonforme Umsetzung ermöglicht hätten.

5. Der Gesetzgeber hat mit dem Umwelt-Rechtsbehelfsgesetz im Jahr 2006 versucht, die Verbandsklage in das System des verwaltungsgerichtlichen Rechtsschutzes einzubetten. Dies war europarechtswidrig und hat zu Friktionen mit dem nationalen Recht geführt. Dies zeugt von einem Fehlverständnis der Ziele der Århus-Konvention. Ziel der Århus-Konvention ist unter anderem die Rechtskontrolle im Umweltrecht, um einen Vollzug der Gesetze sicherzustellen. Mit der umweltrechtlichen Verbandsklage machen Verbände keine eigenen Rechte geltend. Es handelt sich um ein objektives Beanstandungsverfahren, mit dem allein die Einhaltung des geltenden Gesetzesrechts kontrolliert und sichergestellt werden soll.
6. In der Rechtsprechung der nationalen Gerichte ist die einschränkende Regelung des § 2 Abs. 1 UmwRG a.F. mehrheitlich für europarechtskonform erachtet worden. Mehrheitlich haben die Gerichte auf einer eindeutigen Stellungnahme hierzu verzichtet und diese Frage offen gelassen.
7. Die Präklusionsvorschrift des § 2 Abs. 3 UmwRG wird in der Rechtsprechung mehrheitlich für europarechtskonform gehalten. Die Anforderungen an die Substantiierung der Einwendungen von Verbänden sind hoch. In Verbindung mit den kurzen Einwendungsfristen bei der Öffentlichkeitsbeteiligung erschwert dies den Zugang zu Gerichten und ist europarechtswidrig.
8. Der EuGH hat im Rahmen seiner Rechtsprechung vom 12.5.2011 die gesetzgeberische Fehlentscheidung des Gesetzgebers hinsichtlich der Einbettung der umweltrechtlichen Verbandsklage in das System des verwaltungsgerichtlichen Rechtsschutzes korrigiert und den Gesetzgeber so zur Anpassung des UmwRG gezwungen. Er hat zudem im Urteil vom 7.11.2013 die §§ 4 und 5 des UmwRG a.F. für europarechtswidrig erklärt und zudem Hinweise zur Anwendung der Kausalitätsrechtsprechung des Bundesverwaltungsgerichtes gegeben.
9. Allein aufgrund der Rechtsprechung des EuGH vom 8.3.2011 ist es zu einer Fortentwicklung in der Rechtsprechung der nationalen Gerichte im Hinblick auf die Zulässigkeit und die Reichweite der umweltrechtlichen Verbandsklage gekommen. Vor den Urteilen des EuGH vom 8.11.2011 und 12.5.2011 haben die Gerichte mehrheitlich eine unmittelbare Anwendbarkeit der Art. 9 Abs. 2 und 3 AK abgelehnt. Mittlerweile wird eine unmittelbare Anwendbarkeit des Art. 9 Abs. 3 AK auch durch das Bundesverwaltungsgericht im Rahmen seiner Rechtsprechung zu Klagen gegen Luftreinhaltepläne bejaht.

10. Mittlerweile ist gegen die Bundesrepublik Deutschland ein weiteres Vertragsverletzungsverfahren, insbesondere wegen der Präklusionsvorschrift des § 2 Abs. 3 und der §§ 4 und 5 UmwRG, eingeleitet worden. Zugleich ist bereits seit 5 Jahren ein Verfahren vor dem ACCC gegen die Bundesrepublik Deutschland anhängig. Dieses Verfahren gewinnt zunehmend an Bedeutung, da mittlerweile auch die nationalen Gerichte sich im Rahmen ihrer Urteile mit der Auslegung der Århus-Konvention durch das ACCC beschäftigen und diese heranziehen.
11. Der Gesetzgeber hat unter dem Druck der Rechtsprechung des EuGH vom 12.5.2011 das UmwRG überarbeitet. Er hat erneut nur eine Minimalumsetzung vorgenommen. Er hat nunmehr die umweltrechtliche Verbandsklage als objektives Beanstandungsverfahren ausgestaltet. Allerdings zeugen einzelne Voraussetzungen wie das Erfordernis der Betroffenheit im satzungsgemäßen Aufgabenbereich im Rahmen der Begründetheitsprüfung weiterhin von dem gesetzgeberischen Fehlverständnis der Verbandsklage im Umweltrecht. Weiterhin europarechtswidrig sind die Regelungen in § 2 Abs. 3 und den §§ 4, 4a und 5 UmwRG. Der Gesetzgeber hat sich erneut für eine europarechtswidrige Umsetzung in Kenntnis der bestehenden Problemlagen entschieden und erneut den Zugang zu Gerichten von Verbänden verkürzt. Eine weitere Überarbeitung des UmwRG ist unausweichlich.
12. Der Gesetzgeber geht nach wie vor davon aus, dass das nationale Recht Art. 9 Abs. 3 AK umfassend umsetzt. Es bleibt abzuwarten, ob er aufgrund der Rechtsprechung des EuGH vom 8.3.2011 und der Entwicklung in der Rechtsprechung der nationalen Gerichte daran festhält.

Literaturverzeichnis

Albin, Silke/Müller-Kraenner, Sascha: Deutsche Umweltpolitik in Europa – Abschied von einer Vorreiterrolle, ZUR 1998, 73–77.

Alleweldt, Ralf: Verbandsklage und gerichtliche Kontrolle von Verfahrensfehlern: Neue Entwicklungen im Umweltrecht. Zum Einfluss der Århus-Konvention und der Richtlinie 2003/35/EG auf die deutsche Rechtsordnung, DÖV 2006, 621–631.

Almeling, Stefanie: Die Århus-Konvention. Auswirkungen auf das deutsche Recht Berlin 2008.

Appel, Markus: Subjektivierung von UVP-Fehlern durch das Umwelt-Rechtsbehelfsgesetz, NVwZ 2010, 473–479.

Appel, Markus: Umweltverbände im Ferrari des deutschen Umweltrechtsschutzes – Anmerkung zur Trianel-Entscheidung des EuGH, Urt. v. 12.5.2011 – C-115/09, NuR 2011, 423, NuR 2011, 414–416.

Arbeitskreis: Contra und Pro Verbandsklage Anhörung des Arbeitskreises für Umweltrecht, Berlin 1976.

Balleis, Kristina: Mitwirkungs- und Klagerechte anerkannter Naturschutzverbände: zugleich eine vergleichende Untersuchung der Regelungen in den Landesnaturschutzgesetzen Passau 1996.

Bartlsperger, Richard: Organisierte Einwirkungen auf die Verwaltung, VVDStRL 1975, 221–271.

Bauer, Martin: Ein originäres Klagerecht zugunsten des Naturschutzes für den Landesanwalt?, NuR 1987, 255–258.

Berkemann, Jörg: Der slowakische Braunbär im deutschen Prozessrecht – Eine Analyse von EuGHE 2011, I-1255, DVBl. 2013, 1137–1148.

Berkemann, Jörg: Die Umweltverbandsklage nach dem Urteil des EuGH vom 12. Mai 2011 – Die „noch offenen" Fragen, NuR 2011, 780–787.

Berkemann, Jörg: Die unionsrechtliche Umweltverbandsklage des EuGH – Der deutsche Gesetzgeber ist belehrt »so nicht« und in Bedrängnis, DVBl. 2011, 1253–1262.

Berkemann, Jörg: Gemeinschaftskonformes und gemeinschaftswidriges Überleitungsrecht des Umweltverbandsklagerechts (UmwRG), DVBl. 2010, 1403–1413.

Berkemann, Jörg: Umwelt-Rechtsbehelfsgesetz (UmwRG) auf dem gemeinschaftsrechtlichen Prüfstand – Vorlagebeschluss des OVG Münster vom 05.

März 2009 und Urteil des OVG Schleswig vom 12. März 2009, NordÖR 2009, 336–344.

Bettermann, Karl August: Zur Verbandsklage ZZP 1972, 133–144.

Beyerlin, Ulrich: Schutzpflicht der Verwaltung gegenüber dem Bürger außerhalb des formellen Verwaltungsverfahrens? – Überlegungen zu Problemen der heutigen Umweltschutzpraxis, NJW 1987, 2713–2721.

Bizer, Johann/Ormond, Thomas/Riedel, Ulrike: Die Verbandsklage im Naturschutzrecht Taunusstein 1990.

Bleckmann, Albert: Europarecht Köln u.a. 1997.

Bosselmann, Klaus: Eigene Rechte für die Natur, KJ 1986, 1–22.

Brauhardt, Beate: Zur Einschränkung des Zugangs zu den Gerichten durch Präklusionsregeln, UPR 2010, 296–300.

Breier, Siegfried: Die völkerrechtliche Vertragsschlusskompetenz der Europäischen Gemeinschaft und ihrer Mitgliedstaaten im Bereich des Umweltschutzes, EuR 1993, 340–354.

Breuer, Marten: Die Klagebefugnis von Umweltverbänden unter Anpassungsdruck des Völker- und Europarechts, DV 2012, 170–205.

Breuer, Rüdiger: Zunehmende Vielgestaltigkeit der Instrumente im deutschen und europäischen Umweltrecht – Probleme der Stimmigkeit und des Zusammenwirkens, NVwZ 1997, 833–845.

Bunge, Thomas: Die Klagemöglichkeiten anerkannter Umweltverbände aufgrund des Umwelt-Rechtsbehelfsgesetzes nach dem Trianel-Urteil des Europäischen Gerichtshofs, NuR 2011, 605–614.

Bunge, Thomas: Rechtsschutz bei der UVP nach der Richtlinie 2003/35/EG, ZUR 2004, 141–148.

Bunge, Thomas: UmwRG Berlin 2013.

Bunge, Thomas: Weiter Zugang zu den Gerichten nach Art. 10a der UVP-Richtlinie, ZUR 2010, 20–24.

Butt, Mark: Erweiterter Zugang zu behördlichen Informationen – Die neue EG-Umweltinformationsrichtlinie, NVwZ 2003, 1071–1075.

Butt, Mark Eric: Die Ausweitung des Rechts auf Umweltinformation durch die Århus-Konvention Stuttgart 2001.

Calliess, Christian: Europarechtliche Vorgaben für ein Umweltgesetzbuch. Ein Beitrag zur Maßstabswirkung der Systementscheidungen des europäischen Umweltrechts für das nationale Recht, NuR 2006, 601–614.

Calliess, Christian: Feinstaub im Rechtsschutz deutscher Verwaltungsgerichte – Europarechtliche Vorgaben für die Klagebefugnis vor deutschen Gerichten und ihre dogmatische Verarbeitung, NVwZ 2006, 1–7.

Calliess, Christian: Integrierte Vorhabengenehmigung und Rechtsschutz im aktuellen Entwurf des UGB I, ZUR 2008, 343–352.

Calliess, Christian: Kohärenz und Konvergenz beim europäischen Individualrechtsschutz – Der Zugang zum Gericht im Lichte des Grundrechts auf effektiven Rechtsschutz, NJW 2002, 3577–3582.

Coing, Helmut: Die Treuhand kraft privaten Rechtsgeschäfts München 1973.

Danwitz von, Thomas: Aktuelle Fragen der Grundrechte, des Umwelt- und Rechtsschutzes in der Europäischen Union, DVBl. 2008, 537–546.

Danwitz von, Thomas: Århus-Konvention: Umweltinformation, Öffentlichkeitsbeteiligung; Zugang zu den Gerichten, NVwZ 2004, 271–282.

Danwitz von, Thomas: Zur Ausgestaltungsfreiheit der Mitgliedstaaten bei Einführung der Verbandsklage anerkannter Umweltschutzvereine nach den Vorgaben der Richtlinie 2003/35/EG und der sog. Århus-Konvention. Rechtsgutachten erstattet dem VDEW e.V. Köln 2005.

Dolde, Klaus-Peter: Verwaltungsverfahren und Deregulierung, NVwZ 2006, 857–864.

Durner, Wolfgang: Direktwirkung europäischer Verbandsklagerechte? Überlegungen zum Ablauf der Umsetzungsfrist der Richtlinie 2003/35/EG am 25. Juni 2005 und zur unmittelbaren Anwendbarkeit ihrer Vorgaben über den Zugang zu Gerichten, ZUR 2005, 285–290.

Durner, Wolfgang: Rechtspolitische Spielräume im Bereich der dritten Säule: Prüfungsumfang, Kontrolldichte, prozessuale Ausgestaltung und Fehlerfolgen, in: *Durner, Wolfgang/Walter, Christian* (Hg.): Rechtspolitische Spielräume bei der Umsetzung der Århus-Konvention Berlin, 2005, 64–99.

Durner, Wolfgang/Paus, Martin: Anmerkung zum Trianel-Urteil des EuGH vom 12.05.2011 - Rs. C-115/09, DVBl. 2011, 759–763.

Durner, Wolfgang/Paus, Martin: Die erweiterten Klagerechte der Umweltverbände in der verwaltungsgerichtlichen Praxis. Zugleich eine Anmerkung zu OVG Münster, Urt. v. 1.12.2011 – 8 D 58/08.AK -NuR 2012, 325–328.

Ekardt, Felix: Das Umweltrechtsbehelfsgesetz vor dem EuGH und dem BVerwG. Ende der reduktionistischen Debatte um Verbandsklage, verwaltungsrechtliche Fehlerlehre und Vorsorgeprinzip?, NVwZ 2012, 530–535.

Ekardt, Felix: Verfassungs- und verwaltungsrechtliche Gründe für eine liberale Klagebefugnis. Zugleich eine Kritik der Begriffe Gemeinwohl und Vorsorge, Der Staat 2005, 622–642.

Ekardt, Felix: Verwaltungsgerichtliche Kontrolldichte unter europäischem und internationalem Einfluß, NuR 2006, 221–228.

Ekardt, Felix: Zur Europarechtswidrigkeit der deutschen Hindernis-Kumulation für Umweltklagen (Teil 1), EurUP 2012, 64–71.

Ekardt, Felix/Pöhlmann, Katharina: Die Kompetenz der Europäischen Gemeinschaft für den Rechtsschutz – am Beispiel der Århus-Konvention, EurUP 2004, 128–133.

Ekardt, Felix/Pöhlmann, Katharina: Die neue EG-Öffentlichkeitsrichtlinie – mehr Partizipation für die Bürger?, ThürVBl. 2005, 252–256.

Ekardt, Felix/Pöhlmann, Katharina: Europäische Klagebefugnis: Öffentlichkeitsrichtlinie, Klagerechtsrichtlinie und ihre Folgen, NVwZ 2005, 532–534.

Ekardt, Felix/Schenderlein, Kristin: Gerichtlicher Kontrollumfang zwischen EU-Bürgerfreundlichkeit und nationaler Beschleunigungsgesetzgebung, NVwZ 2008, 1059–1065.

Epiney, Astrid: Gemeinschaftsrecht und Verbandsklage, NVwZ 1999, 485–495.

Epiney, Astrid: Umweltrecht in der Europäischen Union Primärrechtliche Grundlagen. Gemeinschaftliches Sekundärrecht, 2. Aufl., Köln u.a. 2005.

Epiney, Astrid: Zu den Anforderungen der Århus-Konvention an das europäische Gemeinschaftsrecht, ZUR 2003, 176–184.

Epiney, Astrid/Gross, Dominique: Zu den verfahrensrechtlichen Implikationen der Kompetenzverteilung zwischen der EG und den Mitgliedstaaten im Bereich der Außenbeziehungen – unter besonderer Berücksichtigung des Umweltrechts, NuR 2005, 353–361.

Epiney, Astrid/Scheyli, Martin: Die Århus-Konvention: rechtliche Tragweite und Implikationen für das schweizerische Recht Freiburg 2000.

Epiney, Astrid/Sollberger, Kaspar: Zugang zu Gerichten und gerichtliche Kontrolle im Umweltrecht: Rechtsvergleich, völker- und europarechtliche Vorgaben und Perspektiven für das deutsche Recht Berlin 2003.

Ewer, Wolfgang: Ausgewählte Rechtsanwendungsfragen des Entwurfs für ein Umwelt-Rechtsbehelfsgesetz, NVwZ 2007, 267–274.

Fellenberg, Frank/Schiller, Gernot: Rechtsbehelfe von Umweltvereinigungen und Naturschutzvereinigungen nach dem „Trianel-Urteil" des EuGH (Rs. C-115/09), URP 2011, 321–329.

Fellenberg, Frank/Schiller, Gernot: Umwelt-Rechtsbehelfsgesetz, in: *Landmann/Rohmer* (Hg.): Umweltrecht München, 2013,

Fisahn, Andreas: Effektive Beteiligung solange noch alle Optionen offen sind – Öffentlichkeitsbeteiligung nach der Århus-Konvention, ZUR 2004, 136–140.

Gassner, Erich: Treuhandklage zugunsten von Natur und Landschaft. Eine rechtsdogmatische Untersuchung zur Verbandsklage Berlin 1984.

Gassner, Erich: Umweltrechtliche Treuhandklage, NuR 2007, 143–147.

Gassner, Erich: Zur spezifischen Ermächtigung von Umweltverbänden zur Klageerhebung, NuR 2012, 37–39.

Gatz, Stephan: Vereinbarkeit des § 2 Abs. 3 Umweltrechtsbehelfsgesetz mit europäischem Gemeinschaftsrecht. Anmerkung zu BVerwG, 4. Senat, Beschluss vom 11.11.2009 – 4 B 57/09, jurisPR-BVerwG 2010,

Gellermann, Martin: Europäisierte Klagerechte anerkannter Umweltverbände, NVwZ 2006, 7–14.

Gellermann, Martin: Verbandsklagen im Umweltrecht – aktueller Stand, Perspektiven und praktische Probleme, DVBl. 2013, 1341–1347.

Genth, Mario: Ist das neue Umwelt-Rechtsbehelfsgesetz europarechtskonform?, NuR 2008, 28–32.

Gilsdorf, Peter: Die Außenkompetenzen der EG im Wandel – Eine kritische Auseinandersetzung mit Praxis und Rechtsprechung, EuR 1996, 145–166.

Halama, Günter: Öffentlichkeitsbeteiligung – Zugang zu Gerichten – RL 2003/35/ EG – Arhus-Konvention, in: *Berkemann, Jörg/Halama, Günter* (Hg.): Handbuch zum Recht der Bau- und Umweltrichtlinien der EG Bonn, 2008,

Heintschel von Heinegg, Wolff: EG im Verhältnis zu internationalen Organisationen und Einrichtungen, in: *Rengeling, Hans Werner* (Hg.): Handbuch zum europäischen und deutschen Umweltrecht I Köln u.a., 1998, 648–692.

Heinz, Kersten: Eigenrechte der Natur. Lichtblick oder Irrlicht für einen verstärkten rechtlichen Schutz der Natur, Der Staat 1990, 415–439.

Hellriegel, Matthias: Anmerkung zum Urteil des EuGH vom 12.5.2011 – Rs. C-115/09, EuZW 2011, 512–514.

Jarass, Hans D./Kloepfer, Michael/Kunig, Philip/Papier, Hans-Jürgen/Peine, Franz-Joseph/Rehbinder, Eckard/Salzwedel, Jürgen/Schmidt-Aßmann, Eberhard: Umweltgesetzbuch- Besonderer Teil Berlin 1994.

Jeder, Petra: Neue Entwicklungen im Umweltrecht vor dem Hintergrund der Århus-Konvention, UPR 2002, 145–170.

Karge, Marcus: Das Umwelt-Rechtsbehelfsgesetz im System des deutschen Verwaltungsprozessrechts Baden-Baden 2010.

Kerkmann, Jochen: Das Umwelt-Rechtsbehelfsgesetz, BauR 2007, 1527–1536.

Klinger, Remo: Der slowakische Braunbär im Dickicht des deutschen Verwaltungsprozessrecht. Zur Umsetzung des Urteils des EuGH vom 8.3.2011, Rs. C-240/09 „Lesoochranaárske zoskupenie VLK" in das deutsche Recht, EurUP 2013, 95–100.

Klinger, Remo: Erweiterte Klagerechte im Umweltrecht?, NVwZ 2013, 850–852.

Kloepfer, Michael: Die europäische Herausforderung – Spannungslagen zwischen deutschem und europäischen Umweltrecht, NVwZ 2002, 645–657.

Kloepfer, Michael: Umweltrecht München 2004.

Kloepfer, Michael/Rehbinder, Eckard/Schmidt-Aßmann, Eberhard/Kunig, Philip: Umweltgesetzbuch – Allgemeiner Teil Berlin 1991.

Kment, Martin: Das neue Umwelt-Rechtsbehelfsgesetz und seine Bedeutung für das UVPG. Rechtsschutz des Vorhabenträgers, anerkannter Vereinigungen und Dritter, NVwZ 2007, 274–280.

Kment, Martin: Europarechtswidrigkeit des § 4 I UmwRG?, NVwZ 2012, 481–483.

Knöpfle, Franz: Organisierte Einwirkung auf die Verwaltung, DVBl. 1974, 707–716.

Knopp, Lothar: Öffentlichkeitsbeteiligungsgesetz und Umwelt-Rechtsbehelfsgesetz, ZUR 2005, 281–284.

Knopp, Lothar: Umweltgesetzbuch – ein Trauerspiel ohne Ende?, UPR 2009, 121–125.

Koch, Hans-Joachim: Auf dem Weg zum Umweltgesetzbuch – Der Professoren-Entwurf des Allgemeinen Teils eines Umweltgesetzbuches (AT-UGB), NVwZ 1991, 953–956.

Koch, Hans-Joachim: Die Verbandsklage im Umweltrecht, NVwZ 2007, 369–379.

Kopp, Ferdinand/Ramsauer, Ulrich: Verwaltungsverfahrensgesetz. Kommentar München 2013.

Kopp, Ferdinand/Schenke, Wolf-Rüdiger: Verwaltungsgerichtsordnung. Kommentar München 2011.

Kotulla, Michael: Umweltschutzgesetzgebungskompetenzen und „Föderalismusreform", NVwZ 2007, 489–495.

Kremer, Peter: Zur Unionsrechtswidrigkeit der immissionsschutzrechtlichen Präklusionsvorschriften, ZUR 2013, 89–92.

Kuhlmann, Hartmut: Aufnahme der Mitgeschöpflichkeit ins Grundgesetz, JZ 1990, 162–175.

Lau, Marcus: Naturschutzrechtliche Gestaltungsmöglichkeiten in der Bauleitplanung vor dem Hintergrund zu erwartender Erweiterung von Klagemöglichkeiten, BauR 2011, 770–780.

Lecheler, Helmut: Isolierte Anfechtung von Verfahrensfehlern ohne materielle Beschwer kraft Europarechts, NVwZ 2005, 1156–1157.

Leidinger, Tobias: Europäisiertes Verbandsklagerecht und deutscher Individualrechtsschutz. Das Trianel-Urteil des EuGH und seine Folgen für das deutsche Verwaltungsrechtssystem, NVwZ 2011, 1345–1351.

Leimbacher, Jörg: Die Rechte der Natur Basel 1988.

Lersner, Heinrich v.: Gibt es Eigenrechte der Natur?, NVwZ 1988, 988–992.

Lorenz, Annegret: Vollzugsdefizite im Umweltrecht, UPR 1991, 253–257.

Louis, Hans Walter: Die Übergangsregelung für das Verbandsklagerecht nach den §§ 61, 69 Abs. 7 BNatSchG vor dem Hintergrund der europarechtlichen Klagerechte für Umweltverbände auf Grund der Änderungen der IVU- und der UVP-Richtlinie zur Umsetzung des Århus-Übereinkommens, NuR 2004, 287–292.

Lübbe-Wolff, Gertrude: Vollzugsprobleme der Umweltverwaltung, NuR 1993, 217–229.

Marty, Michael: Die Erweiterung des Rechtschutzes in Umweltangelegenheiten – Anmerkungen zum Umwelt-Rechtsbehelfsgesetz, ZUR 2009, 115–122.

Meitz, Christoph: Entscheidung des EuGH zum deutschen Umweltrechtsbehelfsgesetz. Gleichzeitig Besprechung des Urteils vom 12.05.2011 – C- 115/09, NuR 2011, 420–422.

Meitz, Christoph: Umfang und Verhältnis der Rechtsbehelfe von Umwelt und Naturschutzvereinigungen, ZUR 2010, 563–570.

Müller-Terpitz, Ralf: Beteiligungs- und Handlungsmöglichkeiten nichtsstaatlicher Organisationen im aktuellen Völker- und Gemeinschaftsrecht, AVR 2005, 466–493.

Müller, Bilun: Die deutsche Schutznormtheorie gilt nicht mehr bei umweltrechtlichen Verbandsklagen, EurUP 2011, 166–171.

Murswiek, Dietrich: Keine Beteiligungsfähigkeit der „Seehunde in der Nordsee" im Verwaltungsprozeß. Urteilsanmerkung zu VG Hamburg, Beschl. vom 22.09.1988, 7 VG 2499/88 = NVwZ 1988, 1058, JuS 1989, 240–242.

Murswiek, Dietrich: Umweltrecht: Verbandsklage, JuS 2011, 1147–1149.

Niederstadt, Frank/Weber, Ruth: Verbandsklagen zur Geltendmachung von Naturschutzbelangen bei immissionsschutzrechtlichen Genehmigungen, NuR 2009, 297–304.

Niesler, Andre: Individualrechtsschutz im Verwaltungsprozess. Ein Beitrag zur Neujustierung des Rechtsschutzsystems der VwGO Berlin 2012.

Ogorek, Markus: Die Anfechtung von Planfeststellungsbeschlüssen durch Gemeinden nach Inkrafttreten des Umwelt-Rechtsbehelfsgesetzes, NVwZ 2010, 401–405.

Paulus, Andreas: Gesetzliche Regelungslücken nach Entscheidungen von BVerfG und EuGH, NJW 2011, 3686–3689.

Pernice, Ingolf/Rodenhoff, Vera: Die Gemeinschaftskompetenz für eine Richtlinie über den Zugang zu Gerichten in Umweltangelegenheiten, ZUR 2004, 149–151.

Porsch, Winfried: Verwaltungsgerichtlicher Rechtsschutz im Umweltrecht. Über die Stärkung der Verbandsklage zur Umwelt-Popularklage?, NVwZ 2013, 1393–1396.

Radespiel, Liane: Die naturschutzrechtliche Verbandsklage. Theoretische Grundlagen und empirische Analysen Baden-Baden 2007.

Radespiel, Liane: Entwicklungen des Rechtschutzes im Umweltrecht aufgrund völker- und europarechtlicher Vorgaben – insbesondere das Umwelt-Rechtsbehelfsgesetz, EurUP 2007, 118–123.

Radespiel, Liane: Zur unmittelbaren Wirkung von Art. 9 Abs. 3 der Århus-Konvention im Unionsrecht sowie zur Auslegung dieser Norm im Sinne eines effektiven gerichtlichen Rechtsschutzes, EurUP 2011, 238–240.

Rehbinder, Eckard: Die Verbandsklage, in: *Kimminich, Otto* (Hrsg.) (Hg.): Handwörterbuch des Umweltrechts Berlin, 1986, 2559–2569.

Rehbinder, Eckard/Burgbacher, Hans-Gerwin/Knieper, Rolf: Bürgerklage im Umweltrecht Berlin 1972.

Rehbinder, Eckard/Wahl, Rainer: Kompetenzprobleme bei der Umsetzung von europäischen Richtlinien, NVwZ 2002, 21–28.

Rengeling, Hans Werner: Auf dem Weg zum Umweltgesetzbuch I: zur Umsetzung der IVU und der UVP-Änderungsrichtlinie Köln 1999.

Scheidler, Alfred: Die Reform des Umweltrechts durch das kommende Umweltgesetzbuch, VR 2009, 81–87.

Scheyli, Martin: Århus-Konvention über Informationszugang, Öffentlichkeitsbeteiligung und Rechtsschutz in Umweltbelangen, AVR (38) 2000, 217–252.

Schink, Alexander: Der slowakische Braunbär und der deutsche Verwaltungsprozess – Anmerkungen zur jüngsten Rechtsprechung des EuGH, DÖV 2012, 622–630.

Schink, Alexander: Die Århus-Konvention und das deutsche Umweltrecht, EurUP 2003, 27–36.

Schlacke, Sabine: Anmerkung zur Entscheidung des EuGH vom 12.05.2011 – C-115/09; DVBl. 2011, 757 – Zur Frage der Klagebefugnis von Umweltverbänden, NVwZ 2011, 804–805.

Schlacke, Sabine: Das Umwelt-Rechtsbehelfsgesetz, NuR 2007, 8–16.

Schlacke, Sabine: Die Novelle des Umwelt-Rechtsbehelfsgesetzes – EuGH ante portas?, ZUR 2013, 195–202.

Schlacke, Sabine: Rechtsbehelfe im Umweltrecht, in: *Schlacke, Sabine/Schrader, Christian/Bunge, Thomas* (Hg.): Informationsrechte, Öffentlichkeitsbeteiligung und Rechtsschutz im Umweltrecht Berlin, 2010, 377–479.

Schlacke, Sabine: Rechtsschutz durch Verbandsklagen. Zum Fortentwicklungsbedarf des umweltbezogenen Rechtsschutzsystems, NuR 2004, 629–635.

Schlacke, Sabine: Stärkung überindividuellen Rechtsschutzes zur Durchsetzung des Umweltrechts – zugleich Anmerkung zu EuGH, Urteil vom 8.3.2011 – Rs. C-240/09, ZUR 2011, 312–316.

Schlacke, Sabine: Überindividueller Rechtsschutz. Phänomenologie und Systematik überindividueller Klagebefugnisse im Verwaltungs- und Gemeindschaftsrecht, insbesondere am Beispiel des Umweltrechts Tübingen 2008.

Schlacke, Sabine: Zur Beachtlichkeit von Verfahrensfehlern nach § 4 UmwRG, ZUR 2009, 80–82.

Schlecht, Anna Maria: Die Unbeachtlichkeit von Verfahrensfehlern im deutschen Umweltrecht. Einwirkungen der Århus-Konvention und des Gemeinschaftsrechts auf die Grenzen gerichtlicher Kontrolle Berlin 2010.

Schmalenbach, Kirsten in: *Calliess, Christian/Ruffert, Matthias*, Kommentar zu EU- Vertrag und EG-Vertrag, 2. Aufl., Neuwied Kriftel 2002.

Schmidt-Aßmann, Eberhard: Verwaltungsverantwortung und Verwaltungsgerichtsbarkeit, VVDStRL 1976, 221–274.

Schmidt-Preuß, Matthias: Gegenwart und Zukunft des Verfahrensrechts, NVwZ 2005, 489–496.

Schmidt-Preuß, Matthias: Veränderungen grundlegender Strukturen des deutschen (Umwelt-) Rechts durch das Umweltgesetzbuch I, DVBl. 1998, 857–868.

Schmidt, Alexander: Die Wahrnehmung von Beteiligungs- und Klagemöglichkeiten durch die Umweltverbände – Erfahrungen und Entwicklungsmöglichkeiten, ZUR 2011, 296–305.

Schmidt, Alexander: Zur Diskussion über erweiterte Klagebefugnisse im Umweltschutzrecht – auch auf vorgelagerten Planungsebenen, ZUR 2012, 210–219.

Schmidt, Alexander/Kremer, Peter: Das Umwelt-Rechtsbehelfsgesetz und der >>weite Zugang zu Gerichten<< Zur Umsetzung der auf den Rechtsschutz in Umweltangelegenheiten bezogenen Vorgaben der sog. Öffentlichkeitsrichtlinie 2003/35/EG ZUR 2007, 57–63.

Scholz, Rupert: Verwaltungsverantwortung und Verwaltungsgerichtsbarkeit, VVDStRL 1976, 145–220.

Schomerus, Thomas: Ein Ombudsmann mit Klagebefugnis statt Verbandsklage im Naturschutzrecht?, NuR 1989, 171–175.

Schrödter, Wolfgang: Aktuelle Entscheidungen zum Umwelt-Rechtsbehelfsgesetz, NVwZ 2009, 157–160.

Schrödter, Wolfgang: Die neue Umweltverbandsklage gegen Bebauungspläne nach dem Umwelt-Rechtsbehelfsgesetz, LKV 2008, 391–397.

Schumacher, Jochen: Umwelt-Rechtsbehelfsgesetz, UPR 2008, 13–19.

Schwerdtfeger, Angela: Der deutsche Verwaltungsrechtsschutz unter dem Einfluss der Arhus-Konvention. Zugleich ein Beitrag zur Fortentwicklung der subjektiven öffentlichen Rechte unter besonderer Berücksichtigung des Gemeinschaftsrechts Tübingen 2010.

Schwerdtfeger, Angela: Erweiterte Klagerechte für Umweltverbände – Anmerkung zum Urteil des EuGH v. 12.5.2011 in der Rechtssache Trianel, EuR 2012, 80–89.

Schwertner, Inga: Die Bedeutung des Umwelt-Rechtsbehelfsgesetzes für die rechtssichere Genehmigung unter besonderer Berücksichtigung der europarechtlichen Vorgaben, EurUP 2007, 124–128.

Seelig, Robert/Gündling, Benjamin: Die Verbandsklage im Umweltrecht – Aktuelle Entwicklungen und Zukunftsperspektiven im Hinblick auf die Novelle des Bundesnaturschutzgesetzes und supranationale und internationale rechtliche Vorgaben, NVwZ 2002, 1033–1041.

Seibert, Max-Jürgen: Verbandsklagen im Umweltrecht. Aktueller Stand, Perspektiven und praktische Probleme, NVwZ 2013, 1040–1049.

Siegel, Thorsten: Zur Einklagbarkeit der Umweltverträglichkeit – Wesen und Reichweite von Umwelt-Rechtsbehelfen –, DÖV 2012, 709–716.

Skouris, Wassilios: Verletztenklagen und Interessentenklagen im Verwaltungsprozess: eine rechtsvergleichende Studie zur Anfechtungslegitimation des Bürgers Köln 1979.

Sparwasser, Reinhard: Gerichtlicher Rechtsschutz im Umweltrecht, in: *Dolde, Klaus-Peter* (Hrsg.) (Hg.): Umweltrecht im Wandel. Bilanz und Perspektiven aus Anlass des 25-jährigen Bestehens der Gesellschaft für Umweltrecht 2001, 1017–1054.

Spieth, Friedrich/Appel, Markus: Umfang und Grenzen der Einklagbarkeit von UVP-Fehlern nach Umwelt-Rechtsbehelfsgesetz, NuR 2009, 312–317.

Spinner, Jasmin: Die Verbandsklage gegen Bebauungspläne aufgrund des Umwelt-Rechtsbehelfsgesetzes, NuR 2011, 335–340.

SRU: Rechtsschutz für die Umwelt – die altruistische Verbandsklage ist unverzichtbar Stellungnahme Nr. 5, Berlin 2005.

Stec, Stephen/Casey-Lefkowitz, Susan: The Århus Convention: an implementation guide; UN ECE Convention on Access to Information, Public Participation in Decision-making and Access to Justice in Environmental Matters Genf, New York 2000.

Stein, Klaus D.: Der gemischte Vertrag im Recht der Außenbeziehungen der Europäischen Wirtschaftsgemeinschaft Berlin 1986.

Steyrer, Johanna: Gemischte Verträge im Umweltrecht – die Folgen geteilter Kompetenz der Europäischen Gemeinschaft und ihrer Mitgliedstaaten, ZUR 2005, 343–349.

Streinz, Rudolf: Europarecht Heidelberg 2005.

Stüer, Bernhard/Garbrock, Bernhard: 17. Deutscher Verwaltungsgerichtstag in Münster, DVBl 2013, 1102–1110.

Stutzin, Godofredo: Die Natur der Rechte und die Rechte der Natur, Rechtstheorie 1980, 344–355.

Unabhängige Sachverständigenkommission zum Umweltgesetzbuch beim Bundesministerium für Umwelt, Naturschutz und Reaktorsicherheit: Umweltgesetzbuch (UGB-KomE), Berlin 1998.

Versteyl, Andrea: Erweiterung der Klagebefugnis der Verbände durch den EuGH. Auswirkungen auf das Anlagenzulassungsrecht, EurUP 2009, 133–139.

Walter, Christian: Beteiligungsrechte im Verwaltungsverfahren und Zugang zu Gerichten, in: *Durner, Wolfgang/Walter, Christian* (Hg.): Rechtspolitische Spielräume bei der Umsetzung der Århus-Konvention Berlin, 2005, 7–38.

Walter, Christian: Internationalisierung des deutschen und europäischen Verwaltungsverfahrens – und Verwaltungsprozessrechts – am Beispiel der Århus-Konvention, EuR 2005, 302–338.

Wegener, Bernhard W.: Anmerkung zu den Schlussanträgen der Generalanwältin Eleanor Sharpston im Verfahren des EuGH vom 16.12.2010, C-115/09 – Gemeinschaftsrechtswidrigkeit des UmwRG, ZUR 2011, 84–85.

Wegener, Bernhard W.: Art. 234 EG, in: *Calliess, Christian/Ruffert, Matthias* (Hg.): Kommentar des Vertrages über die Europäische Union und des Vertrages zur Gründung der Europäischen Gemeinschaft Neuwied/Kriftel, 2007,

Wegener, Bernhard W.: Die europäische Umweltverbandsklage, ZUR 2011, 363–367.

Wegener, Bernhard W.: Rechtsschutz im Europäischen Umweltrecht. Richterrechtliche und sekundärrechtliche Bausteine und Fehlercodes unionaler Dogmatik, UTR 2008, 319–353.

Weidemann, Holger: Die Verbandsklage und das Umweltrechtsbehelfsgesetz, VR 2008, 227–230.

Weyreuther, Felix: Verwaltungskontrolle durch Verbände? Argumente gegen die verwaltungsgerichtliche Kontrolle im Umweltrecht Düsseldorf 1975.

Wienhues, Sigrid: Die Neufassung des Umwelt-Rechtsbehelfsgesetzes, NordÖR 2013, 185–191.

Wolf, Manfred: Die Klagebefugnis der Verbände: Ausnahme oder allgemeines Prinzip Tübingen 1971.

Wolf, Rainer: Die Genehmigung von Kohlekraftwerken im Zeichen der Europäisierung des Rechtsrahmens, NuR 2010, 244–253.

Wolf, Rainer: Zur Entwicklung der Verbandsklage im Umweltrecht, ZUR 1994, 1–12.

Ziekow, Jan: Das Umwelt-Rechtsbehelfsgesetz im System des deutschen Rechtsschutzes, NVwZ 2007, 259–267.

Ziekow, Jan: Von der Reanimation des Verfahrensrechts, NVwZ 2005, 263–267.

Zschiesche, Michael: Die Århus-Konvention – mehr Bürgerbeteiligung durch umweltrechtliche Standards, ZUR 2001, 177–183.

Anlagen

Anlage 1: Tabellarische Übersicht der ersten Konzepte einer umweltrechtlichen Verbandsklage

Kriterien	Bürgerklage	Treuhandklage	Professoren-Entwurf	Sachverständigengutachten
Klageberechtigte	Individualkläger, Verbände, Ad-hoc-Gruppen	nach § 29 BNatSchG a.F. anerkannte Verbände	nach § 131 UGB-ProfE anerkannte Verbände	nach § 41 UGB-KomE anerkannte Verbände
Klagebefugnis	Popularklage, unabhängig von der Verletzung subjektiver Rechte und jedweder Betroffenheit	Verbände als Treuhänder eines fremden subjektiven Rechts, nämlich der der Natur und Landschaft objektiv durch Gesetz zugewiesenen Rechtsposition	keine Regelung; lediglich Ermächtigung an die Länder zur Einführung einer Verbandsklage nach Maßgabe der VwGO	keine subjektive Rechtsverletzung oder Betroffenheit erforderlich

Kriterien	Bürgerklage	Treuhandklage	Professoren-Entwurf	Sachverständigengutachten
Klagegegenstand	das gesamte Umweltrecht	Klagen müssen zum Schutz, zur Pflege und zur Entwicklung von Natur und Landschaft erhoben werden.	Fälle des § 132 Abs. 1: Nr. 1: Verfahren, in denen eine Umweltfolgenprüfung (UFP) vorzunehmen ist, Nr. 2: Planfeststellungsverfahren, die mit Eingriffen in Natur und Landschaft verbunden sind, Nr. 4: die Aufstellung, Änderung oder Ergänzung UFP-pflichtiger Bebauungspläne, Nr. 6: Verfahren zur Vorbereitung von bundesrechtlichen Plänen und Programmen, Nr. 7: Vorbereitung bundesrechtlicher Verordnungen und anderer untergesetzlicher Rechtsvorschriften	Maßnahmen und Unterlassungen in Verfahren, in denen anerkannte Verbände zur Mitwirkung gemäß § 42 UGB-KomE berechtigt waren: Nr. 1: Raumordnungsverfahren über Vorhaben, die einer Umweltverträglichkeitsprüfung unterliegen oder sonstiger UVP-pflichtiger Vorhaben Nr. 2: Verfahren zur Aufstellung, Änderung, Ergänzung oder Aufhebung von Bauleitplänen und bestimmten Satzungen Nr. 3: bei der Vorbereitung von Bodenschutzplänen. Luftreinhalteplänen, wasserrechtlichen Bewirtschaftungsplänen und der Festsetzung von Wasserschutzgebieten Nr. 4: Genehmigungsverfahren für Vorhaben, für die eine UVP erforderlich ist Nr. 5 bei bestimmten Ausnahmen und Befreiungen im Naturschutzrecht

Kriterien	Bürgerklage	Treuhandklage	Professoren-Entwurf	Sachverständigengutachten
Statthafte Verfahrensarten	Anfechtungsklage, Verpflichtungsklage, Normenkontrolle, Verfassungsbeschwerde	Anfechtungsklage, Verpflichtungsklage, vorläufiger Rechtsschutz, Fortsetzungsfeststellungsklage, Folgenbeseitigungsanspruch	keine Angabe, Rechtsschutz nach Maßgabe der VwGO	Anfechtungs-, Verpflichtungs-, allgemeine Leistungs-, Feststellungsklage und Normenkontrolle; Einstweilige Rechtsschutzverfahren; Widerspruch und Anfechtungsklage sollten aufschiebende Wirkung haben
Verwirkung/ Präklusion	Klageberechtigung soll von der (zumutbaren) Beteiligung im Verwaltungsverfahren abhängen; Prüfung durch das Gericht, ob die fristgerechte Beteiligung zumutbar war	Mitwirkung im Verwaltungsverfahren nach § 29 BNatSchG a.F. erforderlich; zudem „Motivforschung" um missbräuchliche Klagen abzuwehren; Betroffenheit im satzungsgemäßen Aufgabenbereich	keine Regelung	formelle und materielle Präklusion vorgesehen; Zulässigkeit der Klage soll von der Beteiligung im Verwaltungsverfahren abhängen; der Verband soll im Klageverfahren auf die bereits im Verwaltungsverfahren vorgebrachten Einwendungen beschränkt sein

Kriterien	Bürgerklage	Treuhandklage	Professoren-Entwurf	Sachverständigengutachten
Legitimation der Verbände	durch die verbandliche Satzung, die eine auf Erhaltung und Verbesserung der Umwelt gerichtete Tätigkeit zum Gegenstand haben soll; Beschränkung des Verbandes auf seinen satzungsmäßigen Aufgabenbereich	– sachlich durch Sachverstand und Engagement, rechtlich durch die Anerkennung nach § 29 BNatSchG a.F. restriktive Auslegung erforderlich, – satzungsgemäße Aufgaben sind nur diejenigen, die ursächlich für die Anerkennung des Verbandes gewesen sind, also nur solche, die die Ziele des Naturschutzes und der Landschaftspflege fördern	soll sich aus der Anerkennung nach § 131 UGB-ProfE ergeben	keine Aussage
Anerkennungs-verfahren	nicht vorgesehen	§ 29 BNatSchG a.F.	§ 131 UGB-ProfE ähnlich § 29 BNatSchG a.F.	§ 41 UGB-KomE, ähnlich § 29 BNatSchG a.F.
Streitwert				Regelung zum Streitwert (20.000 DM für alle Klagen
Prüfungsmaß-stab	keine Beschränkungen; Prüfungsmaßstab ist das gesamte Umweltrecht	keine Beschränkungen; Prüfungsmaßstab ist das Naturschutzrecht	keine Regelung; Rechtsschutz nach Maßgabe der VwGO	Beschränkung des Prüfungsgegenstandes und des Prüfungsumfanges auf die in § 45 Abs. 1 Nr. 1 bis 3 UGB-KomE genannten Vorschriften
Kontrolldichte	keine Regelung	keine Regelung	keine Regelung	Fehlerfolgenregime des § 46 VwVfG wird für Klagen wegen der Verletzung von Beteiligungsrechten aufgegriffen

Anlage 2: Tabellarische Übersicht der Regelung des Art. 9 Abs. 2 AK im Vergleich zum UmwRG und zu den Entwürfen zum UmwRG

Kriterien	**Regelungsgehalt Art. 9 II AK**	**Entwurf SPD/DIE GRÜNEN 21.2.2005**	**Entwurf Bundesregierung 4.9.2006**	**Regelungsgehalt UmwRG 7.12.2006**
Überprüfungs-verfahren/ Statthafte Klagearten	vor einem Gericht und/ oder einer anderen auf gesetzlicher Grundlage geschaffenen unabhängigen und unparteiischen Stelle; die Ausge-staltung obliegt den Vertragsparteien: das Verfahren muss fair, zügig und nicht übermäßig teuer sein und effektiven und angemessenen Rechtsschutz gewährleisten (Art. 9 Abs. 4 und 5 AK)	Anfechtungsklage	Anfechtungsklage und Feststellungsklage in Bezug auf behördliche Aufsichtsmaßnahmen	Anfechtungsklage, Verpflichtungsklage, Leistungsklage, Feststellungsklage, Normenkontrolle

Kriterien	Regelungsgehalt Art. 9 II AK	Entwurf SPD/DIE GRÜNEN 21.2.2005	Entwurf Bundesregierung 4.9.2006	Regelungsgehalt UmwRG 7.12.2006
Rügeberechtigte	die betroffene Öffentlichkeit gemäß Art. 2 Abs. 5 AK: Die von umweltbezogenen Entscheidungsverfahren betroffene oder wahrscheinlich betroffene Öffentlichkeit oder die Öffentlichkeit mit einem Interesse daran; nichtstaatliche Organisationen, die sich für den Umweltschutz einsetzen und alle nach innerstaatlichem Recht geltenden Voraussetzungen erfüllen, haben ein Interesse	Vereine, nach § 2 Abs. 2 müssen bestimmte Voraussetzungen erfüllt sein, damit der Rechtsbehelf zulässig ist (ähnlich § 59 BNatSchG): – der Verein muss dauerhaft Ziele des Umweltschutzes fördern, – zum Zeitpunkt der Einlegung des Rechtsbehelfs drei Jahre bestehen und im Umweltschutz tätig gewesen sein, – die Gewähr für eine sachgerechte Aufgabenerfüllung bieten, – gemeinnützige Ziele nach § 52 AO verfolgen, – jedermann eine Mitgliedschaft ermöglichen. Ein anerkannter Naturschutzverein erfüllt diese Voraussetzungen qua Fiktion; das Vorliegen der Voraussetzungen wird vermutet, wenn der Verein innerhalb der letzten drei Jahre einen zulässigen Rechtsbehelf eingelegt hat.	nach § 3 anerkannte Vereinigung oder Verein der: – bei Einlegung des Rechtsbehelfs die Anerkennungsvoraussetzungen erfüllt, – einen Antrag auf Anerkennung gestellt hat und hierüber aus Gründen, die der Verein nicht zu vertreten hat, noch nicht entschieden ist	keine Änderung

Kriterien	**Regelungsgehalt Art. 9 II AK**	**Entwurf SPD/DIE GRÜNEN 21.2.2005**	**Entwurf Bundesregierung 4.9.2006**	**Regelungsgehalt UmwRG 7.12.2006**
Rügebefugnis	Mitglieder der betroffenen Öffentlichkeit (Art. 2 Abs. 5 AK), die ein ausreichendes Interesse haben (Art. 9 Abs. 2 lit. a) AK), oder alternativ eine Rechtsverletzung geltend machen, sofern das Verwaltungsprozessrecht bei einer Vertragspartei dies als Voraussetzung fordert (Art. 9 Abs. 2 lit. b) AK); Art. 9 Abs. 2 Unterabs. 3 AK: Was als ausreichendes Interesse und als Rechtsverletzung gilt, bestimmt sich nach den Erfordernissen innerstaatlichen Rechts und im Einklang mit dem Ziel, der betroffenen Öffentlichkeit im Rahmen dieses Übereinkommens einen weiten Zugang zu Gerichten zu	unabhängig von der Geltendmachung subjektiver Rechte kann die Verletzung sämtlicher umweltbezogener Vorschriften gerügt werden; eine Verletzung eigener Rechte ist nicht erforderlich	unabhängig von der Geltendmachung einer eigenen Rechtsverletzung; rügefähig sind jedoch nur Rechtsvorschriften, die dem Umweltschutz dienen, Rechte Einzelner begründen und für die Entscheidung von Bedeutung sein können	keine Änderung

Kriterien	Regelungsgehalt Art. 9 II AK	Entwurf SPD/DIE GRÜNEN 21.2.2005	Entwurf Bundesregierung 4.9.2006	Regelungsgehalt UmwRG 7.12.2006
Rügebefugnis	gewähren; zu diesem Zweck gilt das Interesse jeder nichtstaatlichen Organisation, welche die in Art. 2 Nr. 5 AK genannten Voraussetzungen erfüllt, als ausreichend im Sinne des Buchstabens a); derartige Organisationen gelten auch als Träger von Rechten, die im Sinne des Buchstabens b) verletzt werden können.			

Kriterien	**Regelungsgehalt Art. 9 II AK**	**Entwurf SPD/DIE GRÜNEN 21.2.2005**	**Entwurf Bundesregierung 4.9.2006**	**Regelungsgehalt UmwRG 7.12.2006**
Rügegegenstand	behördliche Entscheidungen, Handlungen, Unterlassungen, für die Art. 6 AK gilt; nach der IVU-Richtlinie und der UVP-Richtlinie zu genehmigende Industrieanlagen und Infrastrukturprojekte	Vorhaben, für die eine UVP erforderlich ist, Anlagen nach Spalte 1 der 4. BImSchV, Erlaubnisse nach §§ 2, 7 Abs. 1 WHG, entsprechende wasserrechtliche Landesvorschriften, Planfeststellungsbeschlüsse für Deponien nach § 31 Abs. 2 KrWAbfG	Vorhaben, für die eine UVP erforderlich ist, Anlagen nach Spalte 1 der 4. BImSchV, Erlaubnisse nach §§ 2, 7 Abs. 1 WHG, entsprechende wasserrechtliche Landesvorschriften, Planfeststellungsbeschlüsse für Deponien; §§ 15 Abs. 5 u 16 Abs. 3 UVP und § 44 a VwGO bleiben unberührt; § 1 Abs. 1 Satz 1 und 2 gelten nicht, wenn eine Entscheidung in einem gerichtlichen Streitverfahren erlassen wurde	keine Änderung

Kriterien	Regelungsgehalt Art. 9 II AK	Entwurf SPD/DIE GRÜNEN 21.2.2005	Entwurf Bundesregierung 4.9.2006	Regelungsgehalt UmwRG 7.12.2006
Anerkennungs-verfahren		kein Anerkennungsverfahren	Verein – fördert dauerhaft Ziele des Umweltschutzes, – besteht mindestens drei Jahre, – bietet die Gewähr für eine sachgerechte Aufgabenerfüllung, – verfolgt gemeinnützige Zwecke im Sinne von § 52 AO, – ermöglicht jedermann eine Mitgliedschaft: in der Anerkennung ist der satzungsmäßige Aufgabenbereich genau zu bezeichnen; anerkannter Naturschutzverein erfüllt diese Voraussetzungen qua Fiktion, die Anerkennung wird durch das UBA ausgesprochen	keine Änderung
Betroffenheit im satzungsgemäßen Aufgabenbereich		Verein muss durch die Entscheidung oder ihr Unterlassen in seinem satzungsmäßigen Aufgabenbereich, der Förderung von Zielen des Umweltrechts, berührt sein	gerügte Verletzung muss Belange des Umweltschutzes berühren, die zu den von der Vereinigung nach ihrer Satzung zu fördernden Zielen gehören	keine Änderung

Kriterien	Regelungsgehalt Art. 9 II AK	Entwurf SPD/DIE GRÜNEN 21.2.2005	Entwurf Bundesregierung 4.9.2006	Regelungsgehalt UmwRG 7.12.2006
Verwirkung/ Präklusion		Ausschluss mit allen Einwendungen, die der Verein im UVP-Verfahren nicht oder nicht rechtzeitig geltend gemacht hat, aber hätte geltend machen können	Ausschluss mit allen Einwendungen, die der Verein im UVP-Verfahren nicht oder nicht rechtzeitig geltend gemacht hat, aber hätte geltend machen können	keine Änderung
Fristen		Jahresfrist für die Einlegung von Widerspruch und Klage ab Kenntnisnahme von der Entscheidung oder Möglichkeit der Kenntnisnahme; für Bebauungspläne gilt § 47 Abs. 2 Satz 1 VwGO	Jahresfrist für die Einlegung von Widerspruch und Klage ab Kenntnisnahme von der Entscheidung oder Möglichkeit der Kenntnisnahme; für Bebauungspläne gilt § 47 Abs. 2 Satz 1 VwGO	ohne Änderung
Kontrolldichte/ Prüfungsmaßstab	das gesamte materielle und objektive Umweltrecht Überprüfung der materiellen und verfahrensrechtlichen Rechtmäßigkeit der Entscheidung. Auch Verfahrensfehler müssen zur Aufhebung der Entscheidung führen können.	Prüfung sämtlicher umweltbezogener Rechtsvorschriften; bei Bebauungsplänen, soweit die Festsetzungen die Zulässigkeit eines UVP-pflichtigen Vorhabens begründen: Prüfung sämtlicher umweltbezogener Vorschriften	lediglich Prüfung von umweltbezogenen Schutznormen, die für die Entscheidung von Bedeutung sind; bei Bebauungsplänen, die die Zulässigkeit eines UVP-pflichtigen Vorhabens begründen, Prüfung von umweltbezogenen Schutznormen	keine Änderung

Kriterien	Regelungsgehalt Art. 9 II AK	Entwurf SPD/DIE GRÜNEN 21.2.2005	Entwurf Bundesregierung 4.9.2006	Regelungsgehalt UmwRG 7.12.2006
Verfahrensfehler		Aufhebung der Entscheidung kann verlangt werden, wenn wesentliche Verfahrensvorschriften verletzt sind. Wesentliche Verfahrensvorschriften sind verletzt, wenn: – eine erforderliche UVP, – eine erforderliche Vorprüfung des Einzelfalles oder – eine oder mehrere vorgeschriebene Verfahrensschritte der UVP (Vorschriften über die Auslage, Behördenbeteiligung, Öffentlichkeitsbeteiligung) nicht durchgeführt worden sind. § 45 Abs. 2 VwVfG bleibt unberührt. Bei Bebauungsplänen gelten die §§ 214, 215 BauGB.	Aufhebung einer Entscheidung kann verlangt werden, wenn wesentliche Verfahrensvorschriften verletzt worden sind und der Verfahrensfehler nicht geheilt werden kann. Wesentliche Verfahrensfehler sind verletzt, wenn: – eine erforderliche UVP – oder eine erforderliche Vorprüfung des Einzelfalles nicht durchgeführt worden sind. § 45 Abs. 2 VwVfG bleibt unberührt, ebenso die Möglichkeit der Aussetzung des Gerichtsverfahrens zur Heilung des Verfahrensfehlers. Bei Bebauungsplänen gelten die §§ 214, 215 BauGB.	Aufhebung einer Entscheidung kann verlangt werden, wenn: – eine erforderliche UVP – oder eine erforderliche Vorprüfung des Einzelfalles nicht durchgeführt worden sind. § 45 Abs. 2 VwVfG bleibt unberührt, ebenso die Möglichkeit der Aussetzung des Gerichtsverfahrens zur Heilung des Verfahrensfehlers. Bei Bebauungs-plänen gelten die §§ 214, 215 BauGB.

Kriterien	Regelungsgehalt Art. 9 II AK	Entwurf SPD/DIE GRÜNEN 21.2.2005	Entwurf Bundesregierung 4.9.2006	Regelungsgehalt UmwRG 7.12.2006
Verfahrensfehler		Erstreckung auf Rechtsbehelfe von Beteiligten nach 61 Nr. 1 und 2 VwGO	Erstreckung auf Rechtsbehelfe von Beteiligten nach 61 Nr. 1 und 2 VwGO § 4 soll lex specialis zu § 46 VwVfG sein, im Übrigen soll § 46 VwVfG für leichtere Verfahrensfehler Anwendung finden.	Erstreckung auf Rechtsbehelfe von Beteiligten nach 61 Nr. 1 und 2 VwGO § 4 soll lex specialis zu § 46 VwVfG sein, im Übrigen soll § 46 VwVfG für leichtere Verfahrensfehler Anwendung finden.
Verhältnis zur naturschutzrechtlichen Verbandsklage		schließt die Anwendung von 61 Abs. 1 Satz 1 Nr. 2 BNatSchG aus	61 BNatSchG wird zur lex specialis, beide Klagemöglichkeiten bestehen nebeneinander	beide Klagemöglichkeiten bestehen nebeneinander
Übergangsvorschrift				Anwendung auf alle nach dem 25.6.2005 eingeleitete und mit Ablauf des 15.12.2006 nicht bestandskräftig gewordene Verfahren

Anlage 3: Tabellarische Übersicht der Regelungen des Art. 9 Abs. 2 AK im Vergleich zum Änderungsgesetz zum UmwRG 2013 und zu den Entwürfen

Kriterien	**Regelungsgehalt Art. 9 II AK**	**Regelungsgehalt UmwRG 7.12.2006**	**Entwurf DIE GRÜNEN 22.11.2011**	**Regelungsgehalt UmwRG 21.1.2013**
Überprüfungsverfahren/ Statthafte Klagearten	vor einem Gericht und/ oder einer anderen auf gesetzlicher Grundlage geschaffenen unabhängigen und unparteiischen Stelle; die Ausgestaltung obliegt den Vertragsparteien: das Verfahren muss fair, zügig und nicht übermäßig teuer sein und effektiven und angemessenen Rechtsschutz gewährleisten (Art. 9 Abs. 4 und 5 AK)	Anfechtungsklage, Verpflichtungsklage, Leistungsklage, Feststellungsklage, Normenkontrolle	keine Änderung	keine Änderung

Kriterien	Regelungsgehalt Art. 9 II AK	Regelungsgehalt UmwRG 7.12.2006	Entwurf DIE GRÜNEN 22.11.2011	Regelungsgehalt UmwRG 21.1.2013
Rügeberechtigte	die betroffene Öffentlichkeit gemäß Art. 2 Abs. 5 AK: Die von umweltbezogenen Entscheidungsverfahren betroffene oder wahrscheinlich betroffene Öffentlichkeit oder die Öffentlichkeit mit einem Interesse daran; nichtstaatliche Organisationen, die sich für den Umweltschutz einsetzen und alle nach innerstaatlichem Recht geltenden Voraussetzungen erfüllen, haben ein Interesse.	nach § 3 anerkannte Vereinigung oder Verein der: – bei Einlegung des Rechtsbehelfs die Anerkennungsvoraussetzungen erfüllt, – einen Antrag auf Anerkennung gestellt hat und hierüber aus Gründen, die der Verein nicht zu vertreten hat, noch nicht entschieden ist	**neu:** Stiftungen	keine Änderung

Kriterien	**Regelungsgehalt Art. 9 II AK**	**Regelungsgehalt UmwRG 7.12.2006**	**Entwurf DIE GRÜNEN 22.11.2011**	**Regelungsgehalt UmwRG 21.1.2013**
Rügebefugnis	Mitglieder der betroffenen Öffentlichkeit (Art. 2 Abs. 5 AK), die ein ausreichendes Interesse haben (Art. 9 Abs. 2 lit. a) AK), oder alternativ eine Rechtsverletzung geltend machen, sofern das Verwaltungsprozessrecht einer Vertragspartei dies als Voraussetzung fordert (Art. 9 Abs. 2 lit. b) AK), Art. 9 Abs. 2 Unterabs. 3 AK: Was als ausreichendes Interesse und als Rechtsverletzung gilt, bestimmt sich nach den Erfordernissen innerstaatlichen Rechts und im Einklang mit dem Ziel, der betroffenen Öffentlichkeit im Rahmen dieses	unabhängig von der Geltendmachung einer eigenen Rechtsverletzung; rügefähig sind jedoch nur Rechtsvorschriften, die dem Umweltschutz dienen, Rechte Einzelner begründen und für die Entscheidung von Bedeutung sein können	unabhängig von der Geltendmachung einer eigenen Rechtsverletzung; rügefähig sind Rechtsvorschriften, die dem Umweltschutz dienen	„Rechte Einzelner begründen" wird gestrichen. Rügebefugnis ist damit unabhängig von der Geltendmachung einer eigenen Rechtsverletzung; rügefähig sind Rechtsvorschriften, die dem Umweltschutz dienen

Kriterien	Regelungsgehalt Art. 9 II AK	Regelungsgehalt UmwRG 7.12.2006	Entwurf DIE GRÜNEN 22.11.2011	Regelungsgehalt UmwRG 21.1.2013
Rügebefugnis	Übereinkommens einen weiten Zugang zu Gerichten zu gewähren; zu diesem Zweck gilt das Interesse jeder nichtstaatlichen Organisation, welche die in Art. 2 Nr. 5 AK genannten Voraussetzungen erfüllt, als ausreichend im Sinne des Buchstaben a); derartige Organisationen gelten auch als Träger von Rechten, die im Sinne des Buchstaben b) verletzt werden können.			

Kriterien	Regelungsgehalt Art. 9 II AK	Regelungsgehalt UmwRG 7.12.2006	Entwurf DIE GRÜNEN 22.11.2011	Regelungsgehalt UmwRG 21.1.2013
Rügegegenstand	behördliche Entscheidungen, Handlungen, Unterlassungen, für die Art. 6 AK gilt; nach der IVU-Richtlinie und der UVP-Richtlinie zu genehmigende Industrieanlagen und Infrastrukturprojekte	Vorhaben, für die eine UVP erforderlich ist, Anlagen nach Spalte 1 der 4. BImSchV, Erlaubnisse nach §§ 2, 7 Abs. 1 WHG, entsprechende wasserrechtliche Landesvorschriften, Planfeststellungsbeschlüsse für Deponien; §§ 15 Abs. 5 und 16 Abs. 3 UVP und § 44 a VwGO bleiben unberührt; § 1 Abs. 1 Satz 1 und 2 gelten nicht, wenn eine Entscheidung in einem gerichtlichen Streitverfahren erlassen wurde	keine Änderung	Erstreckung auf Entscheidungen nach dem Umweltschadensgesetz

Kriterien	Regelungsgehalt Art. 9 II AK	Regelungsgehalt UmwRG 7.12.2006	Entwurf DIE GRÜNEN 22.11.2011	Regelungsgehalt UmwRG 21.1.2013
Anerkennungs-verfahren		Verein – fördert dauerhaft Ziele des Umweltschutzes, – besteht mindestens drei Jahre, – bietet die Gewähr für eine sachgerechte Aufgabenerfüllung, – verfolgt gemeinnützige Zwecke im Sinne von § 52 AO, – ermöglicht jedermann eine Mitgliedschaft. in der Anerkennung ist der satzungsmäßige Aufgabenbereich genau zu bezeichnen; anerkannter Naturschutzverein erfüllt diese Voraussetzungen qua Fiktion, die Anerkennung wird durch das UBA ausgesprochen	Anerkennung auch von Stiftungen mit der Maßgabe, dass es für die Anerkennungsentscheidung auf den Mitgliederkreis nicht ankommt; § 3 Abs. 1 Satz 2 Nr. 5 wird für Stiftungen für unanwendbar erklärt	keine Änderung

Kriterien	Regelungsgehalt Art. 9 II AK	Regelungsgehalt UmwRG 7.12.2006	Entwurf DIE GRÜNEN 22.11.2011	Regelungsgehalt UmwRG 21.1.2013
Betroffenheit im satzungsgemäßen Aufgabenbereich		gerügte Verletzung muss Belange des Umweltschutzes berühren, die zu den von der Vereinigung nach ihrer Satzung zu fördernden Zielen gehören	keine Änderung	keine Änderung
Verwirkung/ Präklusion		Ausschluss mit allen Einwendungen, die der Verein im UVP-Verfahren nicht oder nicht rechtzeitig geltend gemacht hat, aber hätte geltend machen können	keine Änderung	keine Änderung; § 2 Abs. 3 UmwRG bleibt unverändert
Fristen		Jahresfrist für die Einlegung von Widerspruch und Klage ab Kenntnisnahme von der Entscheidung oder Möglichkeit der Kenntnisnahme; für Bebauungspläne gilt § 47 Abs. 2 Satz 1 VwGO	keine Änderung	

Kriterien	Regelungsgehalt Art. 9 II AK	Regelungsgehalt UmwRG 7.12.2006	Entwurf DIE GRÜNEN 22.11.2011	Regelungsgehalt UmwRG 21.1.2013
Kontrolldichte/ Prüfungsmaßstab	das gesamte materielle und objektive Umweltrecht Überprüfung der materiellen und verfahrensrechtlichen Rechtsmäßigkeit der Entscheidung. Auch Verfahrensfehler müssen zur Aufhebung der Entscheidung führen können	lediglich Prüfung von umweltbezogenen Schutznormen, die für die Entscheidung von Bedeutung sind; bei Bebauungsplänen, die die Zulässigkeit eines UVP-pflichtigen Vorhabens begründen, Prüfung von umweltbezogenen Schutznormen	Prüfung sämtlicher umweltbezogener Rechtsvorschriften; kein satzungsrechtlicher Bezug der verletzten Umweltbelange erforderlich; dasselbe gilt bei Bebauungsplänen, die die Zulässigkeit eines UVP-pflichtigen Vorhabens begründen	Einführung eines § 2a „Maßgaben zur Anwendung der Verwaltungsgerichtsordnung", der in Abs. 1 neue prozessuale Voraussetzungen regelt: – Einführung einer 6-wöchigen Klagebegründungsfrist, – Substantiierungserfordernis, – Anwendbarkeit des 87 b Abs. 3 Nr. 1 und 2 VwGO, – Anwendbarkeit des § 80 Abs. 5 VwGO, nur wenn ernsthafte Zweifel an der Rechtmäßigkeit des Verwaltungsaktes bestehen

Kriterien	Regelungsgehalt Art. 9 II AK	Regelungsgehalt UmwRG 7.12.2006	Entwurf DIE GRÜNEN 22.11.2011	Regelungsgehalt UmwRG 21.1.2013
Verfahrensfehler		Aufhebung einer Entscheidung kann verlangt werden, wenn: – eine erforderliche UVP – oder eine erforderliche Vorprüfung des Einzelfalles nicht durchgeführt worden sind. § 45 Abs. 2 VwVfG bleibt unberührt, ebenso die Möglichkeit der Aussetzung des Gerichtsverfahrens zur Heilung des Verfahrensfehlers. Bei Bebauungsplänen gelten die §§ 214, 215 BauGB Erstreckung auf Rechtsbehelfe von Beteiligten nach 61 Nr. 1 und 2 VwGO § 4 soll lex specialis zu § 46 VwVfG sein, im Übrigen soll § 46 VwVfG für leichtere Verfahrensfehler Anwendung finden	Klarstellung, dass es sich bei den Verfahrensfehlern nach § 4 Abs. 1 um eine Aufzählung handelt. Die Aufhebung einer Entscheidung kann verlangt werden, wenn wesentliche Verfahrensvorschriften verletzt worden sind und der Verfahrensfehler nicht geheilt werden kann. Wesentliche Verfahrensfehler sind **insbesondere** verletzt, wenn: – eine erforderliche UVP – oder eine erforderliche Vorprüfung des Einzelfalles nicht durchgeführt worden sind. § 45 Abs. 2 VwVfG bleibt unberührt, ebenso die	

Kriterien	Regelungsgehalt Art. 9 II AK	Regelungsgehalt UmwRG 7.12.2006	Entwurf DIE GRÜNEN 22.11.2011	Regelungsgehalt UmwRG 21.1.2013
Verfahrensfehler			Möglichkeit der Aussetzung des Gerichtsverfahrens zur Heilung des Verfahrensfehlers. Gleiches soll für Mängel der Abwägung gelten. Vorschriften, die die gerichtliche Kontrolle auf offensichtliche Abwägungsmängel beschränken, die auf das Ergebnis von Einfluss gewesen sind, sind nicht anzuwenden. Dies soll auch	
Verhältnis zur naturschutzrecht-lichen Verbands-klage		Beide Klagemöglichkeiten bestehen nebeneinander.	für Bebauungspläne gelten.	Einschränkung des Untersuchungsgrundsatzes bei Beurteilungsermächtigungen; fehlerhafte UVP kann auch zur Aufhebung der Entscheidung führen

Kriterien	**Regelungsgehalt Art. 9 II AK**	**Regelungsgehalt UmwRG 7.12.2006**	**Entwurf DIE GRÜNEN 22.11.2011**	**Regelungsgehalt UmwRG 21.1.2013**
Übergangsvorschrift		Anwendung auf alle nach dem 25.6.2005 eingeleitete und mit Ablauf des 15.12.2006 nicht bestandskräftig gewordene Verfahren	keine Änderungen	keine parallele Anwendung bei UVP-pflichtigen Planfeststellungsverfahren